Iris Blietschau

GRUNDLAGEN DER ROMANISTIK

Herausgegeben von Ulrich Detges, Thomas Klinkert,
Elmar Schafroth und Ulrich Winter

Band 15

Einführung in die spanische Sprachwissenschaft

Ein Lehr- und Arbeitsbuch

Begründet und fortgeführt bis zur 5. Auflage
von
Wolf Dietrich und Horst Geckeler †

6., neu bearbeitete und wesentlich erweiterte Auflage
von
Wolf Dietrich und Volker Noll

ERICH SCHMIDT VERLAG

Bibliografische Information der Deutschen Nationalbibliothek
Die Deutsche Nationalbibliothek verzeichnet diese Publikation in der
Deutschen Nationalbibliografie; detaillierte bibliografische Daten
sind im Internet über http://dnb.d-nb.de abrufbar.

**Weitere Informationen zu diesem Titel finden Sie im Internet unter
ESV.info/978 3 503 13719 0**

1. Auflage 1990
2. Auflage 1993
3. Auflage 2000
4. Auflage 2004
5. Auflage 2007
6. Auflage 2012

ISBN 978 3 503 13719 0
ISSN 0340-9686

Dieses Papier erfüllt die Frankfurter Forderungen der Deutschen Bibliothek
und der Gesellschaft für das Buch bezüglich der Alterungsbeständigkeit
und entspricht sowohl den strengen Bestimmungen der US Norm
Ansi/Niso Z 39.48-1992 als auch der ISO-Norm 9706

Satz: multitext, Berlin
Druck und Buchbinderei: Danuvia Druckhaus, Neuburg a.d. Donau

Vorwort zur sechsten Auflage (Neubearbeitung)

Diese "Einführung in die spanische Sprachwissenschaft" ist gedacht als eine Einführung in die Sprachwissenschaft am Beispiel und auf der Grundlage des Spanischen, für Studierende des Spanischen, vor allem in einem Bachelor-Studiengang. Dabei ergibt sich das Problem, dass der für eine einführende universitäre Lehrveranstaltung (Übung, Proseminar oder Vorlesung) sehr umfangreiche Stoff sowohl den Dozent(inn)en als auch den Studierenden einerseits Möglichkeiten zu einer sinnvollen Auswahl bieten sollte. Andererseits soll Studierenden auch in fortgeschritteneren Semestern eine konzentrierte Anleitung zur Bearbeitung bestimmter Themen oder aber auch zur Wiederholung und Prüfungsvorbereitung gegeben werden.

Ein solches Anliegen darf die Verfasser aber nicht dazu verführen, ein Handbuch der Disziplin zu schreiben. Daher können die Leserinnen und Leser hier nicht eine Behandlung aller denkbaren Bereiche der spanischen Linguistik erwarten, sondern eine für eine Grundlegung der Disziplin sinnvolle Auswahl. Manche Lücken (z. B. in den Bereichen Textlinguistik, Kontaktlinguistik, Variationslinguistik) sind uns schmerzlich bewusst, ihre ausführlichere Berücksichtigung hätte aber den Umfang des Bandes über die gegebenen Möglichkeiten hinaus zu stark anschwellen lassen. Immerhin sind gegenüber früheren Auflagen die Bereiche "Deskriptive Grammatik", "Syntax", "Semantik", "Zum Spanischen heute" und "Das Spanische in Amerika" z. T. beträchtlich erweitert worden und Themen wie "Zur Geschichte der Sprachwissenschaft", "Pragmatik", "Soziolinguistik", "Das Spanische im Siglo de Oro" und "Von der Gründung der Real Academia bis zum 20. Jh." neu hinzugekommen.

Die Gliederung und Themenauswahl orientiert sich an unseren Erfahrungen im universitären Unterricht und am Erfahrungsaustausch mit zahlreichen romanistischen Kolleginnen und Kollegen. Wir haben die vorliegende Einführung in vier Hauptteile gegliedert: In Teil I werden Grundinformationen zur Stellung des Spanischen innerhalb der romanischen Sprachfamilie, zu seiner Verbreitung in der Welt und zur Sprach- und Sprachensituation in Spanien gegeben. Vorangeschickt ist ein neu hinzugefügter Abschnitt über die Sprachen der Welt. Teil II bildet die allgemein-sprachwissenschaftliche Komponente dieses Einführungswerks. Dort werden grundlegende methodische Begriffe eingeführt, und es wird die Geschichte der Sprachwissenschaft aus romanistischer Perspektive skizziert. In Teil III werden die verschiedenen Ebenen des Spanischen selbst (Phonetik/Phonologie, Morphologie, Grammatik und Syntax, Wortbildung, Lexik und Semantik, Pragmatik und Soziolinguistik) behandelt. Unterkapitel 5 wurde neu gegliedert, sodass die Semantik und Lexikologie von der Lexikographie nun stärker abgesetzt ist. Die Bereiche "Strukturelle Semantik" und "Kognitive Semantik" wurden hinzugefügt.

Alle diese Gebiete werden über die synchrone Beschreibung hinaus mehr oder weniger ausführlich auch in diachroner Perspektive behandelt, da wir der Auffassung sind, dass sich das wissenschaftliche Studium einer Sprache nicht auf die Aspekte der heutigen Sprache beschränken darf, sondern den Sprachwandel als Grundbedingung allen sprachlichen Funktionierens mit bedenken muss und die Einbettung aller menschlichen Tätigkeiten in die Geschichte eine Grunderkenntnis der Geisteswissenschaften ist. In Teil IV werden die wichtigsten Epochen der Geschichte der spanischen Sprache vom lateinischen Ursprung über die ersten Sprachdenkmäler, den Aufstieg des Kastilischen zur Nationalsprache, den arabischen Einfluss, das Altspanische bis hin zu den neuesten Entwicklungen des heutigen Spanisch besprochen. Das "Spanische in Amerika" gehört ebenfalls zu diesem Themenkreis.

Ein wichtiges Anliegen war es, in die verschiedenen bibliographischen Hinweise, insbesondere auch in die "Bibliographische Grundinformation" im Anhang nicht nur allerneueste Werke, sondern auch diejenigen älteren aufzunehmen, die zum gesicherten Grundbestand einer romanistischen Bibliographie gehören. Solche Werke sind immer nur in einigen Hinsichten veraltet, in anderen aber bieten sie manches Wissenswerte, das heute vergessen zu werden droht.

Der Mitautor und Initiator dieses Bandes, unser langjähriger Kollege am Romanischen Seminar der Universität Münster, Horst Geckeler, ist 2002 verstorben. Die 4. und 5. Auflage (2004 und 2007) hatten jeweils nur geringe inhaltliche Eingriffe und Erweiterungen durch Wolf Dietrich erfahren und vor allem der bibliographischen Aktualisierung gedient. Die jetzige 6. Auflage stellt dagegen eine Neubearbeitung des Buches durch Wolf Dietrich und Volker Noll auf der Grundlage der durch W. Dietrich und H. Geckeler konzipierten "Einführung" dar. So sind eine wünschenswerte Kontinuität und gleichzeitig eine Erneuerung gewährleistet.

Dem neuen Konzept der Reihe "Grundlagen der Romanistik" entsprechen die Literaturhinweise am Ende (nicht am Anfang) der Kapitel, die Grundbibliographie im Anhang sowie die Zusammenfassungen nach allen größeren Abschnitten, d. h. ein bis zwei Unterkapiteln. Darüber hinaus sind, wie schon oben angedeutet, einige Unterkapitel hinzugefügt worden. In vielen Kapiteln sind den Unterkapiteln bzw. den Abschnitten Überschriften gegeben worden. Viele Fußnoten früherer Auflagen sind in den Text bzw. die Literaturhinweise eingearbeitet worden. Für zahlreiche wertvolle Korrekturhinweise danken wir Yvonne Beyer (Universität Münster) und Lenka Zajícová (Universität Olomouc, Tschechien) sowie Frau Verena Haun und Frau Daniela Langer vom Erich Schmidt Verlag für die umsichtige und kompetente Lektorierung.

Wir hoffen und wünschen, dass dieser Band zum einen als Grundlage für Einführungskurse in die spanische Sprachwissenschaft dienen und den Unterricht erleichtern und bereichern kann. Zum andern möge er auch bei der Vorbereitung von Prüfungen gute Dienste leisten sowie Anregung für die Erarbeitung so mancher Sachthemen geben.

Sprachwissenschaft (oder Linguistik) ist zweifellos ein wesentlicher Bestandteil des wissenschaftlichen Studiums einer Sprache. Dabei ist die Sprachkenntnis, die "Sprachpraxis", Grundvoraussetzung, aber nicht Ziel. Ziel bei einem kulturwissenschaftlichen Verständnis von Sprachwissenschaft ist der Erwerb von Wissen **über** die studierte Sprache (vgl. TRABANT (2008), *Was ist Sprache*, München: Beck, Kap. 4–5). Ein Anliegen dieses Bandes ist es, Studierenden das Unbehagen oder auch Misstrauen gegenüber dem Erwerb des – oft als sehr technisch empfundenen – linguistischen Wissens zu nehmen oder wenigstens zu verringern und vielmehr das Interesse oder gar die Freude an der Erkenntnis sprachlicher Zusammenhänge – im heutigen Spanischen ebenso wie in der Geschichte seines Werdens – zu wecken.

Münster, im Januar 2012   Wolf Dietrich und Volker Noll

Inhaltsverzeichnis

I. Realia zur spanischen Sprache

1. Das Spanische und seine Stellung unter den romanischen Sprachen

1.1 Die Sprachen der Welt – Sprache und Dialekt

Häufig wird die Frage gestellt: Wie viele Sprachen gibt es eigentlich auf der Welt? Oder: Wie viele eingeborene Sprachen gibt es in Amerika? Die Beantwortung dieser Fragen hängt davon ab, was wir in diesem Zusammenhang unter "Sprache" verstehen. Schon die im folgenden Abschnitt 1.2 beschriebene Diskussion um die Anzahl der romanischen Sprachen weist auf das Dilemma hin, dass das Zählen und die Klassifizierung der Sprachen entscheidend von der Klärung des hierarchischen Verhältnisses zwischen Sprache und Dialekt abhängen. Für die Sprachwissenschaft sind die kleinsten Einheiten von Sprachgemeinschaften **Dialekte** (oder Mundarten). Sie sind im Allgemeinen regional begrenzt (Ortsmundarten, Sprache eines Stammes oder Klans, Regionaldialekt). Als **Sprache** wird demgegenüber der Dialekt definiert, der sich aus politischen oder kulturellen Gründen aus seinen Nachbardialekten durch ein höheres Prestige und – damit verbunden – überregionale Gültigkeit herausgehoben hat. Er fungiert als Sprache einer eigenständigen Zivilisation (gegenüber den umliegenden Sprachen) oder hat sich zur Nationalsprache entwickelt. In der linguistischen "Qualität" gibt es keinen Unterschied zwischen Sprache und Dialekt. Dieser besteht nur hinsichtlich der politischen oder kulturellen Bewertung. In linguistischer Hinsicht sind Sprachen meistens auch dadurch charakterisiert, dass sie selbst als **Dachsprachen** für mehrere Dialekte angesehen werden (siehe dazu Bossong 2008: 25–28; im Anhang).

Die Beantwortung der oben gestellten Fragen hängt auch von der Kenntnis der sprachlichen Verhältnisse in einer bestimmten Weltgegend ab. Wenn wir uns bereits in Europa, z. B. mit der Frage nach der Zahl der romanischen Sprachen, schwer tun, obwohl die Verhältnisse sehr gut dokumentiert sind, stellen sich die Probleme in anderen Erdteilen noch weitaus schwieriger dar. Deutlich wird aber Folgendes: Durch die in den letzten Jahrzehnten gestiegene Kenntnis der Sprachen und Dialekte hat die Zahl der "Sprachen" der Welt immer weiter abgenommen. Dies liegt weniger daran, dass einige ausgestorben sind, vielmehr haben sich viele traditionelle Sprachennamen als Bezeichnungen für Dialekte ein und derselben Sprache herausgestellt. Zahlenangaben wie "etwa 7.000 Sprachen" auf der Welt sind also immer unter diesem Vorbehalt zu betrachten. Für Amerika werden z. B. maximal 2.500, minimal 400 Sprachen angenommen, ein guter Mittelwert liegt bei ca. 900. Zu der gesamten Fragestellung siehe auch Abschnitt I.4.1.1.

1.2 Die romanischen Sprachen und das Spanische

Das Spanische gehört bekanntlich zur Gruppe der romanischen Sprachen (span. *lenguas románicas/romances*), die ihrerseits in historisch-genealogischer Sicht zur großen indogermanischen (indoeuropäischen) Sprachfamilie zählen. Ungefähr die Hälfte der Bevölkerung unserer Erde spricht eine indogermanische Sprache.

Die folgende konventionelle Skizze soll einen schematischen Überblick über die bekanntesten und verbreitetsten Sprachgruppen (SG) des Indoeuropäischen vermitteln, wobei allerdings nur der Zweig, der die Filiation bis zu den romanischen Sprachen darstellt, ausgeführt wird. Genauere Information dazu in MEIER-BRÜGGER (⁹2010):

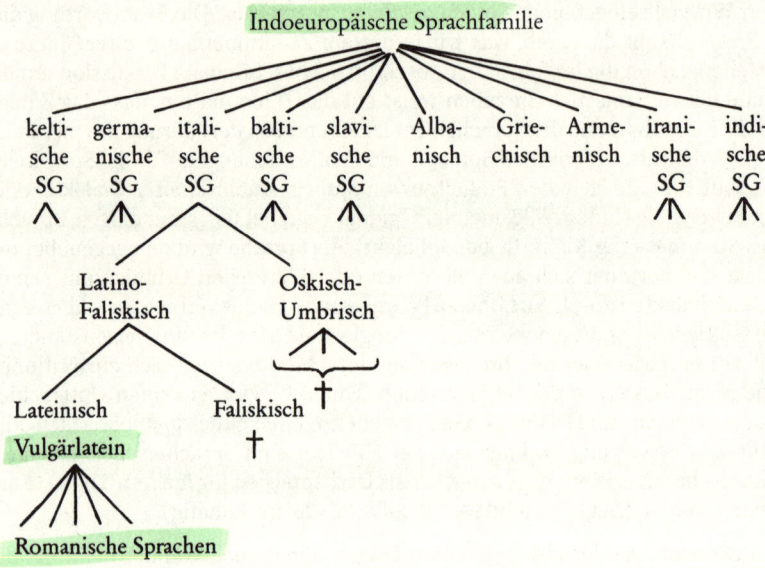

Welches sind die romanischen Sprachen, und wie lassen sie sich einteilen?

In den Handbüchern der romanischen Philologie werden heute in der Regel zumindest 11 romanische Sprachen unterschieden, die oft aufgrund vorwiegend geographisch-arealer, aber auch historischer Kriterien, so z. B. von TAGLIAVINI (²1998: 279; im Anhang), wie folgt klassifiziert werden:

Klassifikation der romanischen Sprachen

a.	Rumänisch	Balkanromanisch	
	Dalmatisch †		
b.	Italienisch		Italoromanisch
	Sardisch		
	Rätoromanisch		
c.	Französisch		Galloromanisch
	Frankoprovenzalisch		
	Okzitanisch (und Gaskognisch)		
	Katalanisch		
d.	Spanisch	Iberoromanisch	
	Portugiesisch		

Bemerkungen zu diesem Schema:

1. Durch die doppelte Zuordnung im Falle des Dalmatischen und des Katalanischen soll angedeutet werden, dass diese Sprachen eine Art Brücke ("lengua-puente", so Badía Margarit in Bezug auf das Katalanische) zwischen dem Balkanromanischen und dem Italoromanischen bzw. zwischen dem Galloromanischen und dem Iberoromanischen bilden.

2. Wir ziehen, um Verwechslungen zu vermeiden, die inzwischen üblich gewordene Bezeichnung "Okzitanisch" – vgl. Dantes "lingua oc", frz. "la langue d'oc" – dem in der Tradition der romanischen Philologie für die Benennung dieser Sprache bzw. Dialektgruppe verwurzelten Terminus "Provenzalisch" vor, denn "Provenzalisch" kann in spezieller Bedeutung auch einfach nur den Dialekt der Provence bezeichnen. Oft wird "(Alt-)Provenzalisch" für die mittelalterliche Sprachstufe und Literatur gebraucht, "Okzitanisch" dagegen für die der neueren Zeit.

3. Zum Portugiesischen wird üblicherweise das Galicische gerechnet (*galego-português*). Galicien gehört jedoch politisch zu Spanien.

4. Die Aufteilung des *LRL* (*Lexikon der Romanistischen Linguistik*; siehe im Anhang) zeigt die heutige Auffassung von der Selbständigkeit des Sardischen und Korsischen (eigene Kap. in Bd. IV) und des Rätoromanischen (Bd. III) gegenüber dem Italoromanischen (Bd. IV).

5. Schließlich müssten noch die Kreolsprachen mit romanischer Basis erwähnt werden, wenngleich diese keine romanischen Sprachen im eigentlichen Sinne darstellen (siehe unten I.2.8.2).

Andere Autoren gehen in der Aufgliederung der romanischen Sprachen noch weiter: So unterscheidet z. B. Togeby[1] 15 romanische Sprachen, indem er drei der 11 bei Tagliavini aufgeführten weiter aufteilt: Danach untergliedern sich Italienisch (Norditalienisch, Toskanisch, Süditalienisch), Rätoromanisch (Rätoromanisch, Friaulisch) und Okzitanisch (Provenzalisch, Gaskognisch).

Wenn man das Rätoromanische (neben dem Friaulischen) jetzt noch in das Bündnerromanische und in das Zentralladinische aufspaltet sowie das Galicische vom Portugiesischen trennt, kommen wir auf 17 romanische Sprachen. Hier ist dann wohl die Obergrenze dessen erreicht, was man noch sinnvollerweise als romanische "Sprachen" bezeichnen kann. Die Schwierigkeit bei der Festlegung der Zahl der romanischen Sprachen hängt mit dem Problem der Abgrenzung zwischen "Sprache" und "Dialekt" zusammen, vgl. oben I.1.1 und unten I.4.1.1.

Die vorwiegend geographisch begründete Klassifizierung der romanischen Sprachen in eine **Ost-** und eine **Westromania** (so im Grunde auch schon bei F. Diez (1794–1876), einem der Begründer der romanischen Philologie als Wissenschaft) wurde, wie man z. B. in der Gruppierung von MONTEVERDI (1952: 80; siehe im Anhang) und auch bei Tagliavini sieht, um eine **Zentralromania** erweitert, die der Italoromania (vgl. oben) entspricht. Dabei schließt die Westromania die Gallo- und die Iberoromania ein, die Ostromania umfasst die Balkanromania.

Unter Zugrundelegung sprachlicher (hier: phonischer) Kriterien, nämlich 1. dem Erhalt bzw. Verlust des auslautenden [s] und 2. dem Erhalt bzw. der Sonorisierung (und weiteren Abschwächung) der Verschlusslaute [p], [t] und [k] in intervokalischer Stellung in den romanischen Sprachen, stellte Walther von Wartburg bereits 1936 in einem Aufsatz und dann in seiner Monographie *Die Ausgliederung der romanischen Sprachräume* (Bern 1950) die Unterscheidung in Ost- und Westromania auf eine neue Basis. Ost- und Westromania werden nach Wartburg durch eine Linie, die vom Ligurischen Meer bei La Spezia quer über die Apenninenhalbinsel zum Adriatischen Meer bei Rimini (nach Lausberg: bei Pesaro) verläuft, abgegrenzt. Danach gehören "der ganze romanische Balkan sowie Mittel- und Süditalien" zur **Ostromania**, "Gallien, die Alpenländer, Oberitalien bis zur **Linie Spezia-Rimini**, Iberien" (WARTBURG 1950: 32) zur **Westromania**. **Sardinien** nimmt eine Sonderstellung ein.

---

1 TOGEBY, Knud (1962), "Comment écrire une grammaire historique des langues romanes?", *SNPh* 34: 315–320, 318.

Beispiele zur Illustration der verwendeten Differenzierungskriterien:

	OSTROMANIA	WESTROMANIA
lat. -[s]	rum. *capre, membri* ital. (d. h. standardital.) *capre, membri*	span. *cabras, miembros* frz. (graph. Code) *chèvres, membres* (altfrz. *chievres*)
lat. -[p]-	rum. *săpun* ital. *sapone*	span. *jabón* [β] frz. *savon*
lat. -[t]-	rum. *roată* ital. *ruota*	span. *rueda* [δ] frz. *roue*, d. h. -[t]- > Ø
lat. -[k]- (nicht vor [e] oder [i])	rum. *ficat* südital. *ficatu* rum. *foc(ul)* ital. *fuoco*	span. *hígado* [γ] frz. *foie*, -[k]a- > [kj] > [j] (bildet den Abglitt des altfrz. Diphthongs in ['foj-ə]) span. *fuego* [γ] frz. *feu*, hier -[k]- > Ø

Bemerkung:

Das Wartburgsche Kriterium der Erhaltung des auslautenden [s] trifft im Frz., was den phonischen Code angeht, allerdings nur wirklich auf das Altfranzösische zu, im Neufranzösischen lediglich im Falle der sog. Liaison (siehe dazu auch GECKELER 1976, 1978). Aufgrund dieses Ausfalls von [-s], der übrigens auch den spanischsprachigen Raum (Teile Südspaniens und Hispanoamerikas) betrifft, sowie den sprachlichen Verhältnissen in der Toskana (vgl. die sog. "gorgia toscana") muss präzisierend betont werden, dass die Wartburgsche Einteilung Westromania/Ostromania zwar auf die mittelalterlichen Entwicklungsphasen der romanischen Sprachen passt, jedoch nicht mehr dem Sprachzustand aller romanischen Sprachen in der Neuzeit entspricht (Wartburg erkannte dies übrigens selbst bereits 1953 explizit an). Zur Kritik siehe z. B. INEICHEN (1985).

In Anlehnung an die Wartburgsche Gliederung der Romania schlägt LAUSBERG ([3]1969: 1, 39) "auf Grund des Verwandtschafts-Grades" folgende Dreiteilung der Romania vor:

I. **Westromania** mit folgenden Teilräumen:

A) Galloromania (Okzitanisch, Frankoprovenzalisch, Französisch)

B) Raetoromania

C) Norditalien

D) Iberoromania (Katalanisch, Spanisch, Portugiesisch)

II. **Ostromania** mit folgenden Teilräumen:

   A) Mittel- und Süditalien [einschließlich Toskana]

   B) Dalmatien

   C) Rumänien

III. **Sardinien**

Gerade die Abgrenzung der **Galloromania** von der **Iberoromania** und der **Italoromania** ist problematisch. Vieles spricht aus heutiger Sicht für eine weitgehende Einbeziehung des Katalanischen in die Galloromania. Auch das Rätoromanische, insbesondere das Bündnerromanische (Schweiz), zeigt starke Affinitäten zum Galloromanischen, so dass eine ausschließliche Zuordnung des Rätoromanischen zur Italoromania, wie sie das obige Schaubild zur Klassifikation der romanischen Sprachen suggeriert, in Frage gestellt werden muss.

Schließlich weisen wir noch auf die verschiedenartigen Konstellationen hin, die sich ergeben, wenn man eine Klassifizierung der romanischen Sprachen ausschließlich auf der Grundlage der Verteilung von Wortschatzelementen versucht. Nach Bartoli mit seiner ***linguistica spaziale*** (BARTOLI 1925) hat vor allem Rohlfs diesen Ansatz auf besonders anschauliche Weise (mit viel Kartenmaterial) vertreten (siehe ROHLFS 1954, 1971, 1986). So kann er z. B. nachweisen, dass unter anderen möglichen immer wieder eine bestimmte Konstellation auftritt, in der sich nämlich eine **innere Romania** (Gallia, Italia) gegenüber einer **Randromania** (Iberia, Dacia) abhebt (entsprechend einer **Arealnorm** Bartolis), wobei anzumerken ist, dass verschiedene der im folgenden Schema angeführten sprachlichen Fakten zur Illustration etwas vereinfacht dargestellt sind:

IBERIA	GALLIA	ITALIA	DACIA
lat. *rogare* sp./port. *rogar*	*precare* frz. *prier*	*precare* it. *pregare*	*rogare* rum. *a ruga*
lat. *afflare* sp. *hallar* port. *achar*	*tropare* frz. *trouver*	*tropare* it. *trovare*	*afflare* rum. *a afla*
lat. *fervere* sp. *hervir* port. *ferver*	*bullire* frz. *bouillir*	*bullire* it. *bollire*	*fervere* rum. *a fierbe*
lat. *humerus* sp. *hombro* port. *ombro*	*spat(h)ula* frz. *épaule*	*spat(h)ula* it. *spalla*	*humerus* rum. *umăr*
RANDROMANIA	**INNERE ROMANIA**		**RANDROMANIA**

IBERIA	GALLIA	ITALIA	DACIA
lat. *magis* sp. *más* port. *mais*	*plus* frz. *plus*	*plus* it. *più*	*magis* rum. *mai*
lat. *formosus* sp. *hermoso* port. *formoso*	*bellus* frz. *beau*	*bellus* it. *bello*	*formosus* rum. *frumos*
lat. *mensa* sp./port. *mesa*	*tabula* frz. *table*	*tabula* it. *tavola*	*mensa* rum. *masă*
lat. *dies* sp./port. *día*	*diurnum* frz. *jour*	*diurnum* it. *giorno*	*dies* rum. *zi*
RANDROMANIA	INNERE ROMANIA		RANDROMANIA

Das einfachste, dafür aber auch aussageschwächste Verfahren, um Sprachen einzuteilen, ist die **geographische** (oder areale) Klassifikation: Hier werden Sprachen ausschließlich nach dem Kriterium ihrer räumlichen Kontiguität zusammengefasst, z. B. australische Sprachen, Sudansprachen. Auch die Einteilung Westromania/Ostromania – nicht diejenige auf der Grundlage der merkmalbezogenen Wartburgschen Kriterien (vgl. oben) – gehört dazu. Die **historisch-genealogische** Klassifikation wiederum beruht auf der genetischen Verwandtschaft zwischen Sprachen. Aufgrund unserer historischen Kenntnis, dass sich aus einer (Ausgangs-) Sprache im Laufe der Zeit verschiedene Sprachen entwickelt haben, gruppieren wir diese zu einer Sprachfamilie – so auch die romanischen Sprachen, die sich bekanntlich aus dem Latein entwickelt haben. Klassifikationen, die auf **sprachstruk-turellen** Fakten basieren, ordnet man der **Sprachtypologie** zu. Innerhalb der Sprachtypologie gibt es die **partielle** Typologie (d. h. Typologie "sprachlicher Teilsysteme", z. B. die phonische oder die morphologische Ebene betreffend) und die **integrale** Typologie (d. h. Typologie "sprachlicher Ganzsysteme") (Erklärung nach HAARMANN 1976).

Literaturhinweise

BARTOLI, Matteo (1925), *Introduzione alla neolinguistica*, Genf.

GECKELER, Horst (1976), "Sigmaphobie in der Romania? Versuch einer funktionellen Bestimmung", *ZRPh* 92: 265–291.

--- (1978), "'Phonischer Code' und 'skripturaler Code' auch für die Beschreibung des Spanischen?" *Iberoromania* 8: 11–29.

HAARMANN, Harald (1976), *Grundzüge der Sprachtypologie*, Stuttgart u. a.

INEICHEN, Gustav (1985), "Cambiamento linguistico e classificazione romanza", in: *Linguistica storica e cambiamento linguistico*, Roma: 93–103.

MEIER-BRÜGGER, Michael (⁹2010), *Indogermanische Sprachwissenschaft*, unter Mitarbeit von Mattias Fritz u. Manfred Mayrhofer, Berlin.

ROHLFS, Gerhard (1954), *Die lexikalische Differenzierung der romanischen Sprachen. Versuch einer romanischen Wortgeographie*, München.

--- (1971), *Romanische Sprachgeographie. Geschichte und Grundlagen, Aspekte und Probleme, mit dem Versuch eines Sprachatlas der romanischen Sprachen*, München.

--- (1986) *Panorama delle lingue neolatine. Piccolo atlante linguistico panromanzo*, Tübingen.

Orientierend zur Sprachtypologie: INEICHEN, Gustav ([2]1991), *Allgemeine Sprachtypologie*, Darmstadt; COSERIU, Eugenio (1980), "Der Sinn der Sprachtypologie", *TCLC* 20: 157–170. Einen wissenschaftsgeschichtlichen Überblick über die Versuche zur Klassifizierung der romanischen Sprachen gibt MALKIEL, Yakov (1978), "The Classification of Romance Languages", *RomPh* 31: 467–500.

Über sprachtypologische Ansätze und Arbeiten zum Spanischen: siehe GECKELER, Horst (1983), "Sprachtypologische Betrachtungen zum Spanischen", in: KREMER, Dieter (Hrsg.), *Aspekte der Hispania im 19. und 20. Jahrhundert*, Hamburg: 269–284; GECKELER, Horst (1987), "La place de l'espagnol dans la typologie des langues romanes (à propos de quelques études récentes relatives à la matière)", in: *Homenaje a Álvaro Galmés de Fuentes*, III, Oviedo – Madrid: 99–120.

Zu den verschiedenen Bezeichnungen der spanischen Sprache:

ALONSO, Amado ([1]1943, [5]1979), *Castellano, español, idioma nacional. Historia espiritual de tres nombres*, Buenos Aires.

BERSCHIN, Helmut (1982), "Dos problemas de denominación: ¿Español o castellano? ¿Hispanoamérica o Latinoamérica?", in: PERL, Matthias (Hrsg.), *Estudios sobre el léxico del español de América*, Leipzig: 198–214.

MONDÉJAR CUMPIÁN, José (1981), *"Castellano" y "Español" – dos nombres para una lengua*, Granada.

1.3 Die Verbreitung der romanischen Sprachen

Als Übersichtsinformation führen wir noch die heute üblicherweise unterschiedenen 11 romanischen Sprachen in der Reihenfolge ihrer numerischen Wichtigkeit an, nach der Zahl ihrer muttersprachlichen Sprecher (wobei aus der Literatur häufig nicht klar hervorgeht, ob in zweisprachigen Gebieten Muttersprache und Zweitsprache zusammengerechnet oder getrennt geführt werden). In Klammern geben wir bei den "großen" romanischen Sprachen auch ihren Rang unter den meistgesprochenen Sprachen der Erde in römischen Ziffern an und unterrichten gleichzeitig summarisch über die Hauptverbreitungsgebiete der einzelnen romanischen Sprachen. Wir müssen jedoch darauf hinweisen, dass die Angaben über die Zahl der Sprecher in den konsultierten einschlägigen Werken – wie übrigens nicht anders zu erwarten war – z. T. beträchtlich divergieren.

Die numerischen Angaben zu den Sprecherzahlen hier und auch im folgenden Abschnitt I.2. haben wir hauptsächlich folgenden Nachschlagewerken entnommen: *Der Fischer Weltalmanach 2011*, Frankfurt. *Encyclopaedia Britannica Online* (*search.eb.com/eb*, in Universitätsnetzen).

Sprache	Ungefähre Zahl der Sprecher	Wichtigste Verbreitungsgebiete
1. Spanisch (IV.)	ca. 415 Mio.	siehe I.2.
2. Portugiesisch (VII.)	ca. 210 Mio.	Portugal, Azoren, Madeira, Brasilien, Angola, Mosambik (Moçambique)
3. Französisch (X.)	ca. 131 Mio., davon 76 Mio. Primärsprachler und 55 Mio. Zweitsprachler	Frankreich, südl. Belgien, Westschweiz, Monaco, Luxemburg u. Andorra (offiz. Sprache), Kanada (u. a. Provinz Québec), z. T. USA (Louisiana) und Haiti, frz. Antillen, Frz.-Guayana. Inseln im Indischen Ozean mit frz. Kreolsprachen. Verkehrssprache in weiten Teilen Afrikas
4. Italienisch	ca. 70 Mio.	Italien, z. T. in der Schweiz (Kanton Tessin, Teile Graubündens)
5. Rumänisch	ca. 26,5 Mio.	Rumänien, Moldawien/ Republica Moldova, (Griechenland, Albanien)
6. Katalanisch	ca. 7–10 Mio.	Katalonien, Comunidad Valenciana, Balearen, Andorra, Roussillon (Frankreich), siehe I.3.1
7. Okzitanisch	maximal 200.000 Sprecher	Südfrankreich: Grenzlinie im Norden im Bogen von der Gironde nördlich um das Massif Central zur Rhône zwischen Valence und Vienne und südlich von Grenoble zur ital. Grenze
8. Sardisch	ca. 1–1,4 Mio.	Sardinien
9. Rätoromanisch[2] a. Bündnerromanisch b. Zentralladinisch (Ladin) c. Friaulisch (Furlan)	ca. 35.000 (Gesamtschweiz) ca. 30.000 ca. 600.000	v. a. Kanton Graubünden (Schweiz) verschiedene Dolomitentäler, Comelico und Teile des Cadore (Italien) Region Friuli – Venezia Giulia (Italien)

---

2   Das Rätoromanische als Einheit wird neuerdings immer wieder in Frage gestellt.

Sprache	Ungefähre Zahl der Sprecher	Wichtigste Verbreitungsgebiete
10. Frankoprovenza-lisch	ca. 140.000	Südostfrankreich mit dem Lyonnais, Savoyen, dem nördl. Dauphiné mit Grenoble (als "Patois" auf dem Lande), Westschweiz (weitgehend aufgegeben), Italien: Aostatal, recht lebendig
11. Dalmatisch †	Ausgestorben im Jahre 1898	Teile der dalmatinischen Küste und vorgelagerte Inseln (z. B. Veglia – Krk)

Anregungen

1. Vertiefen Sie Ihre Kenntnis von der Verbreitung der romanischen Sprachen und Dialekte in Europa und in der Welt, indem Sie die entsprechenden Karten in BOSSONG (2008: 321–331) sowie im *LRL* (Bd. III, XIX–XXIII; IV, XVII; V,1, XXIII; V,2, XXIII; VI,1, Tafel und 1–17) studieren.
2. Arbeiten Sie die typologische Kurzbeschreibung des Spanischen in BOSSONG (2008: 87–99) gründlich durch.
3. Resümieren Sie – evtl. im Rahmen einer Hausarbeit – die Beschreibung des Spanischen von John N. Green in: HARRIS, Martin/VINCENT, Nigel (Hrsg.) (1988), *The Romance Languages*, London – Sydney, 79–130.

2. Die geographische Verbreitung der spanischen Sprache

Wie man sehen kann, steht das Spanische aufgrund seiner ca. 415 Millionen Sprecher in der Rangfolge der meistgesprochenen Sprachen der Welt an vierter Stelle (nach dem Chinesischen, dem Englischen und dem Hindi). Es ist also auch die romanische Sprache mit der höchsten Sprecherzahl.

Seine weltweite Verbreitung verdankt das Spanische der gewaltigen Expansion des spanischen Imperiums zu Beginn der Neuzeit. Die Bedeutung des Spanischen als Weltsprache zeigt sich u. a. auch darin, dass es – außer in Spanien – in 18 Staaten Lateinamerikas offizielle Amtssprache und daneben noch in einigen weiteren Ländern Amts- oder Verkehrssprache ist. Ferner ist es eine der fünf Amtssprachen der UNO und Amts- bzw. Arbeitssprache verschiedener internationaler Organismen (z. B. UNESCO, OAS, EU).

Im Folgenden geben wir eine geographisch angeordnete Übersicht über die Gebiete der Erde, in denen Spanisch als Muttersprache oder bei Bilinguismus als Zweitsprache gesprochen wird – mit Angabe der Sprecherzahlen, die in der Literatur z. T. jedoch stark schwanken und die deshalb gerundet angeführt werden. Die Schwankungen ergeben sich vor allem wegen ungleicher Erhebungen bei Regionen mit Mehrsprachigkeit, da manchmal Sprachkompetenzen erhoben wurden, manchmal aber die in der Familie tatsächlich verwendete Sprache.

2.1 Europa

Spanien (zum spanischen Staatsgebiet gehören auch die Balearen, die Kanarischen Inseln sowie die Küstenstädte Ceuta und Melilla als Exklaven in Marokko): ca. 40 Mio. Sprecher des Spanischen (als Muttersprache oder Zweitsprache); Spanisch ist offizielle Staatssprache, Kultur- und Verkehrssprache.

Zu den anderen in Spanien gesprochenen Sprachen: siehe I.3.; zu den Dialekten des Spanischen: siehe I.4. Durch die starke Zuwanderung der letzten Jahre haben sich auch neue Minderheitensprachen etabliert, z. B. Arabisch, Rumänisch u. a.

Andorra: Spanisch ist eine der Verkehrssprachen in diesem Staat (vgl. auch I.3.1).

Gibraltar: Oft wird übersehen, dass auf Gibraltar, das durch den Spanischen Erbfolgekrieg seit 1704 bzw. 1713 der englischen Krone untersteht, neben dem Englischen als offizieller Sprache auch Spanisch existiert, jedoch nur als informelle gesprochene Sprache in Form eines Dialekts mit andalusischem Einschlag und mit vielen Anglizismen sowie italienischen Relikten. Das sog. *yanito* hat ca. 17.000–18.000 Muttersprachler, die im außerfamiliären Bereich jedoch das Englische verwenden (siehe auch KRAMER 1986).

2.2 Südamerika (von Norden nach Süden)

Venezuela: ca. 27,6 Mio.; indigene Sprachen fallen kaum ins Gewicht.

Kolumbien: ca. 44 Mio.; nicht einmal 2 % sprechen indigene Sprachen (z. B. Chibcha, Páez, Guahibo, Huitoto), vor allem in den weiten Llanos des Ostens.

Ecuador: ca. 12,8 Mio.; ca. 2 Mio. Quechua-Sprecher (zu den indigenen Sprachen: siehe IV.11.4).

Peru: ca. 24,2 Mio.; ca. 5 Mio. Quechua-Sprecher. Beide sind regional auch offizielle Sprachen; ca. 0,8 Mio. Sprecher des Aimara.

Bolivien: ca. 8,5 Mio.; ca. 2,8 Mio. Quechua-Sprecher; ca. 1,9 Mio. Aimara-Sprecher. Alle indigenen Sprachen sind im Prinzip auch offizielle Sprachen.

Paraguay: ca. 4,3 Mio.; die offiziellen Sprachen sind Spanisch (v. a. für öffentliche Belange; im städtischen Leben) und Guaraní (ca. 5 Mio., in der privaten Sphäre; auf dem Lande); vielfach unausgewogene Zweisprachigkeit.

Argentinien: ca. 39,3 Mio.; indigene Sprachen spielen zahlenmäßig keine Rolle.

Uruguay: ca. 3,2 Mio.; keine indigenen Sprachen.

Chile: ca. 15,6 Mio.; ca. 240.000 Mapuche-Sprecher.

Resümee: In ganz Südamerika wird Spanisch als Muttersprache sowie als Amts-, Kultur- und Verkehrssprache gesprochen (daneben regional auch indigene Sprachen). Davon weichen ab Brasilien (Portugiesisch), Guyana (Englisch), Surinam (Niederländisch) und Französisch-Guayana (Französisch).

2.3 Mittelamerika (von Nordwesten nach Südosten)

Guatemala: ca. 9,8 Mio.; zahlreiche indigene Sprachen, die von etwa der Hälfte der Bevölkerung gesprochen werden.

Honduras: ca. 6 Mio.

El Salvador: ca. 6,7 Mio.

Nicaragua: ca. 5 Mio.

Costa Rica: ca. 4,3 Mio.; indigene Sprachen spielen keine große Rolle.

Panama: ca. 2,8 Mio.; daneben dient Englisch als Verkehrssprache, v. a. in der Kanalzone.

Resümee: In ganz Mittelamerika wird Spanisch als Muttersprache sowie als Amts-, Kultur- und Verkehrssprache gesprochen (in den meisten Staaten begrenzt auch indigene Sprachen). Selbst in Belize (ehemalig Britisch Honduras; Amtssprache: Englisch) sprechen etwa 50 % der Bevölkerung Spanisch neben Englisch und Kreol.

2.4 Nordamerika

Mexiko: ca. 105 Mio. Spanischsprecher; dazu etwa 1,6 Mio., die nur eine der indigenen Sprachen (v. a. Nahuatl, Otomí, P'urhépecha/Taraskisch, Zapotekisch, Mixtekisch, Maya) sprechen; insgesamt ca. 14 Mio. zweisprachige Indios.

USA: ca. 35,3 Mio. (inklusive des mit den USA assoziierten Puerto Rico mit ca. 3,8 Mio. Spanischsprechern). Neben den Südweststaaten mit alter spanischer Präsenz (Neu-Mexiko, Texas, Kalifornien, Arizona) wirkt sich vor allem der massive Zustrom von Mexikanern nach Neu-Mexiko und Texas, von Puerto-Ricanern nach New York und von Kubanern nach Südflorida aus. Somit sind die USA das fünftgrößte spanischsprachige Land der Welt (nach Mexiko, Spanien, Argentinien und Kolumbien); etwa 12,2 % der gesamten US-Bevölkerung sprechen Spanisch.

2.5 Karibik

Kuba: ca. 11,2 Mio.

Dominikanische Republik: ca. 9,4 Mio.; an der Grenze zu Haiti wird auch eine französische Kreolsprache gesprochen.

Puerto Rico: siehe USA.

Trinidad und Tobago: Offizielle Amtssprache ist Englisch, Spanisch ist eine der Verkehrssprachen. Keine Sprecherzahlen verfügbar.

2.6 Afrika

Marokko: Spanisch war neben dem heute noch als Bildungssprache verbreiteten Französischen eine der Verkehrssprachen im nördlichen Marokko. Das Rifgebiet (nach dem Rif-Gebirge in Nordmarokko) war 1912–1956 spanisches Protektorat; heute ist das Spanische dort allenfalls noch erinnerte Kultursprache.

Westsahara (Demokratische Arabische Republik Sahara; früher: Spanisch-Westafrika, davor: Spanisch-Sahara, davor: Río de Oro): Spanisch ist neben dem verbreiteten Arabisch Amtssprache und weiterhin eine verwendete Schriftsprache, aber keine im Alltag gesprochene Sprache.

Äquatorial-Guinea (mit den Inseln Fernando Póo und Annobón) (früher Spanisch-Guinea, davor: Río Muni; unabhängig seit 1968): Spanisch ist neben Französisch Amtssprache. Beide Sprachen sind vor allem Bildungssprachen; keine Sprecherzahlen verfügbar.

2.7 Ostasien

Philippinen: Die beiden offiziellen Sprachen sind Englisch und Pilipino (Tagalog), außerdem werden zahlreiche andere Sprachen der malayo-polynesischen Sprachfamilie gesprochen. Nachdem die im 16. Jh. begründete spanische Herrschaft 1898 endete, ging auch das früher in den oberen Gesellschaftsschichten vorhandene Prestige des Spanischen stark zurück. Das Erbe zeigt sich in zahlreichen Familiennamen (Marcos, Aquino, Ramos, Arroyo, Estrada usw.). Es gibt heute keine muttersprachlichen Sprecher des Spanischen mehr. Zum Chabacano siehe I.2.8.2.

2.8 Weitere hispanische Sprachen

2.8.1 Das Judenspanische *(el judeo-español)*

Darunter versteht man das Spanische der 1492 von den Reyes Católicos aus Spanien vertriebenen Juden, der **Sepharden** oder **Sephardim** (span. *sefardíes*). Das Judenspanische hat in seiner Phonetik im Wesentlichen den Lautstand des 15. Jh. beibehalten. Es erreichte in den Aufnahmeländern, vor allem im Osmanischen Reich (Nordafrika, heutige Türkei, Balkanländer), aber auch in den westeuropäischen Ländern, nie ein zusammenhängendes Sprachgebiet. Nach der Judenverfolgung durch das Hitler-Regime gibt es heute Sephardengemeinden, in denen Judenspanisch gesprochen wird, nur noch in Griechenland, in der Türkei, zahlreiche in Israel, auch in Nordmarokko, in einigen westeuropäischen Hauptstädten, in den USA (v. a. in New York). Sie sind jedoch durchweg zwei- bzw. mehrsprachig. Die Sprecherzahl von 360.000 wird von einem Kenner wie SEPHIHA ([2]1979: 96) als eine Zahl betrachtet, die über den prekären Zustand der Sprachkompetenz der Sprecher hinwegtäuscht (vgl. auch I.4.2.1). Heute gibt es noch maximal 150.000 Sprecher des Judenspanischen (siehe auch SYMEONIDIS 2002).

2.8.2 Spanische Kreolsprachen

Eine Kreolsprache ist eine Mischsprache (kolonialen Ursprungs) besonderer Art, die im Gegensatz zu einem Pidgin in einer Sprachgemeinschaft als Muttersprache fungiert. Der Wortschatz spanisch basierter Kreolsprachen ist überwiegend spanischen Ursprungs, strukturell repräsentieren Kreolsprachen jedoch nicht den flektierenden Typus, sondern den isolierenden.

Im Vergleich etwa mit den französischen, portugiesischen und englischen Kreolsprachen sind nur drei spanisch basierte Kreolsprachen bekannt, so z. B. das Papiamento:

> El papiamento tiene en su base el criollo negro-portugués que traían los esclavos de África. En Curaçao esta lengua se mezcló con el español hablado en las Antillas y en las costas venezolanas. Por añadidura, cuenta con numerosas palabras holandesas. (ZAMORA VICENTE 1996: 442)

– Papiamento wird heute auf den niederländischen Antillen in Curaçao, Aruba und Bonaire von ca. 330.000 Sprechern als Muttersprache gesprochen. Obwohl diese Kreolsprache in allen Schichten der Bevölkerung verwendet wird, ist Niederländisch noch immer die offizielle Sprache. Siehe dazu auch MUNTEANU (1996).

– Das Kreolische von San Basilio de Palenque (*palenquero*, Nordkolumbien). Sprecherzahl etwa 2.500; siehe dazu MOÑINO/SCHWEGLER (2002: 11–167).

– Chabacano: Mit zwei kleinen Reliktgebieten, die in der Bucht von Manila bestehen, und ansonsten vor allem auf Mindanao (insbesondere Zamboanga) verbreitet, ist Chabacano mit ca. 300.000 Sprechern die größte kreolsprachige Gemeinschaft Asiens. Siehe dazu auch QUILIS/CASADO-FRESNILLO (2008).

3. Die Sprachen auf dem Territorium des heutigen Spanien

Neben dem Spanischen als Staatssprache und seinen Dialekten (vgl. I.4.) werden auf dem Gebiet des heutigen Spanien noch vier romanische Sprachen und eine nicht-romanische, sogar nicht-indogermanische Sprache gesprochen (siehe auch Karte I.4.2).

3.1 Katalanisch

Sprecherzahl: ca. 7,5 Mio. im geschlossenen Sprachgebiet in Spanien, einschließlich der Balearen; Zweisprachigkeit mit dem Spanischen.

Verbreitung der katalanischen Sprache (auch über Spanien hinaus):

– im ehemaligen Fürstentum Katalonien (Principat de Catalunya, Zentrum: Barcelona), das den heutigen Provinzen Gerona (Girona), Barcelona, Lérida (Lleida) und Tarragona entspricht;

– in einem Streifen Aragoniens im Grenzgebiet zu Katalonien;

– im größten Teil des ehemaligen Königreichs Valencia: Provinzen Castellón de la Plana, Valencia, Alicante, sowie in einem kleinen Gebiet der Provinz Murcia;

– auf den Balearen (Mallorca, Menorca, Cabrera) mit den Pityusen (Ibiza, Formentera);

– in Frankreich im Département Pyrénées-Orientales (traditionelle Bezeichnung der Region: le Roussillon) mit Zentrum Perpignan;

– in Andorra: Dort ist das Katalanische sogar Staatssprache, Verkehrssprachen sind Spanisch und Französisch;

– auf Sardinien (Nordwestküste): Die Stadt Alghero (katal.: L'Alguer) und ihr Umland sind katalanischsprachig (ein Relikt der katalanisch-aragonischen Herrschaft im Mittelmeerraum).

In Katalonien ist das Katalanische wie Spanisch offizielle Sprache. In katalanischer Sprache existiert eine reiche alte wie auch eine moderne Literatur.

Innerhalb des Katalanischen werden die beiden großen Dialektgruppen des Westkatalanischen und des Ostkatalanischen (zu letzterem gehört Barcelona) unterschieden; vgl. LÜDTKE (1984: 115–123).

Die Zuordnung des Katalanischen zur Galloromania oder zur Iberoromania (oder gar einer Pyrenäenromania) ist bis heute umstritten. Die Interpretation der Stellung des Katalanischen als "lengua-puente" (zuerst Badía Margarit, dann auch Baldinger u. a.) zwischen Gallo- und Iberoromania stellt eine vermittelnde Position dar; vgl. BALDINGER ([2]1972: 125–160, 409–411; Forschungsbericht).

3.2 Galicisch

Sprecherzahl: ca. 2,5 Mio., Zweisprachigkeit mit dem Spanischen.

Das Galicische ist in Galicien selbst in den Provinzen La Coruña, Lugo, Pontevedra und Orense und darüber hinaus im Westen der Provinzen Asturias, León und Zamora verbreitet. Kolonien von Galicischsprechern gibt es auch in Hispanoamerika.

In Galicien ist das Galicische (*o galego*) wie Spanisch offizielle Sprache. Das Galicische ist im Mittelalter zunächst eine historische Form des Portugiesischen (daher die gemeinsame Bezeichnung *gallego-portugués*) und bildete sich jenseits des Minho in der nordwestlichen Ecke der Iberischen Halbinsel heraus. Mit der Reconquista dehnte sich die Sprache nach Süden aus, wobei das eigentliche Stammland des Portugiesischen zwischen Douro (Duero) und Minho liegt. Durch die Unabhängigkeit Portugals im 12. Jh. (Galicien blieb bei Spanien) war die Grundlage für eine stärkere sprachliche Differenzierung gegeben, die sich im 14. Jh. akzentuierte.

Im Mittelalter war das *gallego-portugués* über mehrere Jahrhunderte die Sprache einer reichen lyrischen Literatur höfischer Natur, die uns in verschiedenen "Cancioneiros" überliefert ist. Selbst am kastilischen Hof dichtete König Alfons der Weise (1221–1284) seine *Cantigas de Santa Maria* in *gallego-portugués*, während er seine Prosa auf Kastilisch schrieb.

Nach der Phase der galicisch-portugiesischen Einheit der Sprache kann man ab dem 15. Jh. vom Galicischen und vom Portugiesischen als von zwei unterschiedlichen Sprachformen sprechen.

3.3 Portugiesisch

Von zahlenmäßig geringer Bedeutung sind die portugiesischen Sprachinseln auf spanischem Gebiet. Sie sind dort zu finden, wo die politische Grenze und die Sprachgrenze zwischen Spanien und Portugal nicht übereinstimmen, z. B. in den Provinzen Zamora, Salamanca, Cáceres und Badajoz. Genaueres aus portugiesischer Sicht siehe in OSSENKOP (2010).

3.4 Aranesisch

Das Aranesische, das im Val d'Aran, in den Pyrenäen, gesprochen wird, ist ein Unterdialekt des Gaskognischen, welches meist zum Okzitanischen gerechnet wird, aber unter den okzitanischen Dialekten eine Sonderstellung einnimmt.

Das Val d'Aran ist eine kleine Landschaft in den Zentralpyrenäen mit neun Gemeinden, die national-politisch zu Spanien, regional-politisch zu Katalonien (Provinz Lleida) gehört und deren Nordgrenze an Frankreich stößt; hier entspringt auch die Garonne. Von den ca. 6.500 Einwohnern sprechen 40 % immer Aranesisch, 14,7 % gebrauchen es als Zweitsprache. Außer dem Aranesischen werden im Val d'Arán – in dieser Reihenfolge – noch folgende Sprachen als Erstsprachen gesprochen:

Spanisch (28,7 %), Katalanisch (8,6 %), Französisch (ca. 1 %). Diese Sprachen fungieren auch als Zweitsprachen. Das Val d'Arán bietet ein in Europa geradezu einmaliges Beispiel für Mehrsprachigkeit.

3.5 Baskisch

Das nicht-indoeuropäische Baskische fällt ganz aus dem europäischen Sprachenpanorama heraus.

Sprecherzahl: 775.00 in Spanien, Zweisprachigkeit mit dem Spanischen; 67.000 in Frankreich. Dazu kommen noch ca. 80.000 Auslandsbasken in Hispanoamerika. Verbreitet ist der Zweiterwerb des Baskischen bei Erwachsenen.

Verbreitung des Baskischen: In der östlichen Hälfte der Provinz Vizcaya (ohne Bilbao), in der ganzen Provinz Guipúzcoa (kulturelles Zentrum des Baskentums: San Sebastián – Donostia), in der Provinz Álava – obwohl zu den "provincias vascongadas" gezählt – nur noch in einigen Orten, sowie im Nordwesten von Navarra. In Frankreich: im westlichen Teil des Départements Pyrénées-Atlantiques. Im spanischen Baskenland (Euskal Herria oder Euskadi) ist das Baskische (*euskara, euskera*) wie Spanisch offizielle Sprache.

3.6 Arabisch und Romani (Zigeunerisch)

Meist wird übersehen, dass auf dem Territorium des heutigen Spanien unter maghrebinischen Migranten, aber auch in den spanischen Exklaven Ceuta und Melilla in Nordafrika (Marokko) auch Arabisch bzw. Berberisch gesprochen wird.

Schließlich sind die ca. 600.000 Zigeuner (*gitanos*, auch *romaníes*)[3] in Spanien zu erwähnen, die natürlich über kein geschlossenes Sprachgebiet verfügen. Zigeunerisch (*romaní, caló*), indoeuropäischen Ursprungs, ist eine selbständige mittelindische Sprache (siehe HAARMANN 1975: 377), die in Spanien von vielleicht 65.000 *gitanos* gesprochen wird.

> **Anregung**
>
> Unter Anleitung des Seminarleiters könnten zumindest ein kurzer katalanischer und ein kurzer galicischer Text gelesen, ins Spanische übersetzt und dabei auf Gemeinsamkeiten und Unterschiede zwischen diesen Sprachen hin betrachtet werden.

---

3   Der Terminus *gitano* oder *romaní* wird in Spanien im Allgemeinen nicht pejorativ verstanden oder benutzt. Neben der traditionellen Bezeichnung *gitano*, auch Eigenbezeichnung in der "Unión Gitana", gibt es die Eigenbezeichnung *calé* als Bezeichnung der großen Familie der *Calé* in Nordafrika und auf der Pyrenäenhalbinsel. Die neuere Bezeichnung *rom* oder *rrom* geht auf romaní *rom* 'Mann' zurück. Die dialektal variierende Sprache heißt *romanó* (span. *romaní*) oder *caló*, in der deutschsprachigen Sprachwissenschaft traditionell (seit dem 19. Jh.) Zigeunerisch, heute eher Romani.

Literaturhinweise

ALVAR, Manuel (Hrsg.) (1986), *Lenguas peninsulares y proyección hispánica*, Madrid.

BALDINGER, Kurt ([2]1972), *La formación de los dominios lingüísticos en la Península Ibérica*, Madrid.

CASTILLO LLUCH, Mónica (2006), *Las lenguas de España. Política lingüística, sociología del lenguaje e ideología desde la Transición hasta la actualidad*, Madrid.

CLIMENT, Teresa (1986), *Realitat lingüística a la Val d'Aran*, Barcelona.

DOPPELBAUER, Max (2008), *La España multilingüe. Lenguas y políticas lingüísticas de España.* Wien.

ETXEBARRIA AROSTEGUI, Maitena (2002), *La diversidad de lenguas en España*, Madrid.

GARCÍA MOUTON, Pilar ([5]2007), *Lenguas y dialectos de España*, Madrid.

HAARMANN, Harald (1975), *Soziologie und Politik der Sprachen Europas*, München.

JANICH, Nina/GREULE, Albrecht (Hrsg.) (2002), *Sprachkulturen in Europa. Ein internationales Handbuch*, Tübingen.

KRAMER, Johannes (1986), *English and Spanish in Gibraltar*, Hamburg.

KRAMER, Johannes (2004), *Die iberoromanische Kreolsprache Papiamento: eine romanistische Darstellung*, Hamburg.

LÓPEZ MORALES, Humberto (2010), *La andadura del español por el mundo*, Madrid. Eine popularisierende, aber gelungene Darstellung der Geschichte und heutigen Präsenz des Spanischen in der Welt.

LÜDTKE, Jens (1984), *Katalanisch. Eine einführende Sprachbeschreibung*, München.

MOÑINO, Yves/SCHWEGLER, Armin (Hrsg.) (2002), *Palenque, Cartagena y Afro-Caribe: historia y lengua*, Tübingen.

MUNTEANU, Dan (1996), *El papiamento, lengua criolla hispánica*, Madrid.

OSSENKOP, Christina (2010), "Dialektale Varietäten am Rande des portugiesischen Sprachgebiets: Beobachtungen zum 'falar' der Beira Baixa und des Alto Alentejo", *RGG* 16,2: 159–173.

PUSCH, Claus D./CENTELLAS I OLLER, Eva (2008), *Katalanisch in Geschichte und Gegenwart: sprachwissenschaftliche Beiträge.* Tübingen.

QUILIS, Antonio/CASADO-FRESNILLO, Celia (2008), *La lengua española en Filipinas: historia, situación actual, el chabacano.* Madrid (*RFE*, Anejo 101).

SEPHIHA, Haïm Vidal ([2]1979), *L'agonie des Judéo-Espagnols*, Paris.

SYMEONIDIS, Haralambos (2002), *Das Judenspanische von Thessaloniki*, Bern u. a.

WINKELMANN, Otto (1989), *Untersuchungen zur Sprachvariation des Gaskognischen im Val d'Aran (Zentralpyrenäen)*, Tübingen.

ZAMORA VICENTE, Alonso (1996), *Dialectología española*, 2ª ed., 6ª reimpr., Madrid.

Zum Galicischen siehe "Galegisch/Gallego", Artikel 410–417 im *LRL*, Bd. VI,2 (1994), 1–129.

4. Die dialektale Gliederung des Spanischen

4.1 Dialekt und Sprache

4.1.1 Abgrenzungskriterien

Sprachennamen wie Spanisch, Italienisch oder Deutsch suggerieren etwas Einheitliches. In Wirklichkeit sind Sprachen aber keineswegs einheitlich, sondern erscheinen in vielfachen Varietäten (zur Variationslinguistik siehe unten III.7.). In regionaler Hinsicht werden die Varietäten, die scheinbare Untereinheiten bilden, Dialekte genannt. Für den Linguisten sind Dialekte gegenüber einer Hoch- oder Nationalsprache prinzipiell nicht etwas Minderwertiges (vgl. oben I.1.), sondern die primären Erscheinungsformen jeder historischen Sprache. Insofern bestehen für die Linguistik alle Sprachen aus zunächst gleichberechtigten regionalen Varietäten. Erst wenn sich in höher entwickelten Gemeinschaften ein Dialekt oder ein auf einem historischen Dialekt beruhender Kunstdialekt durch politisches oder literarisches Prestige zu einer **überregionalen Gemeinsprache** erhebt, entsteht eine Sprache. Das Verhältnis Sprache – Dialekt ist also nicht in erster Linie ein linguistisches, sondern eines, das durch Kriterien wie **überregionale Verbreitung** und **Kodifizierung** der Lautung, Orthographie, Morphologie, Syntax und Wortschatz bestimmt ist. Die Frage, zu welcher Sprache ein bestimmter Dialekt zu rechnen ist, muss unter linguistischen Gesichtspunkten u. U. anders beantwortet werden, als es manchmal in dem stark ideologisch befrachteten Sprachbewusstsein der Sprecher getan wird. In historisch schwierig gelagerten Fällen wie dem Galicischen oder dem Niederländischen (gegenüber dem Niederdeutschen) treten unterschiedliche Bewertungen auf. Gleichwohl ist das Sprecherbewusstsein für die Konstituierung von Sprachen und die Zugehörigkeit von Dialekten zu bestimmten Sprachen von großer Wichtigkeit (vgl. hierzu COSERIU 1980: 106–111, 120–122).

4.1.2 Das Kastilische als Dialekt und als Sprache

Vom Gesichtspunkt der historischen Linguistik aus ist auch eine Staatssprache wie das Spanische (*español*) eine auf dem kastilischen Dialekt (*dialecto castellano*) beruhende regionale Ausbauvarietät. Als solche ist das Kastilische ein Dialekt wie das Asturisch-Leonesische (*astur-leonés*) und das Aragonesische (*aragonés*). Der Fall des Galicischen (*gallego*, galic. *galego*) ist komplizierter (s. o.). Die Dialekte haben für die Sprachwissenschaft grundsätzlich denselben Rang wie National- oder überregionale Verkehrssprachen. Auch sie müssen in allen ihren Bereichen (Phonetik, Phonologie, Morphologie, Grammatik, Syntax, Wortbildung, Wortschatz) und Funktionen synchron und diachron beschrieben werden (vgl. hierzu LÖFFLER 1974: 73–133), wobei die sprachliche Variation größer zu sein pflegt als in der vereinheitlichten Hochsprache. Coseriu (1980: 116) unterscheidet zwischen primären, sekundären und tertiären Dialekten:

Die vor der Konstituierung einer Gemeinsprache schon existierenden Dialekte einer historischen Sprache können "primäre Dialekte" genannt werden (z. B. im Falle des Spanischen: As-
turleonesisch, Kastilisch, Navarroaragonesisch). Durch die Differenzierung der Gemeinsprache selbst können "sekundäre Dialekte" entstehen (z. B. Andalusisch, Kanarisch), und durch
die Differenzierung der exemplarischen Norm der Gemeinsprache "tertiäre Dialekte" (z. B. die
andalusische Form des "exemplarischen" Spanisch).

4.1.3 Die Entstehung der historischen spanischen Dialekte

Alle spanischen Dialekte sind letztlich Erben des in Hispanien verbreiteten Sprech-
lateins. Die Differenzierung dieses Lateins in verschiedene Dialekte, ein in einer
lebendigen Sprache natürlicher Vorgang, beruht nach heutiger Kenntnis auf vielen
verschiedenen Faktoren: Dabei geht es um Unterschiede im Zeitpunkt, in der Art
und Intensität der Romanisierung der verschiedenen Regionen der Halbinsel (siehe IV.1.), Unterschiede in der Beeinflussung des lokalen Lateins durch die jeweiligen einheimischen Sprachen (siehe IV.3.2), aber auch um das Feudalsystem der
Westgotenzeit, die anschließende Epoche der maurischen Besetzung Spaniens
und die Reconquista, die von Nordspanien aus die schon vorhandenen sprachlichen Differenzierungen in dieser langen Zeit weiter verstärkte. Nach dem Ende
des weströmischen Reiches 476 war der Verkehr zwischen den einzelnen Fürsten-
tümern in den schwer zugänglichen Tälern des kantabrischen Gebirges und der
Pyrenäen weitgehend unterbunden, wodurch die sprachliche Kammerung weiter
voranschritt. Die historischen Dialekte des Spanischen sind diejenigen primären
Dialekte, die schon vor der Konstituierung der Gemeinsprache existierten und bei
ihrer Entstehung funktionell und räumlich zurückgedrängt wurden. Geographisch
sind sie alle am äußersten nördlichen Rand der Iberischen Halbinsel nebeneinan-
der von West nach Ost angeordnet.

Demgegenüber stellte das Mozarabische eine Dialektgruppe im mittleren und südlichen Teil der Halbinsel dar, die durch das Kastilische im Zuge der Reconquista
überlagert und damit ausgelöscht wurde. Als Fortsetzung des Lateins der römischen Provinzen Baetica, Tarraconensis und Lusitania, die früher und inten-
siver als der kantabrische Norden romanisiert worden waren, bildete das Mozarabische eine Gruppe hispanischer Dialekte, die in mancher Hinsicht eine
eigenständige Einheit gegenüber gewissen Charakteristika der Dialekte des Nordens zeigen, also sowohl gegenüber dem Katalanischen wie auch – in geringerem
Maße – gegenüber dem Galicisch-Portugiesischen, besonders aber gegenüber dem
Kastilischen. Mehr Gemeinsamkeiten bestehen mit dem Leonesischen und Aragonesischen.

Bei der folgenden Charakterisierung der einzelnen Dialekte wollen wir uns auf die
traditionelle lautliche (besser: lauthistorische) Kennzeichnung beschränken und
andere mögliche Kriterien, wie z. B. eine lexikalische Differenzierung, weitgehend
außer Acht lassen.

4.2 Die historischen nordspanischen Dialekte

4.2.1 Kastilisch (mit Andalusisch und Judenspanisch)

Das Ursprungsgebiet des Kastilischen liegt in der Montaña zwischen Santander und Burgos. Im Laufe der Reconquista wurde dieser Dialekt zur spanischen Sprache. Er breitete sich über den größten Teil der Iberischen Halbinsel aus (siehe IV.7.), später dann weiter auf die Kanarischen Inseln, nach Amerika und auf die Philippinen.

Als Nationalsprache des spanischen Staates wird das Kastilische seit dem 16. Jh. auch Spanisch genannt. Charakteristika des Kastilischen sind:

a) Betontes *ę* und *ǫ* des Vulgärlateinischen zeigen Diphthongierung sowohl in offener als auch in geschlossener Silbe (siehe III.1.2.4.a). Beispiele: *venit > viene, quaerit > quiere, petra > piedra, perdit > pierde, septe > siete, rota > rueda, post > pues, *morit > muere, porta > puerta, forte > fuerte.* Die Diphthongierung tritt jedoch im Allgemeinen nicht vor einem lat. palatalen Laut auf (*folia > hoja, nocte > *[noi̯te] > noche, speculu > *[espeklu] > *[espeʎo] > espejo, teneat > *teña > tenga*). Diese Beschränkungen trennen das Kastilische vom Asturisch-Leonesischen und Aragonesischen, die in jedem Fall diphthongieren. Das Galicisch-Portugiesische wie das Katalanische diphthongieren dagegen in allen genannten Fällen gar nicht.

b) Die romanischen Auslautvokale sind – mit Einschränkungen für *-e* – in der Regel erhalten (*casa > casa, forte > fuerte,* aber *ciuitate > ciudad, dixi > dije, dico > digo, maritu > marido*).

c) Betontes *á* + *-i-* wird zum Monophthong *e* weiterentwickelt (*primariu > *[primai̯ro] > *[primei̯ro] > primero, operariu > obrero, basiat > besa, sapiat > *[sai̯pa] > sepa.* In diesen Fällen haben die auf dem Latein der Baetica (vgl. IV.1.) beruhenden Dialekte Galicisch-Portugiesisch und Asturisch-Leonesisch die älteren Lautungen bewahrt (vgl. gal.-port. *primeiro, obreiro, saiba, beija,* leones. *primeiro, beisa*), jedoch stimmt das Kastilische mit dem Katalanischen bzw. der dem Katalanischen zugrundeliegenden tarraconensischen Latinität überein (vgl. kat. *primer, obrer, besa*; siehe dazu auch IV.1.).

d) Lat. *au* wird unter dem Einfluss der tarraconensischen Latinität (vgl. IV.1.) wie auch im Katalanischen und Aragonesischen zu *o* monophthongiert (*auru > oro,* kat. *or, causa > kat., kast. cosa, paucu > poco,* kat. *poc*). Das auf dem Latein der Baetica beruhende Mozarabisch wie auch die westlichen Dialekte haben dagegen den Diphthong in irgendeiner Form bewahrt (gal.-port., westasturisch *ouro, cousa, coisa, pouco*).

e) Anlautendes *f-* vor Vokal wurde wohl früh (s. IV.3.4) durch *h-* ersetzt (*facere > hazer > hacer, factu > hecho, farina > harina, fabulare > hablar, filiu > hijo, filu > hilo, formica > hormiga, faba > haba.* Entsprechend blieb der Nexus [fr-] wie bei *frigidu > frío* erhalten. Eine Ausnahme bildet der Nexus [fu̯e-] wie bei *fuente, fuera,* z. T.

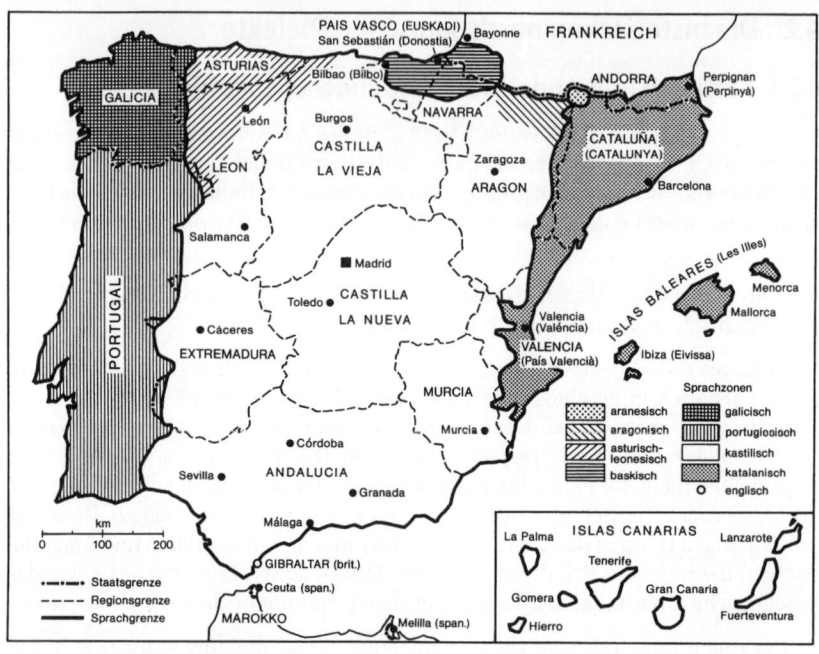

Die sprachliche Gliederung der Iberischen Halbinsel
(adaptiert nach H. Berschin u.a., *Die spanische Sprache*, Hildesheim ⁴2012 [¹1987], S. 41)

auch [fịe-] wie in *fiero (*aber: *hierro* < *ferru*). Dies kann daran liegen, dass [ụe], seltener [ịe], nach /f-/ als konsonantisch empfunden wurden. Gegen Ende des 16. Jh. wurde dieses *h*- stumm, blieb aber in der Orthographie erhalten (siehe hierzu auch IV.3.4). Die Entwicklung f- > h- bildet wohl den markantesten Kontrast zwischen dem Kastilischen und seinen Abkömmlingen im Vergleich zu den anderen historischen Dialekten auf der Iberischen Halbinsel.

f) Die anlautenden lat. Nexus *pl-*, *kl-*, *fl-* wurden zu [ʎ] palatalisiert (*plorare* > *llorar*, **plicare* > *llegar*, *pluvia* > *lluvia*, *clamare* > *llamar*, *clave* > *llave*, *flamma* > *llama*). Hier hat das Aragonesische wie das Katalanische die lat. Nexus bewahrt, während sie das Leonesische wie das Galicische zu [tʃ] entwickelt und das Portugiesische [tʃ] > [ʃ] weitergeführt hat.

g) Der Nexus *-kt-* wurde über *[çt] und *[ịt] zu [tʃ] palatalisiert (*nocte* > *noche*, *factu* > *hecho*, *lacte* > *leche*, *directu* > *derecho*), ähnlich -(*u*)*lt*- > [(u)ịt] > [tʃ] (*multu* > *mucho*, *auscultare* > *escuchar*, *cultellu* > *cuchillo*; siehe hierzu auch IV.3.3.2). Hier zeigt das Kastilische gegenüber allen anderen Dialekten, die auch bei der Grundlage *-kt-* eher bei dem Entwicklungsstand [ịt] verharren, die progressivste Entwicklung.

36

h) Der lat. Nexus *-mb-* wurde teilweise zu *-m-* vereinfacht (*palumba* > *paloma*, vgl. kat. *coloma*, aber navarres. *palomba*, astur. *pallombu*, gal.-port. *pomba*; *lumbu* > *lomo*, aber gal.-port., astur. *lombo*; *plumbu* > *plomo*, aber gal.-port., astur. *chumbo*). Auch hier hat das Kastilische Einflüsse des Lateins der Tarraconensis erhalten.

i) Die vlat. Nexus *-kl-*, *-gl-*, bei denen *-k-* und *-g-* sehr palatal ausgesprochen wurden, entwickelten sich wie der Nexus *-lj-* über *[ʎ] und *[j] zu [ʒ],[4] während alle übrigen Dialekte und iberoromanischen Sprachen bei dem Stand [ʎ] blieben. In der späteren Entwicklung des Kastilischen wurde [ʒ] über [ʃ] letztlich zu [x], die Orthographie blieb bei ‹j› bzw. ‹g› (*filiu* > *hijo, muliére* > asp. *muger* > *mujer, vetulu* > *veclu* > *viejo, ovic(u)la* > *oveja, apic(u)la* > *abeja, teg(u)la* > *teja, acuc(u)la* > *aguja, oc(u)lu* > *ojo*).

j) Ein gemeinsamer Zug der drei spanischen Dialekte Kastilisch, Asturisch-Leonesisch und Aragonesisch gegenüber dem Katalanischen und dem Galicisch-Portugiesischen ist die im Kastilischen im 16. Jh. erfolgte Entsonorisierung der ursprünglich stimmhaften Reibelaute und Affrikaten, vereinfacht dargestellt z. B. kast. *casa* [ˈkaza] > [ˈkasa]; *vezino* [beˈdzino] > *vecino* [beˈtsino] > [beˈθino]; *mujer* [muˈʒɛr] > [muˈʃɛr] > [muˈxɛr]; *hijo* [ˈhiʒo] > [ˈiʃo] > [ˈixo] (vgl. IV.8.1).

Das Andalusische

Das Andalusische (*el andaluz*) stellt keine Fortführung der alten Romanität Südspaniens und des Mozarabischen dar, sondern ist ein sekundärer Dialekt des Kastilischen, weil es den oben angeführten sprachlichen Kriterien entspricht. Das im Zuge der Reconquista nach Süden getragene Kastilisch war jedoch, eventuell auch durch die Berührung mit dem Mozarabischen, gewissen nivellierenden Tendenzen ausgesetzt und zeigt insofern lautliche Vereinfachungen, deren Verbreitung jedoch nicht mit der politischen Region Andalusien übereinstimmt.

a) Die altkast. Phoneme /s/ und /ts/ sind zu einem Phonem zusammengefallen, und zwar entweder zu /s/ oder zu /θ/. Im ersten Fall handelt es sich um den sog. *seseo*, der in einem zentralen mittleren Streifen des andalusischen Sprachgebiets (einschl. Sevilla Stadt) zu finden ist, vgl. *quince* /ˈkinse/, *corazón* /koraˈson/, *cielo* /ˈsielo/.[5] Im zweiten Fall geht es um den *ceceo* (vor allem in der sog. Unterschicht in einem südlichen Gebiet zwischen Huelva und der Grenze zu Almería), vgl. *quince* /ˈkinθe/, *pasar* /paˈθar/.

b) Die kast. Phoneme /ʎ/ und /j/ sind zu /j/ zusammengefallen (*yeísmo*): *caballo* [kaˈβaʎo] > [kaˈβajo], *yo me llamo Inés* [jomejamoiˈnes]. Dabei neigt das im Kast.

---

4   Dieser Prozess geht mit dem späteren *yeísmo* konform (siehe I.4.2.1 zum Andalusischen), der [ʎ] zu [j] verschiebt und dieses z. B. im argentinischen Spanisch durch *rehilamiento* zu [ʒ] und [ʃ] weiterentwickelt (vgl. IV.11.3.1).

5   Zur Verbreitung des *seseo* in Amerika siehe IV.11.3.1.

palatale /j/ auch zu einer präpalatalen, sich [ʒ] nähernden Realisierung. Dieses Phänomen wird in der span. Phonetik *rehilamiento* genannt (vgl. auch IV.11.3.1).

c) Anlautendes *h-* < *f-* ist nicht verstummt, sondern wird im größten Teil Andalusiens (außer im Nordosten) als [h-] gesprochen. Damit einher geht die Realisierung von /x/ als [h], so dass wir neben [ha'rina], ['humo] auch *caja* als ['kaha], *bajar* als [ba'har] finden.

d) Silbenauslautendes /s/ wird ebenfalls als [h] realisiert oder schwindet ganz, wobei es im Osten Andalusiens auch zu einer Öffnung des vorausgehenden Vokals kommt (*libros* ['liβroh], ['liβrɔ]; *tú comes* [tu'komeh], [tu'komɛ]; *este* ['ehte], ['ɛte]; *estas casas* [ehtah'kasah], [ɛtæ'kasæ].[6]

e) Die Phoneme /l/ und /r/ werden im Silbenauslaut oft neutralisiert. Das Ergebnis dieser Neutralisierung kann [l] oder aber [r] sein, welches in Andalusien häufiger vorkommt: *cuerpo* ['kwelpo], *suerte* ['swelte], *algunos* [ar'ɣunoh], *falta* ['farta].

Übergangsmundarten der Extremadura (*extremeño*) und Murcias (*murciano*) lassen wir hier unberücksichtigt, ebenso das Kanarische (*canario*).

Das Judenspanische

Zum Judenspanischen oder Sephardischen (*judeoespañol, sefardí*) siehe auch I.2.8.1. Sprachlich ist das Judenspanische vor allem durch seinen archaischen Lautstand charakterisiert, der im Wesentlichen auf das Kastilische des 15. Jh. aus der Zeit vor der Vertreibung zurückgeht, allerdings mit gewissen Modifizierungen.

a) Bewahrt hat das Judenspanische die später im Kastilischen aufgegebene Unterscheidung zwischen den stimmlosen und den stimmhaften Sibilanten /s/ und /z/ ([pa'sar], [kan'tase] – ['meza], ['kaza], [er'mozo]). Dies betrifft auch die aus asp. /ts/ und /dz/ entwickelten, die zu /s/ bzw. /z/ vereinfacht wurden ([se'niza] *ceniza*, ['siŋko] *cinco*, ['braso] *brazo*, [de'zir] *decir*, [(f)a'zer] *hacer*, [vi'zino] *vecino*).

b) Auch die altspanische Unterscheidung zwischen stimmhaften und stimmlosen präpalatalen Reibelauten bzw. Affrikaten (/ʃ/ und /dʒ/, später /ʒ/) hat das Judenspanische bewahrt, so z. B. in

jsp. ['baʃo] — asp. *baxo* ['baʃo] — nsp. *bajo* ['baxo]
jsp. [ʃa'βon] — asp. *xabón* [ʃa'βon] — nsp. *jabón* [xa'βon]
jsp. ['dʒoβen] — asp. *joven* ['dʒoβen] — nsp. *joven* ['xoβen]
jsp. [mu'ʒer] — asp. *muger* [mu'ʒer] — nsp. *mujer* [mu'xer].

c) Anlautendes *f-* ist teils erhalten ([fa'βlar] für *hablar*), teils geschwunden ([a'βlar], ['iʒo] für *hijo,* [er'mozo] für *hermoso*). Eine Neuerung bzw. ein Vulgarismus

---

6   Hierbei bezeichnet [æ] ein sehr offenes palatales /a/; vgl. hierzu auch GECKELER (1976: 266–270, siehe S. 242 in diesem Band).

ist [hwe] für *fue*, ['hwente] für *fuente* (vgl. die gleichen Lautungen in der Volkssprache der Halbinsel, nicht nur in Andalusien).

d) Ein nicht-kastilischer Zug des Judenspanischen ist der Erhalt von *-mb-*, der eventuell als leonesische Beeinflussung zu interpretieren ist (*lombo, palomba, lamber*).

e) Eine populäre Neuerung oder ein Hinweis auf eine südliche, mozarabisch beeinflusste Sprachform ist der durchgehende *yeísmo* des Judenspanischen (['jaβe] *llave,* [ja'mar] *llamar,* [je'ɣar] *llegar,* [ka'βajo] *caballo,* bis hin zum Schwund des [j], z. B. [ku'tʃio] *cuchillo*).

4.2.2 Navarro-Aragonesisch

Das Aragonesische (*el aragonés*) ist als lebendiger Dialekt heute fast auf sein Ursprungsgebiet beschränkt. Es wird nur noch – und auch dort z. T. stark kastilisiert – in einem Rückzugsgebiet in einigen Pyrenäentälern im Norden und Nordosten der Provinz Huesca gesprochen. Das Aragonesische ist über die heutigen Restformen hinaus vor allem von großem sprachhistorischen Interesse. Zu Beginn der Reconquista verbreitete sich das Aragonesische von seinem kleinen Ursprungsgebiet westwärts nach Navarra, weswegen historisch vom Navarro-Aragonesischen gesprochen wird, mit gewissen Besonderheiten des Navarresischen. Über Navarra hinaus dehnte sich das Aragonesische bis in die Rioja aus, die äußerste südliche Expansion erstreckte sich bis Teruel und Segorbe, fast auf der Höhe von Valencia. Wegen früher Kastilisierung – die Rioja im 12.–13. Jh., Navarra im 15. Jh., Zaragoza im 16. Jh. – konnte sich eine bedeutende aragonesische Literatur nicht entwickeln, obwohl das Aragonesische in der Frühzeit, vor dem Erstarken des Kastilischen, bei der Entstehung erster volkssprachlicher Texte, aber auch später in zahlreichen Urkunden und Gesetzesbüchern (sog. *fueros*), eine wichtige Rolle spielte.

Sprachliche Charakteristika des Aragonesischen sind:

a) Diphthongierung von vlat. ę und ǫ in jeder Stellung, also auch vor Palatal (*teneat* > **teña* > *tienga* 'tenga'; *folia* > *fuella* 'hoja'; *nocte* > *nueyt* 'noche'; *hodie* > *huey* 'hoy'; *octo* > *ueito* 'ocho'), sowie z. B. bei *es* > *ias/yas* 'du bist'.

b) Die romanischen Auslautvokale, vor allem *-e*, teilweise auch *-o*, zeigen vielfach Schwund (*part, cort, siguient, grant, conseill, chen* – kast. *gente, nueit* – kast. *noche*). Dieser im Katalanischen noch viel stärker ausgeprägte Zug ist erwartungsgemäß im östlichen Aragonesischen stärker vertreten als im übrigen Gebiet. Gerade dieses Merkmal des Aragonesischen ist in den frühen spanischen Texten häufig.

c) Betontes *á* + *-i-* bleibt teils als Diphthong erhalten, teils wird es weiterentwickelt wie im Kastilischen (*factu* > *fayt, feito*; *primariu* > *primero*), zeigt also uneinheitliche Lösungen.

d) Die Wortbetonung ist oft auf der vorletzten Silbe (span. *grave*), wo sie im Kast. auf der drittletzten liegt (*palabra esdrújula*), so z.B. *medíco, estomágo, cantáro, estabámos, teniámos*.

e) Gelegentlich sind, vor allem in den pyrenäischen Zonen, intervokalisches *-p-*, *-t-*, *-k-* erhalten, ein an sich ostromanischer Zug, der hier im Aragonesischen viele Fragen aufgeworfen hat (Beispiel *apic(u)la* > *apella*). GARCÍA DE DIEGO ([3]1978: 256) erklärt die Erscheinung nicht als eine phonetische, sondern eine funktionelle, z.B. Pluralbildungen wie *paretes* (statt *paredes*), die von der Singularform *paret* mit *-t* ausgehen.

f) Anlautendes *f-* bleibt erhalten (*faba, filo, fillo* 'hijo', *fablar, fuir* 'huir', *fongo* 'hongo').

g) Die Nexus *pl-, kl-, fl-* bleiben erhalten (*plorar, plegar* 'llegar', *plever* 'llover', *clamar, clau* 'llave', *flama* 'llama').

h) Die Nexus *-kt-* und *-(u)lt-* werden nur bis zur Stufe -i̯t- palatalisiert (*factu* > *feito*; *lacte* > *lei(t); directu* > *dreito; suspecta* > *sospeita* 'sospecha'; *strictu* > *estreito* 'estrecho'; *multu* > *muito* 'mucho'; *auscultare* > *ascuitar* 'escuchar'; *cultellu* > *cuitiello* 'cuchillo').

i) Der Nexus *-mb-* wird im Aragonesischen wie im Kastilischen zu *-m-* reduziert (*paloma, lomo*), nicht jedoch in Navarra und in der Rioja (*palomba*).

j) Die vlat. Nexus *-kl-, -gl-* wurden durch die ursprünglich palatale Aussprache von *-k-* und *-g-* zu palatalem [ʎ] entwickelt (*veclu* > *viello* 'viejo', *oculu* > *güello* 'ojo', *acuc(u)la* > *agulla* 'aguja').

4.2.3 Asturisch-Leonesisch

Das Asturisch-Leonesische (*el astur(o)-leonés*) hat sein Zentrum in Asturien, dem Ausgangspunkt der Reconquista (siehe IV.7.). Schon im 9. Jh. wurde es über León hinaus bis an den Duero verbreitet und reichte im 13. Jh. bis Badajoz. Durch die Vormacht Kastiliens wurde eine weitere Ausbreitung jedoch verhindert, und eine leonesische Literatursprache konnte sich nicht herausbilden. Als Mundartengruppe ist das Asturisch-Leonesische aber bis heute, besonders im Norden (Provinzen Asturias, Santander, León) lebendig. Die einzelnen lokalen Mundarten werden *bables* genannt. In Asturien gibt es Versuche zur Ausbildung einer vereinheitlichten "llingua asturiana". Leonesisch wird auch noch in einer nordöstlichen Randzone Portugals bei Miranda do Douro, Rionor und Guadramil gesprochen.

Das Asturisch-Leonesische ist gegenüber den anderen Dialekten und Sprachen insgesamt durch folgende ausgewählte Charakteristika gekennzeichnet:

a) Diphthongierung von vlat. ę und ǫ in jeder Stellung, also auch vor Palatal (*teneo* > **teño* > *tiengo, folia* > *fueya, nocte* > *nueche* (zentral- und ostasturisch), *porta* > *puarta/puorta/puörta, et* > *ya, erat* > *yara* '(él/ella) era').

b) Die unbetonten Auslautvokale bleiben erhalten, jedoch werden -*e* und -*o* häufig zu -*i*, -*u* geschlossen (*tsubu* 'lobo', *pilu* 'pelo'), ebenso -*as*, -*ais*, -*an* > -*es*, -*eis*, -*en* (*les cases, cantabeis* 'cantabais', *canten* 'cantan').

c) Auslautendes -*i*, -*u* führt dann häufig zu Umlautungen[7] (vlat. *pilu* > *pilu* 'pelo', aber *pilos* > *pelos* 'pelos'; *palu* > *pelu* 'palo'; vlat. *lupu* > *tsubu* 'lobo', aber *tsobos*; vlat. *lacte* > *tsitsi* 'leche'; *apertu* > *abirtu*, aber *aperta* > *abierta*).

d) Betontes *á* + -*i*- bleiben als Diphthong zumindest im westlichen Asturischen als *éi* erhalten (*vaqueiru*, aber *vaquiera* 'vaquera', *cordeiro*, aber *cordiera, primeiro, mandei* 'mandé', < lat. *mandá(v)i*). Das Galicisch-Portugiesische zeigt die gleiche Entwicklung durchgängig (*cordeiro* und *cordeira*).

e) Anlautendes *f*- bleibt zumindest im westlichen Asturisch-Leonesischen erhalten (*farina, fiyo* 'hijo', *fame* 'hambre', *fueya* 'hoja').

f) Anlautendes *l*- und *n*- werden palatalisiert (*llado* 'lado', *lluz* 'luz', *llobo* 'lobo', *llingua/yingua* 'lengua'; *ñueso* 'nuestro'). Im westlichen Asturischen wird palatales [ʎ] vermutlich über *[j] alveolar-dental verengt und weiter zu [ts] affriziert (*tseite* 'leche', *tsubu* 'lobo', *batse* 'valle', *aketsa* 'aquella').

g) Anlautendes *pl*-, *kl*-, *fl*- werden im westlichen Asturisch-Leonesischen wie im Galicischen zu [tʃ] (*chover* 'llover', *chamar* 'llamar', *chama* 'llama', *churar* 'llorar', *flagrare* > *cheirar* 'riechen'), im östlichen Asturischen wie im Kastilischen zu [ʎ], im Zentralasturischen auch zu [j].

h) Die Nexus -*kt*- und -(*u*)*lt*- werden im westlichen Asturisch-Leonesischen wie im Galicisch-Portugiesischen, Aragonesischen und Katalanischen zu -*it*- (*nueite* 'noche', *lacte* > *tseite* 'leche', *tructa* > *truita* 'trucha', *multu(m)* > *muitu* 'mucho', *a(u)scultare* > *escuitar* 'escuchar').

i) Der Nexus -*mb*- bleibt erhalten (*palomba, chumbo* 'plomo').

j) Die lat. Nexus -*kl*-, -*gl*-, -*lj*- bleiben im Westen als [ʎ] erhalten (*muller*, wie port. *mulher* 'mujer'; *fillo*, wie port. *filho* 'hijo') und werden ansonsten zu [j] entwickelt (*muyer, fiyo, aguya* 'aguja', *güeyo* 'ojo', *vieyo* 'viejo').

---

7   Unter **Umlaut** (*metafonía, metafonesis*) versteht man die Fernassimilation eines geschlossenen Auslautvokals (-*i*, -*u*) auf den Tonvokal, der dann um eine Stufe gehoben, d. h. geschlossen wird. Die geschlossenere Stufe /i/, /u/ wird beim Sprechen damit antizipiert.

4.2.4 Galicisch (als Dialekt und Minderheitensprache)

Das Galicische (*gallego*, siehe auch I.3.2) breitete sich historisch gesehen als nord-westlicher Dialekt der Iberischen Halbinsel im Zuge der Reconquista nach Süden aus, wurde durch die Unabhängigkeit Portugals (1147) von seinem nördlichen Ur-sprungsgebiet getrennt und entwickelte sich sprachlich unter gewissem Einfluss des Mozarabischen zum Portugiesischen. Das Galicische, das im Einflussbereich des Spanischen verblieb, wurde in der späteren Zeit teilweise kastiliert. So kann man heute die Frage stellen, ob das Galicische zu den spanischen Dialekten zu zählen oder als Minderheitensprache mit starker Anlehnung an das Portugiesische zu betrachten sei. Linguistisch ist das Galicische kein spanischer Dialekt, aller-dings ebenso wenig ein portugiesischer. Aus heutiger Sicht stellt das Portugie-sische innersprachlich eher eine historische Form des Galicischen dar. Dies betrifft natürlich nicht den Prozess der ursprünglichen Herausbildung. Eine abgewogene Darstellung der Probleme des Galicischen gibt COSERIU (1987). Als Abgrenzung zu den spanischen Dialekten seien hier einige Charakteristika des Galicischen ge-nannt:

a) Keine Diphthongierung von vlat. ę und ǫ (*porta, roda, sete* ʻsieteʼ).

b) Intervokalisches *-l-* und *-n-* schwinden (*salire > sair, palu > pau* ʻpaloʼ, *colore > cor, luna > lua, corona > coroa*).

c) Entstehung von Nasalvokalen und -diphthongen im Altgalicischen und Portu-giesischen (*lana > lã, germana > irmã* ʻhermanaʼ, *cane > cão* ʻperroʼ), die jedoch im Neugalicischen wieder entnasaliert wurden (*lá, irmá, can*).[8]

d) Die Nexus *pl-, kl-, fl-* > [tʃ] (siehe I.4.2.3.g).

e) Die Nexus *-kt-, -(u)lt-* > *-it-* (*nocte > noite, factu > feito, lacte > leite*, siehe auch I.4.2.3.h).

f) Der Nexus *-mb-* bleibt erhalten (*pomba* ʻpalomaʼ, *lombo* ʻlomoʼ).

g) Die Nexus *-kl-, -gl-, -lj-* entwickeln sich zu [ʎ] (*muller, fillo, ollo, vello, agulla*, sie-he auch I.4.2.3.j).

h) Wie im Katalanischen, aber im Gegensatz zu den spanischen Dialekten, ist die Unterscheidung zwischen den stimmhaften und stimmlosen intervokalischen Rei-belauten /s/ – /z/ und /ʃ/ – /ʒ/ im Portugiesischen bewahrt worden (*casa – passar, baixo* ʻbajoʼ – *anjo* ʻángelʼ). Im Neugalicischen wurde sie schon seit dem 13. Jh. auf-gegeben (*casa, pasar* mit [s], *baixo, anxo* ʻangelʼ mit [ʃ]).

---

8   Allerdings in intervokalischer Position in der Tonsilbe auch im Portugiesischen (vgl. port. *lua < luna, coroa < corona, boa < bona, Lisboa < Ulixippona*; siehe hierzu SLETSJØE 1959).

4.3 Die spanischen Dialekte gegenüber Katalanisch und Galicisch-Portugiesisch

Die Diphthongierung von vlt. ę und ǫ sowie die Entsonorisierung von /z/, /dz/ und /ʒ/ trennen die span. Dialekte vom Katalanischen und Galicisch-Portugiesischen. Innerhalb der spanischen Dialekte weist das Kastilische die meisten Neuerungen auf (*ái > é*; *f- > h-*; *pl-, kl-, fl- > [ʎ]*; *-kt-, -(u)lt- > [tʃ]*; *-mb- > -m-*; *-kl-, -gl-, -lj- > [ʒ] > [ʃ] >[x]*) und stellt sich somit als der markanteste und progressivste spanische Dialekt dar. Als Endglied der von der röm. Provinz Tarraconensis ausgehenden recht späten Romanisierung hat er weniger traditionelle Merkmale als die anderen Dialekte und Sprachen der Halbinsel bewahrt. Gerade der eigenständige Charakter dürfte aber für eine Vorrangstellung günstig gewesen sein. Siehe hierzu auch unten IV.7.2.3.

4.4 In Spanien verdrängte Dialektformen: Mozarabisch

Wie schon unter I.4.1.3 erwähnt, stellt das Mozarabische (*el mozárabe*) eine historische iberoromanische Dialektgruppe in dem Bereich der Halbinsel dar, der sich jahrhundertelang unter maurischer Herrschaft befand. Die romanische Sprache wurde von den Mauren *al-ᶜağamiyya* 'Fremdsprache' genannt, woraus sich der span. Begriff **aljamía** für das Mozarabische bzw. das mozarabische Schrifttum herleitet. Die unter den Mauren lebenden romanisch sprechenden Christen wurden arabisch *mustáʾrab* 'die sich wie Araber geben' genannt, davon **mozárabe**. Die Erforschung des Mozarabischen steht wegen der arabischen Schrift, in der die Texte abgefasst sind und die besonders für die Darstellung der Vokale und Diphthonge ungeeignet ist, vor großen Problemen. Das Mozarabische war keine einheitliche Sprache, sondern regional verschieden. Außerdem gab es wohl unterschiedliche Schreibtraditionen. Wegen der Verfolgung der Mozaraber ab 1099 ist die Textüberlieferung bruchstückhaft. Erkenntnisse zur sprachlichen Charakterisierung des Mozarabischen zeigt GALMÉS DE FUENTES (1983), hier in Bezug auf die Quellen aus Toledo:

a) Die Diphthongierung von vlat. ę und ǫ ist uneinheitlich notiert (*fuwero, duweña, biyecho* 'viejo' neben *fonte/fuwente/fuwante/fuwonte, nora/nuwera, ferro/fyerro, soqro* 'suegro'). Damit ist die **Diphthongierung** zumindest für Toledo (aber auch für Sevilla) als gesichert anzunehmen und die traditionelle Meinung, das Mozarabische habe wie das Katalanische und das Galicisch-Portugiesische keine Diphthongierung gekannt und sei daher ein Brückenglied zwischen diesen beiden Sprachen, hinfällig.

b) Die Auslautvokale sind wohl generell erhalten, jedoch durch arabischen Einfluss häufig nicht notiert worden. So findet man z. B. *qaballel, semtayr* 'sendero', *febrayr, bestit* 'vestido' neben *qarboneyro, çapatayro, içkerdo* 'izquierdo'.

c) *á* + *-i-* erscheint ebenfalls uneinheitlich (*qarbonero/qarboneyro*); *au* bleibt jedoch durchgängig erhalten.

d) *f-* bleibt (*fornayro, fidalgo, ferro/fiyerro, filyas* 'hijas').

e) *pl-, kl-, fl-* sind wie im Aragonesischen und Katalanischen erhalten.

f) Intervokalisches *-p-, -t-, -k-* sind sicherlich sonorisiert. Häufige Schreibungen mit den stimmlosen Plosiven, die zu Spekulationen Anlass gaben, gehen nach Galmés de Fuentes wohl auf arabischen Einfluss zurück und entsprechen keiner lautlichen Realität.

g) Der Nexus *-mb-* ist erhalten (*qolomba*).

h) Die Nexus *-kt-, -(u)lt-* werden teils zu [-it̯-] (*eleyto* < *electu*), teils aber auch zu [t͡ʃ], und zwar auch in Córdoba, wo sicher kein kastilischer Einfluss geherrscht hat (*lechuga, lecheyro* 'lechero').

i) Die Nexus *-kl-, -lj-* werden zu einem [dʲ] bzw. [ᵈj]-ähnlichen Laut (GALMÉS DE FUENTES 1983: 300f.) und zeigen damit entgegen der vorherigen wissenschaftlichen Meinung eine Entwicklung, die das Mozarabische in diesem Punkt näher zum Kastilischen als zu den übrigen span. Dialekten und zum Kat. bzw. Gal.-Port. stellt (*filiu* > *fidju/fidju*, vgl. altkast. *fijo* ['hidʒo/'fidʒo]).

Wenn auch immer noch kein abschließendes Urteil über das Mozarabische möglich ist, so ist nach den bisherigen Erkenntnissen doch zu sagen, dass es nicht als Gegenpol zu den spanischen Dialekten oder etwa nur in Verbindung mit dem Katalanischen bzw. Portugiesischen zu sehen ist. Es ist eine Dialektgruppe eigener Art, die als Fortsetzung des Lateins der Baetica, also Südspaniens, ein wichtiges historisches Bindeglied für die Erklärung der sprachlichen Gliederung der Halbinsel darstellt.

Literaturhinweise

ALVAR, Manuel (Hrsg.) (1996), *Manual de dialectología hispánica*. T. I: *El español de España*, Barcelona (Nachdruck 2010).

ALVAR, Manuel (1953), *El dialecto aragonés*, Madrid.

ALVAR, Manuel (1960), *Textos hispánicos dialectales*, Madrid.

BUSSE, Winfried (Hrsg.) (1991), *Judenspanisch I*, (=*Neue Romania* 12).

COSERIU, Eugenio (1980), "'Historische Sprache' und 'Dialekt'", in: J. GÖSCHEL/P. IVIĆ/K. KEHR (Hrsg.), *Dialekt und Dialektologie. Ergebnisse des Internationalen Symposions "Zur Theorie des Dialekts" (Marburg 1977)*, Wiesbaden: 106–122.

COSERIU, Eugenio (1987), "El gallego y sus problemas", *LEA* 9: 127–138.

GALMÉS DE FUENTES, Álvaro (1983), *Dialectología mozárabe*, Madrid. (Krit. Rez. von Gerold HILTY, *RJb* 34 [1985], 309–313).

GARCÍA DE DIEGO, Vicente (³1978), *Manual de dialectología española*, Madrid.

KUHN, Alwin (1935), "Der hocharagonesische Dialekt", *RLiR* 11:1–312.

LÖFFLER, Heinrich (1974), *Probleme der Dialektologie*, Darmstadt.

MENÉNDEZ PIDAL, Ramón ([6]1968), *Orígenes del español*, Madrid. 1. Aufl. 1926.

MENÉNDEZ PIDAL, Ramón ([2]1962), *El dialecto leonés*, Oviedo. ([1]1906).

NOVO MIER, Lorenzo (1980), *El habla de Asturias, comparada con las otras lenguas vernáculas hispánicas (Estudio histórico lingüístico)*, Oviedo.

SALA, Marius (1970), *Estudios sobre el judeoespañol de Bucarest*, México.

SLETSJØE, Leif (1959), *Le développement de l et n en ancien portugais*, Paris.

WAGNER, Max Leopold (1914), *Beiträge zur Kenntnis des Judenspanischen von Konstantinopel*, Wien.

ZAMORA VICENTE, Alonso (1996), *Dialectología española*, 2ª ed., 6ª reimpr., Madrid.

4.5 Spanische Sprachgeographie

Die Sprachgeographie (*geografía lingüística*) ist als Zweig der Sprachwissenschaft vor etwa 130 Jahren im Rahmen der Entwicklung der Mundartforschung entstanden (siehe auch II.8.3.1). Das Ziel ist zunächst eine mundartliche Datensammlung, bei der ein bestimmtes Gebiet durch ein Netz von Punkten abgedeckt und an jedem Punkt mindestens ein Sprecher (Sujet) nach einem Fragenkatalog (frz. *questionnaire*, span. *cuestionario*) nach seinen für den betreffenden Ort gültigen Entsprechungen befragt wird. Die Ergebnisse werden dann für jeden Punkt in Karten eingetragen, wobei für jede Frage des Katalogs in der Regel eine Karte vorgesehen ist. Alle Orte mit gleicher Lösung (z. B. vlat. [ǫ] diphthongiert, das Ergebnis ist also z. B. *puerta/puarta/puorta*, nicht *porta*) können durch eine Isoglosse (Linie gleicher sprachlicher Erscheinung) umfasst werden. Das weitere Ziel der kartographischen Erfassung dialektologischer Daten ist ihre sprachhistorische Interpretation, denn aus der Verteilung bestimmter lautlicher, morphologischer oder lexikalischer Erscheinungen können Rückschlüsse auf die Sprachgeschichte gezogen werden. So lässt sich z. B. erkennen, dass Flusstäler und Ebenen im Allgemeinen die Ausbreitung von Neuerungen, die von sprachlichen Zentren ausgehen, begünstigen. Phänomene, die sich nur in Randgebieten oder unzugänglichen Berglandschaften finden, sind in der Regel die älteren, zurückgedrängten Lautungen oder Formen. Zu den technischen und theoretischen Problemen der Datenerhebung siehe auch ALVAR ([2]1973).

Nach ihrem Ausgangspunkt in Deutschland entwickelte sich die Sprachgeographie zu Beginn des 20. Jh. vor allem in Frankreich. J. Gilliéron hat nicht nur den *ALF* (*Atlas Linguistique de la France*) erstellt, sondern auch viel zur Theorie und Methode der Sprachgeographie geleistet. Dies erfuhr eine Fortsetzung in der Erarbeitung des Italienischen Sprachatlasses durch deutsche und schweizerische Romanisten in den zwanziger und dreißiger Jahren. Hierbei trat auch verstärkt ein Interesse an der Dokumentation der noch erhaltenen bäuerlichen Sachkultur in Erscheinung, das als die "Wörter und Sachen" genannte Richtung bekannt wurde (vgl. die Beziehungen zur onomasiologischen Forschung unter III.5.). Viele Sprachatlanten, auch spanische, tragen daher im Titel auch die Qualifizierung "etnográfico". Nach einer ersten Phase der Nationalatlanten war man nach dem Zweiten Weltkrieg eher an kleinräumigen, engmaschigeren Regionalatlanten interessiert, während man heute zu bestimmten linguistischen Fragestellungen auch große gesamteuropäische und auch weltumspannende Sprachatlasunternehmungen betreibt. Zur Geschichte der Sprachgeographie siehe neben ROHLFS (1971) besonders IORDAN/BAHNER (1962: 171–322; in span. Übers. 1967: 251–503, im Anhang).

Der die gesamte Iberische Halbinsel außer dem Baskenland umfassende ALPI (527 Explorationspunkte) ist ein Torso geblieben. Nach einer durch den Spanischen Bürgerkrieg (1936–1939) bedingten Unterbrechung konnten die Befragungen erst 1954 abgeschlossen werden. Ein erster Band zur Phonetik erschien 1962. Seit 2003 sind die gesamten Materialien jedoch dank eines Projekts unter der Leitung von David Heap in Kanada online verfügbar (*www.alpi.ca*). Statt eines binationalen Atlas (Spanien und Portugal) sind regionale Atlanten zu Andalusien (*ALEA*) sowie Aragón, Navarra und der Rioja (*ALEANR*), Kastilien und León (*ALCL*) und Castilla-La Mancha (*ALECMAN*) erschienen. Andere, wie z. B. zu Galicien (*ALGA*), sind im Entstehen begriffen.

Im hispanoamerikanischen Bereich entstehen verschiedene neuere Sprachatlanten. Bei den heutigen Projekten werden gegenüber den früher vorherrschenden sprachhistorischen Interessen (Nachweis der Bewahrung alter Sprachzustände gegenüber Innovationen) vor allem soziolinguistische Kriterien einbezogen. Dies zeigt sich in der Erhebung von Sprachdaten bei mehreren Personen pro Untersuchungsort. Dabei geht es um Differenzierung nach Alter, Geschlecht und Bildungsgrad, Unterscheidung verschiedener Äußerungsstile, wie spontane versus suggerierte Antwort auf direkte Befragung, Gewinnung der Antwort durch Vorlegen eines Bildes, freies Gespräch über ein gegebenes Thema, Lektüre von Texten. Neben den traditionellen diatopischen werden also auch diastratische und diaphasische Parameter mitberücksichtigt (siehe DIETRICH 2010; zur Erklärung der Termini siehe II.4.5).

Während die Sprachatlanten Kolumbiens (*ALEC*) und Mexikos (*ALMEX*) noch ganz auf das Spanische beschränkt waren und die einheimischen Sprachen ausklammerten, bezieht der *ADDU* den spanisch-portugiesischen Sprachkontakt im Norden Uruguays ein. Der *ALGR* stellt dagegen den Sprachkontakt Guaraní-Spanisch in Paraguay und Nordost-Argentinien sowie Guaraní-Portugiesisch in Grenzzonen zu Brasilien dar. Der *ALGR-S*, der auf Paraguay beschränkt ist, bildet wiederum die soziolinguistischen Daten u. a. zu den Sprachkenntnissen, Sprachverwendungen und Sprachbewertungen der Sprecher ab. Die dialektalen Unterschiede in Hispanoamerika sind nicht mit denen in Spanien zu vergleichen. Wenn auch früher immer wieder von der relativen sprachlichen Einheitlichkeit Hispanoamerikas gesprochen wurde, zeigen sich bei näherer Betrachtung doch auch große Unterschiede, z. B. zwischen dem Spanischen im Andenraum, im Río-de-la-Plata-Gebiet, in Mexiko und in der Karibik. Diese Differenzierungen beruhen sowohl auf unterschiedlichen Besiedlungsströmen in der Kolonialzeit und seit dem 19. Jh. als auch auf verschiedenartiger Beeinflussung durch indigene Sprachen und Kulturen (vgl. hierzu auch IV.11.).

Anregungen

1. Untersuchen Sie anhand der Karte 427 (*hormiga*) des ALEANR (siehe Literaturhinweise) den Verlauf der Dialektgrenze zwischen Kastilisch und Aragonesisch.
2. Stellen Sie im ALEC (siehe Literaturhinweise) die Bezeichnung für 'Wasserlauf' fest und arbeiten Sie die Unterschiede in der Verbreitung und der Bedeutung der Worttypen im Vergleich zu Spanien heraus.

Literaturhinweise

ADDU = THUN, Harald/ELIZAINCÍN, Adolfo (2000–), *Atlas lingüístico diatópico y diastrático del Uruguay*, Kiel.

ALCL = ALVAR, Manuel (1999), *Atlas lingüístico de Castilla y León*, 3 Bde., Valladolid.

ALEA = ALVAR, MANUEL/LLORENTE MALDONADO DE GUEVARA, Antonio/SALVADOR, Gregorio (1961–1973), *Atlas lingüístico y etnográfico de Andalucía, 6 Bde.*, Granada.

ALEANR = ALVAR, Manuel, et al. (1979–1980), *Atlas lingüístico y etnográfico de Aragón, Navarra y Rioja*, 12 Bde., Zaragoza-Madrid.

ALEC = FLÓREZ, Luis (1981–1983), *Atlas lingüístico-etnográfico de Colombia*, 6 Bde., Bogotá.

ALECMAN = GARCÍA MOUTON, Pilar/MORENO FERNÁNDEZ, Francisco (2003), *Atlas Lingüístico y Etnográfico de Castilla-La Mancha*. (*www.uah.es/alecman*)

ALGR = THUN, Harald, et al. (2009–), *Atlas Lingüístico Guaraní-Románico*. T. I: *Léxico del cuerpo humano*, elaborado por Wolf Dietrich y Haralambos Symeonidis, Kiel.

ALGR-S = THUN, Harald (2002), *Atlas Lingüístico Guaraní-Románico. Sociología*, 2 Bde., Kiel

ALMEX = LOPE BLANCH, Juan M. (1990–), *Atlas lingüístico de México*, México.

ALPI = *Atlas lingüístico de la Península Ibérica, I, Fonética*. Madrid 1962. (*www.alpi.ca*)

COSERIU, Eugenio (1975), *Die Sprachgeographie*, Tübingen.

DIETRICH, Wolf (2010), "Mapping the Romance languages of the Americas", in: LAMELI, Alfred/KEHREIN, Roland/RABANUS, Stefan (Hrsg.), *Language and Space. An International Handbook of Linguistic Variation*, vol. 2: *Language Mapping*, Berlin, 301–317.

MONTES GIRALDO, José Joaquín (³1995), *Dialectología general e hispanoamericana. Orientación teórica, metodológica y bibliográfica*. Bogotá.

RADTKE, Edgar/THUN, Harald (1996), *Neue Wege der romanischen Geolinguistik*, Kiel.

ROHLFS, Gerhard (1971), *Romanische Sprachgeographie*, München.

SWIGGERS, Pierre (2010), "Mapping the Romance languages of Europe", in: *Language and Space*, vol. 2, Berlin, 269–300.

Zusammenfassung

Sprachgemeinschaften grenzen ihre Sprache von anderen, benachbarten Sprachen ab. Als regional und funktionell begrenzte Sprachformen unterscheiden wir Dialekte (Ortsmundarten, Regionaldialekte) von Sprachen im eigentlichen Sinne, die eine größere territoriale Verbreitung haben und alle für die nationale Gesellschaft wichtigen Funktionen erfüllen. Sprachen gehören meistens einer Sprachfamilie an, die in historischer Abstammung aus einer angenommenen gemeinsamen Grundsprache hervorgeht. Die angenommene, sicher nicht einheitliche indoeuropäische Grundsprache hat sich in langer Zeit in verschiedene Sprachfamilien ausdifferenziert, z. B. in die slavische, baltische, germanische und italische. Das Spanische gehört der Familie der romanischen Sprachen an, die auf das Lateinische als gemeinsame Grundsprache zurückgehen. Das Lateinische gehört zu den frühen italischen Sprachen. Die einzelnen romanischen Sprachen sind teils Nationalsprachen geworden, teils Regionalsprachen geblieben, teils bilden sie nur sprachwissenschaftlich definierte Einheiten (z. B. Frankoprovenzalisch). Die romanischen Sprachen sind sowohl in Europa als auch in anderen Erdteilen (vor allem Amerika, Afrika und Ozeanien) weit verbreitet, zum Teil als Muttersprachen, zum Teil als Amts- oder Verkehrssprachen neben anderen einheimischen Sprachen.

Das Spanische ist geographisch und von den Sprecherzahlen her die am weitesten verbreitete romanische Sprache der Welt. Es ist Muttersprache und Amtssprache in Spanien und in 18 Staaten der Neuen Welt. In zwei weiteren Ländern Amerikas (USA mit Puerto Rico und in Belize) hat es eine bedeutende Stellung. Auch in Afrika ist es in einigen kleineren Gebieten als koloniales Erbe präsent, während seine Bedeutung in Asien (Philippinen) geschwunden ist. Spanien selbst ist ein vielsprachiges Land. Unter den romanischen Sprachen bildet das Galicische die Verbindung zum Portugiesischen, während das Katalanische im Osten typologisch die Verbindung zur Galloromania (Okzitanisch, Frankoprovenzalisch und Französisch) herstellt. Das Baskische hingegen stellt sprachlich eine eigene Welt dar. Es ist mit keiner anderen bekannten Sprache verwandt. Von den historisch bedeutsamen spanischen Dialekten hat sich das Kastilische wohl wegen der zentralen Lage und seiner lautlichen Eigenständigkeit zur Nationalsprache entwickeln können und seine Konkurrenten, das Aragonesische und Asturisch-Leonesische, überflügelt. Das für die Herausbildung des amerikanischen Spanisch wichtige Andalusische ist ein Unterdialekt des Kastilischen. Von historischer Bedeutung waren das Mozarabische (zur Zeit der maurischen Herrschaft in Zentral- und Südspanien) und das Judenspanische.

II. Grundbegriffe der allgemeinen Sprachwissenschaft

1. Sprachwissenschaft und Sprachphilosophie

Seit der uns aus der Antike überlieferten Beschäftigung des Menschen mit Problemen der Sprache hat es Beobachtungen nicht nur zu bestimmten historischen Einzelsprachen (Griechisch, Lateinisch, Spanisch, Englisch, Russisch usw.) gegeben, sondern auch die menschliche Sprache im Allgemeinen betreffende Fragestellungen und Erkenntnisse. Wenn diese ganz grundsätzlicher Natur sind, z. B. nach dem Wesen der Sprache, dem Ursprung der Sprache, dem Verhältnis von Sprache und Erkenntnis, von Sprache und Denken usw. fragen, so handelt es sich um eine philosophische Haltung zum Gegenstand Sprache, und wir sprechen von Sprachphilosophie (vgl. COSERIU 2003). Setzen die Fragestellungen jedoch die Existenz der Sprache beim Menschen schon voraus und beziehen sie sich nicht mehr auf das Was, sondern das Wie der Sprache (wie sind die Sprachen im Allgemeinen strukturiert, und wie kann man sie beschreiben?), so sprechen wir von sprachwissenschaftlichen Fragestellungen und weisen sie dem Bereich der allgemeinen Sprachwissenschaft (oder allgemeinen Linguistik) zu. Hier geht es u. a. um die Erarbeitung einer Theorie der Sprache und der methodischen Mittel, die eine möglichst adäquate Beschreibung aller Sprachen erlauben. Möglichst adäquat ist eine Beschreibung des Funktionierens oder Werdens einer Sprache, wenn sie weitestgehend den Fakten, d. h. dem tatsächlichen Sprachgebrauch der Sprecher und der ihnen intuitiv bewussten Regelhaftigkeit entspricht. Da eine Sprache niemals als solche und im Ganzen beobachtet werden kann, sondern immer nur aus dem sprachlichen Verhalten der Sprecher auf die gemeinsame Grundlage aller Sprecher einer Sprachgemeinschaft rückgeschlossen werden kann, sind immer nur Annäherungen an das Sprachwissen der Sprecher möglich. Aufgabe der Sprachtheorie ist es nun, diese Annäherungen optimal zu gestalten. Aus den vielfältigen Möglichkeiten, dieser Aufgabe gerecht zu werden, erklären sich die unterschiedlichen linguistischen Ansätze, Richtungen und Schulen, die jeweils andere theoretische Prämissen haben.

2. Vorüberlegungen

2.1 Rechtfertigung der hier getroffenen Auswahl

Da es im Rahmen einer Einführung in die Sprachwissenschaft des Spanischen – aber auch einer ersten Einführung in die Sprachwissenschaft überhaupt – nicht möglich ist und auch nicht sinnvoll sein kann, einen Überblick über die wichtigsten sprachwissenschaftlichen Richtungen zu geben, sollen hier exemplarisch die Grundbegriffe des europäischen sprachwissenschaftlichen Strukturalismus und ihre Weiterentwicklung durch Eugenio Coseriu dargestellt werden. Gerade die Einarbeitung in eine Richtung und die Erlernung des sinnvollen selbständigen Umgangs mit ihr scheint uns fruchtbarer als der notwendigerweise pauschale Überblick über ganz unterschiedliche theoretische Haltungen gegenüber dem Phänomen Sprache, der dem Anfänger kaum ein eigenes sprachwissenschaftliches Arbeiten erlauben wird.

2.2 Wissenschaftstheoretische Voraussetzungen

Sprachwissenschaftliche Theorie und Methodenbildung bestehen wie in anderen Wissenschaften aus einer genaueren terminologischen Erfassung des Gegenstandes, als dies im unwissenschaftlichen Sprachgebrauch üblich und notwendig ist. Die Schwierigkeit einer linguistischen Terminologie besteht u. a. darin, dass uns der Gegenstand Sprache nicht fremd ist, dass wir mit sprachlichen Mitteln über Sprache sprechen müssen und es nur unter Anstrengungen gelingt, neben uns selbst zu treten und uns beim Sprechen objektiv zu beobachten. Wir sind immer – auch als wissenschaftliche Beobachter – selbst Sprachteilnehmer und haben unser intuitives und richtiges Wissen von unserer Sprache, sei es der Muttersprache oder einer erlernten. Die methodischen Begriffe der Sprachwissenschaft sind daher im Wesentlichen unterscheidende, d. h. es werden terminologisch definierte Begriffe und damit Sachverhalte und Betrachtungsweisen differenziert. Einige der grundlegenden wurden in dem 1916 postum veröffentlichten *Cours de linguistique générale* des Schweizer Sprachwissenschaftlers Ferdinand de Saussure (1857–1913) zusammengefasst. Saussure hat die darauf fußenden Einsichten nicht als erster gewonnen, aber er hat sie zum ersten Mal im Zusammenhang prägnant formuliert, und von dort sind sie für die folgende Sprachwissenschaft des 20. Jh. fruchtbar geworden.

3. Das sprachliche Zeichen (*el signo lingüístico*)

3.1 Minimale sprachliche Einheiten

Wenn wir uns fragen, in welche minimalen Einheiten sich eine sprachliche Äußerung zerlegen lässt, so erkennen wir unterhalb des Textes den **Satz** (*la oración*), darunter das **Satzglied** (*la frase*), das **Syntagma** (*el sintagma*, siehe III.3.2.1), das **Wort** (*la palabra*) und als kleinste, nicht mehr (oder noch nicht) bedeutungstragende Einheit den **Laut** (*el sonido*, siehe III.1.1). Jedoch ist das Wort für die Sprachwissenschaftler nicht immer ein klar umrissener Begriff: Haben auch Elemente wie z. B. die Präposition *en* oder der Artikel *la* Wortstatus? Warum ist *caballito*

'Pferdchen' ein Wort, sind aber *pequeño caballo* zwei Wörter? Kann es richtig sein, dass die Orthographie entscheidet, dass *he cantado* 'ich habe gesungen' zwei Wörter sind und *canté* 'ich sang' nur eines? Die Sprachwissenschaftler sprechen daher statt von Wörtern lieber von kleinsten bedeutungstragenden Zeichen und nennen diese entweder nach dem französischen Linguisten André Martinet (MARTINET 1960, Kap. 4.3) **Moneme** (*monemas*, von griech. *mónos* 'einzig, allein') oder in der anglo-amerikanischen Tradition **Morpheme** (*morfemas*, von griech. *morphē* 'Form', also etwa 'Formelemente'). Moneme oder Morpheme, die kleinsten bedeutungstragenden Elemente jeder Sprache, beziehen sich einerseits auf die außersprachliche Wirklichkeit und klassifizieren sie – je nach Sprache – unterschiedlich (z. B. in *casa, flor, hielo, helado, caliente, escribir, colorado/rojo* oder *Haus, Blume/Blüte, Eis, heiß/ warm, schreiben, rot*). Diese Moneme nennen wir **Lexeme** (*lexemas*). Andere beziehen sich auf die Sprache selbst und stellen Relationen zwischen oder Bestimmungen von Lexemen dar. Sie werden nach Martinet **Morpheme** genannt (vgl. III.2.1). Gemeinsam ist beiden, dass sie Bedeutung tragen, lexikalische bzw. grammatische, denn es gibt kein sprachliches Zeichen ohne Bedeutung.

3.2 Zeichensysteme

Dieser wichtigen Erkenntnis Saussures geht voraus, dass sprachlich bedeutungstragende Elemente Zeichen sind. Sie stehen für etwas, besser noch, sie enthalten eine Bedeutung, mittels derer sie auf etwas verweisen können: Lexeme auf einen außersprachlichen Sachverhalt, Morpheme auf eine innersprachliche Beziehung (z. B. Objekt, Tempus oder Person). Als Zeichen sind sie nicht die Sache selbst, die sie bezeichnen, sondern sie verweisen auf sie mittels ihrer Bedeutung. Das Wort *casa* ist nicht selbst ein Haus, sondern bietet die Möglichkeit, auf eines zu verweisen, es zu benennen. Im Gegensatz zu anderen Zeichensystemen (z. B. Signalen, wie Verkehrszeichen oder Lichtzeichen) sind die sprachlichen Zeichen unabhängig von der Situation, in der sie geäußert werden, sie können sich auch auf Nicht-Anwesendes, auf Vergangenes, Zukünftiges oder rein hypothetische Sachverhalte beziehen. Nach Saussure ist die Sprache Teil einer umfassenderen Zeichenlehre, der sog. **Semiologie** (*semiología*, heute dafür eher **Semiotik**, *semiótica*).

3.3 *Signifiant* und *signifié*

Jedes sprachliche Zeichen besteht nun nach Saussure unbedingt aus zwei Seiten, einem Lautkörper, dem materiellen Repräsentanten (in der Terminologie Saussures "image acoustique" 'Lautbild', span. *imagen acústica*, z. B. k-á-s-a), und einer damit untrennbar verbundenen Bedeutung 'Haus', (in der Terminologie Saussures "concept", span. *concepto*). Durchgesetzt haben sich dafür die ebenfalls von Saussure gebrauchten und auch im Deutschen üblichen Bezeichnungen *signifiant* und *signifié* (span. *significante* und *significado*).[9] Beide Seiten sind wie die Vorder- und Rückseite eines Blattes Papier, keine existiert ohne die andere. Ein "Lautbild" /kása/ ohne Bedeutung wäre kein spanisches Wort, und ohne existierende lautliche Darstellung wäre die Bedeutung 'Haus' im Spanischen kein sprachliches Zeichen, da einem anderen Sprachteilnehmer nicht vermittelbar. **Eigennamen** (*nombres propios*) sind daher keine sprachlichen Zeichen, denn sie haben keine Bedeutung. Sie gehören zwar zur sprachlichen Tradition, sie vermitteln Assoziationen, aber sie sind Lautkörper besonderer Art. Sie verweisen direkt auf einen Gegenstand (Person, Ort, Fluss, Berg usw.), was sprachliche Zeichen nie tun. Sprachliche Zeichen sind keine Etiketten für festgelegte Gegenstände, sondern abstrakte Potenzen, die zur Bezeichnung von etwas bereitstehen, aber selbst nie die Namen dieser Gegenstände sind.

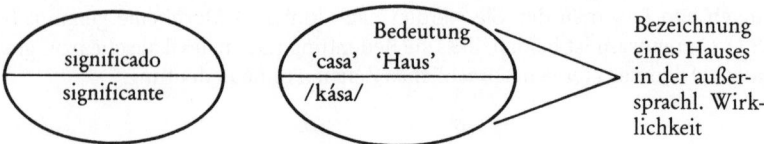

Allerdings fehlt dem abstrakten sprachlichen Zeichen bei Saussure die Verbindung zur außersprachlichen Wirklichkeit. Es ist nur eine Größe der *langue*, nicht der *parole* (vgl. II.4.1). Das sog. semiotische Dreieck von OGDEN und RICHARDS ([1]1923: passim) erweitert die Zweiheit von Inhalt und Ausdruck um den "Referenten" (engl. *referent*, span. *referente*), die bezeichnete außersprachliche (konkrete oder abstrakte oder nur vorgestellte) Sache. Der einmalige Charakter der menschlichen Sprache besteht darin, dass die sprachlichen Zeichen immer wieder für andere Gegenstände gebraucht werden können und daher mit endlichen Mitteln unendliche Mengen von Situationen bewältigt werden können. Viele objektiv unterschiedliche Gegenstände können mittels des Zeichens <Stuhl> als Stühle identifiziert werden, Gegenstände unterschiedlicher Größe, Farbe, Beschaffenheit, Polsterung usw. Wenn sie der Bedeutung 'Stuhl' entsprechen, und sei es nur, dass sie ironisch zu solchen gezählt werden (z.B. Hocker oder Sessel oder andere Sitzgelegenheiten), so können sie mit dem Zeichen <Stuhl> benannt sowie durch die dem Zeichen innewohnende Bedeutung beschrieben und mitgeteilt werden. Die Lehre vom sprachlichen Zeichen und seinen zwei Seiten ist deshalb Grundlage der **sprachlichen Bedeutungslehre (Semantik,** *semántica*).

---

9   Im Deutschen bieten sich auch die später von Louis Hjelmslev, dem Begründer der Kopenhagener Schule des Strukturalismus, eingeführten Begriffe "Ausdruck" und "Inhalt" an. Für Inhalt kann man auch "Bedeutung" sagen. Nicht empfehlenswert sind die deutschen Übersetzungen "Bezeichnendes" und "Bezeichnetes" (s. II.3.4–II.3.5).

3.4 Bedeutung und außersprachliche Wirklichkeit

Bekanntlich herrscht in der Linguistik z. T. kein einheitlicher Terminologiegebrauch. Dies ist bei der Beschreibung sprachlicher Bedeutungen besonders misslich, weil Grundlage vieler tiefgreifender Missverständnisse. Häufig wird nämlich nicht zwischen innersprachlicher Bedeutung (Saussures *signifié, significado*) und dem außersprachlich gemeinten Referenten unterschieden. Es dürfte aber einleuchten, dass eine Sache bzw. ein Sachverhalt nicht notwendigerweise immer mit demselben sprachlichen Zeichen bezeichnet werden muss. So kann man für einen Stuhl auch "Möbel" oder "Sitzgelegenheit" sagen, d. h. einen Oberbegriff oder allgemeineren Begriff, also ein Zeichen mit allgemeinerer, weiterer Bedeutung benutzen. Ein mit einer bestimmten Flüssigkeitsmenge gefülltes Glas kann als "halb voll" oder als "halb leer" bezeichnet werden. Jedes sprachliche Zeichen hat seine eigene, von anderen Zeichen grundsätzlich verschiedene Bedeutung, und deshalb bedeutet jeder dieser Ausdrücke etwas anderes, beschreibt sprachlich einen anderen Aspekt derselben außersprachlichen Gegebenheit. Die Bedeutungen der sprachlichen Zeichen und die bezeichneten Dinge oder Ideen sind – außer bei definierten Fachtermini – nicht kongruent, sondern wir erschließen uns die Welt, wir interpretieren und begreifen sie erst mittels der verschiedenen sprachlichen Bedeutungen.

3.5 Bedeutung und Bezeichnung

Sprachliche Bedeutungen sind recht abstrakte Einheiten, die in Beobachtung und Beschreibung große Schwierigkeiten bereiten, weil wir sie konkret immer nur im Zusammenhang mit der Bezeichnung konkreter Verwendungsweisen, also in Anwendung auf die verschiedensten Dinge und Sachverhalte, fassen können, aber niemals in ihrem ganzen Bedeutungsumfang bzw. in ihrer Allgemeinheit als potentielle Bezeichnungsmöglichkeiten. Immerhin hat Saussure auch hier eine wichtige Entdeckung gemacht: Die Bedeutung der Wörter ist durch deren Platz im System der Wörter mit ähnlicher Bedeutung bestimmt. Die so gegenseitig abgegrenzte Bedeutung der sprachlichen Zeichen nennt de Saussure *valeur* (span. *valor*) und unterscheidet sie vom *signifié*. Heute müssen wir jedoch die sprachlichen Bedeutungen als die durch die jeweilige *valeur* bestimmten Inhalte der Zeichen auffassen.

Coseriu (²1981, 1987) schlägt vor, terminologisch zwischen **Bedeutung** (sprachlich), **Bezeichnung** (Verweis auf die außersprachliche Wirklichkeit) und **Sinn** (auf der Ebene der Texte) zu unterscheiden. Eine Frage, wie "Ist es nicht ein bisschen kühl hier?", also ein Text, kann den Sinn haben, den Angesprochenen zu ermuntern, das Fenster zu schließen. Eine solche Frage hätte aber als Text keine "Bedeutung", wohl dagegen das einzelne sprachliche Zeichen, z. B. *kühl, Fenster*. Hingegen hat z. B. eine bestimmte Temperatur (außersprachliche Erscheinung) weder Sinn noch Bedeutung, sie kann aber mit dem Zeichen *kühl* und seiner Bedeutung bezeichnet werden.

3.6 Linearität und Arbitrarität des Zeichens

Zwei weitere Charakteristika des sprachlichen Zeichens nach de Saussure sollen noch besprochen werden: Zum einen ist das sprachliche Zeichen, genauer das *significante* im Gegensatz zu den Zeichenträgern manch anderer Zeichensysteme **linear** (*lineal*), d.h. es kann in seinen Bestandteilen und im Verbund mit anderen Zeichen immer nur in linearer Abfolge "gesendet" werden. Zwei Zeichen zur gleichen Zeit, wie z.B. Lichtzeichen oder Tonzeichen, sind nicht möglich. Auch ist die Reihenfolge der Elemente festgelegt und kann nicht verändert werden, ohne die sprachlichen Zeichen zu zerstören oder die Aussage inhaltlich zu verändern.

Besonders wichtig ist auch der sogenannte **arbiträre** Charakter des sprachlichen Zeichens, der besagt, dass das Verhältnis zwischen *significante* und *significado* in dem Sinne willkürlich (*arbitrario*) ist, dass es nicht natürlich determiniert ist. Ein bestimmter sprachlicher Inhalt muss nicht notwendig mit einem bestimmten Ausdruck verbunden sein. Nur so ist möglich, dass (annähernd) gleiche Vorstellungen in verschiedenen Sprachen z.T. ganz anders lauten, d.h. durch andere *significantes* repräsentiert werden, aber (zufällig) gleiche oder ähnliche Lautungen ganz andere Bedeutungen haben können. Dies berührt nicht die Tatsache, dass in einer Sprachgemeinschaft historisch entstandene Zeichen verbindlich sind und nicht willkürlich geändert werden können. Eingeschränkt arbiträr im Saussureschen Sinne sind lautmalende Wörter (**Onomatopoetika**, span. *palabras onomatopéyicas*), bei denen ein Geräusch, Tierlaut usw. mit sprachlichen Mitteln konventionell nachgeahmt wird. In jeder Sprache sind dabei die Konventionen etwas verschieden, z.B. *Kikeriki*, span. *quiquiriquí*, argent.-span. *cocorocó*, frz. *coquerico, cocorico*; *Wauwau*, span. *guau-guau*, frz. *oua! oua!*

4. System, Norm und Rede

4.1 *Langue* und *parole*

Eine grundlegende methodische Unterscheidung in der strukturellen Sprachwissenschaft ist diejenige, die in der Formulierung Saussures zwischen **langue** und **parole** (span. *lengua* und *habla*, dt. **Sprache** und **Rede**) gemacht wird. Die Unterscheidung als solche ist schon vor de Saussure mehrfach im 19. Jh. anzutreffen. Bei Saussure geht den Ebenen der *langue* und der *parole* der Begriff des **langage** *(lenguaje)* voraus, der sich auf die Sprachlichkeit bzw. Sprachfähigkeit des Menschen vor Berücksichtigung der jeweiligen historischen Einzelsprachen bezieht. Bei der Beschreibung einer Einzelsprache bedeutet "Sprache" (*langue/lengua*) das Reservoir an sprachlichen Elementen, das es einem Sprecher ermöglicht, in der betreffenden Sprache zu sprechen. "Sprache" ist bei de Saussure die kollektive Fähigkeit der Sprecher, mit ihrer Sprache umzugehen. Sie ist daher virtuell. Die aktuellen, d.h. tatsächlichen Äußerungen in einer Sprache sind "Rede" (*parole/habla*), d.h.

Realisierungen der "Sprache". Konkret ist Sprache nur als Rede fassbar. "Sprache" ist demgegenüber eine Abstraktion, die jedoch aus den Redeakten gewonnen wird. Insofern als die Sprachwissenschaftler die allgemeinen Möglichkeiten und Gesetzmäßigkeiten einer Sprache, also "Sprache" und nicht "Rede" beschreiben wollen, sind sie gehalten, aus der Beobachtung des **konkreten Sprechens** (**Rede**) auf das zugrunde liegende **Sprachsystem** (**Sprache**) zu schließen und es in der Weise aufzudecken und zu beschreiben, dass es nicht nur bereits gemachte Äußerungen erklärt, sondern auch die Möglichkeiten für noch nicht Gesagtes eröffnet (vgl. COSERIU 1988: 252–254).

4.2 Abstraktionsstufen

4.2.1 Redebedeutung und Sprachbedeutung

Die Wichtigkeit der Unterscheidung zwischen Sprache und Rede ergibt sich aus folgenden Beispielen, in denen das spanische Imperfekt konkret, d. h. auf der Ebene der Rede, ganz verschiedene Arten von Handlungen bzw. der Verknüpfung von Handlungen im jeweiligen denkbaren Kontext, ausdrückt:

(1) Cada día se levantaba a las siete de la mañana. (Gewohnheit)

(2) La quería mucho. (Dauer, unabgeschlossene Handlung; evtl. Hintergrund)

(3) Cuando entró en el despacho, el jefe ya le esperaba. (Gleichzeitigkeit mit der inzidierenden Handlung; Hintergrund)

(4) Llegó a Madrid, donde vivía su tía. (Begleitumstand zur Handlung im Hauptsatz; Hintergrund dazu)

(5) Me dijo que no sabía nada del asunto. (indirekte Rede)

(6) Si tenía dinero, te lo daba. (irreale Hypothese der Gegenwart, umgangssprachlich)

(7) Quería pedirle un favor. (höflicher Ausdruck mit Bezug zur Gegenwart)

Wir gehen davon aus, dass allen diesen verschiedenen Verwendungsweisen (Redebedeutungen) ein einheitliches Konzept, nämlich eine Funktion 'Imperfekt' zugrunde liegt, da sie ja alle durch das gleiche sprachliche Zeichen ausgedrückt werden. Den verschiedenen festzustellenden **Redebedeutungen** muss also auf der höheren Ebene der "Sprache" eine einheitliche, sicherlich sehr abstrakte **Sprachbedeutung** entsprechen. Mit Hilfe der oben getroffenen Unterscheidung zwischen Bezeichnung und Bedeutung können wir sagen, dass wir in der Rede konkrete Bezeichnungen (Redebedeutungen) antreffen, deren Zusammenhang hier jedoch nicht erkannt werden kann. Auf der Ebene der Sprache stellen wir dagegen die zugrunde liegenden Bedeutungen fest. Das Imperfekt bedeutet also weder 'Gewohnheit' noch 'Gleichzeitigkeit' noch 'Vergangenheit' und 'Gegenwart' gleichzeitig, sondern etwas, das allen diesen Redebedeutungen gemeinsam ist, nämlich 'inaktuelle Gegenwart' (siehe COSERIU 1976, Kap. 7, und hier III.1.3).

4.2.2 Die Rolle des Weltwissens

In der Rede kommt demnach zur Sprachbedeutung jedes sprachlichen Elements eine möglicherweise komplexe Redebedeutung hinzu. Diese ergibt sich durch das, was man Situation und **Kontext** (*contexto*) nennt, also u. a. durch die Bezeichnung einer bestimmten Sache, Vorstellung eines Sachverhalts usw., sowie dadurch, dass die Äußerung üblicherweise eine bestimmte Ausdrucksabsicht hat (Mitteilung, Frage, Zurechtweisung, Erzählung, ironische Bemerkung, Bitte usw.). Alle diese Dinge sind in der Kommunikation wichtig und haben Auswirkungen auf die Verwendung, d. h. die geeignete Auswahl aus den Mitteln des Sprachsystems. Sie gehören jedoch selbst nicht der Sprache an, da ihnen nicht jeweils ein eigenes sprachliches Zeichen entspricht. Es sind also nicht Sprachfunktionen, sondern Redefunktionen, die sich wegen ihrer Komplexität und weitgehenden Unvorhersehbarkeit linguistisch nur schwer strukturieren lassen. Die Kenntnis der Welt (sog. **enzyklopädisches Wissen**, *saber enciclopédico*), die Kenntnis des Gesprächspartners und die vielfältigen möglichen Ausdrucksabsichten können nicht Gegenstand der Linguistik sein. Nur einige typische und daher vorhersagbare Phänomene werden in besonderen Zweigen wie der Pragma-, der Fachsprachen- und evtl. der Textlinguistik, untersucht.

4.3 System, Norm und Rede

Die Saussuresche **Dichotomie** (binäre Unterscheidung, *dicotomía*) zwischen "Sprache" und "Rede" wurde von COSERIU (1952) als unzureichend kritisiert. Wenn die Rede, wie de Saussure sagt, konkret und die Sprache abstrakt ist, dann, so Coseriu, fehlt eine Ebene für das, was in einer Sprache üblich, aber nicht unbedingt funktionell ist. **Funktionell** ist im Spanischen z. B. Unterscheidung der Numeri, d. h. die zwischen Singular und Plural. Nicht funktionell – aber **normativ** verbindlich – ist die Regel, welche die üblichen Formen des Plurals sind, etwa span. *rey-es*, *virtud-es*, nicht **rey-s*, **virtud-s*, obwohl letztere Formen auch der Funktionsmarkierung des Plurals entsprechen würden). Die üblichen Formen des Plurals sind konkret, sind aber doch überindividuell und somit nicht nur Teil eines aktuellen Redeaktes. Coseriu fordert daher eine weitere Aufteilung der *langue* in **sistema** und **norma** (**System** und **Norm**), wobei auf der Ebene des "Systems" das Funktionelle festgestellt wird, d. h. was durch unterschiedliche Zeichen (Ausdruck und Inhalt) unterschieden wird, und auf der Ebene der "Norm" das in einer Sprache Übliche, das historisch zur Norm Gewordene, aber nicht notwendigerweise Funktionelle (siehe auch III.1.3.3). Der Normbegriff Coserius unterscheidet sich von anderen dadurch, dass hier nicht eine präskriptive Norm des guten Sprachgebrauchs gemeint ist, sondern eine linguistische methodische Untersuchungsebene, auf der man alles, was und wie es üblicherweise gesagt wird, von dem trennt, was aktuell in einem Redeakt gesagt wird – sowie auch von dem, was und wie es notwendigerweise gesagt wird ("System"), d. h. was einer unumgänglichen sprachlichen (lautlichen, grammatischen, syntaktischen oder lexikalischen) Unterscheidung (**Opposition**) entspricht. Durch diese Unterscheidung können daher die in einer Sprache festgestellten Fakten hierarchisiert werden. Bei historischen Erklärungen hilft sie häufig zu erkennen, dass Änderungen in vielen Fällen "nur" die Norm betreffen, während das System unangetastet bleibt.

4.4 Norm versus System

4.4.1 Die phonische Norm des Spanischen

So muss man im Spanischen z. B. zwischen den Vokalen /o/ und /u/, /i/, /e/, /a/ unterscheiden (Phoneme auf der Ebene des Systems), da z. B. *cosa* etwas anderes bedeutet als *casa*. Man muss aber nicht zwischen geschlossenem [o] und offenem [ɔ] unterscheiden, da z. B. [kosa] nicht einem etwa bedeutungsverschiedenen [kɔsa] gegenübergestellt werden kann. In der Norm wird dagegen durchaus ein Unterschied gemacht zwischen dem eher geschlossenen [o] z. B. in *boda* 'Hochzeit' oder *esposa* 'Gattin' und dem eher offenen [ɔ] z. B. in *corte* 'Hof', *rosa* 'Rose' oder *hoja* 'Blatt', ebenso zwischen [e] in *queso* 'Käse', *sello* 'Siegel, Briefmarke', *cabeza* 'Kopf' und [ɛ] in *papel* 'Papier', *afecto* 'Zuneigung', *peine* 'Kamm' (vgl. III.1.4.1). Eine andere Aussprache wäre ungewöhnlich, würde aber kein anderes Wort mit einer anderen Bedeutung darstellen können. Somit wäre sie nicht funktionell und nicht auf der Ebene des Systems zu notieren.

Regionale **Normvarianten** (*variantes de norma*) im lautlichen Bereichen wären z. B. in der kastilischen Norm nicht übliche affektive vokalische Längungen, wie man sie in gewissen südamerkanischen (rioplatensischen, aber auch peruanischen) Normen findet, etwa ¡*bueno!* als ¡*bueeeno!*, ¡*qué rico!* als ¡*qué riiiico!*

4.4.2 Die syntaktische Norm des Spanischen

Einem Sprachsystem können aber z. B. auch verschiedene regional oder stilistisch unterschiedliche Normen entsprechen. So hat sich in der spanischen Syntax z. B. für die Systemfunktion 'irrealer Bedingungssatz der Gegenwart' die hochsprachliche Konstruktion "*si* + Konjunktiv Imperfekt im Nebensatz und Konditional im Hauptsatz" (Typ *si tuviese dinero, compraría este coche*) herausgebildet, während die volkstümliche Sprache die Konstruktion "*si* + Imperfekt Indikativ und Imperfekt im Hauptsatz" bevorzugt (Typ *si tenía dinero, compraba este coche*). Beide Konstruktionen entsprechen derselben Systemfunktion, sind aber stilistisch nicht beliebig gegeneinander austauschbar.

4.4.3 Die morphologische Norm des Spanischen

In der Morphologie sind sogenannte **Unregelmäßigkeiten**, die einem historischen Zufall oder einem synchron nicht mehr erkennbaren Gesetz entsprungen sind, fast immer **Fakten der Norm**. So ist z. B. span. **yo poneré* ebenso gut als Form des sprach-systematischen Wertes '1. P. Sg. Futur' von *poner* erkennbar wie die der Norm ent-sprechende und historisch begründete Form *yo pondré*. Die Frage, wie die Form genau lautet, ist funktionell, d. h. vom Gesichtspunkt des Systems, nicht entschei-dend, sondern allein die Frage, ob die angestrebte Bedeutung hinreichend deutlich gekennzeichnet ist. So stehen z. B. für die Kennzeichnung des Konjunktivs gegen-über dem Indikativ im Präsens zwei normale Verfahren zur Verfügung: Ist der klas-sifizierende Vokal der Konjugationsklasse auf *-a-* eben *-a-*, so drückt dieser Vokal den Indikativ aus, *-e-* den Konjunktiv. Ist der Klassifikator *-e-* oder *-i-*, so drückt *-a-* an der gleichen Stelle den Konjunktiv aus. Daraus folgt, dass eine anormale Form, wie z. B. **veña*, genauso gut den Konjunktiv von *venir* ausdrücken würde wie die traditionelle normative Form *venga*. Die Norm ist eine äußerst wichtige sprach-liche Ebene, weil eine Sprache eben nicht nur mit den Unterscheidungen des Sys-tems ausgestattet ist, sondern mit einer viel größeren Anzahl von Fakten der Norm, die das Gesicht einer Sprache entscheidend prägen und ohne die eine Kommuni-kation wahrscheinlich nicht zustande kommen würde. Nichtsdestoweniger haben diese Fakten als einzelne ein weniger großes Gewicht als diejenigen des Systems. Auf jeden Fall ist es für eine adäquate Sprachbeschreibung äußerst zweckmäßig, die drei Ebenen System, Norm und Rede zu unterscheiden.

4.4.4 Die Norm der spanischen Wortbildung

Ein letztes Beispiel aus dem Bereich Wortbildung muss hier genügen: Zum Aus-druck der Systembedeutung 'Diminutiv' stehen funktionell gleichberechtigt u. a. die Suffixe *-ito/-a* und *-illo/-a* zur Verfügung. In verschiedenen Fällen lässt die Norm aber nur eine Bildungsmöglichkeit zu, wie z. B. im Fall des Diminutivs von *casa* 'Haus', der nur *casita* lauten kann, da *casilla* nicht 'Häuschen' bedeutet, sondern 'kleines, einsames Haus, Bahnwärterhäuschen, Wachhäuschen, Kästchen (auf dem Papier)' und auch 'Postfach'. Gegenüber dem frei verfügbaren **Diminutiv** (*di-minutivo*) wird *casilla* also eingeschränkt und spezialisiert bzw. in übertragenem Sinn gebraucht. Von *mano* 'Hand' lässt sich *manita* 'Händchen' ableiten. *Manilla* hingegen bedeutet nicht 'Händchen', sondern 'Handschelle' (ursprünglich 'Arm-reifen'). Auf der Ebene der sprachlichen Norm des Spanischen entziehen diese **Le-xikalisierungen** (*lexicalizaciones*) diese Wörter dem im System angelegten Wortbil-dungsverfahren und machen sie zu lexikalisierten, synchron nicht abgeleiteten Wörtern (siehe auch III.4.3).

4.5 Die Architektur der spanischen Systeme

Aus dem bisher Gesagten ergibt sich, dass eine Sprache wie das Spanische nicht ein einziges System darstellt, in dem alles auf alles bezogen ist und die kleinste Veränderung alle Bezüge verändern würde, eine Meinung, die lange Zeit dem französischen Sprachwissenschaftler Antoine Meillet zugeschrieben wurde und die viel Verwirrung gestiftet hat. In Wirklichkeit besteht das Spanische zunächst einmal aus vielen **regional (diatopisch), soziokulturell (diastratisch)** und **stilistisch (diaphasisch)** unterschiedlichen Systemen, von denen eines z. B. das der kleinen Madrider Kaufleute in familiärer Unterhaltung sein könnte, ein anderes das der Fischer aus der Gegend von Cádiz in berufsbezogener Diskussion. Jedes so beschriebene Teilsystem, das sich in vielem natürlich mit anderen Teilsystemen überschneidet, setzt sich aus einer Vielzahl von Subsystemen zusammen, z. B. im lautlichen Bereich mindestens aus einem Vokalsystem und einem Konsonantensystem, im grammatischen Bereich z. B. aus einem Tempus- und Modussystem des Verbs, aus einem System der Steigerungsstufen des Adjektivs, aus einem Artikelsystem des Nomens, aus einem System unterschiedlicher Nähegrade des Demonstrativums (*este, ese, aquel usw.*; vgl. III.3.1.2). Ebenso sind im Wortschatz zahlreiche unterschiedliche Subsysteme von lexikalischen Bedeutungen anzunehmen (siehe III.5.2). E i n e Änderung, z. B. ein historischer Wandel im Wortschatz wird deshalb nicht zwangsläufig auch eine Änderung in den grammatischen Beziehungen, ein Lautwandel nicht notwendigerweise eine Veränderung der lexikalischen Bedeutungsbeziehungen nach sich ziehen. Die **Architektur** (Coseriu ²1992: 294–296) einer historischen Sprache wie dem Spanischen mit seinen diatopisch, diastratisch und diaphasisch unterschiedlichen Systemen wird heute vielfach auch als ein Gefüge von **Varietäten** (*variedades*) aufgefasst (vgl. IV.11.1) und in der sog. Varietätenlinguistik (siehe *LRL* VI,1: 494–602, unter "Areallinguistik") untersucht und beschrieben.

5. Synchronie und Diachronie

5.1 Statische und evolutive Sprachwissenschaft

Damit haben wir schon die Begriffsbestimmungen von "Synchronie" (*sincronía*) und "Diachronie" (*diacronía*) vorweggenommen, die eine weitere fundamentale methodische Dichotomie darstellen, die auf Saussure zurückgeht, wenngleich Saussure wie in anderen Fällen nicht der erste war, der den Gedanken einer solchen Unterscheidung hatte. Zum Verständnis der Dichotomie sind zwei Gesichtspunkte zu unterscheiden: In Saussures Vorstellung war die Synchronie die Betrachtungsachse der Gleichzeitigkeit, d. h. der in einem Sprachsystem gleichzeitig existierenden und funktionierenden sprachlichen Erscheinungen, während die Diachronie die Betrachtung des chronologischen Aufeinanderfolgens sprachlicher Phänomene war, also den Sprachwandel in den Blick nahm. Saussure benutzt auch die Begriffe "statische" und "evolutive Sprachwissenschaft". Wichtig ist, dass der die Sprache untersuchende Linguist beide **Betrachtungsebenen** nicht willkürlich miteinander vermengt, also z. B. ein spanisches Adjektiv wie *paternal* nicht als eine heute mögliche, d. h. synchrone Ableitung zu *padre* auffasst, da ja hierfür im Spanischen gar keine formale Ableitungsregel existiert, sondern dass er erkennt, dass es sich hier um eine Ableitung im Lateinischen handelt, also um eine diachrone, nicht im heutigen Sprachsystem nach einem aktuellen Verfahren erfolgte Ableitung. Sie wurde ins Spanische als fertiges Produkt übernommen, entspricht dort aber keinem materiellen Wortbildungsverfahren.

5.2 Die Vorstellungen de Saussures

5.2.1 Funktionieren und Sprachwandel

Saussure verstand die Dichotomie aber auch so, dass die Synchronie die Ebene der gleichzeitig funktionierenden Beziehungen im Sprachsystem sei, die Diachronie dagegen die Ebene unsystematischer, akzidenteller Veränderungen. Saussure war noch nicht zu der Einsicht gelangt, dass auch der Sprachwandel unter dem Gesichtspunkt der Systemhaftigkeit betrachtet werden kann und muss, sondern sah hier nur einzelne Veränderungen, insbesondere Lautveränderungen. Eine historische Grammatik als Darstellung der Entwicklung grammatischer oder syntaktischer Systeme erschien ihm unmöglich. Hier erfolgte eine Weiterentwicklung durch Roman Jakobson, einem wichtigen Vertreter der Prager Schule des Strukturalismus (siehe II.8.4.2), der von 1927 an zeigte, dass auch ganze phonologische Systeme in ihrem Wandel, also diachron, betrachtet werden können.[10] Diese Erkenntnis übertrug Jakobson später auch auf andere sprachliche Bereiche.

5.2.2 Das Beispiel des Schachspiels

Die Unterscheidung zwischen Synchronie und Diachronie illustriert Saussure am Bild des Schachspiels (SAUSSURE 1972: 125–127), in dem jeder Spielzustand ein synchron zu betrachtender Gegenstand sei, bei dem man nicht wissen könne und auch nicht zu beachten brauche, auf welchem Wege und durch welche Züge dieser Spielzustand erreicht worden sei. Die Veränderung einer einzigen Figur verändere aber alle Bezüge der Figuren untereinander und sei deshalb ein diachrones Faktum. In Wahrheit zeigt dieser Vergleich ein zu statisches Bild von Sprache, da die Synchronie keine angehaltene Momentaufnahme sein sollte, sondern das Funktionieren der Elemente bedeutet. Das Spiel ist erst ein funktionierendes Spiel während des Spiels. Ein diachrones Faktum wäre dann eine Änderung der Spielregeln, etwa der Wegfall eines Figurtyps oder die veränderte Bestimmung der Bewegungsrichtung, z. B. des Turmes. Wenn auch alle Vergleiche hinken, so dieser doch in besonderem Maße.

---

10 Ein Beispiel aus der span. Lautgeschichte ist in IV.8.1 behandelt.

5.3 Das Problem der "Gleichzeitigkeit"

In der Nachfolge Saussures machte zunächst der Begriff der Synchronie die größten praktischen und theoretischen Schwierigkeiten, da man diesen häufig zu sehr mit der schwer zu bestimmenden Vorstellung vom "Sprachzustand" identifizierte. Wie lange aber dauert ein Sprachzustand an und wo beginnt die Veränderung? Ein richtiges Verständnis wurde auch dadurch erschwert, dass man sich zu sehr und zu lange an den im vorigen Abschnitt erwähnten Systembegriff Meillets klammerte und meinte, eine Veränderung in einem Bereich würde alle Beziehungen im Gesamtsystem stören. Zu dem aus dem amerikanischen Strukturalismus übernommenen Prinzip eines umfangreichen Textcorpus als Datenbasis kam daher das Bestreben, eine synchrone Darstellung eines sprachlichen Problems durch eine "Momentaufnahme" zu ermöglichen, also etwa ein Corpus auf den Tageszeitungen eines einzigen Tages aufzubauen. Dies musste jedoch immer ein Annäherungsverfahren und theoretisch unbefriedigend bleiben.

5.4 Coserius Lösung des Problems

Eine überzeugende Lösung dieses Problems finden wir bei COSERIU (1958). Wie vor ihm schon Roman Jakobson stellt er fest, dass Synchronie und Diachronie nicht verschiedene Gegenstandsbereiche betreffen, sondern **verschiedene Betrachtungsebenen** derselben Gegenstände meinen. Außerdem schließen sich beide Begriffe nicht gegenseitig aus, da zur Beschreibung jedes Sprachzustandes die Feststellung gehört, dass die Sprecher ein gewisses Maß an diachronem Bewusstsein besitzen, indem sie durchaus altertümliche Formen, Wendungen und Wörter als solche identifizieren und auch Neuerungen vom sprachlichen Ist-Zustand zu unterscheiden wissen. So ist z. B. der Konj. Fut. auf -re- im heutigen Spanisch nicht mehr lebendig, d. h. er gehört dem System nicht mehr an, wird aber durchaus noch verstanden oder auch benutzt (besser: zitiert) und als stilistisch hochstehende, archaisierende Sprachform eingestuft, z. B. im "refrán" *adonde fueres, haz lo que vieres*, der in moderner Syntax formuliert **adonde vayas, haz lo que veas* heißen könnte. Vor allem aber hat Coseriu Saussures Unterscheidung auf die Trias System, Norm und Rede angewandt und die **Synchronie** als das **Funktionieren** des Systems bzw. den statischen Zustand der Norm definiert. Die **Diachronie** ist das **Sich-Herausbilden** des jeweilig nächsten Zustandes: "La lengua funciona sincrónicamente y se constituye diacrónicamente" (COSERIU 1952: Kap. VII, 3.1.2.). Nach Coserius Auffassung geht es nicht darum, ein System in einem Moment zu erfassen, sondern vom ständigen Wandel als dem sprachlich Normalen und Lebendigen auszugehen, um das Werden des Systems zu verstehen (Coseriu 1952: Kap. VII, 3.1.1.). Wenn sich eine Sprache nicht mehr wandelt, ist sie tot. Die Dichotomie zwischen Synchronie und Diachronie ist damit keineswegs aufgehoben. Sie darf nur nicht verabsolutiert werden, sondern gewinnt, richtig verstanden, erst ihren wahren Wert.

Ein anderer Gesichtspunkt ist der, dass Sprachwandel nicht kausal gesehen werden darf. Ein Wandel muss nicht naturnotwendig stattfinden und nicht notwendigerweise in eine bestimmte Richtung gehen. Da die Sprache nicht Gegenstand einer Naturwissenschaft, sondern ein kultureller und damit ein historischer Gegenstand ist, kann man nicht sinnvoll fragen, *warum* ein Wandel oder *warum gerade dieser* Wandel eingetreten ist. **Sprachwandel** ist **teleologisch**, d.h. zielgerichtet aufzufassen. Er dient jeweils den Ausdrucksabsichten der Sprecher. Welches diese sind, kann immer nur – wenn überhaupt – im Nachhinein vermutet werden (vgl. COSERIU ²1992: 120–121).

Es kann somit einen diachronen Wandel in der Norm geben, ohne dass sich das System ändert, indem dort synchrones Funktionieren festgestellt wird. Ein Beispiel dafür ist etwa die Veränderung der Verbform der 2. P. Pl. von altspan. *-des* zum Neuspanischen (*cantades > cantáis, tenedes > tenéis, dormides > dormís*), bei der jedoch funktionell kein Wandel eingetreten ist, da der Inhalt '2. P. Pl.' unberührt geblieben ist (vgl. III.2.5). Zusätzlich ist jedoch z.B. im System der Umgangssprache des Andalusischen und des amerikanischen Spanisch insofern eine diachrone Veränderung festzustellen, als die 2. P. Pl. im Ganzen ungebräuchlich geworden und durch *ustedes*, also eine Anrede in der 3. P. ersetzt worden ist. Dadurch sind die inhaltlich-funktionellen Bezüge verändert worden (fünf grammatische Personen statt früher sechs), was auch einen Wandel im Sprachsystem bedeutet.

Eine **synchrone** Betrachtung betrifft nicht notwendigerweise den heutigen, aktuellen Sprachzustand, sondern kann sich je nach Interessenlage des analysierenden Linguisten auch auf einen früheren Zeitraum beziehen, z.B. das Funktionieren der Unterscheidung von *ser* und *estar* im Altspanischen, etwa im 13. Jh. In **diachroner** Hinsicht könnte man dann untersuchen, wann und wie sich der moderne Gebrauch herausgebildet hat, der es nicht mehr gestattet zu sagen **El hotel es en la Avenida de Málaga.*

6. Syntagmatik und Paradigmatik

In der Nachfolge Saussures unterscheidet die strukturalistische Linguistik bei der sprachlichen Analyse zwei Betrachtungsachsen: In der Saussureschen "chaîne parlée", der "Rede-" oder **Lautkette**, kann ein sprachliches Element entweder im Hinblick auf das betrachtet werden, was ihm in der gleichen Redekette vorausgeht oder folgt (**syntagmatische Achse**), oder in Bezug zu den in der betreffenden Redekette abwesenden Elementen, die an der gleichen Stelle stehen können (**paradigmatische Achse**). In einer Redekette wie z.B. *Me gustan estos libros de literatura española* gibt es entsprechend dem linearen Charakter der Sprache eine "horizontale" Beziehung z.B. zwischen dem Subjekt *estos libros de ...* und dem Prädikat *gustan*, insofern als beide im Plural stehen. Die Regel, dass sich das Prädikat im

Numerus nach dem Subjekt richtet, entspricht einer syntagmatischen Beziehung ebenso wie die Tatsache, dass das Subjekt dem Prädikat in der Regel vorausgeht, in gewissen Fällen aber auch folgt (Inversion). Zur Syntagmatik gehört z. B. auch die Stellung des attributiven Adjektivs oder im lautlichen Bereich die Beobachtung, dass die Folge [st] im Spanischen möglich ist, wenn auch nicht im Anlaut, keinesfalls aber die Folge [ts]. Paradigmatisch ist in dem gleichen Beispielsatz dagegen z. B. die "vertikale" Beziehung zwischen der hier gewählten Form *gustan*, die das Präsens ausdrückt, und anderen Tempusformen desselben Verbs (*gustaban, gustarían, gustaron* usw.), zu denen *gustan* in Opposition steht und die mit *gustan* zusammen das Paradigma (die Klasse) der spanischen Tempora bilden. *Estos* steht in Opposition zu den anderen Demonstrativa (*esos, aquellos*), die mit ihrer jeweils eigenen Bedeutung die gleiche syntagmatische Position einnehmen könnten wie *estos.* Ein lexikalisches Paradigma zeigt sich im Ersatz von *libros* durch z. B. *papeles, cuadernos, textos.* Die Glieder des jeweiligen Paradigmas gehören dem Sprachsystem an, während die syntagmatischen Beziehungen zunächst auf der Ebene der Rede beobachtet werden.

Anregung

Suchen und diskutieren Sie andere Beispiele für syntagmatische und paradigmatische Beziehungen.

---

7. Funktionen der Sprache

Hierunter versteht man im Allgemeinen nicht innersprachliche Funktionen, sondern solche, die die Sprache als Ausdrucksmittel des Menschen betreffen und z. B. an die Definition der Sprache in Platons *Kratylos* anknüpfen, wo es heißt, die Sprache sei ein Werkzeug (*órganon*), "mit dem einer dem anderen etwas mitteilt über die Dinge". Es geht also um die Funktion(en) der Sprache zwischen Sprecher, Angesprochenem und dem, worüber gesprochen wird.

Bekannt ist das **Organon-Modell** der Sprache des Wiener Psychologen Karl Bühler, der dem Prager Strukturalismus nahe stand (vgl. III.1.3). Nach Bühlers *Sprachtheorie* (BÜHLER [2]1965: 24–33) hat jedes Zeichen im Kommunikationsvorgang drei (nicht immer gleich wichtige) Funktionen: In Bezug auf den Sender ist es Symptom bzw. Ausdruck seiner Einstellung zum Empfänger oder zum Inhalt des Geäußerten (Ärger, Freude, Ironie usw.). In Bezug auf die geäußerten Gegenstände oder Sachverhalte ist es Symbol bzw. Darstellung eben der gemeinten Sachverhalte. In Bezug auf den Empfänger ist es Signal bzw. ein Appell zu reagieren. Eine Äußerung wie *¿Estás loco?* kann z. B. die Überraschung des Senders in Bezug auf das Benehmen des Empfängers ausdrücken und den Zweck haben, ihn zu einer Änderung seines Verhaltens zu veranlassen.

Roman Jakobson, in den dreißiger Jahren des 20. Jh. ein Hauptvertreter der Prager Schule des Strukturalismus, hat ein komplexeres Kommunikationsmodell entworfen[11]:

Gegenstand [bei Jakobson "Kontext"] (REFERENTIELL)

Sender - - - - - - - - - - - Nachricht (POETISCH) - - - - - - - - - Empfänger

(EMOTIV,   Kontaktmedium (PHATISCH)   (APPELLATIV,
EXPRESSIV)   Code (METASPRACHLICH)   KONATIV)

Jakobson unterscheidet zwischen der Nachricht und dem außersprachlichen Gegenstand, auf den sich die Nachricht bezieht. Steht die Nachricht zweckfrei, d. h. ohne aktuelle **appellative Funktion** an den Empfänger, im Zentrum, so handelt es sich um die **poetische Funktion** der Sprache. Sprache über Sprache ist **Metasprache** (*metalenguaje*), sie bezieht sich nicht auf Gegenstände der außersprachlichen Wirklichkeit, sondern auf Elemente oder Kategorien der Sprache ("*Haus* ist ein Substantiv, *ciudad* ist endbetont"). Die **phatische Funktion** steht im Vordergrund, wenn das Sprechen vorwiegend dem Kontakthalten mit dem Empfänger oder auch einfach dem Anknüpfen eines Gesprächs dient, wie z. B. "Schönes Wetter heute" oder am Telefon ein von Zeit zu Zeit geäußertes "Hm", um dem "Sender" anzuzeigen, dass der "Empfänger" noch da ist.

8. Zur Geschichte der Sprachwissenschaft

8.1 Die Geschichtlichkeit des Sprachwandels

Im Rahmen dieser Darstellung können naturgemäß nur einige wenige Bemerkungen gemacht werden, im Übrigen muss auf die am Ende aufgeführten Werke verwiesen werden. Im Vordergrund dieser skizzenhaften Darstellung steht vor allem die Geschichte der romanischen Sprachwissenschaft, die gerade in ihrer Anfangszeit, vom 19. bis zur Mitte des 20. Jh., eine führende Rolle innerhalb der Allgemeinen Sprachwissenschaft hatte. Äußerungen zur Sprache (*lenguaje*) und zu den Sprachen (*lenguas*) gab es schon früh, so im alten Indien, in der europäischen Antike und vom Mittelalter über die Renaissance bis hin zur blühenden Sprachphilosophie im 18. Jh. (vgl. hierzu ARENS [2]1969; BREKLE 1985 und MOUNIN 1996 am Ende dieses Kapitels). In Spanien zollten bedeutende Persönlichkeiten der Nationalsprache schon früh ihre Aufmerksamkeit: Antonio de Nebrija in seinen Wörterbüchern und der *Gramática de la lengua castellana* von 1492; Juan de Valdés in seinem berühmten *Diálogo de la lengua* (1535–36, erschienen 1737); Sebastián de Covarrubias in seinem *Tesoro de la lengua castellana* von 1611; Gregorio Mayans y Sicar in seinen *Orígenes de la lengua española* (1737).

---

11   JAKOBSON (1960). Vgl. dazu die kommentierte Darstellung in PELZ ([3]2000: 25–31), und die Kritik bei COSERIU ([3]1994: 56–65).

Und doch beginnt die eigentliche Sprach*wissenschaft* erst mit der Entdeckung des historischen Charakters der Sprachen und der Entwicklung einer Phonetik und systematischen Lautuntersuchung um die Wende des 18. zum 19. Jh. Die Entdeckung der **Sprachverwandtschaft** zwischen dem altindischen Sanskrit und der Mehrzahl der europäischen Sprachen (vgl. I.1.) führte zu einer deutlicheren Trennung von **Laut und Buchstabe** als in den Jahrhunderten zuvor und zu einer klareren Erkenntnis des Wesens des **Sprachwandels**, der zunächst wissenschaftlich als Lautwandel, dann auch als morphologischer und als Bedeutungswandel der Wörter erkannt und schrittweise erarbeitet wurde. Das Hauptinteresse der Sprachwissenschaft des 19. Jh. ist daher ein historisches, der Nachweis der Sprachverwandtschaft der finno-ugrischen und indogermanischen bzw. indoeuropäischen und danach immer weiterer Sprachfamilien auf sprachvergleichender Grundlage. Während die Namen Friedrich Schlegel, Franz Bopp, Rasmus Rask und Jacob Grimm an die Entwicklung der **historisch-vergleichenden Methode** geknüpft sind, steht Wilhelm von Humboldt für die Fortführung der Sprachphilosophie im 19. Jh., obwohl neuerdings auch mehr und mehr sprachwissenschaftlich-analytische Arbeiten aus seiner Feder, insbesondere zu amerikanischen Sprachen, bekannt werden. Sprache ist für Humboldt über die äußere Lautgestalt der Sprachformen hinaus vor allem die jeweilige innere Formung der Welt, die durch die sprachlichen Kategorien und lexikalischen Abgrenzungen bedingte "eigentümliche Weltansicht". Diese Betrachtung führt ihn notwendigerweise zur Forderung einer individualisierenden Typologie jeder Einzelsprache, ohne dass er das Postulat je einlösen würde.

Der Hauptstrom der Sprachwissenschaft bewegt sich fern von Humboldts **Idealismus** hin zu einem analytischen **Positivismus**. Mit dem Namen August Schleicher ist um die Mitte des 19. Jh. die Vervollkommnung der artikulatorischen Phonetik und die durch die rigorose Sprachvergleichung vorangetriebene Rekonstruktionsmethode verbunden. In der Romanistik rekonstruiert man das nicht belegte Vulgärlatein, auf dem die romanischen Sprachen beruhen (vgl. IV.2.), nach dem Vorbild der Bemühungen um die **Rekonstruktion** der indogermanischen Ursprache. Der Vorteil der Romanistik liegt darin, dass man wenigstens eine annähernde Quelle, das klassische Latein, kennt. Die romanische Philologie war in der Romantik im Zuge der Begeisterung für die mittelalterliche Volksliteratur, hier die okzitanische Troubadourlyrik, und die Sprachvergleichung entstanden. Während François Raynouard in seinem *Choix des poésies originales des troubadours* sowie später in seinem *Lexique roman ou dictionnaire de la langue des troubadours* (Paris 1836–1845) die irrige These aufstellte, das Altprovenzalische sei die Vorstufe aller übrigen romanischen Sprachen, erkannte Friedrich Diez (1794–1876), Begründer der romanischen Sprachwissenschaft (und Philologie) in Deutschland, in seiner bahnbrechenden, nach dem Vorbild Jacob Grimms verfassten *Romanischen Grammatik* (1836–1843) die Bedeutung des Vulgärlateins. Diez, der seit 1825 Professor in Bonn war, legte in seinem *Etymologischen Wörterbuch der romanischen Sprachen* (1853, [5]1887) auch die Grundlage für die historische romanische Wortforschung.

8.2 Historisch-vergleichende Sprachwissenschaft: Positivismus

Die mit Schleicher eingeführte naturwissenschaftliche, biologisch-darwinistische Betrachtungsweise der Sprache und ihres Entwicklungsganges kulminierte in den siebziger Jahren des 19. Jh. in der Entwicklung der sogenannten **Junggrammatischen Schule** (*escuela de los neogramáticos*), die u. a. mit den Namen Karl Brugmann, Berthold Delbrück, Hermann Paul, Wilhelm Streitberg und inhaltlich mit dem Postulat der Ausnahmslosigkeit der Lautgesetze verbunden ist. Das **Lautgesetz** (*ley fonética*) wurde als Naturgesetz, also als eine zu einer Zeit und an einem Ort naturgesetzlich determinierte, blind wirkende Entwicklung verstanden. Wenn eine Entwicklung unter gleichen Bedingungen nicht lautgesetzlich verlaufen war, wurde sie durch Analogie erklärt, jenem psychologisch begründeten Prinzip der menschlichen Trägheit, das im Aufschwung der wissenschaftlichen Psychologie einen ebenfalls beherrschenden Platz in der damaligen Sprachwissenschaft bekam. Kennzeichnend für die Junggrammatiker ist ihr positivistischer Glaube an die Beherrschbarkeit der Fülle des Stoffes, ihre Hochachtung vor dem Detail und ihr geringes Interesse an theoretischen Überlegungen und Synthesen. Ihr Verständnis der Historizität der Sprache erfasst eher die relative Lautchronologie und die als abstrakte Formel aufgefasste Rekonstruktion als die reale Sprachentwicklung in einzelnen kulturgeschichtlich greifbaren Epochen. In vielen europäischen Ländern hat sich die junggrammatische Lehre lange gehalten, z. T. hat sie unausgesprochen viele der späteren Richtungen bis in die sechziger Jahre des 20. Jh. überdauert. Auf romanistischem Gebiet war ihr größter Vertreter Wilhelm Meyer-Lübke (1861–1936), der im Anschluss an Diez eine neue, bis heute nicht völlig ersetzte *Romanische Grammatik* (4 Bde., 1890–1902, Nachdruck Darmstadt 1972), ein *Romanisches Etymologisches Wörterbuch* (*REW*, [3]1935, [6]1992) und eine *Historische Grammatik der französischen Sprache* (Bd. I, [5]1934, Bd. II, 1920, [2]1966) verfasst hat.

8.3 Die Junggrammatiker und ihre Überwindung

8.3.1 Dialektologie und Sprachgeographie

Ansätze zur Überwindung der junggrammatischen Haltung gegenüber den Sprachen zeigten sich ab etwa 1885 in mindestens dreifacher Hinsicht. Hugo Schuchardt (1842–1927), der schon Bedeutendes in der vulgärlateinischen Forschung geleistet hatte, protestierte gegen die junggrammatische Auffassung von der Ausnahmslosigkeit der Lautgesetze und zeigte deren relativen Charakter auf. Außerdem fasste er das Verhältnis von Sprache und Dialekt genauer und wies darauf hin, dass sich die Sprachwissenschaft bis dahin ausschließlich mit literarischen Texten der Schriftsprache, so gut wie nie aber mit der lebendigen gesprochenen Sprache beschäftigt hatte. Damit unterstützte er die Bestrebungen in Deutschland, der Schweiz und Frankreich, die noch lebenden Mundarten zu erforschen und kartographisch zu erfassen. Er selbst untersuchte z. B. als erster Kreolsprachen auf romanischer Basis aus Westafrika, Indien und Ostasien.

Systematische Mundartenaufnahmen in einem bestimmten Gebiet, bei denen nach festgelegten Kriterien ausgewählte Sprecher (frz. *sujets*, span. *informantes*) nach einem Fragenkatalog (frz. *questionnaire*, span. *cuestionario*) durch den *enquêteur* (span. *encuestador*) befragt und die Ergebnisse für jeden Punkt des Netzes von Orten der Befragung eingetragen wurden, führten zur Entwicklung der sog. Sprachgeographie, einer sprachwissenschaftlichen Methode der dialektalen Datenerhebung, die bis heute erfolgreich angewendet wird (siehe dazu auch I.4.5). Nach Vorarbeiten Georg Wenkers in Deutschland entwickelte sich die Sprachgeographie vor allem in Frankreich. Jules Gilliéron erstellte zu Beginn des 20. Jh. nicht nur den *ALF (Atlas Linguistique de la France)*, sondern hat auch viel zur Theorie und Methode der Sprachgeographie beigetragen. Ziel ist die sprachhistorische Interpretation der Karten, denn aus der geographischen Verteilung bestimmter lautlich-morphologischer oder lexikalischer Erscheinungen können Rückschlüsse auf die Sprachgeschichte gezogen werden.

Ein berühmt gewordenes Beispiel ist die Verteilung der Bezeichnungen für die 'Biene' in Frankreich: Die Karte 1 *abeille* des ALF zeigt, dass der aus dem Okzitanischen stammende Typ *abeille* vor allem im Süden Frankreichs bodenständig ist, während nördlich der Loire eher ein Kompositum mit *mouche*, z. B. *mouche-à-miel*, verbreitet ist. Am äußersten nördlichen, östlichen, westlichen und südwestlichen Rand findet man noch Spuren des auf lat. *apis* beruhenden, im Altfranzösischen belegten Typs *a* bzw. *é(s)*. Dessen Bewahrung in vier kleinen, weit auseinander liegenden Gebieten führte Gilliéron zu dem Schluss, dass dieser Worttyp ursprünglich in ganz Nordfrankreich verbreitet gewesen sein muss, aber aufgrund seiner lautlichen Schwäche durch die populäre Umschreibung mit *mouche* einerseits und den seit dem 13. Jh. zunächst schriftsprachlich verbreiteten Okzitanismus *abeille* (< okz. *abelha*) andererseits verdrängt wurde. Die Fortsetzungen von lat. *apicula* 'Biene' in span. *abeja*, kat. *abella*, port. *abelha* zeigen, dass diese Form in der ganzen Westromania heimisch ist, mit Ausnahme Nordgalliens bzw. Nordfrankreichs und dem frankoprovenzalischen Raum, der mit der Ostromania und dem Typ lat. *apis/ape(m)* konform geht (vgl. it. *ape*, friaul. *af*, rätorom. *av* neben *aviöl*).

Zu Beginn des 20. Jh. entwickelte sich mit der Sprachgeographie ein starkes Interesse für die historische **Sachkultur** des ländlichen Lebens, die Richtung "Wörter und Sachen", die auch in der Romanistik eine große Rolle spielte. Eingang fand sie auch in den *Sprach- und Sachatlas Italiens und der Südschweiz* (AIS, 1928–1940). Die eigentliche Sprachgeographie erfuhr ab 1939 ihre theoretische Weiterentwicklung durch Albert Dauzat, der kleinräumigere Sprachatlanten und einen aktuelleren Bezug auf die sprachlichen Verhältnisse in Frankreich forderte, die durch das Vordringen des Standardfranzösischen und die Aufgabe der lokalen Dialekte gekennzeichnet sind. In Spanien, genauer im katalanischen Sprachraum, ist der Beginn der Sprachgeographie mit dem Namen Antoni Griera verbunden, der – noch ganz im Geiste Gilliérons – ab 1923 seinen *Atlas lingüístic de Catalunya* veröffentlichte und 1960 einen einbändigen *Atlas lingüístic d'Andorra* herausgab. Zur übrigen Entwicklung siehe I.4.5.

8.3.2 Psychologismus und Idealismus

Wenn wir nun zur Geschichte der Sprachwissenschaft in der Phase der Überwindung der junggrammatischen Richtung zurückkehren, so sind neben der Mundartforschung und Sprachgeographie noch zwei andere Ansätze zu erwähnen, die beide für eine gewisse Zeit neben anderen Strömungen die Sprachwissenschaft in der ersten Hälfte des 20. Jh. beeinflussten. Zum einen ist dies die schon erwähnte psychologische Richtung, die wohl mit Wilhelm Wundt (*Völkerpsychologie*, Leipzig 1900) ihren Höhepunkt erreicht hatte, zum anderen die idealistische (oder, nach Humboldt, die neuidealistische) Schule, die im Gegensatz zu den Junggrammatikern die Geistesgeschichte zur Grundlage aller Erklärungen machte. Ihr Hauptvertreter war der bedeutende Romanist Karl Vossler, der sich als Schüler Benedetto Croces scharf gegen die positivistischen Untersuchungen einzelner Laute und Formen wandte und dagegen den schöpferischen Geist als Triebkraft aller sprachlichen Erscheinungen ansah (vgl. seine frz. Sprachgeschichte *Frankreichs Kultur im Spiegel seiner Sprachentwicklung*, Heidelberg 1913). Sowohl mit der volkskundlichen Richtung der "Wörter und Sachen" als auch mit dem Vorherrschen der Psychologie und der synthetisierenden Geistesgeschichte war das Pendel der linguistischen Forschung nach der anderen Seite ausgeschlagen. Damit hatte die Sprachwissenschaft ihren eigentlichen Gegenstand, die Sprache und die Analyse der ihr eigenen Kategorien, etwas aus den Augen verloren.

8.4 Neubeginn durch Ferdinand de Saussure

8.4.1 Linguistik der *langue/lengua*

Eine Wende ergab sich durch den unter dem Namen Ferdinand de Saussures veröffentlichten *Cours de linguistique générale* (1916), der drei Jahre nach Saussures Tod erschien, aber erst später rezipiert wurde. Hier kann und soll nicht erörtert werden, wie viel der dort vertretenen Gedankengänge auf den Genfer Indogermanisten Saussure selbst und wieviel auf seine Herausgeber, vor allem seinen Nachfolger in Genf, Charles Bally, zurückgeht. Die Bedeutung seiner methodischen Unterscheidungen ist bereits hinreichend erörtert worden (vgl. II.4.–7.). Obwohl Saussure keineswegs die Bedeutung der historischen Linguistik leugnet, wertet er durch seine Überlegungen doch die synchronische Betrachtung der Sprache gegenüber der Tradition des 19. Jh. ganz entscheidend auf.

Wenn auch manche seiner Ideen von vielen zunächst nur partiell verstanden wurden, so beriefen sich doch bald etliche Sprachwissenschaftler auf das eine oder andere seiner Prinzipien und bauten darauf eigene Richtungen auf. Da Begriffe wie die *valeur* den Gedanken implizieren, dass sich sprachliche Bedeutungen durch die jeweilige Opposition mindestens zweier Einheiten konstituieren, und die Dichotomie *langue – parole* das Denken in systematischen Zusammenhängen förderte, kam bald auch der Begriff der **Struktur** auf, der im krassen Gegensatz zur atomistischen Denkweise der Junggrammatiker stand. Nun konnte man z. B. nicht mehr allein die Entwicklung der lat. Verschlusslaute (Plosive) vom Lateinischen zum Spanischen untersuchen, sondern nur im Zusammenhang mit den artikulatorisch entsprechenden Reibelauten (Frikativen) und Nasalkonsonanten, mit denen sie eine korrelative Struktur bilden (vgl. III.1.4.2). So ist die Sonorisierung von intervokalischem /p/ > [b] > [β] aufgrund der gemeinsamen bilabialen Artikulation nicht ohne die strukturelle Beziehung der drei Laute zueinander verständlich.

8.4.2 Schulen des Strukturalismus in Europa

Neben der **Genfer Schule** um Charles Bally ist für die weitere Entwicklung der Theorie vor allem die **Prager Schule** des Strukturalismus von Bedeutung (vgl. SZEMERÉNYI 1971: 53–97). Sie ist im Wesentlichen mit den Namen zweier Russen, Nikolai Sergejewitsch Trubetzkoy (1890–1938) und Roman Jakobson (1896–1982), verbunden. Die Leistung Trubetzkoys wird in Kap. III.1.2 im Zusammenhang mit der Entwicklung der Phonologie dargestellt. Roman Jakobsons nachhaltiger Einfluss auf viele Zweige der Sprachwissenschaft kann hier nicht gewürdigt werden. Erwähnt wurde schon seine Ausweitung des Saussureschen Systemgedankens von der Synchronie auf die Diachronie im Bereich der Lautsysteme (Phonologie). Zu nennen sind weiterhin die konsequente Anwendung des Oppositionsgedankens, des Begriffs der *valeur* und der Trennung zwischen *langue* und *parole* im Bereich der grammatischen Analyse (z. B. Kasuslehre), die Idee der "Sprachbünde" zwischen genetisch nicht (nah) verwandten Sprachen sowie Beobachtungen zum Verhältnis zwischen der Reihenfolge des kindlichen Erlernens der Sprachlaute der Muttersprache und deren Verlust bei Aphasie (Sprachstörung durch Schädigung des Großhirns). Emilio Alarcos Llorach (Oviedo) war der erste spanische Linguist, der nach Ende des Spanischen Bürgerkriegs die Ideen der Prager Schule des Strukturalismus in Spanien verbreitete.

Die Lehre der **Kopenhagener Schule** des Strukturalismus um Viggo Brøndal (1887–1942, *Théorie des prépositions*, 1950) und Louis Hjelmslev (1899–1965, *Prolegomena to a theory of language*, engl. 1953), die beide auch zum Französischen gearbeitet haben, ist unter dem Namen "Glossematik" bekannt. Sie fordert eine "immanente" Sprachbeschreibung, die also von jedem semantischen Bezug, der durch die Sprache die außersprachliche Realität widerspiegelt, und von jedem Verweis auf die Diachronie absieht. Ihr algebraischer Charakter macht den Zugang schwierig. Konkret zum Spanischen erschien in diesem Rahmen die *Gramática estructural (según la escuela de Copenhague y con especial atención a la lengua española)* von Emilio Alarcos Llorach (Madrid 1951).

8.4.3 Amerikanischer Strukturalismus

Fast gänzlich unabhängig von den europäischen Strömungen entwickelte sich in den USA eine für die weitere Entwicklung der allgemeinen Sprachwissenschaft ebenfalls bedeutsame methodische Richtung heraus, die auch strukturalistisch genannt wird, jedoch mit den Prinzipien Saussures nicht viel zu tun hat. Sie ist auch vorwiegend synchron-beschreibend, lehnt aber die Hierarchie der Betrachtungsebenen (System, Norm, Rede) ab, vor allem die Abstraktion des Sprachsystems, da sie eine völlig andere Auffassung von der sprachlichen Bedeutung hat, die hier nicht im Einzelnen erörtert werden kann. Vereinfachend gesagt, ist die amerikanische Meaning-Auffassung viel pragmatischer, den einzelnen Redebedeutungen verhaftet und scheut die Abstraktion der Annahme eines sprachlichen Zeichens mit einem ihm immanenten *signifié*. Die für die Romanistik im Allgemeinen und die Linguistik des Spanischen aus unserer Sicht im Ganzen nicht grundlegende amerikanische Sprachwissenschaft kann hier nur grob angedeutet werden. Ansonsten sei auf die entsprechenden Kapitel bei SZEMERÉNYI (1971), MOUNIN (1975) und HELBIG (1988) verwiesen. Während die Entwicklung zu Beginn des Jahrhunderts noch von den aus Deutschland stammenden Linguisten Franz Boas und Edward Sapir (siehe auch III.7.1) bestimmt wurde und ein eigenes Profil durch die an den schriftlosen Indianersprachen zu erprobenden Methoden gewann, erhielt die amerikanische Linguistik mit Leonard Bloomfield (*Language*, 1933) und vor allem mit seinen Schülern ihr gänzlich von Europa unabhängiges Gewicht.

Bloomfields Verzicht auf eine Semantik steht am Beginn der Meaning-Diskussion in den USA. Sie erklärt sich zum einen aus dem Untersuchungsgegenstand: Ein aufgenommener indianischer Text ist zunächst völlig unverständlich und kann nicht durch Bezug auf vorhandene Wörterbücher und Grammatiken analysiert werden. Zum anderen liegt dem amerikanischen Wissenschaftsverständnis eine vorwiegend naturwissenschaftliche Betrachtungsweise zugrunde, die kein Vorwissen vom Gegenstand annimmt, ganz von außen beobachtet und eine Annäherung durch Hypothesen versucht (vgl. auch COSERIU ²1992: 58 ff.). Die Bedeutung einer sprachlichen Äußerung (ihr "Sinn") in einer Redesituation kann nur durch die Beobachtung der Reaktionen der Dialogteilnehmer erschlossen werden (Rückgriff auf die Psychologie des Behaviorismus). Diese Haltung führte insbesondere bei Zellig Harris (*Structural Linguistics*, 1951) zu einer asemantischen Analyse, die strikt auf der Verteilung und Anordnung der konstanten Lauteinheiten und morphologischen Segmente beruht (Distributionalismus) und diese klassifiziert (**taxonomischer Strukturalismus**).

Gegen Ende der fünfziger Jahre wurde vor allem die Vernachlässigung der Syntax zu Recht als Mangel empfunden. Dagegen erhob sich Noam Chomsky (*Syntactic Structures*, 1957) mit der Ausarbeitung der generativen Transformationsgrammatik, die hier nur erwähnt werden kann. Die Berücksichtigung der Syntax führte nun dazu, dass alle sprachlichen Strukturen syntaktisch erklärt wurden. Ein Hauptkritikpunkt bleibt weiterhin die unzureichende semantische Beschreibung der Sprache wie überhaupt die Auffassung von der sprachlichen Bedeutung. Die generative Grammatik vertritt auch die These, dass der Mensch eine angeborene Grammatik besitze, die es ihm ermögliche, beim Sprechenlernen im Kindesalter aus einem begrenzten "Input" an sprachlichen Mustern seine Sprache vollkommen und vollständig zu entwickeln. Dieser Fragenkomplex wird bis heute in der Linguistik stark diskutiert, zumal die generative Linguistik auch annimmt, dass die angeborene Grammatik eine "allgemeine Grammatik" sei, die aus einer großen Anzahl sogenannter Universalien, also in allen Sprachen vorkommender Kategorien bestehe.

8.5 Neuere Strömungen der Linguistik

Mit den verschiedenen Formen des Strukturalismus war die führende Rolle der Indogermanistik in der allgemeinen Sprachwissenschaft vorbei, auch die der Romanistik, die mit der Sprachgeographie noch einmal für alle Disziplinen wegweisend geworden war. Neben dem sich nach dem Zweiten Weltkrieg in Europa zaghaft verbreitenden europäischen Strukturalismus und dem Aufschwung der sich seit den sechziger Jahren entwickelnden Spielarten der Generativen Grammatik hat sich in neuerer Zeit das Interesse der Sprachwissenschaft teilweise von der eigentlichen Sprachanalyse als (synchroner) Beschreibung bzw. als historischer (diachroner) Erklärung des Systems und der Norm wieder entfernt. Die Richtung bewegt sich einerseits auf eigentlich interdisziplinär zu bearbeitende Bereiche wie das Problem des Verhältnisses zwischen konkurrierenden Sprachformen, z. B. Nationalsprache, Minderheitensprache(n), Dialekte und Gesellschaft (**Soziolinguistik**), Spracherwerb und -verlust (bei Krankheit; **Psycholinguistik, Neurolinguistik**), die Organisation von Texten (**Textlinguistik**) und das Verhältnis von Text, Sender und Empfänger, also z. B. die Angemessenheit einer Äußerung in einer bestimmten Situation (**Pragmalinguistik**). In den letzten Jahren finden auch in die romanische Sprachwissenschaft verstärkt kognitive Überlegungen Eingang (**kognitive Linguistik**), welche davon ausgehen, dass die Sprache in umfassendere Denk- und Wahrnehmungsprozesse eingebettet ist. Das z. T. zu beobachtende sinkende Interesse an der Sprachanalyse wie zuvor schon an der Sprachgeschichte ist erklärlich, wenn man bedenkt, dass von einzelnen Methoden, sei es dem funktionellen Strukturalismus europäischer Prägung oder dem taxonomischen Strukturalismus amerikanischer Provenienz manchmal auch zuviel erwartet wurde. Jede Methode hat ihre Stärken und Schwächen. Eine Überwindung des Strukturalismus hat einer seiner wichtigsten kritischen Vertreter, Eugenio Coseriu, mit seiner "integralen Linguistik" als einer Linguistik des Sprechens und des sprachlichen Wissens versucht (COSERIU ²1988 und ders., *Sprachkompetenz*, Tübingen 1988 [UTB 1481]). Andererseits wird aber die strikt innersprachliche Analyse durchaus fortgeführt, vor allem ausgehend von und mit kritischem Bezug zur Generativen Transformationsgrammatik (GT) Noam Chomskys der 1960er Jahre. So entwickelt sich die

Generative Grammatik in vielen Formen weiter, vor allem durch amerikanische Linguisten, weitgehend ohne Kenntnisnahme des in Europa schon erreichten theoretischen Standes. Hatte die GT das Verdienst, die Syntax in den Mittelpunkt der Aufmerksamkeit gerückt zu haben, so forderte man nun eine stärkere Berücksichtigung empirischer sprachlicher Daten, auch unter dem Gesichtspunkt der Variation. So entstand, unter Einbeziehung von Prinzipien der kognitiven Linguistik und der aufkommenden Korpuslinguistik, z.B. die *Usage Based Grammar*, vertreten von Linguisten wie Joan Bybee, Paul Hopper und Talmy Givón. In der Phonologie wurden Theorien wie die Natürlichkeits- bzw. Optimalitätstheorie *(teoria de la optimidad)* entwickelt. Sie können hier – wie auch die Grammatikalisierungstheorien – nur erwähnt werden.

8.6 Die Entwicklung der Linguistik in Spanien

Die Linguistik in Spanien war im 20. Jh. zunächst durch die Vorherrschaft der vom 19. Jh. eererbten historischen Linguistik geprägt. Ihr hervorragendster Vertreter war Ramón Menéndez Pidal (1869–1968). Er war in erster Linie Historiker und Philologe und hat sich als solcher bleibende Verdienste um die Herausgabe und Deutung des Cid-Epos (um 1140) erworben. Sprachwissenschaftlich sind seine Forschungen zur Frühgeschichte des Spanischen, insbesondere zum rechten Verständnis der Wirkungen des Substrats bedeutsam. In seinem linguistischen Hauptwerk, *Orígenes del español* (3. Aufl. 1950 als endgültige Fassung), hat er z.B. den für das Kastilische so spezifischen Wandel von lat. *f-* (wie in *facere* oder *filia*) zu *h-* (wie ursprünglich mit [h] gesprochenem *hazer > hacer* bzw. *hija*) als durch bereits in der Römerzeit wirkenden baskischen Substrateinfluss interpretiert, der graphisch jedoch erst sehr viel später dokumentiert ist und sich nicht vor dem Siglo de Oro wirklich durchsetzte. Die späte graphische Umsetzung ist aber nicht unbedingt ein Argument gegen die Annahme eines Substrateinflusses (vgl. auch unten IV.3.4). Menéndez Pidal gründete 1912 die *Revista de Filología Española* *(RFE)*.

Neben der historischen Linguistik mit bedeutenden Vertretern, insgesamt Schüler Menéndez Pidals, wie Américo Castro, Dámaso Alonso, Antonio Tovar und Rafael Lapesa, ist die spanische Linguistik nicht so sehr durch neue Theorien als vielmehr durch eine breite, gut fundierte Grammatikographie und Lexikographie gekennzeichnet. Schon die erste bedeutende Grammatik des 19. Jh., die bis heute noch als Referenzwerk gilt, ist nicht nur eine gute Beschreibung des Spanischen, sondern hatte auch das Ziel, die Einheit des amerikanischen und des europäischen Spanisch zu bewahren. Von einem Venezolaner (Andrés Bello) und einem Kolumbianer (Rufino José Cuervo) geschrieben, sollte sie den Hispanoamerikanern als Richtschnur gelten (BELLO/CUERVO 1847). Auch die immer wieder neu verfassten Wörterbücher und Grammatiken der Real Academia Española waren immer brauchbarer und von höherer linguistischer Qualität als die der Académie française. Insbesondere die letzte Auflage des *Diccionario* (siehe III.3.1 und 5.4.1) ist hervorzuheben, zumal sie sich besonders der Aufnahme des hispanoamerikanischen Sprachgebrauchs geöffnet hat.

Zur Vertiefung des Themas kann mit Gewinn auch Teil I von GAUGER/OESTERREICHER/WINDISCH 1981 (im Anhang), der die Geschichte der romanischen Sprachwissenschaft behandelt, gelesen werden. Als erster Teil einer umfassenden Geschichte der romanischen Sprachwissenschaft aus dem Nachlass von Eugenio Coseriu liegt der erste Band vor: Eugenio COSERIU/Reinhard MEISTERFELD (2003), *Geschichte der romanischen Sprachwissenschaft: Von den Anfängen bis 1492*, Tübingen. Dort geht es um die mittelalterliche Sprachreflexion vor allem in der Galloromania und in Italien. Der mit Nebrija beginnende bedeutende Beitrag Spaniens zur Grammatikographie und Lexikographie wird dem in Vorbereitung befindlichen zweiten Band vorbehalten sein.

9. Disziplinen der Linguistik

Um ein komplexes Gebilde wie Sprache wissenschaftlich beschreiben zu können, "zerlegen" die Wissenschaftler ihren Beobachtungsgegenstand in verschiedene Bereiche. Sie unterscheiden zu diesem Zweck verschiedene Beobachtungsebenen, zunächst Sprache im Allgemeinen (span. *lenguaje*, siehe oben II.1. und 4.1) und Sprache als historische Einzelsprache (Spanisch, Portugiesisch, Englisch, Russisch usw.). Diese Einzelsprachen können wiederum von außen (extern) betrachtet werden, etwa im Hinblick auf ihr Verbreitungsgebiet, ihre Geschichte, ihre Dialekte gegenüber der Standardsprache usw., oder von innen (intern), d. h. im Hinblick auf ihren Aufbau, ihre Lautstruktur (Phonologie), ihre Grammatik und Syntax, ihre Möglichkeiten der Wortbildung und ihren Wortschatz. Die Bedeutung der grammatischen Formen, der syntaktischen Beziehungen und der Arten der Wortbildung (Derivation und Komposition) wird primär in den jeweiligen Disziplinen untersucht, die Bedeutung der lexikalischen Wörter in der (lexikalischen) Semantik. In der Phonetik und Phonologie spielen nur die Laute/Phoneme eine Rolle, welche selbst keine Bedeutung haben. Der Sprachgebrauch in einer bestimmten Redesituation, also z. B. die Angemessenheit einer Äußerung in einer bestimmten Situation oder Strategien des Sprechens in bestimmten Kommunikationssituationen, bilden den Bereich der linguistischen **Pragmatik**. Alle diese Disziplinen bilden den Kernbereich jeder linguistischen Beschreibung eines Dialekts oder einer Standardsprache, ob in der heutigen Zeit, in einem früheren Sprachzustand oder hinsichtlich des Sprachwandels.[12]

---

12 Sie werden exemplarisch in Kap. III. dieses Buches thematisiert. In Kap. IV. wird dagegen vor allem die äußere Sprachgeschichte des Spanischen behandelt (externe Sicht), während die historische Phonetik/Phonologie und die historische Grammatik (interne Sicht) nur sehr eingeschränkt zur Sprache kommen.

Zu den traditionellen Unterdisziplinen gehören die Dialektologie (siehe I.4.2–4) und die Sprachgeographie, heute auch Geolinguistik genannt (vgl. I.4.5), die beide auch als Unterdisziplinen der **Varietätenlinguistik** (*lingüística variacional)* angesehen werden können. Als Varietäten bezeichnet man z. B. sowohl das Spanische von Lima oder des Río-de-la-Plata-Raumes als auch etwa das Sprachverhalten der Migrant(inn)en aus dem Andenraum im Großraum Lima oder der spanischsprechenden Katalan(inn)en in Barcelona (vgl. SINNER 2004). Dazu könnte man auch die **Kontaktlinguistik** (*lingüística de contacto*) zählen. Sie untersucht den Einfluss einer Sprache auf eine andere, Einflüsse von Sprachen, die sich im direkten Kontakt (im gleichen Land, am gleichen Ort) befinden, z. B. den des Katalanischen auf das Spanische in Katalonien oder des Guaraní auf das Spanische in Paraguay. Zur **Soziolinguistik** (*sociolingüística*) wiederum gehört das Problem des Verhältnisses zwischen konkurrierenden Sprachformen (z. B. Nationalsprache, Minderheitensprachen und Dialekten) und der Gesellschaft (vgl. III.7.). Die Kontaktlinguistik untersucht den Einfluss intern, die Soziolinguistik extern (z. B. sprachpolitisch). Die **kontrastive Grammatik** (*gramática/lingüística contrastiva*) interessiert sich für die Unterschiede in System und Norm zwischen zwei oder mehr Sprachen, z. B. Spanisch-Deutsch. Die **Typologie** (*tipología*) dagegen versucht durch den Vergleich möglichst vieler Sprachen typische Gemeinsamkeiten, im Idealfall sogar sog. **Universalien** (*universales*), herauszuarbeiten. Gegenüber der traditionellen, vor allem auf die Morphologie der Sprachen der Welt fixierten Typologie ist die moderne Typologie mehr auf syntaktische Züge ausgerichtet. Dabei geht es um die Stellung der Satzglieder, die Art der sprachlichen Darstellung eines Geschehens (aktivisch, passivisch, "medial"/agenslos, ergativ), Typen von Modalität oder Aspekt usw. Die letzten Beispiele zeigen, dass die Typologie heute z. T. eine Art systematisch vergleichender Grammatikbetrachtung ist.

Die Konstitution und Organisation von Texten, Textsorten und Diskurstraditionen werden in der **Textlinguistik** (*lingüística del texto*) untersucht. Den in den letzten Jahren in der Forschung immer wichtiger gewordenen Zusammenhang zwischen Sprache und Hirntätigkeit untersucht die **Neurolinguistik** (*neurolingüística*), während die **Psycholinguistik** (*psicolingüística*) die mit der Psychologie, z. B. bestimmten Fragen des Spracherwerbs zusammenhängenden Entwicklungen beleuchtet. Dazu gehören z. B. auch kognitive Prozesse des Sprachverstehens. Als Beispiele für Spezialgebiete innerhalb der beschreibenden bzw. historischen Linguistik könnte man die **Namenkunde** (*onomástica*) nennen, die in Ortsnamenkunde (**Toponymie**, *toponimia*), **Anthroponymie** (*antroponimia*) und weitere Teildisziplinen zu untergliedern ist.

Literaturhinweise

ALBRECHT, Jörn (³2007), *Europäischer Strukturalismus. Ein forschungsgeschichtlicher Überblick*, Tübingen (UTB 1487).

ARENS, Hans (²1969), *Sprachwissenschaft. Der Gang ihrer Entwicklung von der Antike bis zur Gegenwart*. Freiburg/München.

BELLO, Andrés/CUERVO, Rufino José (1847), *Gramática de la lengua castellana destinada al uso de los americanos*, Santiago de Chile.

BLASCO FERRER, Eduardo (1996), *Linguistik für Romanisten. Grundbegriffe im Zusammenhang*, Berlin.

BREKLE, Herbert (1985), *Einführung in die Geschichte der Sprachwissenschaft*, Darmstadt.

BÜHLER, Karl (1934), *Sprachtheorie*, Jena; Jena/Stuttgart ³1999 (UTB 1159); span. *Teoría del lenguaje*, Madrid ²1985.

COSERIU, Eugenio (1952), *Sistema, norma y habla*, Montevideo. Nachdruck in: E. COSERIU (1962), *Teoría del lenguaje y lingüística general. Cinco estudios*. Madrid: 11–113. Dt. Übers. "System, Norm und Rede", in: E. COSERIU (1975), *Sprachtheorie und allgemeine Sprachwissenschaft, 5 Studien*, München, 11–101.

COSERIU, Eugenio (1958), *Sincronía, diacronía e historia. El problema del cambio lingüístico*. Montevideo. Nachdruck Madrid 1973. Dt.: *Synchronie, Diachronie und Geschichte. Das Problem des Sprachwandels*. München 1974.

COSERIU, Eugenio, "Significado y designación a la luz de la semántica estructural", in: ders., *Principios de semántica estructural*, Madrid ²1981, 185–209.

COSERIU, Eugenio, "Bedeutung, Bezeichnung und sprachliche Kategorien", in ders., *Formen und Funktionen. Studien zur Grammatik*, Tübingen 1987, 177–198.

COSERIU, Eugenio (1981/1988), *Lecciones de lingüística general*, Madrid 1981. Dt.: *Einführung in die Allgemeine Sprachwissenschaft*, Tübingen ²1992 (UTB 1322).

COSERIU, Eugenio (2003), *Geschichte der Sprachphilosophie von den Anfängen bis Rousseau*, neu bearbeitet und erweitert von Jörn Albrecht, Tübingen/Basel (UTB 2266).

HELBIG, Gerhard (²1988), *Entwicklung der Sprachwissenschaft seit 1970*, Leipzig.

JAKOBSON, Roman (1960), "Linguistics and Poetics", in: Th. A. Sebeok, *Style in Language*, New York-London, 350–377.

MARCOS MARÍN, Francisco (1975), *Lingüística y lengua española*, Madrid.

MARTINET, André (⁴1996), *Eléments de linguistique générale*, Paris. Dt.: *Grundzüge der allgemeinen Sprachwissenschaft*, Stuttgart 1963.

MOUNIN, Georges (1996), *Histoire de la linguistique des origines au XXᵉ siècle*, Paris (Nachdruck der 4. Aufl. von 1985).

MOUNIN, Georges (²1975), *La linguistique du XXᵉ siècle*, Paris.

OGDEN, Charles K./RICHARDS, Ivor A. (¹1923), *The Meaning of Meaning*, London.

PELZ, Heidrun (³2000), *Linguistik: Eine Einführung*, Hamburg.

PORZIG, Walter (1957), *Das Wunder der Sprache. Probleme, Methoden und Ergebnisse der modernen Sprachwissenschaft*, Bern. Nachdruck Tübingen ⁹1993 (UTB 32).

SAUSSURE, Ferdinand de (1916), *Cours de linguistique générale*, Genève; édition critique préparée par Tullio de Mauro, Paris 1972. Span. *Curso de lingüística general*, Buenos Aires 1945, ⁴1965.

SINNER, Carsten (2004), *El castellano de Cataluña. Estudio empírico de aspectos léxicos, morfosintácticos, pragmáticos y metalingüísticos*. Tübingen (*ZRPh* Bh. 320).

SZEMERÉNYI, Oswald (1971), *Richtungen der modernen Sprachwissenschaft, I, Von Saussure bis Bloomfield, 1916–1950*, Heidelberg.

TRABANT, Jürgen (2008), *Was ist Sprache?*, München.

Zusammenfassung

Wissenschaft besteht in dem Bemühen, möglichst gesicherte Erkenntnisse über den Menschen und die ihn umgebende Welt zu gewinnen. Daher benötigt jede wissenschaftliche Beschäftigung ein ihren Zwecken gemäßes Instrumentarium. Ausgangspunkt ist die Abgrenzung des Gegenstandsbereiches und die Definition der darin vorkommenden Gegenstände und Kategorien (Sprache, Dialekt, Wort, Satz, Bedeutung, Sprachwandel usw.). Darum haftet aller Wissenschaft etwas Taxonomisches, d.h. Gliederndes, Klassifizierendes, Unterscheidendes an. Zur Methodik der Sprachwissenschaft (oder Linguistik) gehören zunächst Überlegungen zu den Funktionen von Sprache, zum sprachlichen Zeichen und zur Bedeutung sowie die Unterscheidung verschiedener Betrachtungsebenen. Als eine dem Menschen innewohnende, sehr komplexe Tätigkeit kann Sprache vom Menschen selbst nicht auf einmal und nicht zur Gänze beobachtet und erfasst werden, sondern immer nur hinsichtlich bestimmter Perspektiven (Rede, Norm, System, Typus einerseits und Synchronie versus Diachronie andererseits). Bei der sprachlichen Analyse auf einer dieser Ebenen sind dann noch syntagmatische Bezüge in der Redekette von paradigmatischen Bezügen zwischen Einheiten verschiedener Redeketten zu unterscheiden.

Der kurze Überblick über die Geschichte der Sprachwissenschaft seit dem 19. Jh. zeigt deutlich die Verschiedenheit der Schwerpunkte und Interessen am Phänomen Sprache und den einzelnen konkreten Sprachen sowie die Herausbildung immer neuerer und feinerer Methoden zur Erforschung sprachlicher Phänomene. Vom Primat der historischen Veränderungen verschiebt sich die Entwicklung zur Betrachtung der Gegenwartssprache, von der Schriftsprache zur gesprochenen Sprache, von der Sprache selbst zur Konkurrenz von Sprachen in einem Gebiet (Soziolinguistik) und zur Sprachverwendung (Pragmatik, Textlinguistik usw.). Die Verortung der Sprache im Hirn wird in medizinischer Hinsicht von der Neurolinguistik, in erkenntnistheoretischer Hinsicht von der kognitiven Linguistik untersucht. Aber auch bei der Beschreibung sprachlicher Strukturen treten die unterschiedlichen linguistischen Schulen mit ihrer verschiedenen Auffassung vom Kern der Sprache, dem Wesen der Bedeutung (divergierende Auffassungen von "Semantik") hervor. Zur Analyse der sprachlichen Strukturen selbst (Lautung, Grammatik, Syntax usw.) sind in neuerer Zeit zahlreiche Interessensfelder hinzugekommen, die deutlich machen, dass eine historische Sprache wie das Spanische kein einheitliches und leicht überschaubares Phänomen ist, sondern in zahlreichen Beziehungen (zu den gesellschaftlichen Gruppen, zu anderen Sprachen) steht. Es erschöpft sich nicht in der Schriftsprache, sondern kann auch im alltäglichen Gebrauch in den verschiedensten Kommunikationssituationen beschrieben und als Gegenstand des Erlernens durch Erwachsene untersucht werden.

III. Beschreibungsebenen der spanischen Sprache (Synchronie und Diachronie)

1. Phonetik und Phonologie

1.1 Zwei Betrachtungsebenen: Phonetik und Phonologie

Die materielle Seite (Substanz) der Sprache als *lenguaje* (siehe II.4.1) sind die Laute, die die Menschen beim Sprechen äußern. Dies geschieht üblicherweise beim Ausatmen, während beim Einatmen gebildete Laute (z. b. Schnalzlaute) nur in wenigen, außereuropäischen Sprachen zu sprachlichen Zwecken verwendet werden (vgl. dazu POMPINO-MARSCHALL ²2003: 207 ff.). Man unterscheidet die in der Sprache benutzten "artikulierten" Laute oder Phone von den unartikulierten Lauten, die in einer bestimmten Sprache nicht regelmäßig vorkommen, und von Geräuschen.

Die **Phonetik** (*la fonética*) ist der Teilbereich der Linguistik, in dem z. T. mit naturwissenschaftlichen, d. h. experimentellen, apparativen Methoden artikulierte Laute (Phone, *fonos*) als konkrete physikalische Erscheinungen untersucht und beschrieben werden. Hierbei befasst sich die **artikulatorische Phonetik** (*fonética articulatoria*) besonders mit der Art und Weise der Hervorbringung der Laute (*fonación*) mittels des Sprechapparates (*aparato vocal*). Die **akustische Phonetik** (*fonética acústica*) untersucht dagegen die akustischen Vorgänge bei der Übertragung der Schallwellen, d. h. deren Frequenz, Lautstärke, Klangfarbe, Tonhöhe usw. Die **auditive Phonetik** (*fonética auditiva*), die die Erscheinungen des Hörvorgangs beschreibt, brachte bislang noch wenige brauchbare Erkenntnisse. Wir werden uns hier auf einige wichtige Teilbereiche der artikulatorischen Phonetik beschränken.

In keinem Fall ist es das erste Ziel der spanischen Phonetik als linguistischer Disziplin, die richtige Aussprache des Spanischen ausgehend von der Schrift zu vermitteln (vgl. BERSCHIN et al. ⁴2012: 126). Die Sprachwissenschaft geht nicht von der Graphie aus. Die Verwechslung von Buchstaben und Lauten ist unbedingt zu vermeiden. Es geht um eine Erfassung und Beschreibung der Laute auf zwei Ebenen, der phonetischen und der phonologischen.

Die **Phonologie** (*fonología*) untersucht die Laute hinsichtlich ihrer Funktionalität, d. h. hinsichtlich ihrer Fähigkeit, sprachliche Zeichen und damit Bedeutungen zu differenzieren. Im Gegensatz zur Phonetik ist sie an ein bestimmtes Sprachsystem gebunden. Sie führt die verschiedenen tatsächlich in der *habla* (Rede, *parole*) geäußerten und der jeweiligen Norm entsprechenden Laute auf die Grundeinheiten zurück, die von den Sprechern einer Sprache (oder eines Dialekts) als solche unbewusst unterschieden werden, und trennt diese Grundeinheiten, die **Phoneme** (*fonemas*) genannt werden, von den vielfältigen Varianten, in denen sie tatsächlich realisiert werden. Phoneme sind daher abstrakte Größen, die als solche nicht Substanz sind, d. h. "ausgesprochen" werden können. Die Phonetik ist somit Lautlehre auf der Ebene der Rede und der Norm, die Phonologie ist Lautlehre auf der Ebene des Systems. Die Laute werden also auf zwei verschiedenen Betrachtungsebenen untersucht und beschrieben.

1.2 Grundbegriffe der artikulatorischen Phonetik

1.2.1 Die Artikulation

Die Bildung der Sprachlaute ist an sich ein sehr komplizierter Vorgang, an dem, vereinfacht dargestellt, außer den Stimmlippen (18) die Mundhöhle (8) – und bei Nasallauten auch die Nasenhöhle (1) –, die Zunge (9) bzw. bestimmte Teile der Zunge (10–12), und bestimmte Teile des oberen Mundraumes, nämlich Lippen (2), Zähne (3), der Zahndamm (die Alveolen, 4), der harte Gaumen (das Palatum, 5), der weiche Gaumen (das Velum, 6) oder das Zäpfchen (die Uvula, 7) beteiligt sind. Man unterscheidet so die beweglichen **Artikulationsorgane** (Lippen, Zunge, Zäpfchen) und die unbeweglichen **Artikulationsstellen** (Zähne, Alveolen, Palatum, Velum), zusammenfassend **Artikulationsorte** genannt. Hinzu kommt, besonders bei den Konsonanten, bei denen der Luftstrom auf ein Hindernis stößt, die **Artikulationsart**, d. h. die Frage, ob der Laut mittels eines Verschlusses, einer Reibung oder eines zusätzlichen Klingens im Nasenraum usw. gebildet wird. Stimmhafte Laute (*sonidos sonoros*) entstehen, wenn die Stimmritze (**Glottis**, *glotis*) zwischen den gespannten Stimmlippen (ungenau auch Stimmbänder, *cuerdas vocales* (18), genannt) fast geschlossen ist, so dass diese regelmäßig schwingen können; stimmlose Laute (*sonidos sordos*) entstehen, wenn die Glottis geöffnet ist und die Stimmlippen nicht schwingen (siehe auch BLASER ²2011: 35).

Die zur Beschreibung notwendigen, von den Bezeichnungen der Artikulationsorte abgeleiteten Adjektive, die im Folgenden exemplarisch für die Bedürfnisse des Spanischen (nach BERSCHIN et al. ⁴2012: 127; im Anhang) aufgeführt werden, nennen z. T. vereinfachend nur die Artikulationsstelle, nicht auch das beteiligte Artikulationsorgan:

Unterlippe an Oberlippe:	bilabial
Unterlippe an den oberen Schneidezähnen:	labiodental
Zungenspitze zwischen den Zähnen:	interdental
Zungenspitze an den Schneidezähnen:	(apiko)dental
Zungenspitze an den Alveolen:	apikoalveolar
vorderer Zungenrücken an den Alveolen:	alveolar
mittlerer Zungenrücken am harten Gaumen:	palatal
hinterer Zungenrücken am weichen Gaumen:	velar

1.2.2 Vokale

Zur Beschreibung der Vokale gehört zuerst der Parameter des Artikulationsortes, d. h. der Zungenstellung, nämlich palatal, zentral oder velar. Palatale Vokale werden auch Vorderzungen- (*vocales anteriores*), zentrale Mittelzungen- (*vocales centrales*) und velare Hinterzungenvokale (*vocales posteriores*) genannt. Als weiterer Parameter gehört dazu auch der relative **Öffnungsgrad** (*grado de abertura*) des Mundes (Kiefernwinkel). Hier unterscheidet man üblicherweise zwischen extrem offen (*abierto*) bei [a] und extrem geschlossen (*cerrado*) bei [i] und [u]. Dazwischen werden in den meisten Sprachen der Welt *e* und *o* als mittlere Öffnungsgrade festgestellt, die ihrerseits im Spanischen die idealtypischen Varianten [e] und [ɛ] bzw. [o] und [ɔ] aufweisen. Je nach Sprache lassen sich noch mehr Öffnungsgrade unterscheiden[13]; zu deren phonologischer Relevanz siehe III.1.4.1.

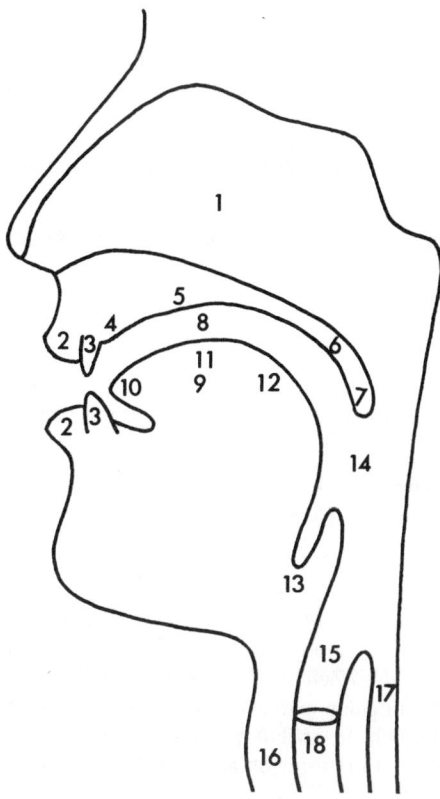

(1) Nasenhöhle — *cavidad nasal*
(2) Lippen — *labios*
(3) Zähne — *dientes*
(4) Zahndamm, Alveolen — *alvéolos*
(5) harter Gaumen, Palatum — *paladar duro*
(6) weicher Gaumen, Velum — *velo del paladar*
(7) Zäpfchen — *úvula*
(8) Mundhöhle — *cavidad bucal*
(9) Zunge — *lengua*
(10) Zungenspitze, Apex — *ápice lingual*
(11) Zungenrücken, Dorsum — *dorso lingual*
(12) hinterer Zungenrücken, Postdorsum — *posdorso lingual*
(13) Kehlkopfdeckel, Epiglottis — *epiglotis*
(14) Rachen, Pharynx — *faringe*
(15) Luftröhre — *tráquea*
(16) Kehlkopf, Larynx — *laringe*
(17) Speiseröhre — *esófago*
(18) Stimmlippen (-bänder) — *cuerdas vocales*

Der Sprechapparat, adaptiert nach SCHUBIGER ([2]1977: 13).

---

13 So ist z. B. im Deutschen das kurze *i* in *ich* offener als das lange *i* in *Vieh*. Für *u* in *Schluck* bzw. *du* gilt Entsprechendes.

Ein Vokal ist außerdem entweder oral (*oral*), d. h. nur in der Mundhöhle gebildet, oder nasal (*nasal*), d. h. bei Senkung des Velums und damit Öffnung des Nasendurchgangs auch im Nasenraum gebildet. Zudem hängt die Vokalfärbung auch von der Lippenstellung ab. Die Lippen sind dabei entweder gerundet (*vocal redondeada*) oder gespreizt (*no redondeada*). Dieser Parameter ist jedoch im Spanischen überflüssig, da die velaren Vokale immer gerundet, die palatalen immer gespreizt sind. Palatale gerundete Vokale wie im Deutschen oder Französischen, z. B. <ö> [ø], <ü> [y], kommen nicht vor.

1.2.3 Konsonanten

Für die Beschreibung der Konsonanten müssen generell verschiedene Artikulationsarten unterschieden werden:

a) Bei **Verschlusslauten** (**Okklusiven**, *oclusivas*, oder **Plosiven**, *plosivas*) wird zwischen Artikulationsorgan und Artikulationsstelle ein Verschluss hergestellt und rasch geöffnet (gesprengt), z. B. [p, t, k, b, d, g]. Man unterscheidet dabei einen Moment der Implosion (Verschluss vor der Sprengung) und einen Moment der Explosion.

b) Bei **Reibelauten** (**Frikativen**, *fricativas*, **Engelauten**) wird durch Verengung des Artikulationskanals eine Reibung erzeugt, z. B. [f, v, s, x].

c) Bei den **Affrikaten** (*africadas*) handelt es sich um eine Kombination aus Verschluss- und Reibelaut, z. B. [ts] = [c], [tʃ] = [č].

d) Bei den **Nasalen** (*consonantes nasales*) wird ein Verschlusslaut bei der Implosivstellung angehalten, wobei gleichzeitig der Nasenraum freigegeben wird, z. B. [m], [n], [ɲ], [ŋ].

e) Bei **Lateralen** (*laterales*) entweicht die Luft seitlich neben der das Palatum berührenden flachliegenden Zunge, z. B. [l], [ʎ].

f) Bei den **Vibranten** (*vibrantes*) vibriert die Zunge oder das Zäpfchen, z. B. [r]. Nach antiker Tradition werden Laterale und Vibranten auch als **Liquide** (*líquidas*) bezeichnet.[14]

Kontrastiv zum Deutschen ist zu bemerken, dass die stimmlosen Verschlusslaute im Spanischen nicht aspiriert werden (dt. [tʰatʰ], span. [tinto]). [tʃ] ist ein einziger Laut, der beim Sprechen nicht in [t] + [ʃ] zerlegt werden darf. Gleichwohl hat sich die API-Transkription [tʃ] gegenüber dem Zeichen [č] der slavistischen Tradition allgemein durchgesetzt. Die Darstellung der spanischen r-Laute ist in der wissenschaftlichen Literatur nicht einheitlich. In artikulatorischer Hinsicht wird zwischen einfacher und mehrfacher Vibration unterschieden, in akustischer Darstel-

---

14   Aus Platzgründen verweisen wir für die Transkription und entsprechende spanische Beispiele auf die ausführliche Darstellung bei BLASER (²2011: 23–51).

lung zwischen *vibración floja* und *tensa*. Der Unterschied beruht jedoch nicht auf der Quantität (siehe III.1.2.5), da diese im Spanischen keine Rolle spielt, sondern auf der Intensität. Das starke oder gespannte [r̄] ist ein einziger Laut, der nicht durch eine Silbengrenze getrennt werden kann, was auch die orthographischen Trennungsregeln widerspiegeln, z. B. *pe-rro*. Dies gilt auch für [ʎ], orthographisch <ll>, z. B. in *Cas-ti-lla*, und [ɲ] <ñ>, z. B. in *Es-pa-ña*. Siehe auch HUALDE et al. (²2010: 45–102; im Anhang).

1.2.4 Phonetik der Silbe

a) Das Sprechen geschieht aber nicht in Einzellauten, sondern in größeren daraus zusammengesetzten Einheiten. Die kleinste Einheit, in die sich Sprache beim Sprechen zerlegen lässt, ist die Silbe. Deshalb ist es auch für die phonetische Beschreibung wichtig festzustellen, welche Laute selbst eine Silbe bilden können und welche nur an der Bildung einer Silbe mitwirken. "Die Silbe ist einer der wichtigsten und gleichzeitig umstrittensten Begriffe der Phonetik" (SCHUBIGER ²1977: 122). Wenn auch der wissenschaftliche Nachweis der Existenz der Silbe Schwierigkeiten macht, so ist sie doch eine Realität der Sprachen, synchron wie diachron. Sie ist vor allem von der akustischen Phonetik her zu erfassen (vgl. vor allem LAUSBERG ³1969: 95–100).

> Die Kette der aneinandergereihten Laute bildet, was die Schallfülle (Sonorität) der einzelnen Laute betrifft, ein wellenförmiges Auf und Ab. Jeder relativ klangvolle Laut, der vom vorhergehenden oder vom folgenden klangvollen Laut durch einen klangärmeren getrennt wird, bildet einen Wellenberg, d. h. einen Schallgipfel. (SCHUBIGER 1970: 123)

Es lässt sich apparativ[15] leicht zeigen, dass offene Vokale sonorer sind als geschlossene, diese wiederum mehr als Vibranten. Es folgen stimmhafte Reibelaute, stimmhafte Verschlusslaute, stimmlose Reibelaute und stimmlose Verschlusslaute. Um einen Schallgipfel gruppieren sich schallärmere Laute in der Reihenfolge ihres Schallfüllegrads. Eine Lautkette hat so viele Silben, wie sie Schallgipfel aufweist, z. B. span. *realizar* [re|a|li|ˈθar], dt. *Attentat* in rheinisch-westfälischer Lautung [ˈa|tn̩|tʰatʰ]. Die Möglichkeiten der Lautgruppierung zu Silben variiert von Sprache zu Sprache sehr stark. So ist im Spanischen z. B. die Kombination [st], [sp] im Silbenanglitt unüblich, weswegen z. B. *constitución* in [kons|ti|tu|ˈθjon], dt. *Konstitution* aber in [kon|sti|tu|ˈtsjoːn] gegliedert wird. Dies schlägt sich auch in den jeweiligen Silbentrennungsregeln orthographisch nieder. Zu den spanischen Silbentrennungstrennungsregeln bzw. Regeln zur Worttrennung am Silbenende siehe BLASER (²2011: 84 f.). Die entsprechenden Regeln der neuen deutschen Rechtschreibung (dort vgl. § 108) sind aus linguistischer, insbesondere aus romanistischer Sicht, abzulehnen. Die Regel, dass bei Konsonantengruppen nur der

---

15 Das wichtigste Hilfsmittel der akustischen Phonetik ist der Spektrograph, der die Schallwelle in ihre Komponenten zerlegt und elektromagnetisch aufzeichnet (siehe SCHUBIGER 1970: 32).

letzte Konsonant auf die neue Zeile kommt (sog. Einkonsonantenregel) – sofern nicht morphologische Gründe entgegenstehen (*Lauf-treff* gegenüber *Kraft-rad*) – widerspricht nicht nur dem intuitiven Sprachgefühl, sondern auch der gesamten europäischen Sprachtradition mit den unendlich vielen "Fremdwörtern" gräko-lateinischen Ursprungs, von denen sich viele auch im Spanischen und anderen romanischen Sprachen wiederfinden. Der vom Griechischen und Lateinischen ausgehenden Tradition entsprechend bildet die Kombination *muta cum liquida* (Okklusiv + r, l) immer eine Einheit, zumal sie oft auch im Anlaut von historischen Wortstämmen vorkommt: Daher *Re-pu-blik, An-dreas, Am-pli-tu-de, Ex-trem, Fe-bruar, Pro-gramm* und, im Gegensatz zum Spanischen, auch *Kon-sti-tu-tion.* Aber auch im Spanischen sind im Deutschen erlaubte Verirrungen wie **Inst-rument, *Konst-rukt* nicht möglich, sondern nur *ins-trumento, cons-trucción* gegenüber dt. *In-strument, Kon-struk-tion,* da im Deutschen durchaus Wörter mit /str/, /spr/ usw. beginnen können (*stricken, sprechen, schreien, schlafen* usw.). Heute gültige Trennungen wie *Repub-lik* und *And-reas* sind nicht nur unhistorisch, sondern auch gegen die deutsche Silbenstruktur, die /bl/, /dr/ im Silbenanlaut durchaus kennt.

Man unterscheidet offene (freie) Silben (*sílabas abiertas, libres*), die auf Vokal en-den (['a|la|mo], ['pa|δre], ['po|ʎo]), und geschlossene (gedeckte) Silben (*sílabas trabadas*), die auf Konsonant enden ([al|'mwɛr|θos]).

Die Laute lassen sich nun klassifizieren in silbentragende und nichtsilbentragende. Erstere werden auch **Sonanten** genannt. Sonanten sind alle Vokale, aber auch solche Konsonanten, die silbentragend sein können, vor allem [r], [l], [m] und [n]. Im Spanischen wird diese Möglichkeit nicht ausgenutzt, aber z. B. im Deutschen, Englischen und in slavischen Sprachen (vgl. engl. *little* [li-tl], tschech. *vlk* 'Wolf', wo [l] Silbengipfel ist).

b) Der Unterschied zwischen **Vokalen**, bei deren Artikulation kein Hemmnis auf-tritt, und **Konsonanten**, die durch ein Hindernis im Artikulationskanal charakteri-siert sind, ist aber nicht nur in akustischer, sondern auch in artikulatorischer Hinsicht fließend. Wenn die extrem geschlossenen Vokale [i] und [u] weiter ge-schlossen werden, berührt in der Stellung [i] der Zungenrücken das Palatum, und es entsteht ein unsilbischer Konsonant, nämlich der palatale Reibelaut [j]; entspre-chend entsteht aus [u] bei weiterem Zurückziehen der Zunge unsilbisches [w]. Konsonanten, die eine so nahe Verwandtschaft zu den geschlossenen Vokalen zeigen, nennt man **Halbkonsonanten** (*semiconsonantes*), wenn sie im Silbenanlaut konsonantischen Charakter haben ([j, w]), **Halbvokale** (*semivocales*), wenn sie im Silbenauslaut keine echte Reibung aufweisen und daher eher vokalischen Charak-ter haben (vgl. dazu HARA 1973). Der unsilbische Charakter von Vokalen wird durch ein bogenförmiges diakritische Zeichen (i̯, u̯) angedeutet.

c) **Hiate** (*hiatos*) nennt man die Aufeinanderfolge von Vokalen, von denen jeder einen Silbengipfel darstellt. **Diphthonge** (*diptongos*) sind dagegen Vokalverbindungen in einer Silbe, von denen das eine Element ein Vokal und das andere ein Halbvokal bzw. Halbkonsonant ist. Fällt die Verbindung zum Halbvokal ab, spricht man von **fallenden Diphthongen** (*diptongos decrecientes*), steigt sie zum Vokal auf, spricht man von **steigenden Diphthongen** (*diptongos crecientes*). Das Spanische kennt die steigenden Diphthonge [wa, we, wi, wo], z. B. in *lengua* ['leŋgwa], *huevo* ['weβo], *fui* ['fwi], *antiguo* [an'tiɣwo], sowie [ja, je, jo, ju], z. B. in *hacia* ['aθja], *pie* ['pje], *Dios* ['djos], *viuda* ['bju'da] und die im Spanischen im Ganzen selteneren fallenden Diphthonge [au̯, eu̯, ai̯, ei̯, oi̯] wie z. B. in *causa, deuda, aire, seis, soy.* Nicht eindeutig ist der Sprachgebrauch bei dem Zusammentreffen von *ui* bzw. *iu.* Im ersten Fall ist die heute übliche Realisierung meistens die eines steigenden Diphthongs (*cuida* ['kwiδa]), im zweiten Fall ist der Gebrauch schwankend (*ciudad* [θju'δa(δ)] bzw. [θiu̯'δa(δ)], *viuda* ['bjuδa] bzw. ['biu̯δa]).

Die Kombination aus Halbkonsonant + Vokal + Halbvokal, die eine einzige Silbe darstellt, heißt **Triphthong** (*triptongo*), wie z. B. in *lidiáis* [li'djai̯s], *buey* ['bwɛi̯]. Ob eine Vokalgruppe als Triphthong bzw. Diphthong oder hiatisch gesprochen wird, hängt phonetisch auch von der Sprechgeschwindigkeit ab: Was bei langsamem, betontem Sprechen (sog. Lentoformen) ein Hiat sein kann, kann bei normalem (schnellem) Sprechen (sog. Allegroformen) ein Diphthong bzw. Triphthong sein. Aber auch die Tradition spielt eine Rolle. So werden in Latinismen keine Diphthonge zugelassen, z. B. *a-fec-tu-o-so, ma-nu-al, di-a-blo, ju-i-cio.* Dies ist aber eher eine orthographische Regel als eine phonetische Beobachtung.

1.2.5 Suprasegmentale Elemente

Die Elemente (Segmente) der Lautkette werden nicht nur durch das Auf und Ab der Eigenschallfülle jedes Lautes gegliedert, sondern auch durch eine zusätzliche Variation in Bezug auf die Dauer, die Druckbetonung und die Tonhöhe, die sich, bildlich gesprochen, über die Lautkette legt und deswegen **suprasegmental** genannt wird. Suprasegmentale Einheiten (*elementos suprasegmentales*) werden auch als **Prosodeme** (*prosodemas*) bezeichnet. Bei der **Dauer** oder **Quantität** (*cantidad*)[16] wird die Artikulation der Laute gedehnt bzw. bei Verschlusslauten und Affrikaten die Lösung des Verschlusses hinausgezögert. Sie spielt im Spanischen keine Rolle, da Wörter niemals durch die Quantität eines Vokals oder Konsonanten unterschieden werden.[17] Diese phonologische Wertung wird auch durch die phonetische Realität unterstützt: Alle spanischen Vokale sind, auch unter dem Ton, eher kurz. Vereinzelte affektive Längungen bestätigen die Regel.

16 Im Gegensatz zur **Qualität**, *calidad*, der Vokale oder Konsonanten, die sich auf die jeweilige Klangfarbe bezieht. Die Länge eines Lautes wird durch <:> bezeichnet, z. B. [a:], [n:] usw., in älterer Tradition auch durch <¯>, z. B. [ā], [n̄] usw.

17 Ein Sonderfall ist im Spanischen die Opposition von einfachem /ɾ/ (ein Anschlag) und multiplem /r̄/ (ca. 3 Anschläge). Die IPA-Lautschrift bevorzugt den Kontrast von /ɾ/ und /r/, was durch die Verwendung von /r/ (für multiples /r̄/) graphisch und im Vergleich mit anderen Sprachen zur Verwirrung führen kann.

Bei der **Betonung** (*acento*) unterscheidet man generell den exspiratorischen oder Druckakzent (*acento de intensidad*), bei dem eine Silbe mit größerem Druck als ihre Nachbarsilben ausgesprochen wird (in der Transkription durch <ˈ> vor der betonten Silbe angezeigt), und den musikalischen oder Tonakzent (*acento de tonalidad*), bei dem eine Silbe mit einer anderen Tonhöhe als die sie umgebenden gesprochen wird. In bestimmten Sprachen (Chinesisch, Vietnamesisch, in geringerem Maße auch Serbokroatisch, Schwedisch) wird dies zur Unterscheidung von Wörtern ausgenutzt, im Spanischen wie im Deutschen jedoch nur auf Satzebene (z. B. Aussagesatz mit sinkendem Ton, Fragesatz mit steigendem Ton am Ende). In diesem Fall spricht man von **Intonation** (*entonación*), die freilich auch noch weiteren Zwecken auf der Ebene der Rede dienen kann (z. B. Ausdruck des Ärgers, der Ironie, der Höflichkeit usw.). Die Mechanismen, welcher Tonverlauf was genau ausdrückt und inwieweit es feste Normen gibt, sind jedoch noch wenig erforscht. Der Druckakzent ist im Spanischen phonologisch relevant, da er zur Bedeutungsunterscheidung benutzt wird (vgl. *término* 'Endpunkt', *termino* 'ich beende', *terminó* 'er beendete', vgl. HUALDE et al. ²2010: 103–122).

1.3 Grundlagen und Begriffe der Phonologie

1.3.1 Phonologie als funktionelle Phonetik

Die Phonologie wurde ab 1928 in der Prager Schule des Strukturalismus insbesondere von zwei russischen Mitgliedern, Roman Jakobson und N. S. Trubetzkoy, entwickelt. Ein Vorläufer, der Pole J. Baudouin de Courtenay, war in den siebziger Jahren des 19. Jh. in Kazan'/Russland zu der psychologisch begründeten Vorstellung gekommen, dass die unendlich verschiedenen tatsächlich geäußerten Laute im Bewusstsein der Sprecher einer Sprache einer genau angebbaren Menge von Lauttypen entsprechen. Dieses auch von Saussure vertretene Konzept wurde von Trubetzkoy zu einem funktionellen entwickelt, das vor allem auf dem Begriff der gegenseitigen Unterscheidung, der **Opposition**, beruht. Betrachtet werden in der Phonologie Trubetzkoys nicht alle vorkommenden Laute auf der gleichen Ebene, sondern als distinktiv werden nur die "Schallgegensätze" bezeichnet, "die in der betreffenden Sprache die intellektuelle Bedeutung zweier Wörter differenzieren können". Die phonologische Analyse bedient sich natürlich der phonetischen Beschreibung. Sie zerlegt die Laute in ihre artikulatorischen oder akustischen Komponenten und filtert daraus die distinktiven oder merkmalhaften Züge (*rasgos distintivos*) heraus. So beruht z. B. die distinktive Funktion von /p/ im Spanischen auf dem Merkmal der Stimmlosigkeit gegenüber /b/, ein "Schallgegensatz", der z. B. in /ˈprisa/ gegenüber /ˈbrisa/ ausgenutzt wird. Dagegen beruht z. B. die Opposition /b/ – /d/ auf dem Merkmal 'labial' für /b/, 'dental' für /d/.

1.3.2 Die Ermittlung der Phoneme einer Sprache

Grundeinheit der Phonologie sind die **Phoneme**[18] (*fonemas*) als kleinste bedeutungsunterscheidende sprachliche Einheiten. Phoneme haben als solche niemals eine Bedeutung, es sei denn, sie sind auch gleichzeitig sprachliche Zeichen, wie z. B. *a* als Präposition, *e*, *y* oder *o*, *u* als Konjunktionen. Sie haben vielmehr eine **bedeutungsunterscheidende Funktion**. Ob eine solche vorliegt, wird anhand der Substitution in einer Kommutationsprobe festgestellt. Die **Kommutation** (*conmutación*) zweier Laute (**Phone**, *fonos*) geschieht am besten in einem **Minimalpaar**, d. h. zwei sprachlichen Zeichen mit der gleichen Anzahl von Lauten, bei dem einer gegen den anderen ausgetauscht und geprüft wird, ob sich dadurch ein Bedeutungsunterschied ergibt. Ersetzen wir z. B. in *vino* ['bino] 'Wein' (oder 'er kam') [b] durch [p], so erhalten wir ['pino], was 'Fichte, Kiefer' bedeutet. Ist die distinktive Funktion einmal festgestellt, so sind beide Laute Phoneme, und wir sagen, dass sie zueinander in Opposition stehen (/b/ – /p/), nicht nur in dem Minimalpaar, sondern ganz allgemein. Eine Opposition kann jedoch immer nur zwischen zwei positiven Phonemen bestehen, nicht aber zwischen einem positiven Phonem und etwa einem Nullphonem, das es im Gegensatz zum Nullmorphem nicht gibt. Zwar besteht auch zwischen *vino* und *vinos* ein Schall- und ein Bedeutungsunterschied, jedoch keine phonologische Opposition des Typs */'binoø/ – /'binos/, da ø keine merkmalhaften Züge hat, d. h. keiner phonetischen Realität entspricht.

1.3.3 Phonologie der Norm und der Rede: Varianten/Allophone

Wenn die Substitution trotz eines Schallgegensatzes keinen Bedeutungsunterschied hervorruft, nennt man den zu prüfenden kontrastierenden Laut eine **Variante** (*variante*) oder ein **Allophon** (*alófono*) desjenigen Phonems, zu dem es in Kontrast gesetzt wurde. Einen Kommutationstest unternimmt man nur zwischen artikulatorisch verwandten Lauten, da ja die mögliche Opposition in nur einem distinktiven Zug bestehen kann (siehe III.1.3.1). Es ist nicht sinnvoll, eine mehrfache Opposition, z. B. /r/ 'leichter Vibrant, alveolar, stimmhaft' – /p/ 'Okklusiv, bilabial, stimmlos', zu untersuchen. Der Kontrast [b] – [β] z. B. ist im Spanischen phonologisch nicht relevant (*no pertinente*), da er keinen Bedeutungsunterschied hervorruft (*['kabra] – ['kaβra]). Vielmehr ist die **Distribution** aller stimmhaften Okklusive und der homorganen Frikative, also [b, d, g] bzw. [β, ð, ɣ], so geregelt, dass die Verschlusslaute immer im absoluten Anlaut, d. h. nach Pause, und nach einem homorganen Konsonant auftreten (an gleicher Stelle artikuliert, wie z. B. [m] bei folgendem /b/), die Frikative dagegen in allen anderen Positionen, besonders intervokalisch auftreten. Diese normative Erscheinung (vgl. II.4.3) nennt man **komplementäre Verteilung** (*distribución complementaria*): *vino* ['bino] – *un vino* [um'bino] – *el vino* [el'βino] – *su vino* [su'βino]; *dedo* ['deðo] – *grande* ['grande] – *el*

---

18 Davon sind im angloamerikanischen Bereich "Phonem(at)ik" und "phonem(at)isch" statt "Phonologie" und "phonologisch" abgeleitet.

dedo [el'deðo] – *su dedo* [su'ðeðo]; *gana* ['gana] – *tengo* ['teŋgo] – *cargo* ['karɣo] – *pago* ['paɣo]. Wegen fehlender phonologischer Opposition werden jeweils die Phoneme /b/, /d/, /g/ angenommen, so dass auf Phonemebene /su'bino/, /su'dedo/, /'pago/ usw. transkribiert wird. Dies ist jedoch rein konventionell. Man könnte auch ein Phonem /β/ annehmen und [b] als seine Variante bestimmen. In Wirklichkeit ist das Phonem die abstrakte Größe, die die Merkmale enthält, die [b] und [β] gemeinsam sind, also oraler, bilabialer, stimmhafter Konsonant ohne Angabe der Artikulationsart. Dafür fehlt aber ein Transkriptionssymbol.

Ein durch Assimilation an den folgenden Konsonanten hervorgerufenes Allophon kann z. B. auch [z] in *mismo* ['mizmo] sein.

1.3.4 Distribution und Neutralisierung

Wenn eine Opposition an einer bestimmten Stelle aufgehoben wird, so spricht man von **Neutralisierung** (*neutralización*):

> Una oposición se neutraliza cuando no funciona en ciertas posiciones. Cuando esto ocurre, las marcas específicas de uno de los términos de la oposición pierden su valor fonológico y sólo quedan como pertinentes los rasgos que los dos términos tienen en común. El conjunto de particularidades distintivas que son comunes a los dos fonemas neutralizados es lo que se denomina *archifonema*. (QUILIS [4]2002: 40–41)

Ein Musterbeispiel ist die sog. Auslautverhärtung (Entsonorisierung) im Deutschen: Im Wortauslaut wird die im Inlaut existierende Opposition zwischen stimmhaften und stimmlosen Konsonanten, insbesondere Okklusiven, z. B. *baden – (sie) baten (ihn)* /'ba:dn/ – /'ba:tn/, aufgehoben, da hier nur stimmlose Konsonanten realisiert werden: *Rad – Rat* [ra:t]. Phonologisch tritt als Stellvertreter für die neutralisierten Phoneme das **Archiphonem** (*archifonema*), hier /T/ ein, das die gemeinsamen Merkmale von /t/ und /d/ enthält (/ra:T/). Archiphoneme werden in der Transkription durch Großbuchstaben dargestellt.[19] Im Spanischen finden sich Neutralisierungen z. B. zwischen den zwei Nasalen /n/ und /m/ durch Assimilation des jeweiligen Nasals an den folgenden Konsonanten, wodurch phonetisch eine Vielzahl von Varianten entsteht. Auf jeden Fall ist z. B. vor Labial die Opposition 'dentaler Nasal' /n/ – 'labialer Nasal' /m/ aufgehoben, da *[nb] phonetisch nicht üblich und also keine Opposition */n/ – /m/ + /b/ denkbar ist (vgl. *en Burgos* [em'burɣos], /eN'burgos/, wobei die Wahl von /N/ statt z. B. /M/ willkürlich und eher konventionell ist. Auch /M/ wäre möglich. Neutralisiert sind die Nasale auch im Auslaut (*álbum* ['albun] /'albuN/), was diachron zu orthographischen Anpassungen geführt hat: *Adam > Adán*.

Die Opposition /r/ – /r̄/ funktioniert nur intervokalisch (*pero – perro*), nicht aber im Anlaut, wo – orthographisch nicht gekennzeichnet – nur [r̄] erscheint (*rueda* ['r̄weda]), und nicht im Auslaut, wo nur [r] möglich ist (*dar* [dar], *carta* ['karta]); daher phonologisch /'Rueda/, /daR/, /'kaRta/.

---

[19] Die Möglichkeit der Neutralisierung spielt in strukturalistischen Untersuchungen auch über die Phonologie hinaus, z. B. in der Grammatik und Lexikologie, eine große Rolle.

1.4 Synchrone spanische Phonologie

Die Darstellung der Grundzüge der spanischen synchronen Phonologie, auf die wir uns hier beschränken müssen, ist z. T. schon in den vorangegangenen Abschnitten zu den Allophonen und zur Neutralisierung begonnen worden.

1.4.1 Das spanische Vokalsystem

Das phonologische System der spanischen Vokale zeigt folgendes Bild, wenn man berücksichtigt, dass der Konvention entsprechend die palatalen Vokale links, die velaren rechts, die geschlossenen oben und die offenen unten angeordnet werden: Da das Spanische nur einen offenen zentralen Vokal /a/ hat, werden die Vokale in einem sogenannten Vokaldreieck, hier mit drei Öffnungsgraden dargestellt.

Die lautschriftliche Notation (Transkription) geschieht bei phonetischer Betrachtungsweise zwischen [ ], bei phonologischer Betrachtungsweise zwischen / /. Üblich ist das hier verwendete Transkriptionssystem der *Association Phonétique Internationale* (API, engl. IPA, für *International Phonetic Association*). Es gibt jedoch zahlreiche andere Traditionen, wie z. B. die der historischen Phonetik, offene Vokalqualitäten durch <ˌ> (z. B. ẹ, ọ) und geschlossene Vokalqualitäten durch <.> (z. B. ẹ, ọ) zu kennzeichnen. In der slavistischen Tradition werden die Affrikaten durch den "Háček" <ˇ> gekennzeichnet. Die spanische Tradition der *RFE* wird bei BLASER (²2011: 11) dargestellt.

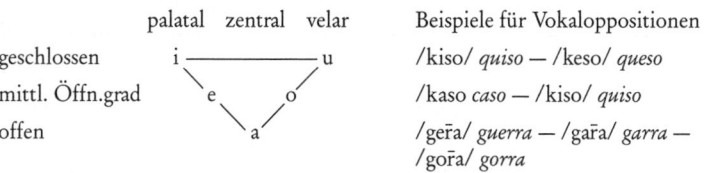

	palatal	zentral	velar	Beispiele für Vokaloppositionen
geschlossen	i		u	/kiso/ *quiso* — /keso/ *queso*
mittl. Öffn.grad	e		o	/kaso *caso* — /kiso/ *quiso*
offen		a		/geɾa/ *guerra* — /gaɾ̄a/ *garra* — /goɾ̄a/ *gorra*

Die unbetonten Vokale bilden im Vorton und Nachton ein gleiches System, nur im unbetonten Auslaut sind /i/ und /u/ äußerst selten (*cursi* 'kitschig', *tribu* 'Volksstamm'). In der Norm werden besonders die mittleren Öffnungsgrade durch je zwei idealtypische Varianten realisiert, z. B. *beso* ['beso] – *puerta* ['pwɛrta], *boda* ['boda] – *hoja* ['ɔxa] (vgl. II.4.4.1). Die Diphthonge und Triphthonge bilden nicht eigene Phoneme, sondern werden als Phonemkombinationen betrachtet: /'kuanto/ – /'kuento/, /sejs/ – /sojs/. Allerdings ist der phonologische Status der Halbvokale bzw. Halbkonsonanten umstritten. Während /j/ intervokalisch vorkommt und dort in Opposition z. B. zu /ʎ/ steht (*cayó* /ka'jo/ – *calló* /ka'ʎo/), ist dies bei [w] nicht möglich. Dies spricht für ein Phonem /j/, während [w] wohl als Variante von /u/ betrachtet werden muss. Siehe zur Diskussion darüber HARA (1973).

1.4.2 Das spanische Konsonantensystem

Das System der spanischen Konsonanten lässt sich in folgendem zweidimensionalen Schema darstellen (regelmäßige Allophone eingeklammert):

	bilabial		labio-dental		inter-dental		dental		alveolar		palatal		velar	
Stimmbe-beteiligung	–	+	–	+	–	+	–	+	–	+	–	+	–	+
Okklusive	p	b					t	d					k	g
Frikative	[β]	f	θ	[ð]					s	[z]	j		x	[ɣ]
Affrikaten											ʧ			
Nasale	m		[ɱ]						n		ɲ		[ŋ]	
Laterale									l		ʎ			
Vibranten leicht stark									r r̄					

Eine weitere Artikulationsart bilden die **Approximanten** (*aproximantes*). Es handelt sich, vereinfacht gesagt, um unsilbische Laute zwischen Vokalen und Konsonanten, ohne Verschluss und Reibung, wie z. B. labiovelares [w] in Diphthongen, im Spanischen als Allophon von /u/.

Einige Minimalpaare mögen den Phonemcharakter zeigen: /peso/ – /beso/ (aber nicht [beso] – [βeso]), /pResa/ – /fResa/, /poro/ – /moro/, /pino/ – /ʧino/, /Ropa/ – /Roka/, /kueRdo/ — /kueRno/, /poʎo/ – /pojo/, /loro/ – /ʎoro/, /karo/ – /kar̄o/.

Die Angabe der Artikulationsorte kann bei der notwendigen Vereinfachung der Darstellung besonders im Bereich 'dental – alveolar' und 'alveolar – palatal' in den Handbüchern unterschiedlich sein. Allerdings werden die Phoneme in den verschiedenen Sprachen auch unterschiedlich realisiert. So ist [s] im Französischen prädorsal-dental, d. h. mit dem vorderen Zungenrücken an den Zähnen, im Deutschen prädorsal-alveolar, im Standardspanischen aber apiko-alveolar, d. h. mit der Zungenspitze am Zahndamm gebildet. Die palato-alveolaren Frikative [ʃ], [ʒ], (in anderer Transkriptionstradition [š], [ž]) kommen im Standardspanischen von heute nicht vor; [ʒ] ist aber z. B. in gewissen Formen des amerikanischen Spanisch ein Allophon von /j/ (siehe IV.11.3.1). Die Distribution der frikativen Varianten von /b/, /d/, /g/ ist in III.1.3.3 skizziert worden. Die Distribution der spanischen einfachen konsonatischen Phoneme, d. h. ohne Berücksichtigung der möglichen Nexus, zeigt keine Einschränkungen für die Anlaut- und Inlautposition,[20] wohl aber für den Auslaut, der in genuin spanischen Wörtern nur /s/, /n/, /θ/, /l/, /r/ und /x/ kennt.

1.5 Diachrone spanische Phonologie und Phonetik

Hier können nur ausschnitthaft einige wichtige Veränderungen des Vokalsystems vom Lateinischen zum Altspanischen unter phonologischem Gesichtspunkt und einige Fakten der historischen Phonetik im Bereich der Konsonanten behandelt werden. Einiges ist auch schon bei der Darstellung der Lautmerkmale der spanischen Dialekte erwähnt worden (siehe I.4.2–4).

a) Das klassische Latein unterschied 10 Vokalphoneme, die den 5 Vokalphonemen des Spanischen entsprechen, allerdings mit einer jeweils phonologisch relevanten Quantitätenopposition: /pŏpulus/ 'Volk' — /pōpulus/ 'Pappel'. Im Sprechlatein der Kaiserzeit wurde die Quantitätenopposition aufgegeben (sog. **Quantitätenkollaps**) und durch eine Qualitätenopposition ersetzt, indem ursprünglich kurzes /ĭ/ geöffnet wurde und mit ursprünglich langem /ē/ zu der neuen Qualität /ẹ/ zusammenfiel, während kurzes /ĕ/ nun das Merkmal der Öffnung erhielt, /ę/. Auf der velaren Seite fiel entsprechend ehemaliges /ŭ/ mit /ō/ zu /ọ/ zusammen, während /ŏ/ > /ǫ/.

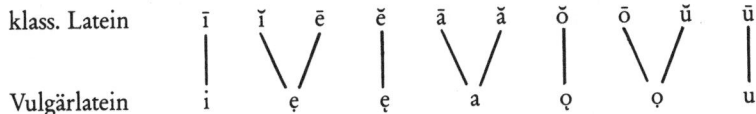

klass. Latein ī ĭ ē ĕ ā ă ŏ ō ŭ ū

Vulgärlatein i ẹ ę a ǫ ọ u

Dieses gegenüber dem dreistufigen System des klassischen Lateins vierstufige vulgärlateinische Vokalsystem bildet die Grundlage für die Vokalentwicklung in den meisten romanischen Sprachen (vgl. LAUSBERG [3]1969: 144–149). Die klass. lat. Diphthonge /oę̯/ und /aę̯/ wurden schon früh zu [ẹ] und [ę̄] monophthongiert, also zu einem systemwidrigen Kontrast. Als die Quantitätenoppositionen ohnehin langsam aufgegeben wurden, war dieser Kontrast sicher einer der ersten, der zu einer einfachen Qulitätsopposition, /e/ und /ɛ/, führte. /au̯/ wurde erst später zu [ǫ] monophthongiert. Für die spätere Entwicklung ist vor allem zwischen betonten und unbetonten Vokalen zu unterscheiden. Hier sollen nur die Vokale unter dem Ton betrachtet werden: Die vulgärlat. Vokale bleiben, soweit sie nicht durch Nachbarlaute beeinflusst wurden, im Spanischen unverändert, mit Ausnahme von /ę/ und /ǫ/, die zu [je] und [wo], später [we], diphthongieren. So lässt sich der vulgärlat. Zustand noch im heutigen Spanisch an folgenden Beispielen zeigen (Ausgangspunkt ist der lat. Akk. ohne -*m*):

pătre > padre, mātre > madre
fĕsta > fiesta, hĕrba > yerba/hierba, pĕde > pie, bĕne > bien

---

20 Allerdings ist /ɲ/ im Anlaut auf Lehnwörter, z.B. *ñandú*, und expressive Bildungen, wie z.B. *ñoño* 'zimperlich', beschränkt.

catēna > *cadena, mĕ(n)sa* > *mesa, vēndit* > *vende*
sĭlva > *selva, capĭllu* > *cabello, spĭssu* > *espeso, bĭbit* > *bebe*
scrīptu > *escrito, fīlia* > *hija, fīlu* > *hilo, servīre* > *servir*
nŏvem > *nueve, bŏnu* > *bueno, cŏllu* > *cuello, mŏrte* > *muerte*
ŏlla > *olla, cognōsco* > *conozco, periculōsu* > *peligroso*
bŭcca > *boca, gŭla* > *gola, sŭrdu* > *sordo, ŭrsu* > *oso*; *crŭce* > span. *cruz*
(Latinismus, gerade weil /ŭ/ in lat. *crux* /u/ bleibt; vgl. ital. *croce*)
mūru > *muro, condūcit* > *conduce, tū* > *tú*.

Die Diphthongierung von /ę̦/ > /je/ und /ǫ/ > /wo/ > /we/ fand nicht vor palatalen Lauten und Lautkombinationen wie z. B. [ɲ], [ʎ] oder [kj] statt (siehe dazu I.4.2.1.a).

b) Wichtige Veränderungen im Konsonantismus vom Latein zum Spanischen sollen hier rein phonetisch, d. h. ohne funktionelle Bewertung, erwähnt werden. Dabei nehmen wir vereinfachend drei Stadien (Latein, Altspanisch und Neuspanisch) an (zu wichtigen phonologisch relevanten Umgestaltungen siehe IV.8.):

Lateinisch		Altspan.		Neuspan.
c- [k] vor e, i, ae	>	[ts]	>	[θ]
	centu >	*çiento*	>	*cien(to)*
	ciuitate >	*çibdat*	>	*ciudad*
	caelu >	*çielo*	>	*cielo*
-c- [k]$^{e,\,i}$	>	[dz] > [ts]	>	[θ]
	vicinu >	*vezino*	>	*vecino*
	*dicire >	*dezir*	>	*decir*
g- vor é	>	[j]		
	generu >	*yerno*		
	gelu >	*hielo* [jelo]		
g-, j- vor e	>	—		
	germanu >	*ermano*	>	*hermano*
	*ienariu >	*enero*		
j- vor á	>	[j]		
	iacet >	*yaz*	>	*yace*
j-	>	[ʤ]	>	[x]
	iuvene >	*joven*		
	iudicare >	*judgar*	>	*juzgar*
pl-	>	[ʎ]		
	plorare >	*llorar*		
	plenu >	*lleno*		
cl- [kl-]	>	[ʎ]		
	clamare >	*llamar*		
	clave >	*llave*		
fl-	>	[ʎ]		
	flamma >	*llama*		

Lateinisch			Altspan.		Neuspan.
f-		>	[h]	>	—
	farina	>	[ha'rina]	>	[a'rina]
-ct- [-kt-], -ult-		>	[ʧ]		
	nocte	>	*noche*		
	octo	>	*ocho*		
	multu	>	*mucho*		
-cl- [-kl-], -lị-	> *[j]	>	[ʤ]	>	[x]
	oc(u)lu	>	*ojo* ['oʤo]	>	['ɔxo]
	auric(u)la	>	*oreja* [o'reʤa]	>	[o'rexa]
	*muliére	>	*muger* [mu'ʤɛr]	>	*mujer* [mu'xɛr]
	filia > *fija*				
	['fiʤa]	>	*hija* ['hiʤa]	>	['ixa]
-ll-		>	[ʎ]		
	caballu	>	[ka'βaʎo]		
-nn-, -nị-		>	[ɲ]		
	annu	>	*año*		
	Hispania	>	*España*		
-tị-		>	[dz]	>	[ts] > [θ]
	ratione	>	*razón* [ra'dzon]	>	[ra'tson] > [ra'θon]
	puteu	>	*pozo* ['podzo]	>	['potso] > ['poθo]
-cị- [-kj-]		>	[ts]	>	[θ]
	brachiu	>	*braço* ['bratso]	>	*brazo* ['braθo]
-m'n-		>	-mbr-		
	hom(i)ne	>	*hombre*		
	fam(i)ne	>	*hambre.*		

Zu beachten ist, dass die lat. Betonung von einigen Ausnahmen abgesehen im Romanischen unverändert bleibt (nicht bei den proparoxytonen Verben der 3. Konj.: lat. *dịcere* > span. *decịr*). Im Spanischen werden unterschieden: endbetonte Wörter (**Oxytona**, *palabras agudas*), auf der vorletzten Silbe betonte (**Paroxytona**, *palabras llanas)* und auf der drittletzten Silbe betonte Wörter (**Proparoxytona**, *palabras esdrújulas)*. Die **Synkope** (*síncopa*) ist das Schwinden einer unbetonten Silbe zwischen Haupt- und Nebenton: *fáminè* > **fám'ne* > *hambre*, *óculù* > *óc'lu* > *ojo*. Alle oben (in Auswahl) angeführten Entwicklungen stellen die normale Entwicklung dar, sie gelten nicht für gelehrte Wörter. **Gelehrte Wörter** (**Latinismen, Gräzismen**) sind gerade dadurch gekennzeichnet, dass sie die übliche volkstümliche Lautentwicklung nicht aufweisen, sondern ihre klassisch-lateinische Lautung weitgehend beibehalten haben, d. h. im Allgemeinen erst in späterer Zeit aus der Kenntnis der Gelehrten vom Latein in den Wortschatz eingefügt worden sind.

Literaturhinweise

ALARCOS LLORACH, Emilio ([4]1971), *Fonología española*, Madrid.

BLASER, Jutta ([2]2011), *Phonetik und Phonologie des Spanischen. Eine synchronische Einführung.* Tübingen (Romanist. Arbeitsheft 50).

D'INTRONO, Francesco, et al. ([2]2010), *Fonética y fonología actual del español*, Madrid.

HARA, Makoto (1973), *Semivocales y neutralización. Dos problemas de fonología española*, Madrid.

IRIBARREN, Mary C. (2005), *Fonética y fonología españolas*, Madrid.

LAUSBERG, Heinrich ([3]1969), *Romanische Sprachwissenschaft, Teil I: Einleitung und Vokalismus*, Berlin.

MACPHERSON, I. R. (1975), *Spanish phonology, descriptive and historical*, Manchester.

NAVARRO TOMÁS, Tomás ([13]1967), *Manual de pronunciación española*, Madrid. (Grundlegend zur span. Phonetik)

POMPINO-MARSCHALL, Bernd ([2]2003), *Einführung in die Phonetik*, Berlin.

QUILIS, Antonio ([4]2002), *Principios de fonología y fonética españolas*, Madrid.

SOSA, Juan Manuel/D'INTRONO, Francesco (2000), *La entonación del español*, Madrid.

SCHUBIGER, Maria ([2]1977), *Einführung in die Phonetik*, Berlin.

TERNES, Elmar ([2]1999), *Einführung in die Phonologie*, Darmstadt.

TRUBETZKOY, Nikolai Sergejewitsch (1939), *Grundzüge der Phonologie*, Prag (*TCLP 7*); anastatischer Nachdruck Göttingen [5]1971.

Historische Phonetik und Phonologie:

Zusätzlich zu ALARCOS LLORACH ([4]1971) und MACPHERSON (1975):

ALONSO, Amado ([2]1967–1969), *De la pronunciación medieval a la moderna*, 2 Bde., Madrid.

ARIZA VIGUERA, Manuel (1999), *Manual de fonología histórica del español*, Madrid.

FRADEJAS RUEDA, José Manuel ([2]2000), *Fonología histórica del español*, Madrid.

PENSADO RUIZ, Carmen (1984), *Cronología relativa del castellano*, Salamanca.

Anregungen

1. Identifizieren Sie anhand der folgenden Angaben die jeweils gemeinten Phone:
   - stimmhafter velarer Okklusiv
   - stimmhafter palataler Frikativ
   - oraler palataler Vokal mit mittlerem Öffnungsgrad
   - stimmloser alveolarer Frikativ
   - palataler Nasal
2. Transkribieren Sie phonetisch und phonologisch folgende Wörter: *viene, puede, abril, pañuelo, ciudad, tengo, llegáis.*
3. Untersuchen Sie die Distribution der spanischen Konsonanten im Anlaut.
4. Informieren Sie sich bei Trubetzkoy über die phonologische Wertung von Diphthongen und Affrikaten.

Zusammenfassung

Die Beschreibung des Gegenstandes ist die Voraussetzung für seine wissenschaftliche Erfassung. Die Beschreibung der lautlichen Seite jeder Sprache erfordert andere Mittel und Methoden als die Beschreibung der bedeutungstragenden Elemente einer Sprache (vor allem der grammatischen Mittel, der Satzbildung, der lexikalischen Wörter und der Wortbildungsverfahren). Die Laute bedeuten als Laute nichts, sind aber wegen der primär akustischen Übermittlung von Sprachäußerungen beim Sprechen in dem Sinne deren Grundlage, dass durch sie die sprachlichen Zeichen (die grammatischen Morpheme und die Lexeme) gebildet werden. Die Phonetik als Wissenschaft von den Sprachlauten hat demgemäß eine eher naturwissenschaftliche Grundlage, teils medizinisch-physiologisch, wenn man die Bildung der Laute im Mund (Artikulation) betrachtet, teils akustisch-physikalisch, wenn man den Hörvorgang ins Auge fasst. Die Kenntnis der in Europa traditionell vorherrschenden artikulatorischen Phonetik, der Vokale und Konsonanten und ihre Verbindung zu Silben und Wörtern ist wiederum die Grundlage für die linguistische Interpretation der Laute in der Phonologie. Die sprachwissenschaftlich-funktionelle Betrachtung der Laute (Phonologie) geht wiederum von dem eigentlich Wichtigen bei der sprachlichen Kommunikation aus, der Bedeutung der sprachlichen Zeichen, die mit Hilfe der Phoneme gebildet werden (Lexeme und Morpheme, Kap. III.3.–6.). Phoneme sind abstrakte Größen, virtuelle Laute, die unter dem Gesichtspunkt ihrer Fähigkeit zur Bedeutungsdifferenzierung als Einheiten angesetzt werden, in diesem Fall der spanischen Standardsprache. Dabei ist die Bedeutungsdifferenzierung jeweils nur in der paradigmatischen Gegenüberstellung von Zeichen mit gleicher Phonemanzahl möglich (Kommutationsprobe). Ist der Phonemcharakter eines typischen Lauts der spanischen Sprache im Unterschied zu einem anderen ermittelt, stehen die Phoneme zueinander in Opposition, d. h. haben die Funktion der Bedeutungsdifferenzierung. Während die Phonologie des Spanischen die Beschreibung auf der abstrakten Ebene des Systems zum Ziel hat, ist es die Aufgabe der keineswegs weniger wichtigen spanischen Phonetik, die üblichen Realisierungen auf der Ebene der Norm zu beschreiben, d. h. die regelmäßigen Allophone (Varianten), z. B. der stimmhaften Okklusive /b/, /d/, /g/, vor allem in intervokalischer Position. In diachroner Hinsicht sind im Vokalsystem des Lateinischen große phonologische Veränderungen in der gesprochenen Sprache der Kaiserzeit zu beobachten (Verlust der Quantitätenoppositionen, Wandel vom dreistufigen zum vierstufigen System, dessen Glieder teilweise phonetisch noch durch Diphthongierungsphänomene verändert werden). Im Konsonantismus entstehen vornehmlich durch Palatalisierungen große Veränderungen, die z.T. auch zur Entstehung neuer Phoneme geführt haben.

2. Morphologie

2.1 Lexeme und Morpheme

Die nach der Phonologie, der Ebene der kleinsten **bedeutungsunterscheidenden** Elemente, nächsthöhere Ebene der sprachlichen Strukturierung ist die der kleinsten **bedeutungtragenden** Elemente, der **Morpheme** (*los morfemas*). Die **Morphologie** (*morfología*) ist also die Lehre von den Formen als kleinsten bedeutungstragenden Elementen der Sprache. Ein Morphem ist demnach ein minimales, nicht weiter unterteilbares sprachliches Zeichen mit *significante* und *significado*. Nun gibt es sprachliche Bedeutungen, die sich auf die außersprachliche Wirklichkeit beziehen und dort Einheiten (Gegenstände, Erscheinungen, Vorstellungen, Qualitäten, Tätigkeiten, Zustände usw.) abgrenzen. Diese werden in der europäischen Tradition der Sprachwissenschaft **Lexeme** (oder **Semanteme**) genannt (vgl. II.3.1). Sie bilden zusammen die große Liste der Einheiten des Lexikons oder Wortschatzes (*el léxico*). Den lexikalischen Elementen (*elementos léxicos*) gegenüber stehen die grammatischen (*elementos gramaticales*), die Relationen und Bestimmungen innerhalb oder zwischen den Lexemen ausdrücken. Hierzu gehören Präpositionen und Konjunktionen ebenso wie die grammatischen Personen beim Verb, Tempora oder Numeri (Singular-Plural). Die solche grammatischen Bedeutungen (Funktionen) ausdrückenden Morpheme werden in der europäischen Tradition **Morpheme** im engeren Sinne genannt. Morphem ist also Oberbegriff (minimales sprachliches Zeichen) und gleichzeitig Unterbegriff (grammatisches Morphem). In der amerikanischen Sprachwissenschaft, die sich auf BLOOMFIELD (1933) beruft, spricht man von lexikalischen und grammatischen Morphemen und klassifiziert sie nach ihrer Distribution in freie (z. B. Präpositionen) und gebundene Morpheme (z. B. Verbendungen, Pluralmorpheme). Die grammatischen gebundenen Morpheme werden noch in Flexionsmorpheme (Deklination und Konjugation) und Derivationsmorpheme (Ableitung in der Wortbildung, siehe III.4.) unterteilt. A. MARTINET (1960) hingegen gebraucht **Monem** als Oberbegriff für Lexem und Morphem (vgl. II.3.1; siehe auch HUALDE et al. ²2010: 123–163):

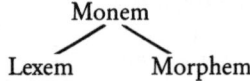

2.2 Segmentierung der Lautkette

Die Lexeme werden in der Lexikologie untersucht (siehe III.5.1), die Morpheme in der Morphologie. Daher führen die verschiedenen Terminologien in der Praxis nicht zu Unklarheiten. In der Linguistik bevorzugt man Monem (oder Morphem) gegenüber "Wort", weil dieses nicht eindeutig abgrenzbar ist: Besteht z. B. *ich habe gesungen* wegen der Orthographie aus drei Wörtern oder ist es nur eins, weil es doch eine einheitliche Verbform ist?

Die Zahl der Moneme ist nicht immer leichter zu ermitteln, aber besser zu begründen:

ich	*hab-*	*-e*	*ge-X-en*	*sung*
'Pers.Pron. 1. P. Sg.'	'Hilfsverb'	-1. P. Sg.	'Part.Perf.'	Lexem

Da Morpheme (Moneme) immer Zeichen mit Ausdruck und Inhalt sind, kann es in unserem Fall kein Morphem *ge-* geben, da *ge-* allein nichts bedeutet. Wir haben es beim deutschen Partizip Perfekt Passiv mit einem sog. diskontinuierlichen Morphem (*ge-* + *-t* in *gehabt*, *ge-* + *-en* in *gesungen*) zu tun, wobei das Lexem zwischen beide Morphemteile eingefügt wird. *Ich habe gesungen* besteht also aus zumindest fünf Monemen, wobei zwei Moneme redundant die Person angeben und zwei Moneme (Hilfsverb + Part. Perf.) periphrastisch das Tempus 'Perfekt' ausdrücken.

2.3 Morphologie und Allomorphie

Da Ausdruck und Inhalt so eng zusammenhängen, ist bei der morphologischen **Analyse** die Bedeutung immer mit dem **Ausdruck** zusammen festzustellen. Dabei fällt auf, dass ein grammatischer Inhalt häufig durch verschiedene, allerdings jedes Mal in der Norm festgelegte Morpheme ausgedrückt wird. So finden wir für 'Plural' im Spanischen neben *-s* (*casa-s, hombre-s*) auch *-es* (*rey-es, ciudad-es, israelí-es*) und *ø* (*análisis-ø*). Das Pluralmorphem des Spanischen hat also für den einen Inhalt 'Plural' drei Ausdrücke: **Allomorphe** (*alomorfos*) oder **Varianten** (*variantes*). Die Allomorphie ist etwas sehr Häufiges in indoeuropäischen Sprachen. So lautet das Allomorph für 'Imperfekt' im Spanischen *-ba-* bei Verben, die als Themavokal *-a-* haben (*cant-a-ba-n*), *-ía-* bei allen anderen Verbklassen (Themavokal *-e-* oder *-i-*: *ten-ía-n, dorm-ía-n*). Die sog. unregelmäßigen Verben zeichnen sich durch starke lexikalische Allomorphie aus, wobei jedes Allomorph in der Sprachnorm an bestimmte Umgebungen, d.h. eine Kombination mit einer bestimmten Person, einem bestimmten Tempus usw. gebunden ist ("gebundenes Morphem"). Als Beispiel diene das Verb *tener*:

teng-	(*teng-o, teng-a, teng-a-s* usw.)
ten-	(*ten-er, ten-e-mos, ten-ía-is, ten-i-do*)
tien-	(*tien-es, tien-e*)
tuv-	(*tuv-e, tuv-iste* usw. *tuv-ie-se-s* usw., *tuv-ie-ra-s* usw.)
tend-	(*tend-r-ía-mos, tend-r-e-mos*).

Im Einzelnen wird dies üblicherweise in den Grammatiken beschrieben.

2.4 Nullmorpheme in der Segmentierung

Bei morphologischen Analysen von Texten stellt man häufig fest, dass einem Morphem an einer anderen Stelle des gleichen Paradigmas kein positives Morphem entspricht, sondern ein Null-Zeichen. Im Gegensatz zur Phonologie, wo es kein

Nullphonem gibt, weil es für nichts Reales stehen würde, rechnet man in der Morphologie durchaus mit **Nullmorphemen** (*morfemas cero*), da ihnen trotz fehlenden Ausdrucks sehr wohl ein Inhalt entspricht. So wird z. B. im Paradigma des Indikativ Präsens

cant-o	*cant-a-mos*
cant-a-s	*cant-á-is*
cant-a-ø	*cant-a-n*

die 3. P. Sg. gegenüber *-s, -mos, -is, -n* durch ø ausgedrückt. Die 1. P. Sg. zeigt die für flektierende Sprachen typische Erscheinung eines komplexen Morphems, das gleichzeitig Konjugationsklasse, Person und Tempus enthält (Funktionsakkumulation). In den übrigen Formen müsste man nach dem Klassifikator *-a-* ein ø-Morphem für das Tempus 'Präsens' annehmen, das dem *-ba-/-ía-* des Imperfekts und dem *-r-* des Futur/Konditionals gegenübersteht:

cant-a-ø-s	wie *vend-e-ø-s,*	*escribe-ø-s*
cant-a-ø-ø	wie *vend-e-ø-ø,*	*escribe-ø-ø*
cant-a-ba-s	wie *vend-ø-ía-s,*	*escrib-ø-ía-s*
cant-a-ba-ø	wie *vend-ø-ía-ø,*	*escrib-ø-ía-ø*
cant-a-r- á-ø	wie *vend-e-r-á-ø,*	*escrib-i-r-á-ø*
cant-a-r-ía-s	wie *vend-e-r-ía-s,*	*escrib-i-r-ía-s*

Für das Morphem *-r-* in Verbalformen setzen wir eine unspezifizierte Funktion 'Futur/Konditional' an, da erst durch das folgende Tempusmorphem (*-é-/-á-* bzw. *-ía-*) die Funktion spezifiziert wird. Der morphologisch deutliche Zusammenhang zwischen Futur und Konditional wird auch durch das Gemeinsame der Bedeutung gerechtfertigt.

2.5 Diachrone Morphologie

Für die **diachrone Morphologie** des Spanischen verweisen wir auf das ausgezeichnete Handbuch von ALVAR/POTTIER (1983). Beispiel für eine Entwicklung vom mittelalterlichen zum modernen Spanischen ist der Wandel der Morpheme für die 2. P. Pl. von *-des* zu *-is* (lat. *cantatis > cantades > cantáis, timetis > temedes > teméis, auditis > oídes > oís*). Dieser Wandel, der schon in der ersten spanischen Grammatik von NEBRIJA (1492) erwähnt wird, vollzieht sich bei paroxytonen Formen vom 14. bis zum Beginn des 16. Jh., während sich proparoxytone Formen (*hubiéredes, quedásedes, tuviérades, diríades*) fast zwei Jahrhunderte länger hielten und erst Ende des 17. Jh. vollständig den modernen Formen (*hubiéreis, quedáseis, tuviérais, diríais*) wichen.

Historischen morphologischen Wandel zeigen auch die Formen des Futurs vom Lateinischen zum Spanischen, mit dem allerdings zunächst auch ein Bedeutungswandel einherging. Die Idee des Zukünftigen verlangt eine große Abstraktionskraft und wird daher in den indoeuropäischen Sprachen häufig morphologisch erst spät entwickelt und durch Periphrasen ausgedrückt. Das klassische Latein hatte verschiedene Allomorphe des Futurs (*-bo, -bis* usw. bzw. *-am, -es* usw.). In der lateinischen Sprechsprache wurden mit der Zeit Konkurrenten mit stärker affektiv-modaler Bedeutung populär, wie z. B. die Typen ILLUD HABEO DICERE 'he de decirlo', 'ich habe es zu sagen und werde es auch tun', HABEO AD DICERE, VOLO DICERE 'ich will es sagen', DEBEO DICERE 'ich soll und muss es sagen'. Der erste Typ hat sich in den meisten romanischen Sprachen durchgesetzt[21], allerdings in einer Form, die in lateinischen Texten kaum belegt ist, nämlich in der Folge "Infinitiv + *habeo*". Aus der Bedeutung der Verpflichtung ist später wieder ein Futur geworden, wobei die morphologische Verschmelzung im Altspanischen noch nicht vollkommen war: HA(BE)NT CANTARE > *han cantar* bzw. CANTARE HA(BE)NT > *cantar han* > *cantarán*. Parallel zum Futur ist im Vulgärlateinischen das Konditional aus der analogen Periphrase "Infinitiv + Imperfekt von HABERE" gebildet worden: CANTARE (HAB)EBA(M) > *cantaría*. Es zeigt in allen romanischen Sprachen diese Analogie zum Futur. Hier zeigt sich die Berechtigung der morphologischen Analyse, bei der *-r-* als Futur-/Konditionalmorphem isoliert wurde. Neben der (gegenüber dem Vulgärlatein) neuen synthetischen Futurform ist im Span. eine analytische Form mit der Bedeutung der Verpflichtung erhalten geblieben (Typ *he de hacerlo*) und hat sich eine populäre Futurform mit Gegenwartsbezug entwickelt (*voy a hacerlo*).

Anregungen

1. Nennen Sie die Stammallomorphe von *poner, saber, decir, traer, servir, querer*.
2. Machen Sie eine morphologische Analyse von *Esta tarde llegarán mis hermanas*.

Literaturhinweise

ALVAR, Manuel/POTTIER, Bernard (1983), *Morfología histórica del español*, Madrid.

BLOOMFIELD, Leonard (1933), *Language*, New York.

SCHPAK-DOLT, Nikolaus (^{2}2012), *Einführung in die Morphologie des Spanischen*, Tübingen. (Romanist. Arbeitsheft 44).

---

21 VOLO DICERE ist Grundlage für den rumänischen Futurtyp *voi zice*, DEBEO DICERE für einen sardischen Futur- und Konditionaltyp und HABEO AD/DE DICERE für eine überall verbreitete Periphrase der Verpflichtung (*he de decírselo*), die nur im Rumänischen auch futurische Bedeutung hat (*am să-i zic* 'ich werde es ihm sagen').

3. Grammatik und Syntax

3.1 Grammatik

3.1.1 Der Begriff der Grammatik

In einem weiteren Sinn wird "Morphologie" meistens als Lehre von den Formen mit ihren Bedeutungen gebraucht. Es kann aber wegen des Umfangs des Gebietes zweckmäßig sein, die Lehre von den (bedeutungstragenden) grammatischen Formen zu trennen von der Untersuchung der grammatischen Inhalte und Erstere in einem eingeschränkten Sinn "Morphologie", Letztere "Grammatik" zu nennen. Die Grammatik als Ebene der grammatischen Funktionen unterhalb der Satzebene ist dann zu trennen von der Syntax als Satzlehre und Ebene des Syntagmatischen (vgl. II.6.). Wenn auch Morphologie, Grammatik und Syntax vielfältig miteinander zusammenhängen und eine saubere Trennung manchmal nicht möglich ist, so bevorzugen wir doch die prinzipielle Unterscheidung gegenüber der häufig anzutreffenden Praxis, die mit dem undifferenzierten Begriff "Morphosyntax" (*morfosintaxis*) arbeitet.

Das Spanische verfügt über eine große Tradition in der Grammatikographie. Nicht nur einzelne Autoren, wie z.B. MARCOS MARÍN (1980), sondern gerade auch die Real Academia de la Lengua hat immer wieder die besten Grammatiker mit großen kollektiven Werken beauftragt und unter ihrem Namen herausgegeben, so den *Esbozo* von 1973, die große Grammatik von BOSQUE und DEMONTE (1999) und zuletzt (REAL ACADEMIA ESPAÑOLA 2009) eine neue große Grammatik, die sogar den amerikanischen Sprachgebrauch mit einbezieht.

3.1.2 Exemplarische Beschreibung der spanischen Demonstrativa – synchron und diachron

Als Beispiel für eine funktionelle grammatische Beschreibung auf der Ebene des Sprachsystems wird hier das Subsystem der spanischen Demonstrativa gewählt. Die Demonstrativa sind in jeder uns bekannten Sprache der Welt die sprachlichen Zeichen für die Deixis (*la deixis*, von griech. 'das Zeigen'). Ausgangspunkt jeder Deixis ist der Sprecher,[22] der den Raum zeigt, wo er steht, und damit die räumlichen Distanzen zum Du und zu den Personen und Dingen außerhalb des Dialogs angeben kann. Dies ist die Grundlage für die grammatischen Personen. Das spanische deiktische System ist dreigliedrig und entspricht damit genau den grammatischen Personen: *este, -a, -o* bezeichnet die Nähe zum Sprecher, *ese, -a, -o* die Distanz vom Sprecher zum Angesprochenen und *aquel, -lla, -llo* die Entfernung vom

---

22 Vgl. zur Origo des Hier-Jetzt-Ich-Systems vor allem (in II.) BÜHLER (1934, ³1999; span. ²1985, Kap. II. § 7). Die Übertragung der Deixis vom Raum auf die Zeit begründet die temporale Deixis in *ahora – entonces, hoy – ayer – mañana* und die verbalen Tempora, die alle auf dem Jetzt bzw. Nicht-Jetzt des Sprechers beruhen (vgl. unten III.3.1.3.b).

Sprecher zur grammatischen 3. Person, d. h. zu jemand oder etwas außerhalb des Dialogs Stehendem. Das zweigliedrige demonstrative System des Deutschen kennt nur eine der 1. Person (*dieser*) und eine der 3. Person entsprechende Form (*jener*). In der Umgangssprache ist es zugunsten eines eingliedrigen Systems mit sekundärer räumlicher Deixis (*dieser hier – dieser da*) aufgegeben. Das Paradigma der spanischen Demonstrativa gliedert sich im syntaktischen Gebrauch in Demonstrativadjektive und Demonstrativpronomina, die sich jedoch nur orthographisch unterscheiden, indem die Pronomina einen diakritischen Akzent bekommen (*éste, ésta* usw.), jedoch nicht die neutralen Formen, da sie nur pronominal vorkommen und nicht von entsprechenden Adjektiva unterschieden werden müssen.

In diachroner Hinsicht ist für die spanischen Demonstrativa eine Bewahrung der Dreistufigkeit vom Lateinischen bis heute festzustellen und insofern nur ein morphologischer, kein funktioneller Wandel zu verzeichnen. Das klassische Latein kannte ein unspezifisches Demonstrativum *is, ea, id*, das wohl schon wegen seiner geringen Lautsubstanz im Vulgärlatein nicht gebraucht und ins Romanische nicht tradiert wurde. Der ersten Person entsprach *hic, haec, hoc*, der zweiten *iste, ista, istud* und der dritten *ille, illa, illud*. Dieses System wurde wegen der phonischen Schwäche von *hic, haec, hoc* und der funktionellen Überlastung von *ille* usw. in folgender Weise umgestaltet:

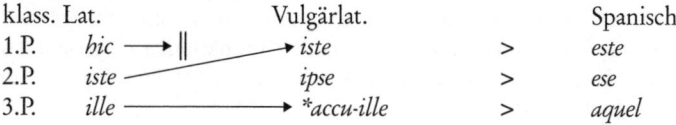

klass. Lat.		Vulgärlat.		Spanisch
1.P.	*hic* ⟶ ‖ ⟶	*iste*	>	*este*
2.P.	*iste*	*ipse*	>	*ese*
3.P.	*ille* ⟶	**accu-ille*	>	*aquel*

Für *iste*, das an die Stelle des 1. Nähegrades rückte, trat *ipse* ein, das seine Bedeutung 'selbst' nur in der affektischen Verstärkung **metipsimus* > *mesmo* > *mismo* behielt. *Ille*, das anfangsbetont für das Personalpronomen der 3. P. eintrat (*él, ella*) und die Formen des bestimmten Artikels lieferte, wurde als Demonstrativum durch die deiktische Partikel **accu*, eine umgangssprachliche Form für *ecce*, verstärkt. Im Altspanischen gab es neben *este* und *ese* die emphatischen Nebenformen *aqueste, aquese*, die jedoch keine anderen Nähegrade als die einfachen Formen ausdrückten und im Verlauf des Siglo de Oro aufgegeben wurden.

3.1.3 Exemplarische Beschreibung des spanischen Tempussystems

a) Methodologie

Beschreibungen einer grammatischen Kategorie wie der der spanischen Tempora sind notwendigerweise Interpretationen der Funktion, d. h. der Bedeutung dieser Kategorie und ihrer Einheiten auf der Ebene des Systems. Daran müsste sich die Beschreibung der Normen des Gebrauchs anschließen. Es ist also erstens naturgemäß damit zu rechnen, dass es hier wie bei allen interpretativen Gegenständen der

Kulturwissenschaften unterschiedliche Auffassungen gibt, die nicht immer miteinander harmonisiert werden können und auch nicht müssen. Eine einheitliche Meinung aller Wissenschaftler als idealen Endzustand kann es wissenschaftstheoretisch nicht geben. Anzustreben ist vielmehr die Fähigkeit zur kritisch-methodischen Beurteilung der verschiedenen Ansätze. Bei der Analyse einer grammatischen oder syntaktischen Funktion besteht zweitens das grundsätzliche Problem der Abfolge der Analyseschritte. Die Regelhaftigkeiten der Norm können nur aus dem intensiven Studium vieler Redeakte ermittelt werden; die abstrakte Funktion auf der Ebene des Sprachsystems kann wiederum nur aus der Beobachtung der Rede und der Fakten der Norm erschlossen werden, wobei aber die Norm als solche von der schon bekannten Systembedeutung getrennt und die Systemfunktion auch in jedem Redeakt identifiziert und als in der jeweiligen Redebedeutung enthalten erkannt werden muss. Dies ergibt insgesamt ein sehr komplexes Gefüge von Verfahren der Analyse und Beschreibung, das jeder Wissenschaftler etwas unterschiedlich handhaben dürfte.

Der wesentliche Unterschied zwischen einer wissenschaftlich fundierten Grammatikbeschreibung und der praktischen Beschreibung in einer sog. "Lernergrammatik" besteht wohl darin, dass Letztere den normativen Gebrauch in Regeln zu fassen versucht, welche nicht immer durchschaubar sind, während die wissenschaftliche deskriptive Grammatik keine "Regeln" kennt, sondern das dem Gebrauch zugrundeliegende System von abstrakten Funktionen zu erkennen versucht. Eine solche Grammatik ist also semantisch-funktionell ausgerichtet und auf paradigmatisch gegliederten Kategorien (z. B. Tempus, Modus, Aspekt; Numerus, Person usw.) aufgebaut.

Das umfangreiche Gebiet der spanischen Tempora kann hier weder im Ganzen dargestellt werden, noch können auch nur die wichtigsten bisherigen Ansätze dazu diskutiert werden. Vielmehr soll eine Auffassung in ihren Grundzügen vorgeführt werden, die auch schon in Kap. II.4.2.1 bei der Unterscheidung zwischen Sprache und Rede erwähnt wurde und auf die wir auch bei der Beschreibung einiger Grundzüge des heutigen Spanischen (siehe IV.12.2) wieder zurückkommen werden. Es handelt sich um die von COSERIU (1976, Kap. 5 und 7) vorgelegte Darstellung, die die allen romanischen Sprachen gemeinsamen Grundlagen, unter Einbezug von bestehenden Unterschieden in der Ausnützung dieses Systems in den Einzelsprachen, betrifft. Zum Verhältnis von Tempus und Aspekt siehe unten III.3.1.4.

b) Die deiktisch bestimmten Zeiträume

Die romanischen Sprachen haben vom Lateinischen mehr Tempora ererbt, als es Zeiträume gibt, und stellen daher besondere Probleme an die Funktionsbestimmung. Die Zeiträume sind übereinzelsprachlich anthropologisch definiert, nämlich vom jeweiligen Sprecher her, dessen Gegenwart die jeweilige Gegenwart ist und der von daher den davor liegenden, als von der Gegenwart getrennt aufgefassten Zeitraum als Vergangenheit und den noch vor ihm liegenden Zeitraum als

Zukunft bestimmt. Die in jeder Sprache recht zahlreichen, grundlegenden Kategorien, die von der Position des Sprechers her definiert werden, werden in der Sprachwissenschaft deiktische Kategorien genannt. Zentrum jeder Deixis (span. *la deixis,
déictico*) ist der Sprecher, der den Raum zeigt, wo er steht (*aquí* vs. *allí*), und damit
die räumlichen Distanzen zum Du (*yo – tú*) und zu den Personen und Dingen außerhalb des Dialogs (*ellos, ellas, ello*) angeben kann (vgl. III.3.1.2). Da unsere Zeit-
vorstellungen aus dem Räumlichen entwickelt sind, ist das temporale Grundgerüst
das eben skizzierte, dem auch die temporalen Pronomina (Substitute für Zeiträume, traditionell temporale Adverbien) *ahora – entonces, ayer – hoy – mañana* ebenso wie die verbalen Grundtempora entsprechen:

Vergangenheit	Gegenwart	Zukunft
pret. indefinido *cantó*	presente *canta*	futuro *cantará*

Dabei wird das System des Standardspanischen zugrundegelegt, in dem sowohl
das *indefinido* als auch *pretérito compuesto* mit jeweils unterschiedlichen Funktionen vorkommen. Das *pretérito indefinido* ist demnach eine Erzählvergangenheit
mit einer deutlichen Grenze zur Gegenwart.

c) Aktuelle und inaktuelle Zeitebene

Die grundlegende Unterscheidung, die das romanische Verbalsystem vom germanischen trennt, ist nach Coseriu die der "Zeitebene". Dabei drücken die bereits genannten Tempora den "Vordergrund" der zeitlichen Darstellung aus, sie
sind "aktuell" (COSERIU 1976: 92), weil sie die Handlungen und Zustände als im
jeweiligen Zeitraum uneingeschränkt geschehend präsentieren. Ihnen gegenüber stehen die Tempora der "inaktuellen Ebene", die dazu einen "parallelen Hintergrund" bilden, auf dem man die Handlungen darstellt, "die nicht direkt diese
Zeitlinie betreffen", sondern das, was man als "irgendwie eingeschränkt", unsicher, bedingt, "als den aktuellen Handlungen entfernt" darlegt, z. B. in Formeln
der Höflichkeit (*quería decirle ...*) oder in der populären Form der Konditionalsät-
ze (*si tenía dinero, ...* COSERIU 1976: 92 f.). Eine wichtige Form der zeitlichen Einschränkung ist die abhängige, d. h. die sog. indirekte Rede (*me dijo que llegaría
esta tarde; – que estaba un poco enferma*). Dabei entspricht das *imperfecto* zeitlich
dem Präsens, das sog. Konditional (*potencial*) dem Futur. Ein dem *indefinido*
entsprechendes inaktuelles Vergangenheitstempus existierte im Altspanischen
und ist z. T. noch im amerikanischen Spanisch eher schriftsprachlich üblich, z. B.
in Kontexten, die den Hintergrund, d. h. die Inaktualität im Verhältnis zu einem
zurückliegenden Geschehen ausdrücken, z. B. *Olvidé dónde dejara la llave* 'Ich
habe vergessen, wo ich den Schlüssel gelassen habe'. *No me gustó el discurso que
el presidente pronunciara la semana pasada* 'Mir hat die Rede nicht gefallen, die
der Präsident letzte Woche gehalten hat'. Im Deutschen ist die Nuance kaum
ausdrückbar, da unser System temporal keine Inaktualität kennt. Im Standard-

spanischen wird sie heute im Zeitraum Vergangenheit ebenfalls vernachlässigt. Stattdessen wird eine aktuelle Vergangenheit benutzt (... *dónde he dejado/dejé la llave*). Die Formen auf *-ara*, *-iera* drücken heute vor allem die Inaktualität als Modus, d. h. in den meisten Fällen als Allomorphe des Konj. Imperf. aus. Das System der einfachen Formen der aktuellen und inaktuellen Ebene sieht im Spanischen folgendermaßen aus:

aktuell	Vergangenheit indefinido *cantó*	Gegenwart presente *canta*	Zukunft futuro *cantará*
inaktuell	*cantara*	imperf. *cantaba*	cond./pot. *cantaría*

Redebedeutungen des *imperfecto*, wie sie in II.4.2.1 angegeben wurden, erweisen sich bei näherer Betrachtung (vgl. auch COSERIU 1976: Kap. 7) als kontextgebunden und nicht konstant. Dagegen lässt sich in allen Verwendungen (Redebedeutung der Gewohnheit, Unabgeschlossenheit, Gleichzeitigkeit, Irrealität, Höflichkeit usw.) als Grundfunktion des *imperfecto* die der "inaktuellen Gegenwart" annehmen. Bei der Darstellung des Hintergrundes zu einer Erzählvergangenheit im *indefinido* ist die Inaktualität des *imperfecto* als totale Negierung der Gegenwart aufzufassen, die schon von den lateinischen Grammatikern etwas oberflächlich als Vergangenheit interpretiert wurde. Nur ist dies keine selbständige Erzählvergangenheit, sondern immer ein Hintergrund, dem irgendwo im Text ein aktuelles Tempus entgegengestellt werden muss. Irrealität, Potentialität, Höflichkeit, indirekte Rede usw. sind als Einschränkungen der aktuellen Gegenwart zu verstehen.

d) Sekundäre Perspektiven

Zusätzlich zu den einfachen Grundtempora bietet das romanische Tempussystem die Möglichkeit, die primäre deiktische Aufgliederung der Zeitraumvorstellung in jedem einzelnen Zeitraum zu wiederholen und damit sekundäre Zeiträume zu schaffen. Während der Sprecher mit der primären Vergangenheitsperspektive ausdrückt: 'in einer von meiner Gegenwart getrennten Vergangenheit', kann er die Vergangenheit auch ohne semantische "Trennungslinie" von seiner Gegenwart aus anvisieren und sie so von seiner Gegenwart aus konstatieren und besprechen.[23] Er drückt dies mit dem *pretérito compuesto* (*ha cantado; ha escrito* [*este libro*]) aus. Analog kann er in einer sekundären Perspektive die Zukunft von seiner Gegenwart aus anvisieren (*va a cantar; va a escribir* [*un libro*]) und diese der von der Gegenwart getrennt erfassten Zukunft (*cantará;* [*lo*] *escribirá*) gegenüberstellen. Dieser Bedeutungsunterschied muss – wie alle grammatischen Oppositionen – nicht in allen Fällen (Redeverwendungen) deutlich sein, sondern kann häufig durch den

---

23 Vgl. das in diesem Punkt ähnliche Ergebnis, zu dem WEINRICH ([1]1964 und 1982: 160 f.), wenn auch von einem ganz anderen methodischen Ausgangspunkt aus, kommt.

Kontext neutralisiert sein. Grundsätzlich ist er aber vorhanden. Er wird pragmatisch, d. h. in Sprachverwendung (vgl. unten III.6.1), zur Unterscheidung zwischen verschiedenen Sprechhaltungen ausgenutzt: In Bezug auf die Vergangenheit wird damit der Unterschied zwischen Erzählen (*indefinido*) und Konstatieren (*pretérito compuesto*) gemacht. "Konstatieren" bedeutet dabei das Feststellen von Ereignissen, unabhängig davon, wie lange sie zurückliegen, und das Bereitstellen der Geschehnisse zum "Besprechen", so dass sie im Dialog bewertet, diskutiert und kommentiert werden können.

Aus Platzgründen müssen wir uns auf die Skizzierung der Opposition zwischen primärer und sekundärer Perspektive auf die Gegenüberstellung des *pretérito indefinido* und des *pretérito compuesto* beschränken.[24] Die gleiche Art von Opposition besteht natürlich auch in den anderen Zeiträumen und auf der inaktuellen Ebene, also zwischen *trabajó* und *hubo trabajado*, *trabajaba* und *había trabajado*, wo die sekundäre Perspektive in Richtung Vergangenheit als Vorvergangenheit interpretiert wird, ähnlich, wie der Typ *habrá trabajado* gegenüber *trabajará* als abgeschlossenes Ereignis in der Zukunft. Die sekundäre Prospektivität im Zeitraum Gegenwart dagegen, also der Typ *va a escribir* gegenüber *escribirá*, eignet sich wegen der Gegenwartsbindung besonders zum Ausdruck des Planens des Sprechers und ist deswegen im heutigen gesprochenen Spanisch sehr häufig.

Die geringere Frequenz dieser Tempusform in den Texten früherer Jahrhunderte hat vielleicht – neben einer möglicherweise geringeren Grammatikalisierung – auch textlinguistische Gründe: Es kann sein, dass die uns heute so geläufige Art des planerischen Denkens von unserer Gegenwart aus in früheren Texten keinen rechten Platz hatte. Ein ganz anderes Problem ist die Verwendung der Tempora im amerikanischen Spanisch (vgl. auch IV.11.3.2.2). Dort werden die im System gegebenen Oppositionen in der Norm anders genutzt: Im Hinblick auf den Ausdruck der Zukunft ist die einfache Form, die das Futur absolut, ohne Bezug zur Gegenwart setzt, in der gesprochenen Sprache wenig üblich. Der Bezug zur Gegenwart wird bevorzugt (z. B. *va a llegar, voy a tomar el colectivo*). Im Hinblick auf die Vergangenheit wird die erzählende Darstellung durch das *indefinido* bevorzugt, d. h. das Feststellen mit dem *pretérito compuesto* ist in mündlicher Rede weniger verbreitet als in Spanien. Die Funktionen des Systems sind davon nicht betroffen. Es sind die pragmatischen Sprechhaltungen, die verschieden sind (vgl. auch IV.12.2.2). Die Gründe dagegen liegen vermutlich in der Geschichte: Das konservativere amerikanische Spanisch setzt im Hinblick auf die Vergangenheitstempora auch hier die Traditionen des Spanischen des Mittelalters und der frühen Neuzeit, der Zeit der Conquista, fort. Im Bereich der futurischen Tempora dürfte dagegen die fast ausschließliche Bevorzugung der gegenwartsbezogenen Periphrase vom Typ *voy a tomar* eine populäre Innovation darstellen.

---

24 Eine etwas ausführlichere Darstellung findet sich in DIETRICH (2006).

3.1.4 Zum Verhältnis von Tempus und Aspekt

Gegenüber dem Tempus als deiktisch bestimmter Kategorie im Hinblick auf die zeitliche Einordnung einer verbalen Äußerung wird die Kategorie des **Aspekts** (*aspecto*) definiert als eine grammatische "Betrachtung" des Ablaufs der Handlung. Dabei kennt man in vielen Sprachen der Welt Unterscheidungen zwischen der morphologisch gekennzeichneten Darstellung der Handlung im Ganzen, d. h. mit Einschluss des Abschlusses (perfektiv), oder ohne Einbeziehung des Abschlusses, d. h. im Verlauf oder einfach ohne Ende (imperfektiv). Diese z. B. aus den slavischen Sprachen bekannte Opposition wurde und wird von Linguisten vielfach auf romanische Sprachen, auch auf das Spanische, übertragen. COSERIU (1976: 13, 82–88, 112 f.) hat aber gezeigt, dass die Unterscheidungen gerade auch im Spanischen anders sind, nämlich wie oben erläutert, und dass das spanische *imperfecto* nicht dem slavischen imperfektiven Aspekt entspricht, und schon gar nicht dem deutschen Präteritum, das manchmal fälschlich Imperfekt genannt wird, und das *pretérito indefinido* keinesfalls dem slavischen perfektiven Aspekt. Aspektuelle Funktionen finden sich dagegen im Spanischen außerhalb der Tempusunterscheidungen in weiteren Subsystemen, die alle periphrastisch gebildet sind. COSERIU (1976: 99–109) unterscheidet hier vor allem die Kategorien "Schau" und "Phase". Bei der Schau wird die Handlung in ihrer Gesamtheit oder partialisierend in verschiedenen Stadien ihres Ablaufs "geschaut", vgl. span. *Pilar está trabajando; los precios iban aumentando cada mes; el presidente siguió buscando un acuerdo con los sindicatos; la Real Academia viene publicando sus diccionarios desde hace más de dos siglos* usw. Die "Phase" kennzeichnet demgegenüber den Grad der Entwicklung der Handlung im Verhältnis zum Moment des (grammatischen) Betrachtens, z. B. vor, im Verlauf und nach Abschluss der Handlung, vgl. span. *estuvimos por mudarnos a Alicante; se puso a escribir una serie de artículos; acababa de volver a casa*, usw. Wie man sieht, kommen diese Aspektformen in mehreren Tempora vor. Es gibt zwar eine recht komplexe Interdependenz zwischen Tempus und Aspekt, aber beide Kategorien existieren im Spanischen doch getrennt. Genaueres dazu bei COSERIU (1976, Kap. 5 und 6), DIETRICH (1983: 208–224), FERNÁNDEZ DE CASTRO (1999) und QUESADA (1994).

3.1.5 Zur Entstehung des spanischen Tempussystems

Das Tempussystem des klassischen Lateins war aus romanistischer Sicht funktionell uneinheitlich. Die Unterscheidung zwischen aktuellen und inaktuellen Tempora wurde nur an einer Stelle gemacht, nämlich im Zentrum zwischen Präsens und Imperfekt. Im Zeitraum Zukunft wurde das System im Vulgärlatein durch die Schaffung des Konditionals (siehe oben II.3.5) ergänzt. Die Unterscheidung zwischen einfachen (primäre Perspektive) und zusammengesetzten Tempora (sekundäre Perspektive) wurde im klassischen Latein noch nicht gemacht; vielmehr drückte z. B. das lateinische Perfekt sowohl eine Erzählvergangenheit als auch eine aus der Gegenwart heraus ins Auge gefasste Vergangenheit aus (konstatierendes

Perfekt). Durch die Anlage des zusammengesetzten Perfekts, dessen Entstehung im Einzelnen recht kompliziert ist (Entwicklung wohl über ein resultatives Perfekt des Typs *litteras scriptas habeo*, vgl. span. *tengo la carta escrita* 'ich habe den Brief geschrieben [vor mir]'), konnte sich ein ganzes System zusammengesetzter Tempora im Indikativ und Konjunktiv entfalten und so die Unterscheidungen zwischen inaktuellen und aktuellen Tempora spiegeln (wie *hago – hacía*, so auch *he hecho – había hecho*; wie *hago – hice*, so auch *he hecho – hube hecho;* wie *haré – haría*, so auch *habré hecho – habría hecho*). Auch wenn das *futuro perifrástico* nach griechischem Vorbild schon in der lateinischen Sprechsprache angelegt gewesen sein sollte, wofür eindeutige Belege nicht eben zahlreich sind (vgl. DIETRICH 1983: 475 f.), so ist das Tempussystem der romanischen Einzelsprachen und damit auch des Spanischen erst spät durch die Mechanisierung dieser Subkategorie in dieser Richtung ausgebaut worden (vgl. IV.11.3.2 und 12.2.2).

Literaturhinweise

a) Synchrone Grammatiken

ALARCOS LLORACH, Emilio (1994), *Gramática de la lengua española*, Madrid.

ALCINA FRANCH, Juan/BLECUA, José Manuel ([9]1994), *Gramatica española*, Barcelona. (Mit sprachhistorischen Hinweisen).

ALONSO, Amado/HENRÍQUEZ UREÑA, Pedro ([26]1971), *Gramática castellana*, 2 Bde., Buenos Aires. (Wichtig für die Bemühungen um eine hispanoamerikanische Norm).

BELLO, Andrés/CUERVO, Rufino José ([8]1970), *Gramática de la lengua castellana*, Buenos Aires.

BELLO, Andrés (1847), *Gramática de la lengua castellana al uso de los americanos*, Santiago de Chile (Edición crítica de R. Trujillo, Santa Cruz de Tenerife 1981).

BOSQUE, Ignacio/DEMONTE, Violeta (directores) (1999), *Gramática descriptiva de la lengua española*, 3 Bde., Madrid.

BUTT, John/BENJAMIN, Carmen ([3]2000), *A New Reference Grammar of Modern Spanish*, London.

HERNÁNDEZ ALONSO, César ([2]1986), *Gramática funcional del español*, Madrid.

MARCOS MARÍN, Francisco (1980), *Curso de gramática española*, Madrid.

REAL ACADEMIA ESPAÑOLA (1973), *Esbozo de una nueva gramática de la lengua española*, Madrid.

REAL ACADEMIA ESPAÑOLA (2009), *Nueva gramática de la lengua española*, vol. I. *Morfología, Sintaxis I*, vol. II: *Sintaxis II*. Madrid.

VERA-MORALES, José ([3]1999), *Spanische Grammatik*, München/Wien.

Als kontrastive Grammatik: CARTAGENA, Nelson/GAUGER, Hans-Martin (1989), *Vergleichende Grammatik Spanisch-Deutsch*, 2 Teile, Mannheim-Wien-Zürich.

Zum romanischen (und spanischen) Tempus- und Aspektsystem:

COSERIU, Eugenio (1976), *Das romanische Verbalsystem*, bearb. u. hrsg. von Hansbert Bertsch, Tübingen: Narr.

DIETRICH, Wolf (1983), *El aspecto verbal perifrástico en las lenguas románicas. Estudios sobre el actual sistema verbal de las lenguas románicas y sobre el problema del origen del aspecto verbal perifrástico*, Madrid.

DIETRICH, Wolf (2006), "Das romanische Tempus- und Modussystem und die einzelsprachlichen Normen", in: Dahmen, Wolfgang, et al., *Was kann eine vergleichende romanische Sprachwissenschaft heute (noch) leisten?* Tübingen, 239–254.

FERNÁNDEZ DE CASTRO, Félix (1999), *Las perífrasis verbales en el español actual,* Madrid.

QUESADA, J. Diego (1994), *Periphrastische Aktionsart im Spanischen,* Frankfurt/M. u.a.

WEINRICH, Harald (¹1964, ⁶2001), *Tempus. Besprochene und erzählte Welt,* Stuttgart.

b) Historische Grammatiken

Neben dem schon erwähnten Werk von ALVAR/POTTIER (siehe III.2.5):

ECHENIQUE ELIZONDO, Maria Teresa/MARTÍNEZ ALCALDE, Maria José (2000), *Diacronía y gramática histórica de la lengua española,* Valencia.

GARCÍA DE DIEGO, Vicente (³1970), *Gramática historica española,* Madrid.

LATHROP, Thomas A. (1984), *Curso de gramática histórica española.* Con la colaboración de Juan Gutiérrez Cuadrado. Barcelona.

LLOYD, Paul M. (1987), *From Latin to Spanish. I: Historical Phonology and Morphology of the Spanish Language,* Canton, Mass. Span. (1993), *Del latín al español,* Madrid.

PENNY, Ralph (2001), *Gramática histórica del español,* Barcelona.

SÁNCHEZ-MIRET, Fernando (2001), *Proyecto de gramática histórica y comparada de las lenguas romances,* 2 Bde., München.

3.2 Syntax

3.2.1 Syntagmatik und Syntax

Oberhalb der Wortebene ist die Syntax (griech. 'Anordnung', span. *sintaxis*) die Lehre von der Wortgruppe und vom Satz. Die Wortgruppe (z. B. ein durch Determinant + Attribut determiniertes Substantiv wie *el libro interesante, el libro de lingüística*) wird Syntagma (*sintagma*) genannt und hinsichtlich der syntagmatischen Beziehungen und der paradigmatischen Funktionen beschrieben. In diesem Sinn spricht man traditionellerweise z. B. vom Gebrauch oder von der Syntax des Infinitivs oder des Artikels im Spanischen. Zu diesem Bereich gehören auch Fragen wie die Stellung des Adjektivs zum Substantiv oder die der Objektpronomina zum Verb. Syntax wird also häufig als Oberbegriff zu Syntagmatik und Satzlehre gebraucht.

Ohne dass hier auf die zahlreichen Definitionsversuche zur Bestimmung des "Satzes" eingegangen werden kann, ist es einleuchtend, dass die menschliche Rede die Lexeme und Morpheme zu **Äußerungen** (*enunciados*) verbindet. In diesem Sinne sind solche Äußerungen die grundlegenden sprachlichen Einheiten, die einen Sinn haben. Isolierte Lexeme ohne situationelle Verankerung, ohne deiktischen Bezug, haben keinen Sinn und sind daher auch keine Äußerungen. Die Ausdrucksabsicht ist eine Mitteilung (im weitesten Sinne, die z. B. auch ein Gedicht als Selbstausdruck einschließt). Eine Mitteilung wird in der Linguistik Text genannt.[25] Unterhalb des Textes ist der Satz (*la oración*) die minimale Form der Äußerung. Ein so definierter Satz muss nicht in syntaktischer Hinsicht vollständig sein. In realen Gesprächen sind abgebrochene Sätze, Halbsätze, elliptische Sätze, Ausrufe usw. oft häufiger als vollständige Sätze. Für eine syntaktische Analyse im Rahmen einer "Einführung in die Sprachwissenschaft" ist aber die Behandlung vollständiger Sätze leichter zu bewerkstelligen als die real vorkommenden Sätze in einer konkreten Situation ("Rede", "habla"). Sätze kennen wir als Aussagesätze (*oraciones afirmativas*), Fragesätze (*oraciones interrogativas*), verneinte Sätze (*oraciones negativas*) oder Bedingungssätze (*oraciones hipotéticas*). Jedenfalls sind das die vier Kategorien der Seinsweise von Äußerungen, die Aristoteles in seiner Kategorienlehre unterscheidet. Sie werden heute z. T. im Rahmen der Sprechakttheorie (siehe III.6.2) oder der Logik, aber auch in der Syntax behandelt. Sätze kommen darüber hinaus als autonome Sätze (Hauptsätze, *oraciones principales*) oder als abhängige, untergeordnete Sätze (*oraciones subordinadas*) vor. Letztere haben dann die Funktion von Satzteilen. Gegenstand der Syntax als Satzlehre ist die Bestimmung und Beschreibung der Funktion und Vorkommensweise der Satzteile.

3.2.2 Die Satzteile

a) Die Satzanalyse beruht prinzipiell noch immer auf den Fragen der aristotelischen Logik, d. h. auf den Fragen nach den Satzteilen oder Satzfunktionen:

Durch die Antwort auf die Frage "Was geschieht/ist?" wird das **Prädikat** (*verbo*) ermittelt. Das Prädikat kann formal verbal (*nos aburrimos; duermes*) oder nominal sein, d. h. aus **Prädikatsnomen** bzw. -adjektiv (*predicado nominal*) und **Kopula** (*cópula*) bestehen (*ella es profesora; es joven; usted parece cansada; estoy enfermo*).

b) Das **Subjekt** (*sujeto*) ergibt sich durch die Antwort auf die Frage "Von wem oder was wird etwas ausgesagt?"; dabei kann die Subjektfunktion durch ein Nomen (Substantiv, Eigenname oder Infinitiv), ein Pronomen oder einen Satz, genauer einen Nebensatz (**Subjektsatz**, *oración sustantiva*, vgl. Anm. 26), ausgedrückt sein, z. B. *Mi hermano/ Pedro/ella* – *comía una manzana*; *escribir correctamente* – *no es fácil*; *quien me conoce* – *me comprenderá*; *no me sorprende* – *que no lo sepas* (auch mit pronominaler Wiederaufnahme des Subjektsatzes: *que tú no lo sepas, esto no me sorprende*).

c) Durch die Frage "Auf wen oder was erstreckt sich die Handlung?"/"Wer oder was ist (im weitesten Sinne) Ziel der Handlung?" lässt sich das **direkte Objekt** (*complemento de objeto directo*) ermitteln. Verben, die neben dem Subjekt ein direktes Objekt erfordern, werden **transitiv** genannt (*verbos transitivos*), solche, die es nicht haben können, **intransitiv** (*verbos intransitivos*). Auf diese Weise stehen sich Verben

---

25 In der Textlinguistik (siehe oben II.9) wird zumindest von vielen Linguisten eine in sich weitgehend abgeschlossene Äußerung Text genannt.

wie *etwas sehen/tun/lesen* (*ver/hacer/leer algo*) und *schlafen, gehen, glänzen* (*dormir/caminar/resplandecer*) gegenüber. Als transitiv gelten auch Verben mit doppeltem, also direktem und indirektem Objekt (*dar algo a alguien*). Im Spanischen liegt in diesem Zusammenhang die Besonderheit vor, dass direkte Objekte, wenn sie persönlich gemeint sind oder die Objektfunktion nicht ganz eindeutig sein könnte, durch die Präposition *a* eigens gekennzeichnet werden (z. B. *... y cuando vio a su huésped a sus pies ...* (Cervantes) '... und als er seinen Gast zu seinen Füßen sah, ...'; *saludó a su madre cariñosamente* 'liebevoll begrüßte er seine Mutter'; *el artículo determina al sustantivo* 'der Artikel bestimmt das Substantiv näher'. Die Verben in diesen Sätzen gelten üblicherweise als transitiv, obwohl das Objekt zumindest formal nicht "direkt", sondern präpositional ist. Zu dieser schwierigen syntaktischen, für die spanische Syntax ganz zentralen Frage siehe weiter unten unter "indirektes Objekt".

Das von den Griechen entwickelte und der Struktur der gängigen europäischen Sprachen entsprechende Konzept einer Handlung, die von einem Handelnden ([das] **Agens**, [el] *agente*) ausgehend sich auf ein Ziel, das direkte Objekt, erstreckt, macht die Unterscheidung zwischen den innersprachlichen, syntaktischen Funktionen Subjekt (S) und Objekt (O) und den außersprachlichen Rollen (im Handlungsspiel) des Urhebers bzw. Verursachers der Handlung, d. h. dem Agens (A), und der Rolle des von der Handlung betroffenen, die Handlung "erleidenden" Elements, dem **Patiens** (P, *paciente*), notwendig. In Sätzen wie *la muchacha comió una naranja; estoy leyendo esta novela; compré sólo dos libros; tu hermano nos ayudará* sind *la muchacha*, die im Verb enthaltene 1. P. Sg. und *tu hermano* die Subjekte, von denen – sprachlich aktivisch – eine Handlung ausgeht (erster Pfeil als Symbol). *Una naranja, esta novela, dos libros, nos* sind die direkten Objekte der jeweiligen Verben. Die Verbalhandlung "ergreift" diese Objekte (symbolisiert durch den im Grunde als fortgesetzt zu denkenden Pfeil):

| *La muchacha* | → | *comió* | → | *una naranja* |
| S = A | | V$_{act}$ | | O = P |

| *Tu hermano* | → | *ayudará* | → | *nos* |
| S = A | | V$_{act}$ | | O = P |

Hier fallen Subjekt und Agens sowie Objekt und Patiens zusammen, weil unsere Sprachen akkusativische Sprachen sind, in denen eben das Subjekt als Agens und das Objekt als Patiens definiert sind (zu den semantischen Rollen siehe auch HUALDE et al. [2]2010: 363–369). Wenn wir diese aktivische Darstellung in eine passivische verwandeln, ändert sich nichts am Verhältnis von Agens und Patiens, denn *una naranja* ist weiterhin das Patiens, das von der Handlung *comió* erfasst wird; ebenso bleibt *tu hermano* im zweiten Beispiel das Agens, dessen Handlung *ayudará* "uns" (*nos*) als Patiens "ergreift". Sprachlich wird der Vorgang im Passiv aber so dargestellt, dass das Patiens als Subjekt kodiert und damit eine Aussage über "uns" als Subjekt gemacht wird, also textlinguistisch ein Element des Rhemas "nos ayudará" zum Thema wird (*Nosotros – seremos ayudados por tu hermano*). **Thema** und **Rhema** (*tema y rema*) sind in der Textlinguistik verwendete Termini zur Gliederung einer Äußerung nach kommunikativen Gesichtspunkten (siehe auch "Funktionale Satzperspektive"). Vereinfacht bezeichnet das Thema den Satzgegenstand ("das, worüber gesprochen wird") und das Rhema die Satzaussage ("das, was darüber ausgesagt wird").

Das Agens *tu hermano* erscheint in der Passivkonstruktion in einer hervorgehobenen Stellung, nämlich in einer präpositionalen **Agensergänzung** (*complemento agente*) *por tu hermano* '(wir werden) von deinem Bruder (unterstützt werden)':

La manzana	←	*fue comida*	← *por la muchacha*
S = P		V_{pass}	A = C de A
(Nosotros)	←	*seremos ayudados*	← *por tu hermano*
S = P		V_{pass}	A = C de A

Viel häufiger als das Passiv kommt im Spanischen allerdings eine auch in anderen Sprachen übliche Konstruktion vor, bei der gerade das Agens ausgespart und die Handlung (das Geschehen, der Vorgang) so dargestellt wird, als ob sie wie von selbst geschähe. Formal gleicht sie einer Reflexivkonstruktion in der 3. P., bei der jedoch das Reflexivpronomen *se* syntaktisch nicht das direkte Objekt des Verbs darstellt wie bei einem echten Reflexivum, das ja in allen Personen möglich ist (z. B. *me lavo, te lavas, se lava*). Vielmehr ist das **agenslose Reflexivum** eine eigene Diathese, bei der die reflexive Form eine grammatische Metapher für etwas anderes ist: *Este libro se vende bien* ist ein "Bild", dem die sprachliche Bedeutung 'das Buch verkauft sich gut' zugrundeliegt, als ob das Buch etwas zu seinem Verkauf Wesentliches beitrüge. In der Norm hat sich diese bildhafte Redeweise für die Darstellung von Geschehnissen ohne Agensbezug eingebürgert (vgl. hierzu auch DIETRICH 1987). Dass hier kein echtes, aktives Reflexiv vorliegt, zeigt die Ausweitung der Konstruktion auf Ausdrücke ohne Subjekt (z. B. *se habla español; aquí se vive bien*) und eben auch auf intransitive Verben, wie im letzten Beispiel und auch z. B. in dem Typ *aquí se duerme bien*).

Ein eigener Terminus für diese Kategorie fehlt bis heute. Die in den spanischen Grammatiken übliche Bezeichnung "pasiva refleja" suggeriert, es handle sich hierbei um ein Passiv. Dabei ist es gerade weder Aktiv noch Passiv, sondern eine Funktion, für die sich noch kein passender Terminus durchgesetzt hat. Die spanischen Grammatiken (BOSQUE/DEMONTE 1999, Kap. 26, passim; RAE 2009, Kap. 41.13–14) sprechen von "construcción media", ein nicht sehr glücklicher Begriff, da das dem Griechischen entlehnte "Medium" eine Diathese ist, die im Spanischen eher durch Konstruktionen wie *Juan se bebió la cerveza* ausgedrückt wird (Ausdruck der Handlung mit Anteilnahme des Agens).

Unter **Diathese** (*diátesis*), traditionell **Genus verbi** (span. *voz* [*activa, pasiva*]) versteht man die syntaktische Eigenschaft des Verbs, die syntaktischen Rollen (Agens,

Patiens) zu kodieren. Dieser zentrale Bereich der Syntax kann hier nur genannt, aber nicht dargestellt werden. Nun zurück zu den Satzteilen:

Formal kann ein direktes Objekt durch ein Nomen (Substantiv/Eigenname), ein Pronomen oder einen untergeordneten Satz (**Objektsatz**, *oración subordinada sustantiva*)[26], z. B. *reconozco – que tienes razón; me dijo – que no podría venir; todavía no sabe – si puede venir esta tarde*, vertreten werden.

d) Das **indirekte Objekt** (*complemento de objeto indirecto*) ist traditionell und insbesondere in den romanischen Ländern jedes nicht direkte Objekt, also jedes, das mit einer Präposition angeschlossen wird, wie z. B. *hablar a la vecina; creer en la otra vida; contar con su colaboración; su vida consistió en trabajar duro; cada capítulo consta de tres partes* usw. Im engeren, eigentlichen Sinn versteht man unter einem indirekten Objekt eines, das rollensemantisch als "Rezipient" auftritt: Es kommt vor bei Verben des Gebens und Nehmens im weitesten Sinn (*dar a los pobres; quitar dinero a todos los ciudadanos*), also auch bei *la película le gustó*; *me robaron mi bicicleta* bzw. als "Benefaktiv" bei Zustandsbeschreibungen wie *le importa mucho; le parecía injusto*). In diesem Verständnis von indirektem Objekt, das wir uns hier zu eigen machen wollen, ist das Identifizierungskriterium nicht der präpositionale Anschluss, sondern die genannte semantische Rolle. Gewöhnlich kann als indirektes Objekt nur ein Lebewesen eintreten. Im Deutschen ergibt sich das indirekte Objekt auf die Frage "Wem geschieht/kommt die Handlung zu?", im Spanischen "¿A quien se refiere la acción?". Die Ermittlungsprobe geschieht durch die Pronominalisierungsmöglichkeit mit *le, les*: *He hablado a mi padre – le he hablado*, niemals **lo he hablado*, im Gegensatz zu Beispielen wie *he visto a María – la he visto; he visto a Juan – lo he visto* (*le he visto* in Regionen mit *leísmo*); *confía la noticia a sus padres – se la confía*. Dagegen *Juan se dirigió al jefe – Juan se dirigió **a él***, und nicht **Juan se le dirigió*; daher kann *al jefe* kein indirektes Objekt im eigentlichen Sinne, nämlich eines Rezipienten, sein.[27] Ähnlich ist es z. B. bei *Pensé a nuestro viaje a Méjico*, ein Ausdruck, in dem *a nuestro viaje* keine Person ist und also auch kein Rezipient sein kann, der eben aber auch nicht durch **Le pensé* pronominalisiert werden kann. Vielmehr handelt es sich hier um präpositionale Objekte, zu denen wir im folgenden Abschnitt III.3.2.2.e kommen.

Zuvor müssen wir aber noch einmal kurz auf das oben unter III.3.2.2.c angesprochene Problem der spanischen Syntax zurückkommen, das in der Kodierung des direkten Objekts mittels *a* besteht: In Sätzen des Typs *Conozco al doctor Rodríguez* oder *Ayer encontré a mi viejo amigo Paco* scheint das persönliche Objekt wie ein

---

26 Im Spanischen wird traditionell nicht durch einen einfachen Begriff zwischen Subjekt- und Objektsatz unterschieden, sondern für beides als Oberbegriff *oración sustantiva* gesagt. Als weitere Unterscheidung ist *oración sustantiva en función de sujeto* für 'Subjektsatz' möglich.

27 Weinrich benutzt in seiner Textgrammatik (WEINRICH 1982, 1984) die sehr überzeugenden Termini "Partnerobjekt" für das indirekte Objekt und "Dispositionsobjekt" für das direkte Objekt, doch haben sich diese Begriffe international nicht durchgesetzt.

Partnerobjekt im Weinrichschen Sinne kodiert zu sein. Die persönliche Beziehung wird gerade dadurch ausgedrückt, dass der Doctor Rodríguez und der Freund Paco nicht wie Objekte eingeführt werden, über die man "disponiert": In ungrammatischen Ausdrücken wie *Conozco el doctor Rodríguez; *encontré mi viejo amigo Paco erscheinen sie wie Sachen, über die man verfügt, nicht wie "Partner". Zu denken gibt aber, dass sie in hispanophonen Zonen, in denen als Objektpronomen für Personen beim direkten Objekt *lo* üblich ist (z. B. Andalusien, die meisten hispanoamerikanischen Länder), eben mit *lo* pronominalisiert werden (*lo conozco, lo encontré*), was bei echten indirekten Objekten keinesfalls möglich ist (*lo pedí dinero; *lo hablé; *lo entregué el paquete*). Die Präposition *a* dient der genauen Unterscheidung von Agens und Patiens, wie auch die Verwendung mit Bezug auf Sachen zeigt: *el artículo determina al sustantivo; el adjetivo sigue o precede al sustantivo*. Das durch *a* determinierte Syntagma kann nicht Agens sein. Wegen der nicht immer strengen Abfolge Subjekt – Prädikat – Objekt im Spanischen haben die Sprecher, wie in diesem Fall, das Bedürfnis klarzumachen, dass nicht das Substantiv dem Adjektiv folgt oder vorausgeht, sondern das Adjektiv dem Substantiv. Dass *seguir* und *preceder* grundsätzlich ein direktes Objekt haben, zeigt die Pronominalisierung: *lo sigue, lo precede*, anders als *folgen* und *vorausgehen* im Deutschen. Ähnlich ist es z. B. mit span. *dañar*: In *El café le dañó mucho* 'Kaffee schadete ihm sehr' scheint es sich – wie im Deutschen – um ein indirektes Objekt zu handeln. Ein Beispiel wie *El sol daña su piel* zeigt jedoch, dass es sich um ein direktes Objekt handelt ('die Sonne schädigt ihre Haut'), das nur bei persönlichem Objekt mit *a* kodiert wird, in der Rede also als indirektes, personenhaftes Objekt verstanden werden soll. Die Auszeichnung der Personenhaftigkeit bzw. der Patiensfunktion geschieht also in der spanischen Norm so, dass das persönliche Objekt von Verben, die vom System her transitive Verben sind, in der Rede vorübergehend wie ein indirektes Objekt kodiert wird, ohne dass es das grundsätzlich, systemhaft, ist.

e) Bei den oben unter d) genannten präpositionalen Ausdrücken mit *a*, die keine indirekten Objekte sind, handelt es sich um **präpositionale Objekte** (*complementos de régimen preposicional*), welche in unseren Sprachen sehr häufig sind. Sie werden vom Verb mit seinem Satzbauplan (traditionell mit seiner **Rektion**/*su régimen*) gefordert und sind in der Regel nicht weglassbar wie direkte Objekte, die im Text schon bekannt oder generisch sind, d. h. zu den üblich zu erwartenden gehören (*¿Qué hace Elena? Está escribiendo* [*una carta, su diario*]). Nicht weglassbar sind z. B. Ergänzungen bei Verben wie *consistir de, dirigirse a, referirse a* (z. B. *¿Qué tal vuestro proyecto de viaje? *Consiste ø; ¿Qué está haciendo Pablo? *Se dirige ø*), und auch solche bei *ir* (*Ella, ¿qué está haciendo? *Ella va ø*, statt *ella va a las clases a la tarde, va a Granada, va en bicicleta, va en tren*). Neben den unter d) zur Abgrenzung vom indirekten Objekt gegebenen Beispielen ließen sich zahllose weitere Beispiele für präpositionale Objekte nennen, wie *acordarse de (sus vacaciones); quejarse de (su vecino); protestar contra (las medidas del gobierno), asombrarse de (su comportamiento); confiar (en su honestidad); confiar en (que me devolverá el libro)* usw. Die Verbindung von Verb und Ergänzung und damit die Möglichkeit, die

Ergänzung, d.h. das präpositionale Objekt "wegzulassen", ist von Verb zu Verb unterschiedlich.

f) Auf die Frage "Wie/unter welchen Umständen findet die Handlung statt?" findet man die vielfältigen Arten der **Umstandsbestimmung** (*complemento circunstancial*). Sie ist von den Objekten dadurch unterschieden, dass sie nicht vom Verb des Satzes gefordert wird, also nicht zum Satzbauplan bzw. zur Rektion gehört. Die traditionellen Unterscheidungen zwischen einzelnen Arten von Umstandsbestimmungen – der Art und Weise (modal), des Ortes (lokal), der Zeit (temporal), des Grundes (kausal), der Einräumung (konzessiv), des Zieles (final) usw. – sind nicht morphologisch, sondern nur inhaltlich (logisch-kognitiv) voneinander trennbar und deshalb auch kaum exhaustiv beschreibbar.

Formal können Umstandsbestimmungen durch präpositionale Ausdrücke, wie (*volvió*) *a las nueve; bajo la lluvia; con todos sus amigos; a pesar de la oscuridad que había* usw., durch Infinitivkonstruktion (*sin almorzar; después de haber encontrado a Pablo; para reconciliarse con su tía*) und andere infinite Verbformen (*pensando a todo lo que había sufrido por parte de ella; acelerando su marcha*), durch Adverbien oder auch durch Nebensätze ausgedrückt werden. Hierzu gehören die zahlreichen kausalen, temporalen, konzessiven, finalen usw. Nebensätze des Typs *lo hago porque me gusta*; ~ *para ganarme la vida*; ~ *aunque mis padres no estén de acuerdo*; ~ *antes que comience el período de las lluvias* usw.

Diese (*oraciones*) *subordinadas circunstanciales* werden im Deutschen zusammenfassend meistens Adverbialsätze (spanisch auch *oraciones adverbiales*)[28] genannt, obwohl eine Umstandsbestimmung nicht immer ein Adverb ist und umgekehrt ein Adverb zwar häufig, aber nicht immer eine Umstandsbestimmung bildet.

g) Schließlich sind determinierende Ergänzungen eines Nominalsyntagmas (Frage "was für ein?") **Attribute** (*atributos*), die entweder in der Form attributiver Adjektive (*atributos adjetivales*: *un libro **apasionante**; una **gran** aventura*), der *complementos del nombre* oder auch *adjuntos* (**Adjunkte**) (*la bicicleta **de mi hermano***) bzw. der *oraciones relativas* (*el coche **que mi hermano ha comprado el año pasado***), vorkommen. Attribute sind keine eigenständigen Satzteile auf Satzebene, sondern weitere Bestimmungen auf der darunter liegenden Ebene des Syntagmas. Ihr determinierender Charakter impliziert immer eine Opposition zu anderen denkbaren Attributen (*un libro apasionante* versus ~ *aburrido*, ~ *de niños* usw.).

h) Nicht-determinierende Ergänzungen eines nominalen Syntagmas sind **Appositionen** (*aposiciones*, z. B. *su coche*, **un viejo Peugeot 306**; *Madrid*, **capital de España**). Sie unterscheiden sich von den Attributen durch die Tatsache, dass sie lediglich

---

28 Der Begriff "Adverbialsatz" ist ein Beispiel für die ungute Tradition, Wortarten und Satzfunktionen miteinander zu verwechseln (auch im Englischen "adverbials" für "Umstandsbestimmungen"). Auch Tesnière zollte in seiner strukturellen Syntax dieser Tradition seinen Tribut, indem er "Zirkumstant" und "Adverb" gleichsetzte (s. III.3.2.3). Vgl. auch die spanische Terminologie der "oraciones sustantivas" usw.

weitere Informationen geben (explikative Funktion), aber keine unterscheidende Bestimmung einfügen (determinative Funktion des Attributs) – in unserem Beispiel kein Merkmal, das den alten Peugeot von anderen Autos mit anderen Qualitäten abgrenzen würde. Appositive Relativsätze werden im Spanischen, wie andere Appositionen, mit Pause gesprochen und mit einem Komma abgetrennt (*Madrid, que es la capital de España*). Attributive Relativsätze werden dagegen ohne Pause gesprochen und ohne Komma geschrieben: *El coche que mi hermano ha comprado el año pasado* impliziert, dass es noch ein anderes Auto des Bruders gibt, eventuell *el coche que ha comprado hace cinco años*.

3.2.3 Strukturelle Syntax – Dependenzgrammatik

Die durch TESNIÈRE (1959) begründete strukturelle Syntax und die im Anschluss daran vor allem in Deutschland, insbesondere in der DDR-Germanistik der sechziger und siebziger Jahre, entwickelte Dependenzgrammatik, ist in den romanischen Ländern zwar kaum rezipiert worden; wir wollen sie hier aber dennoch vorstellen, weil sie die syntaktischen Strukturen semantisch, d. h. funktionell versteht und daher unserer Ansicht nach besser als andere Ansätze geeignet ist, das Wesen der Syntax deutlich zu machen. Die strukturelle Syntax geht von der Einsicht aus, dass die grundlegenden Satzteile Subjekt, Prädikat und Objekt nicht auf derselben Ebene angesiedelt sein können, sondern dass dem Prädikat als aussagekonstituierendem Satzteil eine hierarchisch höhere Position zukommt, von der alle anderen Satzteile 'abhängen' (daher Dependenzgrammatik). Wie oben in III.3.2.1 bereits angedeutet, unterscheidet sich der Satz vom Syntagma durch seinen Aussagecharakter. Die Aussage (*enunciado*) wird aber – jedenfalls in vollständigen Sätzen – stets durch das Prädikat geleistet.[29] Die vom Prädikat abhängenden und von ihm durch die Verbrektion geforderten bzw. möglichen Ergänzungen – Subjekt, direktes und indirektes Objekt – stellt Tesnière alle auf die gleiche Ebene. Die Präpositionalobjekte trennte Tesnière noch nicht von den indirekten Objekten, sondern rechnete sie zu den indirekten Objekten, wie es die spanische Grammatiktradition immer gemacht hat. Diese drei Arten Ergänzungen werden **Aktanten** (*actantes*) genannt und tatsächlich als Akteure in dem durch einen Satz ausgedrückten Handlungsspiel begriffen. BRINKMANN (²1971: 210) hat dafür sehr treffend "Mitspieler" vorgeschlagen.

Das traditionelle Subjekt ist der *primer actante*, weil dieser die erste notwendige Ergänzung der Mehrzahl aller Prädikate (Verben) ist, das direkte Objekt der *segundo actante*, das indirekte Objekt der *tercer actante*. Es ist ersichtlich, dass die Definition der einzelnen Aktanten weniger rollensemantisch als in anderen, auch neueren syntaktischen Theorien, sondern eher formal und die Satzanalyse daher in

---

29 Auf die formale Darstellungsweise Tesnières, die Anlage seiner Stemmata genannten Satzanalyseschemata und erst recht seine Translationstheorie der Satzteile im komplexen Satz kann hier nicht eingegangen werden, so wichtig deren Grundgedanken auch sind. Siehe dazu auch im bibliographischen Anhang GAUGER/OESTERREICHER/WINDISCH (1981: 228 ff.).

höherem Maße operationalisierbar ist. Die strenge Unterscheidung zwischen Prädikat und davon abhängenden Aktanten und zwischen Aktanten und Zirkumstanten ist aber dennoch eindeutig semantisch-funktionell. Die einfachen Sätze *María duerme; María es alta; María habla a su madre; María da el libro a Pablo* können in einfachen Strukturbäumen so dargestellt werden, dass die hierarchischen Abhängigkeiten deutlich werden: Vom Verb hängen die Aktanten ab (hier durch die Indices 1, 2, 3, gekennzeichnet), die ihrerseits wieder durch Determinanten (Artikel, Possessiva usw.) bestimmt sein können. Dies ergibt in unserem Beispiel drei Ebenen:

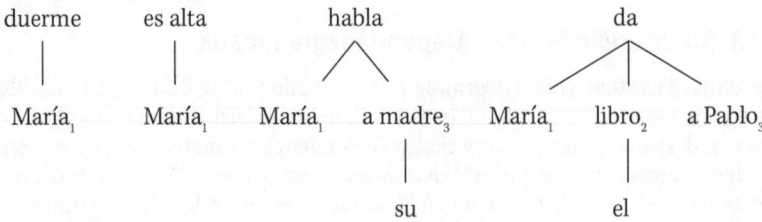

Den Aktanten gegenüber stehen die nicht im Satzbauplan vorgesehenen **freien Angaben**, bei Tesnière **Zirkumstanten** genannt. Es sind alle die bereits oben genannten zusätzlichen, aber pragmatisch häufig sehr wichtigen Angaben der Zeit, des Ortes, des Grundes, des Zieles usw. Die Anzahl und Art der notwendigen Ergänzungen des Verbs, d. h. der Aktanten, werden seit Tesnière **Valenzen** (*valencias*) oder genauer **die Valenz** (*la valencia*) des Verbs genannt, wodurch heute im Allgemeinen der traditionelle Terminus der Rektion ersetzt wird. Man stellt sich die Valenz wie die Wertigkeit eines Atoms vor: Wie das Atom eines Elements eine bestimmte Anzahl anderer Atome an sich binden kann, um ein bestimmtes Molekül zu bilden, so binden die Verben einer bestimmten Sprache jeweils eine bestimmte Anzahl von Ergänzungen (Valenzen) an sich, um so ein Verb mit einer festen syntaktischen Valenz und damit einer festen, durch die Valenz gegebenen Bedeutung darzustellen: Die nicht vom Verb geforderten Zirkumstanten stehen außerhalb der Valenzen des jeweiligen Satzbauplans. Die Valenz bestimmt entscheidend die Bedeutung des Verbs; nur das Verb mit seiner Valenz bildet eine lexikalische Einheit: Es gibt z. B nicht *contar*, sondern nur *contar algo*, wobei das Subjekt eine Person ist und das Objekt zählbare Gegenstände (z. B. *José contó el número de sus libros*) bzw. *contar con* (*contaba con tu ayuda*) bzw. intransitives *contar* (*eso no cuenta*). Transitives *contar* mit Objekten aus dem Bereich 'decir', 'narrar', also mit der Bedeutung 'erzählen', dürfte heute ein homonymes anderes Verb sein (vgl. hierzu unten III. 5.2.3 sowie KRASSIN 1995).

Die Problematik der Abgrenzung von Objekt und Umstandsbestimmung beherrschte vor allem die Diskussionen innerhalb der Dependenzgrammatik. Heute ist man sich einig, dass es vom Verb abhängige, im Satzbauplan vorgesehene Ergänzungen (traditionell Objekte) und von der Verbvalenz unabhängige freie

Angaben (traditionell Umstandsbestimmungen) gibt. Die freien Angaben umfassen die bereits genannten zahlreichen Möglichkeiten zusätzlicher Angaben (Art und Weise, Ort, Zeit, Beweggrund, Ziel, Mittel usw.).

| Anregungen |

1. Bestimmen Sie die Satzteile in einem kurzen spanischen Text und zeigen Sie eventuell entstehende Abgrenzungsprobleme auf.
2. Belegen Sie die o. a. Satztypen mit spanischen Beispielen.

Literaturhinweise

Die Grammatiken von BOSQUE/DEMONTE (dirs.) (1999) und die der Real Academia (2009, siehe beide oben nach III.3.1.4) beruhen ganz auf syntaktischen Prinzipien.

Sehr traditionell:

GILI GAYA ([15]1994), *Curso superior de sintaxis española*, Barcelona.

Neuere Ansätze vertreten:

HERNÁNDEZ ALONSO, César (1984), *Gramática funcional del español*, Madrid. Früher *Sintaxis española*, Valladolid ([4]1979).

SUBIRATS RÜGGEBERG, Carlos (2001), *Introducción a la sintaxis léxica del español*, Frankfurt/ Madrid.

TESNIÈRE, Lucien (1959), *Eléments de syntaxe structurale*, Paris. Span.: *Elementos de sintaxis estructural*, 2 vols., Madrid.

ZAGONA, Karen T. (2002), *The Syntax of Spanish*, Cambridge.

Siehe auch:

BRINKMANN, Hennig ([2]1971), *Die deutsche Sprache – Gestalt und Leistung*, Düsseldorf.

DIETRICH, Wolf (1987), "Grammatische Metaphorik. Über die figurative Verwendung grammatischer Kategorien", *Sprachwissenschaft* 12: 251–264.

KRASSIN, Gudrun (1995), "Der Einfluss der Verbvalenz auf die Feldzugehörigkeit", in: HOINKES, Ulrich (Hrsg.), *Panorama der lexikalischen Semantik*, Tübingen, 413–425.

WEINRICH, Harald (1982), *Textgrammatik der französischen Sprache*, Stuttgart.

--- (1984), *Textgrammatik der deutschen Sprache*, Stuttgart.

3.3 Zur diachronen spanischen Syntax

Der früher bestehende Mangel an historischen Syntaxen des Spanischen ist in den letzten Jahren behoben worden. Dennoch ist das Gebiet weiter sehr umfänglich und bietet zahllose methodische Schwierigkeiten. Die nach III.3.1.4 genannten historischen Grammatiken enthalten nur Andeutungen zur Syntax. Als Beispiel für eine Fragestellung zur diachronen Syntax wäre im Rahmen der romanischen Sprachen die Umgestaltung des klassisch lateinischen Kasussystems zu den vulgärlateinischen Systemen, die die syntaktischen Beziehungen allein durch Präpositionen ausdrücken, zu nennen. Im Spanischen haben wir seit den ältesten Texten keine Kasus mehr. Nur einige versteinerte Formen zeigen Spuren lateinischer Kasus, wie z. b. ein Eigenname auf *-s* wie *Carlos*, der die Form des Nominativs wegen seiner Funktion auch als Vokativ bewahrt, oder die Wochentagsbezeichnungen *martes, miércoles, jueves, viernes*, die den Genitiv formal fortsetzen (verkürzt aus *Martis, Mércuris, Iovis, Véneris* [*dies*]). *Lunes* hat ein unetymologisches, analoges *-s*, das aus *Lunae dies* nicht zu begründen ist. Gründe für die Ersetzung der Kasus sind nicht, wie man es häufig getan hat, in dem lautlichen Zusammenfall der lateinischen Kasusendungen zu suchen, nachdem durch die Aufgabe der Quantitätenoppositionen (vgl. III.1.5.1) der Dativ Sg. auf *-o*, der Akkusativ auf *-u(m)* und der Ablativ auf *-o* zu -/o/ zusammengefallen waren. Vielmehr ist ein Bestreben der Sprecher anzunehmen, die Satzbeziehungen durch Präpositionen bzw. da, wo es möglich war, nämlich bei der Subjekt-Objekt-Beziehung, durch die Satzgliedstellung auszudrücken. So konnte sich die übliche Stellung SVO (Subjekt-Verb-Objekt) herausbilden, von der man im Spanischen jedoch aus expressiven Gründen immer dann abweichen kann (Inversion von Subjekt und Verb), wenn die Bezüge im Kontext klar bleiben, z. B. auch durch die Markierung des Objekts durch *a*. Ein anderes Thema der historischen Syntax kann gerade die Ausbreitung der oben unter III.3.2.2.c angesprochenen Reflexivkonstruktion zum Ausdruck des agenslosen Geschehens sein. Im älteren Spanischen ist sie viel seltener als heute. Genauere Untersuchungen zur Geschichte und zu den Motiven der Ausbreitung fehlen noch.

Literaturhinweise

COMPANY COMPANY, Concepción (dir.) (2006), *Sintaxis histórica de la lengua española*, 1ª parte: *La frase verbal*, 2 vols., México.

COMPANY COMPANY, Concepción (dir.) (2009), *Sintaxis histórica de la lengua española*, 2ª parte: *La frase nominal*, 2 vols., México.

HERRERO RUIZ DE LOIZAGA, F. Javier (2005), *Sintaxis histórica de la oración compuesta en español*, Madrid.

Zusammenfassung

In dieser zentralen Einheit werden die kleinsten, nicht mehr trennbaren bedeutungstragenden sprachlichen Einheiten eingeführt. Diese semantisch grundständige Einheiten bildenden sprachlichen Zeichen sind in der Sprachwissenschaft die Moneme, mit ihrer Untergliederung in Lexeme und (grammatische) Morpheme. Die Morphemanalyse setzt das Verständnis für die paradigmatischen Strukturen und die syntagmatischen Beziehungen voraus, kurz, das, was einem klassischen Grammatikunterricht entspricht. Die Grammatik einer Sprache ist die Lehre von den ihr eigenen grammatischen Kategorien. Diese werden gewöhnlich durch Morpheme ausgedrückt, die an die Lexeme angehängt sind (Endungen, Suffixe), ihnen vorangestellt sind (Präfixe) oder durch innere Abwandlung der Lexeme selbst (Flexion) gebildet werden. Eine große Rolle spielen hier die Allomorphe (Varianten), die man als verschiedene Formen für den gleichen Inhalt (die gleiche Funktion) verstehen kann.

Die hier vorgestellte exemplarische Beschreibung des spanischen Tempussystems zeigt ein Gefüge von vielfach aufeinander bezogenen Tempusfunktionen, die in temporaler Hinsicht den deiktischen Zeitstufen "Vergangenheit" und "Zukunft" als Extensionen von der Gegenwart aus entsprechen, die aber darüber hinaus eine doppelte Gliederung in aktuelle und inaktuelle Zeitfunktionen (*presente – imperfecto* bzw. *futuro – potencial/condicional*) und in die primäre und sekundäre Perspektive aufweisen. Letztere entsprechen den zusammengesetzten Tempora, die jeweils durch einen Bezug zu ihrem entsprechenden primären Tempus gekennzeichnet sind.

Während die so verstandene Grammatik mögliche Unterscheidungen zum Teil ohne Berücksichtigung einer ganzen Äußerung betrifft, ist die Syntax die Lehre von den Äußerungen in der Form von Sätzen. Wegen der nicht immer möglichen und sinnvollen Trennung wird heute oft von Morphosyntax gesprochen. Die reine Syntax aber beruht zunächst auf der Analyse des – recht definierten – Satzes und seiner Teile. Aufbauend auf der klassischen Analyse des aktivischen und passivischen Satzes in Subjekt, Verb, Objekte und Umstandsbestimmungen spielt die Dependenzgrammatik mit ihrer Betonung des Verbs (Prädikats) und der von ihm "abhängenden" Satzteile, der Aktanten, eine große Rolle. Die sich daran anschließende Analyse der Valenzen eines Verbs und der Klassifizierung der Verben nach ihren Valenzen steht im Zentrum dieser Richtung der Syntaxforschung. Ein Problem der adäquaten Analyse stellt das im Spanischen sehr häufige Phänomen der reflexiven Konstruktionen dar, die ein Geschehen weder aktivisch noch passivisch, sondern eben gerade als Geschehen, mit der Ausblendung des in diesen Zusammenhängen nicht benennbaren oder nicht interessierenden Agens darstellen. Dieses Problem gehört in den größeren Zusammenhang der verbalen Diathesen.

4. Wortbildungslehre

4.1 Allgemeines

Im Kapitel über die Morphologie (siehe III.3.1) haben wir gesehen, dass bestimmte grammatische Morpheme zum Ausdruck grammatischer Bestimmungen *im* Wort verwendet werden, etwa in Konjugationsformen wie *cantáis*, wo *-is* der Markierung der 2. P. Pl. und ein anzunehmendes Nullmorphem (siehe III.2.4) dem Ausdruck von Tempus und Modus dienen. Man spricht in diesem Fall von Flexion.

Andere Morpheme werden hingegen zur Bildung sekundärer, d. h. abgeleiteter Wörter benutzt, die dann ihrerseits wieder der Flexion unterliegen können. Im Fall der Ableitung von Wörtern durch Wortbildungsmorpheme (Derivation) wie auch der Zusammensetzung schon bestehender Wörter (Komposition) zu einem neuen Wort (Kompositum) spricht man von **Wortbildung** (*formación de palabras*). Traditionell wird dieser Bereich der sprachwissenschaftlichen Beschreibung häufig in der "Morphologie" mit abgehandelt, was sich aber schon wegen der Komposition nicht empfiehlt, weil dort kein – zumindest kein einfach erkennbares – morphologisches Verfahren wie bei der Derivation vorliegt. Die sprachwissenschaftliche Disziplin, die sich mit der Wortbildung befasst, bezeichnet man als Wortbildungslehre. Es ist auffällig, dass die Unterscheidung zwischen "Wortbildung" (als Verfahren des Wortbildens und als Produkt des Prozesses der Wortbildung) und "Wortbildungslehre" im Spanischen terminologisch nicht gemacht wird und dass auch kein gelehrter Terminus für "Wortbildung" nach dem Muster von Phonologie, Morphologie, Syntax usw. existiert. Ein Ausdruck wie *teoría de la formación de palabras* bezeichnet einen spezielleren Begriff als "Wortbildungslehre", nämlich eine bestimmte Theorie, die die Funktionen der Wortbildungsverfahren erklären will.

Der bei der Behandlung des sprachlichen Zeichens (siehe II.4.1) vermiedene Begriff des Worts ist in der Wortbildungslehre im Allgemeinen nicht problematisch, weil es hier vorwiegend um lexikalische Einheiten (Basislexeme) geht, von denen ein neues Lexem abgeleitet bzw. die mit einem weiteren Lexem zu einem ebenfalls neuen Wort (Lexem) zusammengesetzt werden. Als praktisch erweist sich hier auch der von Bernard POTTIER eingeführte Begriff der Lexie, der jede – einfache oder komplexe – lexikalische Einheit meint, die sich syntaktisch wie ein einfaches Wort verhält. *Casita* 'Häuschen' wäre demnach ebenso eine Lexie wie *obra maestra* 'Meisterwerk', *coche-camas* 'Schlafwagen' oder *abrelatas* 'Dosenöffner', *encuentro cumbre* 'Gipfeltreffen', *delincuencia juvenil* 'Jugendkriminalität', *olor a tabaco* 'Tabakgeruch'.

Über die Stellung der Wortbildung im Gesamtsystem der Sprache gibt es heute immer noch verschiedene Meinungen unter den Linguisten, die aber vor allem von den unterschiedlichen Ansätzen herrühren, mit denen man die Verfahren bzw. die inhaltlichen Funktionen der Wortbildungsprozesse am besten zu erklären glaubt. So hat man z. T. versucht, die Bedeutung einer Ableitung wie etwa *hermos-ura* < *hermos-o* durch satzähnliche Umschreibungen wie 'alguien es hermoso' (syntaktischer Ansatz) zu beschreiben. Dies ist durchaus sinnvoll, wenn man dabei berücksichtigt, dass die Bedeutung nicht einem wirklichen, aktuellen Satz mit einem konkreten Subjekt und einem bestimmten Tempus entsprechen kann, sondern die beschreibende Paraphrase nur satzähnliche Elemente wie ein generisches Prädikat zum Ausdruck der prädikativen Funktion einer Ableitung wie *hermosura* enthalten kann (*el hecho de ser hermoso*). Von den Produkten her gehört die Wortbildung zur Lexik, von den Verfahren her teilweise zur Morphologie. Weithin ist aber heute die von vielen vertretene Auffassung akzeptiert, dass die Wortbildung ein eigenständiger Bereich der Sprache neben Morphologie (als Formenlehre), Grammatik (als Funktionslehre der Morpheme, vorwiegend der Flexionsmorpheme) und Syntax (als Satzlehre) ist, die ihre Produkte der Lexik zur Verfügung stellt.

4.2 Die Verfahren der Wortbildung

Die materiellen Verfahren der Wortbildung in den romanischen Sprachen – und somit auch im Spanischen – sind die Derivation (Wortableitung) und die Komposition (Wortzusammensetzung).

Derivation: Die Derivation ist dadurch bestimmt, dass sich ein (freies) Basislexem mit einem oder mehreren Affixen zu einer neuen Einheit des Wortschatzes verbindet. Dabei gliedern sich die Affixe (als Oberbegriff) in:

Präfixe: vor dem Basislexem, z. B. *im-posible, re-hacer, anti-clerical*

Infixe: im Basislexem, z. B. span. *azuqu-ít-ar* 'Zückerchen' in einem unscharfen Sinn auch eine Stammerweiterung durch ein Wortbildungssuffix vor einer Flexionsendung, z. B. *cant-urre-ar* 'trällern'.

Suffixe: nach der Wurzel, z. B. *senti-miento, espin-oso, got-ear*.

Zum Teil sind auch Kombinationen aus Suffigierung und Präfigierung möglich, z. B.

des-nacion-al-iz-ación

Präfix   Basislexem   S1   S2   S3 (S = Suffix).

Wenn Ableitungen gleichzeitig mittels eines Suffixes und eines Präfixes gebildet werden und eine Ableitung nur mit dem Suffix oder nur mit dem Präfix nicht existiert, spricht man von **Parasynthetika** (*formaciones parasintéticas*), z. B. *enriqu-ecer* ← *ric-o* + *en-* + *-ecer*.[30] Ausgehend von (*el*) *barco* wird weder *barcarse noch *embarque gebildet, so dass *embarcarse* der Definition des Parasynthetikons genügt. Bei den meist verbalen Parasynthetika des Spanischen muss bei den Ableitungen auf *-ar, -(ec)er, -ir*, die ja flexivische Infinitivendungen sind, entweder ein Derivationsmorphem *-ø-*, etwa in *em-barc-ø-ar-se*, oder die Existenz eines Morphems, hier *-ar*, angenommen werden, das gleichzeitig flexivisch und derivationell ist.

---

30 *Riquecer wird in der Norm nicht gebildet, ebenso wenig ein semantisch unsinniges *enrico. *Enriquecer* ist die Bildung eines deadjektivischen resultativen Handlungsverbs, das zusätzlich zum verbalisierenden Suffix *-ecer* ein die Richtung (hin zum Resultat) angebendes Präfix aufweist, das hier der Präposition *en* entspricht.

Von der Wortbildung durch Derivation (im eigentlichen Sinn) zu trennen ist die Erscheinung der **Konversion**. Sie besteht in der Überführung eines Wortes in eine andere Wortart (bzw. Wortklasse) ohne Derivationsmorphem (anders bei LÜDTKE 2005: 118–128). Sie besteht im Allgemeinen in der Ad-hoc-Substantivierung eines Wortes, auch eines Nicht-Lexems oder eines ganzen Syntagmas, durch syntagmatische Verfahren wie z. B. den Gebrauch von Determinanten (*das Grün, das Ich, ihr ständiges Rühr-mich-nicht-an; lo rojo, el yo, el cantar, el pro y el contra, el rápido*) und ist insofern prinzipiell als Verfahren der Rede zu betrachten, wenngleich viele Einheiten, wie auch einige genannte, usuell und in der Norm fixiert sind.

Komposition: In der Komposition verbinden sich zwei (eventuell auch mehr als zwei) in der betreffenden Sprache autonom existierende Lexeme zu einer neuen Einheit, zu einem Kompositum. Dabei stellt sich für den Linguisten – wie unbewusst und intuitiv auch für den Sprecher – die Frage nach dem Verhältnis zwischen den "komponierten" Lexemen, denn das Kompositum ist nicht einfach eine Addition aus den beiden, sondern stellt eine neue Einheit dar. In den selteneren Fällen handelt es sich um eine gleichgewichtige Zusammenstellung aus zwei Teilen, ein Sowohl-als-auch (*sordomudo* 'sowohl taub als auch stumm' bzw. das eine impliziert das andere; *café-teatro* 'sowohl Café als auch Theater'). In der Mehrzahl der Fälle liegt aber ein Determinationsverhältnis vor, indem ein Element die Basis (das **Determinatum**) bildet, die durch das andere, das **Determinans**, näher bestimmt wird. In *ciudad dormitorio, esposa modelo, salario base* wird stets das erste Element durch das zweite charakterisiert, es handelt sich um eine Art Stadt ('Schlafstadt'), um einen Typ von Gattin bzw. Gehalt. In selteneren Fällen wie *autopista, autoescuela* ist das Determinationsverhältnis umgekehrt. Zur richtigen Analyse empfiehlt sich stets die Frage "Was wird bezeichnet, ein x oder ein y?". Auf historisch bedingte Zweifelsfälle (z. B. bedeutet *bocacalle* 'Straßeneinmündung' eben '(Ein-) Mündung', nicht '(Art) Straße') kann hier nicht eingegangen werden.

Problematisch ist in vielen Fällen die Abgrenzung zwischen Präfigierung und Komposition, wenn nämlich das in Frage kommende Präfix noch mehr oder minder lexikalisch ist und der grammatische Morphemcharakter, der zur Definition des Präfixes gehört, unklar ist. Dieses Problem der Trennung zwischen Lexikon und Grammatik tritt z. B. in Fällen gelehrter Bildungen wie *herbívoro, hipotensión, ultrasonido, vicepresidente, extraterrestre, geografía, ginecólogo* auf. Auffällig bei diesen Komposita ist, dass hier stets die Determinationsrichtung Determinans → Determinatum vorliegt, die nicht die typisch romanische und damit spanische ist. Das nur diachron zu erklärende Phänomen (siehe unten III.4.4.2) beruht auf der Tatsache, dass dieser Bildungstyp auch im Lateinischen aus dem Griechischen übernommen war und so unverändert in die modernen Sprachen tradiert worden ist. Es liegt also gar keine romanische, sondern historische griechische Wortbildung vor, selbst wenn sie mit lateinischen Elementen gestaltet ist, wie z. B. in lat. *agricola* 'Ackerbauer', 'Landwirt'.

4.3 Methodische Vorbemerkungen

Wenn eine Beschäftigung mit den synchronen heutigen Wortbildungsfunktionen angestrebt ist, setzt dies voraus, dass die jeweils behandelten Wortbildungen das Verfahren erkennen lassen, nach dem sie abgeleitet bzw. zusammengesetzt werden. Das heißt zunächst, dass das Grundwort (Basislexem), das der Ableitung zugrundeliegt, ein im Spanischen heute existierendes Lexem sein muss, dass die Ableitung nach einem materiell und inhaltlich erkennbaren, d. h. im Spanischen von heute nachvollziehbaren Verfahren erfolgt ist und dass das abgeleitete Wort (Wortbildungsprodukt) gegenüber seinem Basislexem die inhaltliche Veränderung aufweisen muss, die nach dem bekannten Wortbildungsverfahren zu erwarten ist. Für die Wortzusammensetzung gilt analog dasselbe: Beide Elemente müssen in der Synchronie existieren und auch inhaltlich Grundlage der Komposition sein. Die Grammatikalität der Wortbildung besteht gerade in der Serialität der Prozesse: Wenn die Funktion des Verfahrens (z. B. Ableitung mit dem Suffix -*miento*) bekannt ist, ist die Bedeutung der Ableitung vorhersagbar, auch wenn sie noch nie vorher gebildet worden sein sollte. Man spricht hier auch von der Motiviertheit der Bildung, Gauger nennt dies die **Durchsichtigkeit** (*transparencia*) der Wortbildungsprodukte (siehe GAUGER 1971a). Bei einer – auf der Ebene der Synchronie – funktionierenden Wortbildung "sieht" der Sprecher in seinem Sprachbewusstsein durch das gebildete Wort hindurch das Grundwort, d. h. er versteht es als Basis mit. Das Grundwort hingegen ist immer undurchsichtig (**opak**, *opaco*).

Dies kommt aber viel seltener vor, als man im Allgemeinen glaubt. Tatsächlich besteht für viele scheinbare Ableitungen gar kein spanisches Basislexem, sondern die Ableitung ist z. B. im Lateinischen bzw. nach lateinischem Muster erfolgt und dann als fertiges gelehrtes Produkt ins Spanische übernommen worden. So sind, synchron gesehen, *acción, fracción, agresión, tensión* keine Nomina actionis auf -*ción*/-*sión* und *medieval, feodal, septentrional* keine durchsichtigen Adjektivableitungen auf -*al*, da *medium aevum, feudum* und *septentrio* keine spanischen Wörter sind. Es ist auch eine Frage der Zweckmäßigkeit, ob man angesichts der materiellen Heterogenität des spanischen Wortschatzes für eine Vielzahl von Wörtern jeweils zwei allomorphe Basen annehmen soll (etwa *padre/patern-o; ojo/ocul-ar*, z. B. in *testigo ocular, inspección ocular; transcribir/transcrip-ción* und eventuell sogar *carta/epistol-ar*, z. B. in *estilo epistolar; corazón/cardíac-o*, z. B. in *vena cardíaca, crisis cardíaca; mes/mensu-al, año/anu-al*), um diese heterogenen Wortfamilien für die spanische Wortbildung zu "retten". Die Alternative wäre eine Beschreibung, die diese gelehrten Bildungen aus der synchron funktionierenden Wortbildung herausnähme – obwohl die Ableitungssuffixe weitgehend funktionell sind – und sie als nicht analysierbare Lexeme dem jeweiligen "Grundwort" lexikalisch zuordnen würde nach dem Motto "Das Adjektiv zu *hermano* heißt *fraternal*", z. B. in *amor fraternal*. Die Beschreibung geschähe dann nicht in der Wortbildungslehre, sondern in der Lexikologie (siehe unten III.5.1).

Unter **Lexikalisierung** (*lexicalización*) versteht man dagegen im gleichen Zusammenhang die diachron begründete Tatsache, dass eine Wortbildung in der Sprachentwicklung ihre Motivation (Durchsichtigkeit) verloren hat und nun wie ein einfaches, nicht analysierbares Wort funktioniert. So bedeutet etwa *tenedor* in Bezug auf Personen nicht jeden Halter, also 'jemanden, der etwas hält' (Wortbildungsbedeutung), sondern in der heutigen Norm nur bestimmte 'Inhaber', z. B. in *tenedor(a) de acciones* 'Aktienbesitzer(in)', bei bestimmten Ballspielen den 'Balljungen', in Bezug auf Sachen, genauer Essbestecke, eine 'Gabel', 'die (das Essen) hält' also in allen Fällen etwas sehr viel Spezifischeres, normativ Fixiertes, mit nur noch geringer Beziehung zu einem möglichen Grundwort. Ähnlich ist es bei *alternador*, das nicht jeden oder jedes, was sich abwechselt (**'Abwechsler' als Wortbildungsbedeutung), bedeutet, sondern in der Norm einen Generator für Wechselstrom bezeichnet. In den meisten Verwendungen bedeutet *recrear* nicht – seiner Wortbildungsbedeutung gemäß – 'noch einmal schaffen', wie z. B. *re-leer* (*esa novela de Vargas Llosa*) oder *re-animar* (*a los heridos*), sondern 'amüsieren, unterhalten', also 'neu schaffen' in einem spezifischen Sinn. Wie in vielen Fällen der Abgrenzung zwischen (grammatischem) Funktionieren und Funktionsverlust gibt es auch in der Wortbildung viele "Zwischentöne", d. h. schwächere und stärkere Lexikalisierungen.

Bei der Frage nach der **Produktivität** (*vitalidad*) von Wortbildungsverfahren, etwa bestimmter Suffixe oder Präfixe oder Kompositionstypen, müssen sich synchrone und diachrone Betrachtungsweise ergänzen. So kann man etwa feststellen, dass deverbale Substantivbildungen auf *-ura* (*pintura, abertura, sepultura, rotura/ruptura*) im heutigen Spanisch kaum produktiv sind, wobei schon das Beispiel *abertura* nicht einfach vom Verbalstamm, sondern von der Partizipialform *ab(i)ert-* abgeleitet ist. Produktiv ist dagegen die Ableitung von Adjektiven (*dulzura, frescura, hermosura* usw., siehe auch *RAE* 2009: 427–429). Diachron kann man die Veränderung der Produktivität untersuchen, synchron die jeweilige Funktionalität des Suffixes und seine Produktivität. Dabei zeigt sich im Allgemeinen, dass eine hohe Produktivität mit einer eher geringen Anzahl an Lexikalisierungen einhergeht und umgekehrt. Wenn man Wortbildungen unter dem Gesichtspunkt der Betrachtungsebenen System und Norm behandelt, ergibt sich häufig, dass Wortbildungsverfahren, die im System durch das Funktionieren z. B. eines bestimmten Suffixes mit einer verifizierbaren Wortbildungsbedeutung im Prinzip für alle Wörter der gleichen Wortklasse angelegt sind, in der Norm vielfach blockiert sind, indem die Bildung von den Sprechern einfach nicht akzeptiert wird. So existiert z. B. zu *copa, botella, taza* keine Ableitung **copada* usw. nach dem Muster von *cucharada, cestada*.

Bei einer Betrachtung gerade der Wortbildungs*funktionen* auf der Ebene des Sprachsystems stellt sich das Problem der Anwendung der Unterscheidung zwischen Bedeutung und Bezeichnung (vgl. II.4.5). Vordergründig stellt man zunächst leichter die Bezeichnungsfunktionen einer Wortbildung als deren abstrakte Wortbildungsbedeutung fest. So hat man *cenicero, joyero, petrolero, pesquero* immer schon als Bezeichnung von Behältnissen (Dosen, auch Schiffen) verstanden, *pesquero, panadero* als Berufsbezeichnungen, zum Teil auch beides in einer Ableitung (wie in *joyero* und *pesquero*), und sich nicht klar gemacht, dass die Formulierung der sprachlichen Bedeutung des Suffixes *-ero* – sofern man annimmt, dass es in allen Fällen dieselbe ist – viel abstrakter sein muss als die vielfältigen in der Norm fixierten Bezeichnungsfunktionen. Weiter unten (siehe III.4.4.1.c) wird gezeigt, dass man abstrakte grammatische Funktionen wie die Derivationsfunktion von *-ero/-era* als generisches Kompositum eigentlich nur in einer Formel oder formelhaften Paraphrase angeben kann. Dies wird bis heute jedoch in der Linguistik kaum ernsthaft unternommen.

4.4 Spanische Wortbildung

4.4.1 Die wichtigsten heutigen Wortbildungsfunktionen

Die folgende Beschreibung einiger wichtiger Wortbildungsfunktionen der heutigen Synchronie stellt die Bedeutung der Wortbildungsverfahren und ihrer Ergebnisse auf der Ebene des Systems heraus und muss daher auf eine Auflistung der einzelnen materiellen Verfahren, d. h. vor allem der Suffixe und Präfixe, verzichten. Sie beruht auf der in sich sehr kohärenten Konzeption der "inhaltlichen Wortbildungslehre" Coserius, die zudem den Verhältnissen in den romanischen Sprachen besonders gerecht wird (siehe COSERIU 1978 und 1977). Die materiellen Verfahren der Derivation, Suffigierung und Präfigierung, treten dabei in den Hintergrund, gefragt wird nach der funktionellen Wirkung der Verfahren auf die so gebildeten Wörter, nach dem, was sie über das Basislexem hinaus bedeuten. Dabei werden drei grundsätzliche inhaltliche Verfahren festgestellt.

a) Modifikation

Bei dem ersten, einfachsten Verfahren wird die Wortart (Wortklasse, *pars orationis, clase de palabras*) nicht geändert, sondern das Basislexem wird in einer modifizierten Bedeutung gesehen bzw. dargestellt. Bei der "Modifikation" (*modificación*) wird dem Grundwort im Allgemeinen eine quantifizierende Bestimmung hinzugefügt, d. h. es wird "dasselbe" in einer verkleinerten bzw. vergrößerten Form präsentiert. Dabei ist die Quantifizierung nicht objektiv (wie lexikalisch 'klein', 'groß'), sondern subjektiv-affektiv zu verstehen. In RAE (2009: 627–662) wird sie daher richtig "La derivación apreciativa" genannt:

Diminutiv mit Suffixallomorphen: *pal-o* → *pal-it-o, mujer* → *mujer-cit-a, pobre* → *pobre-cit-o, pedaz-o* → *pedac-ill-o, pez/pec-e-s* → *pec-e-cill-o, plat-a* → *plat-ic-a*. Die Diminutivbildung bedeutet nicht eine objektive, sondern eine subjektive Verkleinerung im Sinne einer affektiv "modifizierten" Präsentation des Gegenstandes. Die Bildungen können daher in der Rede, manche auch üblicherweise, d. h. in der Norm, eine positiv verniedlichende oder auch eine negativ ironische Konnotation haben. Mögliche Intensivierung der Funktion bei Adjektiven und Adverbien:

fresqu-it-o 'ganz schön kühl' ist kühler als *fresco, ahor-it-a* ist noch eine Steigerung von 'jetzt'.

Augmentativ: *hombr-e* → *hombr-ón, culebr-a* → *culebr-ón, animal* → *animal-az-o,* usw. Affektive Vergrößerung kann zu vergröbernden und damit pejorativen Redebedeutungen führen. Vorwiegend pejorativ wirkt das Folgende:

Pejorativ: *libr-o* → *libr-ac-o, hombr-e* → *hombr-ac-o.*

Kollektivbildungen: *manzan-o* → *manzan-al, algarrob-o* → *algarrob-al, cerez-o* → *cerez-al, álam-o* → *alam-eda, sauc-e* → *sauc-eda* neben *sauz-al, mor-al* 'Maulbeerbaum'→ *moraleda* 'Maulbeerbaumpflanzung' (Wortschatzbedeutung).

Annäherung an eine gedachte Qualität (Approximativbildung): *enferm-o* → *enferm-iz-o, roj-o* → *roj-iz-o, poet-a* → *poet-astr-o.*

Iterativum in dadurch expressiver Funktion mit der Suffixkombination *-ote-* + *-ear* (etwa *bailar* → *bailotear, picar* → *picotear, fregar* → *fregotear, pisar* → *pisotear, palmar* → *palmotear,* vgl. auch RAE 2009: 598 f.).

Wiederholung im Sinne einer Verstärkung und Intensivierung (z. B. *realquilar* [*un departamento*], *reactivar* [*el consumo*], *reagravarse* [*la situación*]; *reabsorber* [*el líquido*] 'richtig/vollständig aufsaugen', *reajustar* [*los niveles hormonales*] '[den Hormonspiegel] richtig einstellen', *reagrupar* [*las tropas*] 'neu und dann richtig aufstellen').

Spezifizierung im Sinne einer Richtungsangabe gegeben werden (z. B. *volar* → *sobre-volar, ver* → *pre-ver, selección* → *pre-selección*)

- einer Graduierung (*sensible* → *hipersensible, crítico* → *hipercrítico*)
- einer Opposition (*americano* → *proamericano* – *antiamericano*) oder
- einer Negation (*posible* → *im-posible, legible* → *i-legible, real* → *ir-real*).

b) Transposition bzw. "Entwicklung"

Eine weitere wichtige Wortbildungsfunktion romanischer Sprachen besteht in der "Transposition" (BALLY, in einem allerdings weiteren Sinne) eines Wortes in eine andere Wortklasse. GAUGER (1971b) spricht hier von der "Verschiebung" eines Wortes in eine andere Wortart, während Coseriu bei dem Wortbildungstyp der "Entwicklung" darüber hinausgeht. Bei Coseriu impliziert die "Entwicklung" zwar häufig den Wortklassenwechsel, aber Bildungen wie *hermos-o* → *hermos-ur-a, alt-o* → *alt-ur-a, loc-o* → *loc-ur-a, nobl-e* → *nobl-ez-a, madur-o* → *madur-ez; march-a-r* → *march-a-ø, nacional-iz-a-r* → *nacional-iz-a-ción, acerc-a-r* → *acerc-a-miento* "entwickeln" in erster Linie eine zusätzliche syntaktische Funktion, so z. B. die Prädikativität im Falle von *hermosura* 'el hecho de **ser** hermoso', die in deverbalem *marcha* oder *nacionalización* einfach erhalten bleibt, oder die Attributivität in Fällen wie desubstantivischem *tradición* → *tradicion-al, famili-a* → *famili-ar, honr-a* → *honr-os-o.* Formal liegt bei dem Typ *marchar* → *marcha* eine Bildung mit Nullmorphem vor (vgl. deutsch *fallen* → *Fall*). Die Bedeutungsparaphrase gibt in solchen Fällen meistens klar an, welches das Basislexem und welches das abgeleitete Wort ist. So bedeutet *la marcha* 'el hecho de marchar', impliziert also das Verb als seine semantische Basis, während *marchar* gar nicht in dieser Weise paraphrasiert werden kann. Umgekehrt setzt z. B. *alegrar* das Adjektiv *alegre* voraus, nicht aber umgekehrt *alegre* das Verb *alegrar*, so dass das Adjektiv primär sein muss.

Paraphrasen des Typs 'el hecho de marchar' für *la marcha*, 'el hecho de llegar' bzw. 'el hecho de haber llegado' bzw. 'el momento de llegar', 'el lugar donde se llega' für *la llegada* zeigen, dass außer dem Wortklassenwechsel und der hinzugefügten bzw. bestätigten syntaktischen Funktion noch eine Bezeichnungsfestlegung, z. B. des Resultats, des Zeitpunkts oder des Zeitraums oder auch des Ortes, an dem die Handlung stattfindet (eine sogenannte **Topikalisierung**, *topicalización*) vorliegen kann (siehe hierzu LÜDTKE 1978, 56–58 und passim).

Wie bei der Modifikation muss auch bei der Entwicklung zusätzlich zu dem Gesagten bei jedem Suffix die formale Verwendung, die Produktivität und die spezifische Funktion festgestellt werden. So werden z. B. Ableitungen mit dem Suffix *-ble* nur von Verbstämmen gebildet. Es entstehen dadurch Adjektive, die außer der Attributivfunktion noch die Möglichkeit in der passivischen Diathese implizieren: *comi-ble* 'lo que puede ser comido/lo que se puede comer', *critica-ble* 'lo que puede ser criticado' > 'que merece ser criticado'. Dabei sind viele leichte, aber auch totale Lexikalisierungen festzustellen. Zu Letzteren gehören z. B. *formidable*, *probable*, *miserable* usw., weil sie nicht im Spanischen, sondern im Lateinischen abgeleitet wurden. Sie haben keine spanische Basis. Leicht lexikalisiert sind wohl *amable*, *entrañable* usw., weil die Bedeutung von *amable* zwar auf *amar* bezogen werden kann, aber spezifischer ist als die theoretische Wortbildungsbedeutung 'que puede ser amado'; *entrañable* ist semantisch nicht so sehr auf *entrañar* 'implicar', 'llevar consigo', sondern ebensosehr auf *entrañas* 'Eingeweide' bezogen, 'was zum Innersten gehört (und dies im spezifischen Sinne der Gefühle' (vgl. auch RAE 2009: 554–559).

c) "Generische Komposition"

Die Ergänzung zu den beiden genannten grundlegenden, mit derivationellen Mitteln erfolgenden Wortbildungsverfahren bildet der große Bereich der Komposition. Nach Coseriu besteht die Komposition in den romanischen und ähnlich strukturierten Sprachen nicht nur aus der bekannten lexikalischen Komposition nach der Strukturformel "Kompositum = Lexem 1 + Lexem 2 + implizite Determination", sondern auch aus generischen Komposita, bei denen sich ein Lexem und ein generisches Element verbinden. Das formal als gebundenes Morphem (Suffix) gestaltete Element fungiert inhaltlich als Proform (Substitut, indefinites Pronomen), sei es für Personen ('jemand') oder für Sachen ('etwas'). In den meisten Darstellungen erscheinen diese Wortbildungen als Ableitungen des Typs "Substantiv" → "Substantiv mit der Bedeutung eines Nomen agentis" (*pesc-ar* → *pesc-ador* 'Fischer', *jardín* → *jardin-er-o* 'Gärtner'), eines Nomen loci (*mat-a-r* → *mat-ad-er-o* 'Schlachthof', *ceniz-a* → *cenic-er-o* 'Aschenbecher') oder eines Nomen instrumenti (*regar* → *regadera* 'Gießkanne', *segar* → *segadora* 'Mähmaschine', *andar* → *andador* 'Gehfrei').

Diese scheinbaren Bedeutungsangaben sind aber alle nur Nennungen von Bezeichnungsfixierungen. Schon die Annahme, dass jeweils ein nicht-lexikalisches Wortbildungsmorphem (Suffix) so konkrete Dinge wie 'Maschine', 'Behältnis', 'Ort', 'Beruf' "bedeuten" sollte, entspricht kaum der Natur grammatikähnlicher Bestimmungen. Coseriu schlägt hier vor, solche Suffixe als Ausdruck eines prolexematischen Elements zu verstehen, das je nach Sachbezug für die generischen Klassen 'Person' bzw. 'Sache' stehen kann. Die Bedeutung der Nomina agentis wäre demnach 'jemand, der mit *fischen* zu tun hat' (*Fischer*) bzw. 'jemand, der mit *Garten* zu tun hat' (*Gärtner*), die der genannten Nomina loci 'etwas in Bezug auf habituelles Schlachten' bzw. 'etwas in Bezug auf Asche' und die der Nomina instrumenti 'etwas Aktives in Bezug auf Gießen' bzw. 'etwas Aktives in Bezug auf Mähen' usw.

Unsere Formulierung klingt absichtlich so stereotyp und unkonkret, wie es grammatischen Relations- und Determinationsinhalten entspricht. Die Formulierung "habituelles Schlachten" wurde gewählt, um den im Suffix *-dero* enthaltenen Zug der gewohnheitsmäßigen Tätigkeit, wie er auch in *fumadero, nadadero, urinario* enthalten ist, auszudrücken. Aus der Bedeutung der habituellen Tätigkeit ergibt sich durch die Kenntnis der Sachen die Ortsbezeichnung. 'Etwas Aktives in Bezug auf ...' soll im Gegensatz zu 'etwas in Bezug auf ...' den im Femininum der Suffixe *-(d)era* bzw. *-(d)ora* liegenden Zug der potentiellen Aktivität hinweisen, der die damit bezeichneten Gegenstände als Geräte bzw. Maschinen von den z. B. durch *-(d)ero*- bzw. *-ario*-Bildungen benannten inaktiven Gegenständen unterscheidet. Mit der Bedeutung 'etwas Aktives in Bezug auf Gießen' lässt sich ein Gerät bezeichnen, das generische Kompositum *regadera* bedeutet aber im strengen Sinn weder 'Gerät' noch 'Kanne'; als Personenbezeichnung ist *segadora* ein feminines generisches Kompositum mit der Bedeutung 'jemand/weibl. Person, die mit "Mähen" zu tun hat', d. h. 'Mäherin'. Siehe weitere Details zu diesem Bereich in der Arbeit von B. STAIB (1988).

Nachdem wir die "Entwicklung" und die "generische Komposition" kennengelernt haben, ist es angebracht, noch eine weitere Überlegung anzustellen: Der vielfach gebrauchte Begriff der Substantivierung oder **Nominalisierung** (*nominalización*) ist funktionell unscharf. Er besagt nur, dass aus etwas (Adjektiv, Verb, Nebensatz) ein Nomen wird. Mit der Coseriuschen funktionellen Begrifflichkeit, können wir nun feinere Unterschiede machen: *La caza* ← *cazar* ist eine "Entwicklung", weil semantisch die Verbalität von *cazar* substantivisch gefasst, d. h. in ein Nomen überführt ist. Ebenso ist in *madurez* ← *maduro* die Prädikativität des Reif-Seins "entwickelt". *Pescador* ← *pescar* und *lavadora* ← *lavar* sind generische Komposita, weil sie nicht 'das Fischen', 'das Waschen' bedeuten, sondern sich ein generisches Element mit den verbalen Inhalten verbindet: 'jemand' + 'fischen', 'etwas' + 'waschen'. – Zu den Interpretationsmöglichkeiten der recht komplexen, weil in vielen Bezeichnungsfeldern vorkommenden Bildungen auf *-ada* (*muchachada, vacada, limonada,*

bobada, retirada, llegada, salida) und *-ería* (*caballería, grosería, lechería, mueblería
...*) siehe DIETRICH (1995).

d) Lexematische Komposition

Von der generischen Komposition unterscheidet Coseriu die lexematische Komposition, zu der oben (III.4.2) schon Einiges ausgeführt wurde. Die lexikalischen Komposita aus Nomen + Nomen sind im Spanischen viel seltener als im Deutschen oder Englischen. Dafür stehen andere Typen zur Verfügung, deren Abgrenzung von syntagmatischen Verfahren diskutiert werden muss und diskutiert wird. Zum einen sind dies die präpositionalen Komposita, wie *avión a reacción, máquina de escribir, llave inglesa, perro de caza* oder *mesa de madera,* die sich von syntaktisch freien Fügungen durch ihre Unveränderlichkeit im Determinans unterscheiden: Fügungen wie **avión a fuerte reacción, *perro de muchas cazas, *table de una madera tan rara* würden nicht dasselbe wie das Kompositum bedeuten, da sie nicht dieselbe generische Determination ausdrücken und die Einheit der Wortbildung zerstören. Sie wären keine lexikalischen Einheiten. Diskutiert werden auch Komposita mit **Relationsadjektiven** (*adjetivos de relación*), wie z. B. *llave inglesa, delincuencia juvenil, crisis económica* usw. Diese determinierenden "relationellen" Adjektive unterscheiden sich von Eigenschaftswörtern (*adjetivos calificativos*) dadurch, dass sie als von Substantiven "entwickelte" nur den Bezug zum Basislexem ausdrücken, aber keine Qualität, und daher auch weder prädikativ noch adverbiell als Bestimmung des Verbs noch komparativisch bzw. superlativisch gebraucht werden können. So kann man z. B. mit Bezug auf die o. g. Beispiele nicht sagen: *Esta crisis es económica* oder *La delincuencia es juvenil,* denn gemeint ist *la delincuencia de la juventud.* Adjektive wie *juvenil* zu *juventud* bilden mit dem determinierten Substantiv *einen* Begriff und werden daher als zusammengesetztes Wort, als Lexie aufgefasst.

e) Der Kompositionstyp *lavaplatos*

Besonders produktiv ist im Spanischen wie in anderen romanischen Sprachen die Komposition aus verbalem Element + Nomen (*abrelatas, sacacorchos, limpiabotas, cuentapasos, tocadiscos, lavaplatos* usw.). Die Natur des verbalen Elements hat der Interpretation große Mühen bereitet, zumal das damit verbundene Nomen dessen syntaktische Ergänzung (*complemento de objeto directo*) zu sein scheint. So hat man darin teils einen Imperativ gesehen (*¡abre las latas!*), teils ein reines Verbalthema (*abr-e* für *abrir* (*las latas*)), teils eine 3. P. Sg. Präs. Akt. *abre* (*las latas*), *cuenta* (*los pasos*). Von daher liegt es nicht fern, wenn man immer wieder an syntaktische Strukturen in Wortbildungsprozessen gedacht hat. COSERIU (1977) nimmt jedoch im verbalen Element ein mit Nullmorphem gebildetes generisches Kompositum an, wobei -ø dieselbe Funktion wie etwa *-dor* hätte (*cuent-a-ø-pasos* 'contador de pasos'; *abr-e-ø-latas*). Wie auch in anderen Fällen von Komposition sind damit syntaktische Funktionen ausgeschlossen: *latas* ist nicht das Objekt von *abrir*, da gar nicht *abrir* als Verb vorliegt, sondern ein davon abgeleitetes generisches Kompositum, also ein Nomen mit der Bedeutung 'abridor' bzw. 'contador' bei *cuentapasos*.

Anregungen

1. Untersuchen Sie die verschiedenen Redebedeutungen der mit *re-* präfigierten Verben und diskutieren Sie mit dem/der Seminarleiter(in) die Möglichkeiten einer Systematisierung. Ergeben sich auf Systemebene ein oder mehrere Präfixe *re-*?
2. Suchen Sie in spanischsprachigen Zeitungen oder Zeitschriften Beispiele für Nominalkomposita.
3. Diskutieren Sie im Seminar den Status von *bio-, geo-, tele-, macro-, micro-, meta-, semi-* (Präfix oder eher lexikalisches Kompositionselement?).

Literaturhinweise

Zur Coseriuschen Theorie:

COSERIU, Eugenio, "Die lexematischen Strukturen", in: GECKELER, Horst (Hrsg.) (1978), *Strukturelle Bedeutungslehre*, Darmstadt: 254–273.

COSERIU, Eugenio (1977), "Inhaltliche Wortbildungslehre (am Beispiel des Typs 'coupe-papier')", in: BREKLE, H. E./KASTOVSKY, D. (Hrsg.), *Perspektiven der Wortbildungsforschung*, Bonn, 48–61.

DIETRICH, Wolf (1994), "Grundfragen einer funktionellen Wortbildungslehre, dargestellt am Beispiel der -ATA- und -ARIA-Bildungen im Französischen und Spanischen", *Münstersches Logbuch zur Linguistik* 5 (*Wortbildungslehre*), 93–111.

LACA, Brenda (1986), *Die Wortbildung als Grammatik des Wortschatzes. Untersuchungen zur spanischen Subjektnominalisierung*, Tübingen.

LÜDTKE, Jens (1978), *Prädikative Nominalisierungen mit Suffixen im Französischen, Katalanischen und Spanischen*, Tübingen.

STAIB, Bruno (1988), *Generische Komposita. Funktionelle Untersuchungen zum Französischen und Spanischen*, Tübingen.

Weitere Arbeiten:

ALMELA PÉREZ, Ramón (1999), *Procedimientos de formación de palabras en español*, Barcelona.

BUSTOS GISBERT, Eugenio de (1986), *La composición nominal en español*, Salamanca.

ETTINGER, Stefan (1974), *Diminutiv- und Augmentativbildung: Regeln und Restriktionen*, Tübingen (behandelt verschiedene romanische Sprachen).

FERNÁNDEZ RAMÍREZ, Salvador (1986), *La derivación nominal*, Madrid.

GAUGER, Hans-Martin (1971a) *Durchsichtige Wörter. Zur Theorie der Wortbildung*, Heidelberg.

GAUGER, Hans-Martin (1971b), *Untersuchungen zur spanischen und französischen Wortbildung*, Heidelberg.

LANG, Mervyn Francis (³2002), *Formación de palabras en español*, Madrid.

LÜDTKE, Jens (2005), *Romanische Wortbildung. Inhaltlich – diachronisch – synchronisch*, Tübingen.

MIRANDA, Alberto J. (1994), *La formación de palabras en español*, Salamanca.

PENA, Jesús (1980), *La derivación en español. Verbos derivados y sustantivos verbales*, Santiago de Compostela.

RAE = Real Academia Española (2009), *Nueva gramática de la lengua española*, vol. I: *Morfología, Sintaxis I*, Madrid, 337–788.

RAINER, Franz (1993), *Spanische Wortbildungslehre*, Tübingen.

VARELA ORTEGA, Soledad (2005), *Morfología léxica: La formación de palabras*, Madrid.

4.4.2 Zur diachronen spanischen Wortbildungslehre

In der diachronen Perspektive werden Herkunft und Entwicklung der Verfahren und Elemente der Wortbildung durch die Jahrhunderte hindurch untersucht. Hier kann man neben Lexikalisierungen, d. h. Entgrammatikalisierungen, auch Grammatikalisierungen, d. h. das Entstehen und Sich-Verbreiten neuer Suffixe und Präfixe, sowie Funktionsverschiebungen feststellen. Darauf gehen wir hier jedoch nicht ein, weil die Behandlung dieses – ohnehin wenig untersuchten – Bereichs über den Rahmen einer "Einführung" hinausgehen würde.

Literaturhinweise

DWORKIN, Steven N. (1985), *Etymology and Derivational Morphology: The Genesis of Old Spanish Denominal Adjectives in* -ido, Tübingen.

GONZÁLEZ OLLÉ, Fernando (1962), *Los sufijos diminutivos en castellano medieval*, Madrid.

LÜDTKE, Jens (2005), *Romanische Wortbildung. Inhaltlich – diachronisch – synchronisch*, Tübingen.

NÁÑEZ FERNÁNDEZ, Emilio (1973), *El diminutivo. Historia y funciones en el español clásico y moderno*, Madrid.

Zusammenfassung

Die Wortbildunglehre stellt im Aufbau der Sprachen nach der in diesem Band vertretenen Auffassung einen eigenen Bereich dar, der weder einfach unter "Morphologie" (wie es häufig geschieht) noch unter "Syntax" (wie es auch manchmal geschieht) subsumierbar ist. In der Derivation (Suffigierung und Präfigierung) gehört die Wortbildung eindeutig zur Morphologie (derivationelle versus flexionelle Morphologie), in der Kompositon zum Bereich der nominalen Determination, also im weiteren Sinne zur Syntax. Das Wesentliche und Eigenständige sind aber die Verfahren zur Bildung neuer Wörter von einem existierenden Grundwort aus. Als funktionierende Verfahren sind die Wortbildungsprozesse synchrone grammatische Verfahren, deren Resultate Eingang in den Wortschatz finden, während sich die Grammatik außerhalb der Wortbildung auf grammatische Kategorien in einem Wort bezieht. Resultate früherer

Wortbildungen, deren Beziehung zum Grundwort nicht mehr erkennbar ist, scheiden als Lexikalisierungen aus der synchronen Wortbildung aus. Ebenso sind Konversionen keine Wortbildungen, da sie keinem morphologischen Verfahren entsprechen.

Die in diesem Band vorgestellte inhaltliche Wortbildungstheorie Coserius versteht sich als eine Grammatik innerhalb des Wortschatzes. Sie nimmt grundsätzlich drei inhaltliche Wortbildungsverfahren an, Modifikation, Entwicklung und Komposition. "Modifikation" bedeutet eine Modifizierung des lexikalischen Inhalts unter Beibehaltung der Wortart. Bei der "Entwicklung" wird eine syntaktische Funktion hinzugefügt (im Wort "entwickelt"), meist unter Änderung der Wortart. Sie geht also nicht wie die traditionellen Beschreibungen von einem Morphem (Suffix oder Präfix) aus, sondern untersucht die Funktion, die die Ableitung gegenüber der Basis hat. Bei der Komposition sind jedoch zwei Arten zu unterscheiden: die generische Komposition wird zwar auch derivationell gestaltet (mit Suffixen), bedeutet aber weder die Modifizierung eines Grundwortes in der gleichen Wortart noch die Entwicklung einer syntaktischen Funktion im Grundwort, sondern die Komposition eines Lexems mit einem generischen Element, das einem Agens entspricht ('jemand', 'etwas'). So werden die traditionellen Nomina agentis, loci, instrumenti usw. kohärent eingeordnet. Bei der lexematischen Komposition ist demgegenüber das Determinationsverhältnis zwischen beiden Lexemen zu untersuchen und die Komposition gegenüber der freien Syntax abzugrenzen.

5. Lexikologie und Semantik

5.1 Lexikologie

Die **Lexikologie** ist der Zweig der Sprachwissenschaft, der sich mit der materiellen und inhaltlichen Erforschung und Beschreibung des Lexikons – d. h. des Wortschatzes – einer oder mehrerer Sprachen befasst. Die Lexikologie kann synchron oder diachron ausgerichtet sein. Im Folgenden liegt der Schwerpunkt auf der Synchronie.

> Unter Lexikon ist die Gesamtheit der Wörter einer Sprache zu verstehen, die der unmittelbaren Gestaltung der außersprachlichen Wirklichkeit entsprechen. Zum Lexikon in diesem Sinne gehören also nicht alle "Wörter" einer Sprache, sondern nur diejenigen, die in dieser Sprache für die gemeinte außersprachliche Wirklichkeit selbst stehen. [...] Nur die Lexemwörter gehören mit vollem Recht zum Lexikon und somit zum Gegenstand der Lexikologie. (COSERIU 1972: 80)

Die Lexemwörter gehören den Wortarten Substantiv, Verb, Adjektiv an, z. B. *piedra, vivir, nuevo*. Andere Wortarten (Wortklassen) wie Pronomen und grammatische Instrumentalwörter (Präpositionen, Konjunktionen) sind nicht lexikalisch. Die Stellung des Adverbs ist in diesem Zusammenhang sehr umstritten. Traditionell gilt das Adverb als eigene Wortart. Man kann darin aber auch lediglich eine grammatische Form des Adjektivs sehen, wie die Elativform auf -*ísimo* auch eine ist. Zur Theorie der Wortarten und Wortklassen siehe Coseriu (1967b).

5.2 Semantik – synchron

Als eine Teildisziplin der Lexikologie kann die **Semantik** (im Sinne der Wortsemantik) betrachtet werden.

Mit dem Terminus **Semantik** (dt. auch **Bedeutungslehre**) bezeichnen wir den Zweig der Sprachwissenschaft, der sich ausschließlich mit der Bedeutung der Lexemwörter – d. h. mit der lexikalischen Bedeutung – beschäftigt, wobei man unter "lexikalischer Bedeutung" das "*Was* der Erfassung" (Coseriu) der außersprachlichen Wirklichkeit zu verstehen hat.

Neben dieser geläufigen engen Auffassung von "Semantik" existiert auch eine weiterreichende Verwendung dieses Terminus (v. a. des Adjektivs **semantisch**):

> Die Semantik ist im weitesten Sinne die Untersuchung der sprachlichen Inhalte, d. h. der semantischen Seite der Sprache. Da nun die ganze Sprache per definitionem "semantisch" ist, so hat die Semantik in diesem Sinne die ganze Sprache als ihr Objekt. (Coseriu 1972: 81)

Wie schon oben (II.3.3–5) beschrieben, ist die in der Semantik untersuchte Bedeutung der Lexeme, im weiteren Sinne aber auch der grammatischen und syntaktischen Funktionen, die innersprachliche **Bedeutung** (*significado*) der jeweiligen Einheiten. Diese kann auf der Ebene des Systems (Systembedeutung), der Norm (Normbedeutung) und der Rede (Redebedeutung) beobachtet werden (vgl. auch oben III.3.1.3.a). Ihr steht die außersprachliche **Bezeichnung** der Dinge oder Begriffe (*designación*), die mittels der sprachlichen Zeichen geschieht, gegenüber. Diese Unterscheidung wird in vielen Bereichen der modernen Linguistik, so in der weitverbreiteten Generativen Grammatik und auch in der Generativen Semantik vernachlässigt, indem mit "Bedeutung" – nach engl. *meaning* – das Gemeinte, d. h. der durch eine Äußerung ausgedrückte außersprachliche Sachverhalt bezeichnet und eine innersprachliche Bedeutung, wie wir sie hier annehmen, ignoriert wird. In der europäischen linguistischen Tradition gibt es daher auch keinen methodischen Gegensatz zwischen Syntax (als dem Verhältnis der sprachlichen Zeichen zueinander) und Semantik (als dem Verhältnis der Zeichen zu den Dingen), denn alle Ebenen der Sprache, außer der Phonologie, sind semantisch bestimmt, weil sie sprachliche Inhalte tragen. Selbst die Phonologie ist insofern semantisch bestimmt, als sie auf inhaltsunterscheidenden Prinzipien beruht. Sie "transportiert" keine Bedeutungen, aber sie ist die Grundlage von unterschiedlichen Zeichen mit verschiedener Bedeutung. Auch die Syntax ist nach dieser Tradition semantisch geprägt (siehe die Satzfunktionen wie Subjekt, Objekt usw. oder die Funktion des persönlichen Objekts oder der Nachstellung des attributiven Adjektivs im Spanischen). Daher kann es nach dieser Auffassung auch keine semantikunabhängige Syntax geben.

Nun aber wieder zur lexikalischen Semantik und ihrer Terminologie:

Zur Terminologie: Bevor der Terminus **Semantik** 1883 von dem französischen Sprachwissenschaftler M. Bréal in die Linguistik eingeführt wurde und dann vor allem seit der Mitte des 20. Jahrhunderts international zur gängigen Bezeichnung der Disziplin geworden ist, existierten bereits der deutsche Terminus Bedeutungslehre sowie die Bezeichnung **Semasiologie**, die vor 1829 von dem Altphilologen Ch. K. Reisig gebraucht wurde und bis in unsere Tage immer wieder in diesem weiten Sinne Verwendung findet.

Über die Abgrenzung der linguistischen Semantik von der Semantik der Logiker und der "General Semantics" und über die Unterscheidung von "Wortsemantik" und "Satzsemantik" orientiert knapp GECKELER (1973: 1–2, 11).

Semasiologie und *Semantik* dürfen nicht mit den ähnlich lautenden Termini **Semiologie** und **Semiotik** verwechselt werden, welche die Lehre oder Theorie von den Zeichen allgemein bezeichnen.

5.2.1 Zum Verhältnis von Wortschatz (Lexik) und Grammatik

Manche Linguisten sehen einen wichtigen Unterschied zwischen diesen beiden Ebenen darin, dass die Einheiten der Grammatik eine **geschlossene** Liste darstellen. Kurz- und mittelfristig verändert sich beispielsweise die Zahl der Artikel, die Zahl der grammatischen Genera oder die der Tempora und der Modi in einer Sprache nicht, während die Wortschatzelemente ein **offenes** Inventar bilden, das einem ständigen Wandel unterliegt – bedingt etwa durch die sich dauernd ändernden Bezeichnungsnotwendigkeiten. Die grammatischen Einheiten einer Sprache existieren in sehr begrenzter Zahl, sind exhaustiv aufzählbar, kommen in den (gesprochenen und geschriebenen) Texten jedoch sehr häufig vor, da sie sich oft wiederholen. Die lexikalischen Einheiten einer Sprache gehen hingegen in die Hunderttausend, sind nicht exhaustiv aufzählbar und haben eine viel niedrigere Frequenz als die grammatischen Elemente, wenn man von einigen "Allerweltsverben" absieht. Die Grammatik weist im Gegensatz zum Wortschatz eine relativ große materielle Regelmäßigkeit und starke Rekurrenz auf. Während es in der Grammatik um relativ abstrakte Funktionen und Relationen geht, stellt der Wortschatz die letzte sprachliche Schicht vor dem Übergang zur außersprachlichen Wirklichkeit, d. h. zu den 'Sachen' selbst, dar. Veränderungen in der Realität wirken sich im Sprachlichen zuerst im lexikalischen Bereich (offenes Inventar!) aus. Viel mehr als die Grammatik oder gar der Lautstand einer Sprache weist der Wortschatz auf die geistig-kulturellen und die politisch-sozial-ökonomischen Verhältnisse einer Sprachgemeinschaft hin.

Wir haben auch bereits erwähnt, dass die Elemente bzw. Einheiten des Wortschatzes **Lexem** oder **lexikalische Einheit** genannt werden. Manche Autoren gebrauchen dafür auch den Ausdruck **Semantem**.

5.2.2 Semasiologie – Onomasiologie

Bei dieser Unterscheidung handelt es sich um zwei verschiedene Fragestellungen innerhalb der Semantik. Die **Semasiologie** im engen Sinne geht von einem *signifiant* (*significante*, Lautkörper) aus und untersucht dessen *signifié* (*significado*, Bedeutung). Im Allgemeinen analysiert man zunächst die Normbedeutungen in ihrer Vielfalt ("semasiologisches Feld", Baldinger) und eventuell ihre Veränderungen (Bedeutungswandel) und versucht dann in einem weiteren Schritt die abstraktere Systembedeutung zu ermitteln. Die **Onomasiologie** (der Terminus wurde 1902 von A. Zauner eingeführt) dagegen geht von einem *signifié* oder einem Begriff (in der Praxis sogar z.T. von einer Sache der außersprachlichen Wirklichkeit) aus und fragt nach den verschiedenen *signifiants* ("onomasiologisches Feld"), die den betreffenden Inhalt 'bezeichnen' können (in diachronischer Perspektive: Bezeichnungswandel).

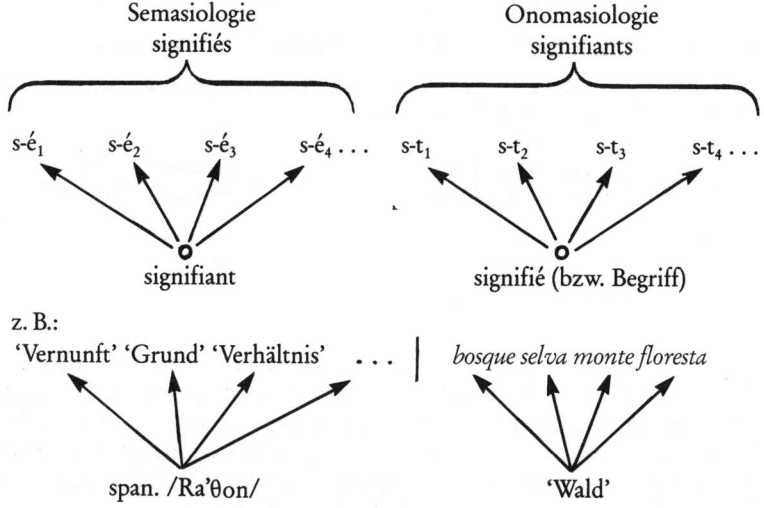

5.2.3 Strukturen des Wortschatzes

a) Zunächst einmal kann festgestellt werden, dass der Wortschatz einer Sprache **einfache** Lexeme und **komplexe** Lexeme enthält, z.B. span. *arpa, rápido, arena, estilo, cortar* gegenüber *arpista, rapidez, arenoso, estilizar, cortapuros*; die komplexen Lexeme werden durch die Verfahren der Wortbildung erzeugt und dann dem Wortschatz zugeführt. In der strukturell-funktionellen Semantik von Coseriu entspricht die obige Unterscheidung der zwischen **primären** und **sekundären** paradigmatischen lexematischen Strukturen.

b) **Homonyme** nennt man Lexeme mit zufällig gleichlautendem *signifiant*, aber völlig verschiedenen, nicht zusammenhängenden *signifiés*, und daher ohne semantischen Zusammenhang. Homonyme stellen keine Inhaltsrelationen wie die weiter unten in diesem Abschnitt unter c) abgehandelten Beziehungen (Synonyme, Hypo- und Hyperonyme, Antonyme und Polyseme) dar und gehören insofern eigentlich gar nicht zur Semantik. Wohl aber sind sie methodisch zur lexikalischen Beschreibung, insbesondere zur Abgrenzung der polysemen von homonymen Wörtern wichtig (siehe unter III.5.2.4.e). Spanische Homonyme sind z.B.

span. /'ʎama/   /'ʎama/   /Re'al/   /Re'al/   /'kanto/   /'kanto/
'Flamme' 'Lama' 'wirklich' 'königlich' 'Gesang' 'Ecke, Kante'

In *seseo*-Gebieten kommen noch hinzu:

/ka'saR/   /ka'saR/   /ko'seR/   /ko'seR/   /insi'piente/   /insi'piente/

| | | | | | |

'casar'   'cazar'   'cocer'   'coser'   'incipiente'   'insipiente'

Als Homonyme in einem weitgefassten Sinne (unterschiedliches Genus, andere Wortart) werden auch Fälle betrachtet wie

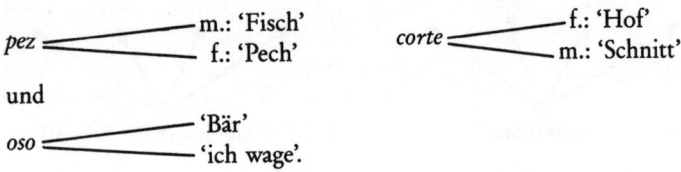

pez — m.: 'Fisch'
    — f.: 'Pech'

corte — f.: 'Hof'
     — m.: 'Schnitt'

und

oso — 'Bär'
    — 'ich wage'.

Je nach dem Medium, in dem der *signifiant* realisiert wird, unterscheidet man innerhalb der Homonyme zusätzlich **Homophone** (Wörter gleicher Lautung) und **Homographe** (Wörter gleichen Schriftbildes). So sind z.B. *barón* und *varón*, *baca* und *vaca*, *binario* und *vinario*, *hojear* und *ojear*, *rebelarse* und *revelarse* Homophone, aber keine Homographe. Die umgekehrte Konstellation – homograph, aber nicht homophon – existiert im Spanischen nicht. Vgl. dagegen

frz. (les) *fils* — /fis/ 'Söhne'
        — /fil/ 'Fäden'

ital. *pesca* — /ɛ/ 'Pfirsich'
          — /e/ 'Fischfang'

ital. *rocca* — /ɔ/ 'Burg'
          — /o/ 'Spinnrocken',

denn Fälle wie *sábana/sabana*, *término/termino/terminó* sind immerhin durch den graphischen Akzent im Schriftbild differenziert. Die obigen Beispiele *real*, *llama* (das übrigens noch weitere Homonymien mit den Verbformen *llama* aufweist) usw. sind sowohl Homophone als auch Homographe.

5.2.4 Inhaltsrelationen

Einen ausschließlich semantisch fundierten Strukturierungsansatz des Wortschatzes stellen die **Inhaltsrelationen** dar, die im Mittelpunkt der strukturellen Semantik v. a. von Lyons stehen (vgl. LYONS 1968: 443–470 und LYONS 1977: I, 270–301; CASAS GÓMEZ 1999). Es handelt sich um folgende semantische Relationen, die zwischen Lexemen bestehen können. Unsere Erklärungen sind nicht immer die von Lyons angeführten (siehe auch HUALDE et al. ²2010: 340–362):

a) **Synonymie:** Unter "Synonymie" versteht man in einem älteren, strikten Sinne "Bedeutungsgleichheit" (von Wörtern), in einem weiteren und realistischeren Verständnis dagegen bedeutet Synonymie "Bedeutungsähnlichkeit". Totale Synonymie scheint im Wortschatz unserer Sprachen nicht zu existieren, nicht einmal in konkurrierenden Fachterminologien (vgl. *Hauptwort – Substantiv, Sprachwissenschaft – Linguistik*). Hier beziehen sich die Lexeme zwar auf dieselbe außersprachliche Realität, präsentieren sie aber von einer unterschiedlichen Warte aus. Man sagt, sie haben dasselbe **Denotat** (*denotación*), aber unterschiedliche **Konnotationen** (*conotaciones*), indem die Fremdwörter die Konnotation 'fachwissenschaftlich (und damit international gültig)', die deutschen Wörter die Konnotation 'traditionell', 'populärwissenschaftlich' haben. Die Konnotationen sind aber abhängig vom individuellen Sprecher bzw. vom Kontext. Für die Annahme totaler Synonymie müssten nun aber Denotat und übliche Konnotationen übereinstimmen. Dies dürfte kaum jemals gegeben sein. Die Psychologie der Sprecher ist darauf gerichtet, Wörter mit zunächst fast gleicher Bedeutung mit der Zeit in irgendeiner ihnen nützlichen Weise zu differenzieren, sei es nur konnotativ, sei es primär denotativ. Beispiele für Synonyme ("bedeutungsähnliche Wörter") sind: *hermoso – bello – bonito – lindo – guapo* u. a.; *viejo – anciano – antiguo – añejo – añoso* u. a.; *lucha – pelea – combate – batalla* u. a.; *destruir – aniquilar – devastar – demoler – destrozar* u. a. Vgl. auch GECKELER (³1982: 234–238, mit weiterer Literatur).

b) **Hyponymie:** wird als "Inklusion" oder "einseitige Implikation" bestimmt, d. h. es handelt sich um das hierarchische Verhältnis von untergeordneten Inhalten zu einem übergeordneten Inhalt, z. B.

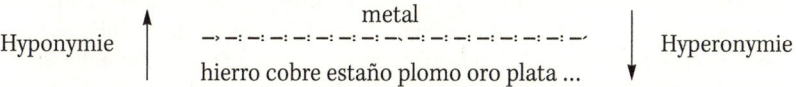

Hyponymie ↑   metal   ↓ Hyperonymie
—→ —: —: —: —: —: —: —: ∖ —: —: —: —: —: —: ∕
hierro cobre estaño plomo oro plata …

'hierro', 'cobre', … sind Hyponyme von 'metal'; 'hierro', 'cobre', … sind untereinander Ko-Hyponyme; 'metal' ist dagegen das Hyperonym zu all diesen Metallbezeichnungen.

c) **Inkompatibilität:** wird von Lyons nach dem Kriterium des kontradiktorischen Verhältnisses zwischen Sätzen definiert. So bilden etwa die Farbadjektive einen Verband von inkompatiblen Lexemen, z. B. *rojo, amarillo, azul, verde* u. a., denn z. B.

kann von demselben einfarbigen Schiff nicht gleichzeitig gesagt werden: *esta nave es roja, esta nave es azul, esta nave es verde*, wohingegen beispielsweise Farb- und Dimensionsadjektive zwar inhaltsverschieden, aber kompatibel sind, vgl. etwa *esta nave larga es roja*. Die Inkompatibilität muss von der bloßen Inhaltsverschiedenheit abgehoben werden.

d) **Antonymie i. w. S.** ("oppositeness' of meaning", Lyons): Etwas vereinfachend kann man drei Untertypen unterscheiden:

1) **Komplementarität**: wird nach dem Prinzip der Logik des "tertium non datur" (kontradiktorischer Gegensatz) definiert; Beispiele: *vida – muerte, macho – hembra, presente – ausente*.

2) **Antonymie i. e. S.**: entspricht dem Prinzip der Logik des "tertium datur" (konträrer Gegensatz); die Antonyme i. e. S. werden durch Graduierbarkeit und Polarität bestimmt, z. B. *joven – viejo, pequeño – grande, largo – corto, bueno – malo, bonito – feo*. So ist es also möglich zu sagen: *la chica es muy fea; la mujer de mi amigo es más joven que la de mi colega*, während die Steigerung von Adjektiven, die der Inhaltsrelation 'Komplementarität' angehören, nicht möglich ist (höchstens in übertragener Bedeutung).

3) **Konversion**: Die Inhaltsrelation Konversion besteht zwischen Paaren von Lexemen, die "sozusagen dieselbe Beziehung von zwei verschiedenen Bezugspunkten her bezeichnen" (siehe SCHWARZE 1975: 81), z. B. *comprar – vender, preceder – seguir; médico – paciente, maestro – discípulo*.

e) **Polysemie**: Unter Polysemie versteht man die Natur der sprachlichen Zeichen, vieldeutig zu sein (gr. *poly-* 'viel' – *sēmasía* 'Bedeutung'). Die auf der Ebene des Systems anzunehmende Grundbedeutung eines Lexems kommt in der Wirklichkeit, d. h. im Rahmen einer auf eine bestimmte Situation bezogenen Äußerung (Ebene der Rede) praktisch nicht vor, sondern es werden immer nur einzelne Aspekte der Grundbedeutung realisiert. Dabei nutzen wir die Natur des menschlichen Sprechens, unsere einfachen Konzepte – wie z. B. die Körperteilbezeichnungen 'Kopf' oder 'Fuß' – in vielfacher Weise bildlich (metaphorisch, siehe Beispiele anschließend). Je weiter die Grundbedeutung ist – oder von den Sprechern im Laufe der Sprachentwicklung gedeutet wird –, desto mehr metaphorische Umdeutungen des Wortes gibt es und desto vielfältiger sind die Sachbereiche, in denen es verwendet wird. So lange die Sprecher noch einen Zusammenhang zwischen den verschiedenen Anwendungsbereichen sehen, so lange empfinden sie das polyseme Wort als *ein* Wort. Sobald sie keine Zusammenhänge mehr spüren, hat sich das polyseme in zwei Homonyme – eben mit gleichem *signifiant*, aber völlig verschiedenen *signifiés* aufgespalten. Wie immer in solchen Fällen, ist nicht eine klare und immer für alle Sprachteilnehmer eindeutige Zuordnung gegeben. Die Einschätzungen wandeln sich mit der Zeit (Diachronie) und können von Individuum zu Individuum verschieden sein.

Die Polysemie besteht also nicht, wie man früher oft angenommen hat, darin, dass ein *signifiant* mehrere *signifiés* hat – eine solche Annahme verträgt sich auch nicht mit Saussures Zeichenmodell –, sondern darin, dass sich eine Systembedeutung in mehreren Normbedeutungen (span. *acepciones*) manifestiert. Dies kann dadurch bedingt sein, dass der *signifié* in unterschiedlichen Sachbereichen, z. B. *operación* in den Bereichen Chirurgie, Mathematik, Militär, sonstige planmäßige Unternehmung, oder metaphorisch verwendet wird. Während also Homonyme völlig verschiedene Wörter sind, handelt es sich bei Polysemie um *ein* Wort, das mehrere, zusammenhängende Norm- bzw. Redebedeutungen haben kann, z. B. *cabeza* mit der Grundbedeutung 'Kopf' und übertragenen Normbedeutungen in *cabeza de una montaña, cabeza de un clavo, cabeza de puente, cabeza de casa* u. a. oder *brazo* mit der Grundbedeutung 'Arm' und den übertragenen Normbedeutungen in *los brazos de un sillón, los brazos de una balanza, un candelabro de siete brazos, un brazo de río* u. a. In einem Beispiel wie *tomar un libro, tomar una ciudad, tomar el tren, tomar una decisión* usw. beruht die Polysemie z. T. auf metaphorischen Bedeutungen, z. T. handelt es sich einfach um kontextuelle Bedeutungen (Redebedeutungen) von *tomar*.

Polysemie ist keine Besonderheit einiger weniger Lexeme, sondern ist mehr oder weniger stark bei allen Lexemen anzunehmen. Von grammatischen Morphemen ist Polysemie ohnehin grundsätzlich anzunehmen (vgl. oben III.3.1.3.c) die Normbedeutungen des spanischen Imperfekts). Sie ist kein Mangel der Sprache, sondern gehört zum Wesen des sprachlichen Zeichens, das ja nicht Teil einer Nomenklatur ist, d. h. keine 1:1-Beziehung zwischen Sache und Sprache herstellt (siehe auch II.4.5).

5.2.5 Strukturelle Semantik

Eine globale Strukturform des Wortschatzes ist das **Wortfeld** (*campo léxico* oder *campo semántico*). Wortfelder sind lexikalische Strukturen, die als Mikrosysteme zumindest Teile des Wortschatzes semantisch gliedern. Sie decken einen größeren oder kleineren Ausschnitt des Wortschatzes ab und strukturieren ihn semantisch; die Feldglieder gehören einer bestimmten Wortart (*pars orationis, clase de palabras*) an, z. B. das Feld der Verwandtschaftsbezeichnungen (Substantive), der Fortbewegungsverben, der Farbadjektive (vgl. GROSSMANN 1988) oder der Temperaturadjektive (vereinfacht):

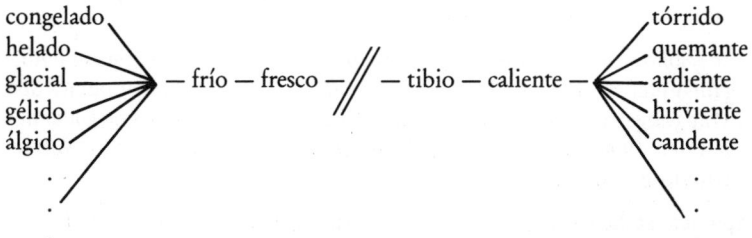

Nachstehend führen wir die zutreffendste uns bekannte Definition aus der strukturellen Semantik an:

> Ein *Wortfeld* ist in struktureller Hinsicht ein lexikalisches Paradigma, das durch die Aufteilung eines lexikalischen Inhaltskontinuums unter verschiedene in der Sprache als Wörter gegebene Einheiten entsteht, die durch einfache inhaltsunterscheidende Züge in unmittelbarer Opposition zueinander stehen (COSERIU 1967a: 294).

Die Wortfeldtheorie ist Grundlage der von COSERIU (1966, 1967, 1968, 1972) begründeten und von GECKELER (1978, ³1982, ²1984) ausgebauten strukturellen Semantik der sog. Tübinger Schule. Ihre Grundlagen sind derjenigen der Phonologie der Prager Schule sehr ähnlich. Diese nimmt, wie wir gesehen haben, an, dass die Phoneme einer Sprache Strukturen bilden, innerhalb derer sich die einzelnen Phoneme oppositiv gegenüberstehen und sich jeweils nur durch ein unterscheidendes Merkmal von ihrem artikulatorischen und damit strukturellen Nachbarn unterscheiden. Ebenso geht die strukturelle Semantik davon aus, dass sich die Lexeme innerhalb eines Wortfeldes im Sprachsystem durch einfache inhaltsunterscheidende Züge (**Seme,** *(los) semas*) voneinander unterscheiden und zueinander in Opposition stehen. Das heißt, dass sie wie die Phoneme paradigmatische Strukturen bilden. Innerhalb eines ausgedehnten Wortfeldes wie dem der spanischen Altersadjektive (GECKELER ²1984: 330–350) oder dem der spanischen Adjektive der intellektuellen Einschätzung (*inteligente, astuto – tonto, estúpido* usw., vgl. TRUJILLO 1970) sind verschiedene weitere Unterscheidungen zu treffen, etwa in Dimensionen (z. B. 'Eigenalter', z. B. *un hombre viejo, una mujer anciana* versus 'zeitliche Einordnung', z. B. *un viejo amigo, mi antiguo colega*) und in Mikrosysteme, z. B. bei den Fortbewegungsverben in 'ungerichtete Fortbewegung', z. B. *circular, caminar, pasear, volar, nadar* usw., versus 'gerichtete Fortbewegung', z. B. *avanzar, retroceder, partir, llegar, salir, entrar* usw., und innerhalb der genannten Unterfelder die Mikrofelder 'auf festem Untergrund', z. B. *circular, caminar, marchar,* oder 'vom Sprecher aus nach vorn bzw. hinten', z. B. *avanzar, retroceder,* 'hin- bzw. weggerichtet', z. B. *ir, venir* usw.,' gerichtet mit Ausgangs- bzw. Zielpunkt', *partir, llegar,* usw. In vielen Fällen sind auch Klasseme wie 'personenbezogen', 'auf Lebewesen bezogen', 'auf Nicht-Belebtes bezogen' bedeutungsunterscheidend. Wie man sieht, gehen in ein Wortfeld Synonyme und Antonyme ein, wobei Hypero- und Hyponyme innerhalb verschiedener Unterfelder auftreten können. Polyseme bilden per definitionem als solche keine Strukturen, sind sie doch auf der Ebene der Norm angesiedelt, während Wortfelder gerade systemhafte Strukturen bilden.

Ein ungeklärtes Problem bleibt bis heute die praktische und theoretische Abgrenzung mehrerer Wortfelder zueinander wie auch die Frage, ob Felder nur als diskret, d. h. völlig abgetrennt voneinander, oder nicht auch sich überlappend gedacht werden können. Ungeklärt ist auch die Frage, ob man sich den gesamten Wortschatz als strukturiert vorzustellen hat.

In Spanien ist die strukturelle Semantik in den siebziger und achtziger Jahren des vorigen Jahrhunderts gut rezipiert worden. Auf folgende nach strukturellen Prinzipien erarbeitete Untersuchungen aus der Schule von G. Salvador soll besonders hingewiesen werden:

TRUJILLO, Ramón (1970), *El campo semántico de la valoración intelectual en español*, La Laguna: Dieses umfangreiche Werk stellt die erste umfassende Wortfeldanalyse dar, die zum Spanischen und in spanischer Sprache veröffentlicht wurde. Es handelt sich hierbei nicht nur um eine Feldanalyse eines einzigen synchronen Schnittes, sondern um fünf solche Schnitte, vom zeitgenössischen Spanisch in Epochenschritten zurückgehend bis zum Altspanischen des *Cantar de Mio Cid*. Ausführlicher dazu: vgl. die Rezension von Geckeler in: *ASNS* 212 (1975), 418–426.

CORRALES ZUMBADO, Cristóbal (1977), *El campo semántico 'dimension' en español*, Santa Cruz de Tenerife: Untersucht sowohl die Dimensionssubstantive als auch die Dimensionsadjektive des Spanischen, und zwar in Jahrhundertschritten vom 20. Jh. zurückgehend über das 19., 18., 17. und 16. Jh. bis zum Mittelalter und mit einer Skizze zu den beiden entsprechenden (Teil-)Feldern des Lateinischen.

CORRALES ZUMBADO, Inmaculada (1982), *El campo semántico 'edad' en español*, Santa Cruz de Tenerife (bereits 1969 abgeschlossen): Analysiert zunächst nur die Altersubstantive (Abstrakta) des Spanischen in Jahrhundertschritten, ausgehend vom 20. Jh. bis hin zum mittelalterlichen Spanisch (mit einem Ausblick auf die Verhältnisse im Latein), führt dann aber auch noch die Untersuchung der Substantive, die Personen bezeichnen, die sich in einem bestimmten Altersabschnitt befinden (vgl. z. B. *el chico, el mozo, el anciano*), und der entsprechenden Adjektive aus.

Wortfeldübersteigenden Charakter haben Untersuchungen wie etwa: TRAPERO, Maximiano (1979), *El campo semántico 'deporte'*, Santa Cruz de Tenerife; PÉREZ BOWIE, José Antonio (1983), *El léxico de la muerte durante la Guerra civil española (Ensayo de descripción)*, Salamanca.

5.2.6 Kognitive Semantik

Seit etwa 1970 haben sich, von Amerika her kommend, verschiedene ganz anders geartete Richtungen semantischer Analyse verbreitet, die alle als "kognitiv" bezeichnet werden, weil sie Bedeutung nicht als Bestandteil eines sprachlichen Zeichens sehen, sondern als Produkt der sinnlichen Welterfahrung, der Konzeptbildung und der Versprachlichung dieser Erfahrung (siehe Blank 2001: 35). Die sog. kognitive Semantik ist einerseits der generativen Grammatik in der Nachfolge Noam Chomskys verhaftet (siehe II.8.4.3), andererseits hat sie ihre Wurzeln in der Psychologie, indem sie "grundlegende Wahrnehmungs- und Assoziationsprinzipien" (BLANK 2001: 37) und deren Versprachlichung untersucht. Diese Prinzipien waren in der historischen Semantik seit langem gut bekannt (siehe unten III.5.3 zum Bedeutungswandel), wenn auch nicht gut systematisiert und theoretisch erfasst. Es geht in der Tat um die Verfahren, wie wir die Welt sprachlich "begreifen" und unsere sprachlichen Bedeutungen weithin assoziativ aufgrund von äußerlichen oder begrifflichen Ähnlichkeiten bilden. So wurde z. B. das Blatt (am Baum) von der Form und Beschaffenheit auf das Blatt Papier übertragen, d. h. die Bedeutung von *Blatt* (und frz. *feuille*, span. *hoja*, aber nicht it. *foglia* vs. *foglio* oder engl. *leaf* vs. *sheat*) erweitert – oder auf ein homonymes Lexem *Blatt, hoja* usw. übertragen, wenn man es so sehen will. In kognitiver Sicht aber geht es nicht primär um diese historischen Prozesse, sondern um die synchrone Erkenntnis von Ähnlichkeiten, die zu assoziativen semantischen Verknüpfungen und dann zu Bedeutungsänderungen bzw. -übertragungen führen. Es kommt hier wesentlich auf die Reihenfolge der Erkenntnisschritte an (siehe hierzu BLANK 2001: 35–44).

Innerhalb der kognitiven Semantik stellt die sog. **Prototypensemantik** einen eigenen Zweig dar (vgl. auch KLEIBER 1993). In dieser von der Psychologie her kommenden Richtung geht es darum festzustellen, in welcher Weise Konzepte in unserem Gehirn gebildet werden und damit in unserem semantischen Wissen verankert sind. Was ist für uns ein prototypischer Vogel? Und warum ist es eher ein Spatz, eine Amsel und nicht ein Strauß und ein Pinguin? Dies sind eigentlich onomasiologische Fragen: Wie benennt man einen Spatz, zu welcher Klasse gehört ein Pinguin, und was ist für uns ein typisches Rot? Hier geht es nicht um die semasiologische Frage, was span. *gorrión* bzw. *mirlo*, was *pingüino* und was *rojo* gegenüber *colorado, bermejo* und *encarnado* bedeuten, sondern darum, ob Konzepte – manchmal nicht klar geschieden von sprachlichen Bedeutungen – um eine zentrale Vorstellung wie 'Vogel' '+ flugfähig', '+ leicht' herum verankert sind, so dass 'Strauß' und 'Pinguin' als untypisch und randständig in der Klasse der Vögel angesehen werden. Nun ist es aber gerade das Wesen der sprachlichen Hyperonymie, dass Oberbegriffe wie 'Vogel', 'Baum' oder 'Fisch' uns nicht abverlangen, die allgemeine Vorstellung ständig an Hyponymen wie 'Spatz', 'Amsel', 'Schwalbe', 'Kolibri' bzw. 'Eiche', 'Buche', 'Palme' oder 'Hering', 'Hai' oder 'Forelle' festzumachen, sondern genügend Vagheit für die allgemeine Vorstellung von einem gefiederten, eierlegenden und im Allgemeinen flugfähigen Tier bzw. einer größeren Pflanze mit Stamm, Ästen und Blättern bzw. Nadeln usw. lässt. Bezogen auf das Spanische muss auch erst einmal unterschieden werden zwischen dem typischen Konzept 'Vogel' als *ave* oder als *pájaro*.

Vom Gesichtspunkt der lexikalischen Semantik her sind die Fragestellungen und Ergebnisse der Prototypensemantik zunächst unbefriedigend, da sie nicht Einzelsprachen und nicht die Sprache schlechthin betreffen, sondern außersprachliche Objekte. Die Fragen zu *gorrión, mirlo, canario* und *avestruz* oder *pingüino* betreffen nicht das Spanische und nicht die Bedeutung im Spanischen, sondern das enzyklopädische Wissen. Typischerweise geht es hier nie um die Bedeutung von Verben wie *ir, marchar, correr* oder von Abstrakta wie *idea, pena* oder *memoria*. Dennoch stellt die kognitive Semantik insgesamt eine wichtige Etappe in der Geschichte der semantischen Forschung dar, weil sie den Blick auf die tatsächlich primär psychologisch verankerten **Assoziation**sketten in unserem (sprachlichen) Denken gerichtet hat. In der Geschichte der neueren Sprachwissenschaft ist sie wichtig als Gegenpol gegen die rein formale generative Grammatik mit ihrer Lehre von der Autonomie der einzelnen sprachlichen Analyseebenen (Lexikon, Syntax, Semantik usw.), indem sie betont, dass alle sprachlichen Ebenen semantisch sind. Abgesehen von biologisch bedingten universellen Konzepten geschieht die Versprachlichung von Konzepten in Lexemen einzelsprachlich getrennt und in Abhängigkeit von kulturhistorischen Gegebenheiten (Bevorzugungen). Siehe hierzu auch die verdienstvolle Darstellung bei BLANK (2001: 62–66). Allerdings plädieren wir nicht für das von manchen Linguisten propagierte Bild von der "kognitiven Wende" in der Sprachwissenschaft, die alle frühere Semantikforschung überwinden würde, sondern für eine sinnvolle Kombination von z.B. struktureller und kognitiver Semantik. So lassen sich die Schwächen beider minimieren und die Stärken vorteilhaft verbinden.

Anregungen

1. Suchen Sie selbst weitere Synonyme und versuchen Sie, diese anhand der Definitionen aus einsprachigen Wörterbüchern zu differenzieren.
2. Tragen Sie im Hinblick auf eine Wortfeldskizze die Schönheitsadjektive des Spanischen zusammen,
3. Diskutieren Sie im Einführungskurs oder -seminar Probleme der Abgrenzung zwischen Polysemie und Homonymie, etwa im Fall von span. *operación, papel, tiempo, tierra* und dt. *Birne, Feder, Gürtel, Rohr.*

Literaturhinweise

BLANK, Andreas (2001), *Einführung in die lexikalische Semantik für Romanisten*, Tübingen.

BREKLE, Herbert-Ernst (1972), *Semantik. Eine Einführung in die sprachwissenschaftliche Bedeutungslehre*, München.

CASAS GÓMEZ, Miguel (1999), *Las relaciones léxicas*, Tübingen.

LYONS, John (1968), *Introduction to Theoretical Linguistics*, Cambridge.

--- (1977), *Semantics*, 2 Bde., Cambridge – deutsche Übersetzung: *Semantik*, 2 Bde., München 1980, 1983.

KLEIBER, Georges (1993), *Prototypensemantik. Eine Einführung*, Tübingen.

KOIKE, Kazumi (2002), *Colocaciones léxicas del español*, Alcalá de Henares.

MUÑOZ NÚÑEZ, María Dolores (1999), *La polisemia léxica*, Cádiz.

PÖLL, Bernhard (2002), *Spanische Lexikologie*, Tübingen.

SCHWARZ, Monika/CHUR, Jeannette (⁵2007), *Semantik. Ein Arbeitsbuch*. Tübingen.

SCHWARZE, Christoph (1975), *Einführung in die Sprachwissenschaft*, Kronberg/Taunus.

ULLMANN, Stephen (³1963), *The Principles of Semantics*, Glasgow-Oxford (Deutsche Übersetzung 1967; diachronisch ausgerichtet).

Zu den Inhaltsrelationen:

GECKELER, Horst (1979), "Antonymie und Wortart", in: *Integrale Linguistik. Festschrift für Helmut Gipper*, Amsterdam: 455– 482.

Zur strukturellen Semantik:

COSERIU, Eugenio (1967a), "Lexikalische Solidaritäten", *Poetica* 1: 293–303.

COSERIU, Eugenio (1967b), "Zum Problem der Wortarten (partes orationis)", in: KNOBLOCH, Clemens/SCHAEDER, Burkhard (Hrsg.), *Wortarten. Beiträge zur Geschichte eines grammatischen Problems.* Tübingen: Niemeyer, 366–386.

COSERIU, Eugenio (1972), "Semantik und Grammatik", in: *Neue Grammatiktheorien und ihre Anwendung auf das heutige Deutsch.* Jahrbuch 1971 des Instituts für deutsche Sprache, Düsseldorf.

COSERIU, Eugenio ([2]1981), *Principios de semántica estructural,* Madrid.

GECKELER, Horst (Hrsg.) (1978), *Strukturelle Bedeutungslehre,* Darmstadt (darin u. a. auch die grundlegenden Aufsätze von Coseriu in deutscher Übersetzung).

GECKELER, Horst ([3]1982), *Strukturelle Semantik und Wortfeldtheorie,* München, erweitert in spanischer Übersetzung: *Semántica estructural y teoría del campo léxico,* Madrid [2]1984.

GROSSMANN, Maria (1988), *Colori e lessico. Studi sulla struttura semantica degli aggettivi di colore in catalano, castigliano, italiano, romeno, latino ed ungherese,* Tübingen.

Zur Onomasiologie und Semasiologie:

MEIER, Harri (1972), *Die Onomasiologie der Dummheit – Romanische Etymologien,* Heidelberg.

NAGEL, Ingo (1972), *Die Bezeichnung für "dumm" und "verrückt" im Spanischen unter Berücksichtigung ihrer Entsprechungen in anderen romanischen Sprachen, insbesondere im Katalanischen und Portugiesischen,* Tübingen.

SÖLL, Ludwig (1967), *Die Bezeichnungen für den Wald in den romanischen Sprachen,* München (Gesamtromanisch – außer Rumänisch; keine ausschließlich onomasiologische Untersuchung, sondern auch mit semasiologischer Perspektive; diachron und synchron ausgerichtet, unter Einbeziehung der Sprachgeographie; die iberoromanischen Verhältnisse werden auf S. 289–400 behandelt).

Zur Kognitiven Semantik:

BLANK, Andreas/KOCH, Peter (Hrsg.) (2003), *Kognitive romanische Onomasiologie und Semasiologie,* Tübingen.

DIETRICH, Wolf/HOINKES, Ulrich/ROVIRÓ, Bàrbara/WARNECKE, Matthias (Hrsg.) (2006), *Lexikalische Semantik und Korpuslinguistik,* Tübingen.

5.3 Lexikologie und Semantik – diachron

Die zentralen Forschungsbereiche der diachronen Lexikologie stellen die Etymologie und die Wortgeschichte dar.

a) Unter **Etymologie** versteht man einerseits – nach dem antiken Wortsinn – die Lehre von der "wahren, echten", d. h. ursprünglichen Bedeutung der Wörter (aus griech. ἐτυμολογία, so bei den Stoikern), mit anderen Worten, den Teilzweig der Sprachwissenschaft, der sich mit der Erforschung des Ursprungs, der Herkunft und der Grundbedeutung der Wörter befasst; andererseits wird **Etymologie** auch anstelle von **Etymon** zur Bezeichnung der ursprünglichen Form eines Wortes gebraucht. So ist z. B. lat. *(dies) Veneris* die Etymologie/das Etymon von span. *viernes.* Ist das Etymon nicht belegt, sondern nur erschlossen bzw. rekonstruiert, wird es mit einem Sternchen (Asterisk) versehen, z. B. lat. **cova* > span. *cueva,* lat. **sessĭcare* > span. *sosegar.*

In der etymologischen Forschung stellt sich nun die Frage:

> Wie weit empfiehlt es sich, bei der Etymologisierung romanischer Wörter in deren Genealogie zurückzugehen? Bei solchen, die aus dem Lateinischen oder Keltischen stammen, bis zum Lateinischen bzw. Keltischen oder bis in die indogermanischen Zusammenhänge? (MEIER, 1965: 105)

Der Ansatz, der die Herkunft der Wörter so weit wie möglich in der Zeit zurückverfolgen möchte, wird – da vielfach von italienischen Gelehrten vertreten – als "etimologia remota" bezeichnet, während man unter "etimologia prossima" das Zurückgreifen auf die nächstfrühere Stufe – also im Regelfall auf das Lateinische, eventuell auf das Griechische oder ggf. auf Substrat-, Superstrat- oder Adstratsprachen – versteht. In der Praxis der Etymologieforschung der romanischen Sprachen hat sich ein Konsens in der Beschränkung auf die "etimologia prossima" weitgehend durchgesetzt; die weitere Bestimmung des Etymons überlässt man der jeweils zuständigen (lateinischen, keltischen, germanischen, indogermanischen usw.) Nachbarphilologie.

Auf die besondere Situation der romanischen Etymologieforschung sei mit folgendem Zitat hingewiesen:

> Die etymologische Forschung im Bereich der Romanistik ist gegenüber den andern idg. Sprachen privilegiert, da in den meisten Fällen lateinische Belege eine sichere Ausgangsbasis abgeben und die prozentual geringe Anzahl von erschlossenen spontanlateinischen Etyma einen hohen Wahrscheinlichkeitsgrad aufweisen [sic]. Die Indogermanisten aber – wie auch Germanisten, Anglisten und Slawisten – haben keine so sicher und umfassend bekannte ältere Sprachstufe zur Verfügung [...] (PFISTER 1980: 22)

Die Ergebnisse der Etymologieforschung sind in den etymologischen Wörterbüchern (vgl. dazu unten III.5.4.2) niedergelegt. Nun ist es aber auch nicht so, dass die Herkunft aller Wörter der romanischen Sprachen etymologisch geklärt ist. Es bleiben immer noch zahlreiche Wörter, deren Etymon noch unbekannt oder unsicher ist (so z. B. im Falle von span. *cama* 'Bett', *páramo* 'Öde, Brache, karge Hochebene') oder für die in der Forschung mehrere Etyma als Lösung diskutiert werden. Als besonders illustratives Beispiel dafür mag die lange Diskussion um das Etymon von span. *andar* (vgl. auch ital. *andare* und frz. *aller*) angeführt werden; zu den verschiedenen Lösungsvorschlägen siehe COROMINAS/PASCUAL, DECH I: 256–258, und insbesondere PFISTER, Max (1985), *Lessico Etimologico Italiano*, Wiesbaden, unter *ambulare*, v. a. Spalten 744–750. Während die etymologische Wissenschaft im 19. Jahrhundert sich auf die Erforschung der Herkunft der Wörter, d. h. die Identifizierung der Etyma, konzentrierte ("étymologie-origine", Baldinger), begnügt sie sich im 20. Jh. nicht mehr mit dieser Aufgabe: Ihr Ziel ist es jetzt, nicht mehr nur die "Genealogie des Wortes oder der Wortgruppe" (MEIER 1965: 103) zu erforschen, sondern die Wortgeschichte einzubeziehen, ja Wortgeschichte zu betreiben, die "Biographie" der Wörter zu schreiben: "étymologie-histoire du mot" (vgl. BALDINGER, 1959: 219). Die moderne etymologische Forschung versteht sich "als Symbiose von Wortgeschichte und Etymologie" (PFISTER 1980: 33).

Als Beispiel, wie die Wortgeschichte ein auf traditionell-etymologischem Wege gefundenes Etymon erklären und absichern kann, soll auf span. *hígado* < lat. *ficatu(m)* hingewiesen werden. Erst die Erkenntnis, dass das Lexem im Lateinischen als Übersetzungslehnwort der "kulinarischen Terminologie" nach griechischem Modell gebildet wurde, macht das Etymon plausibel – vgl. dazu in knapper Form: ROHLFS, Gerhard (1971), *Romanische Sprachgeographie*, München, 92–93 und Karte Nr. 40 (S. 275).

b) Wir haben bereits gesehen, dass "erst die vertiefte Wortgeschichte, das erweiterte Studium des Wortes in Raum und Zeit [...] oft Licht in das Dunkel" (ROHLFS 1952: 46) bestimmter Probleme der etymologischen Forschung bringt.

Unter **Wortgeschichte** verstehen wir mit Baldinger die "Biographie" von Wörtern und als sprachwissenschaftliche Teildisziplin die Untersuchung der Wörter von ihren etymologischen Grundlagen an durch die Jahrhunderte hindurch, in ihrer räumlichen Verbreitung, in ihrem materiellen und inhaltlichen Wandel, in ihrer soziokulturellen und stilistischen Zugehörigkeit. Ein langfristiges Desiderat der Wortforschung ist es, nicht nur die Geschichte von Einzelwörtern, sondern die Geschichte von ganzen Wortfeldern durch die Zeit hindurch zu studieren.

Die Wortgeschichte bedient sich bei ihren Forschungen der Ergebnisse der Sprachgeschichte, der Sprachgeographie, der Dialektologie, der Semantik, der Onomasiologie und der Semasiologie, der Kulturgeschichte im weitesten Sinne, der Sachforschung (vgl. "Wörter und Sachen"), der Rechts- und Religionsgeschichte, der Volks- und Völkerkunde u. a.

Die Etymologien einer bestimmten Sprache sind in den etymologischen Wörterbüchern dieser Sprache zu finden. Zu den etymologischen Wörterbüchern des Spanischen siehe den Abschnitt III.5.4.2 "Lexikographie – diachron". Neben den dort aufgeführten Wörterbüchern, die vom Spanischen ausgehen, also von der impliziten Frage: "Was ist die Etymologie (und Wortgeschichte) von x?", gibt es aber auch gesamtromanische etymologische Wörterbücher, die von der Frage ausgehen: "Welche Ergebnisse gibt es in den romanischen Sprachen z. B. von lat. x?" (siehe unter III.5.4.2).

Abschließend sollen noch kurz zwei Phänomene, die zur Wortgeschichte bzw. zur Geschichte des Wortschatzes gehören, angesprochen werden:

1) Als **Lehnwörter** werden solche Wörter bezeichnet, die aus anderen Sprachen in die jeweils betrachtete Sprache übernommen wurden – wir gehen hier nicht auf die schwierige Abgrenzung zwischen Lehn- und Fremdwort ein (vgl. auch IV.12.3). Aus historischer Sicht kann der Wortschatz einer Sprache als aus drei großen Komponenten zusammengesetzt betrachtet werden: aus dem ererbten historischen Fundus (im Falle des Spanischen: aus dem Vulgärlatein), aus den Entlehnungen und aus den mit den Verfahren der Wortbildung erzeugten Wörtern.

Vereinfachte Skizze der historischen Stratifikation des spanischen Wortschatzes:

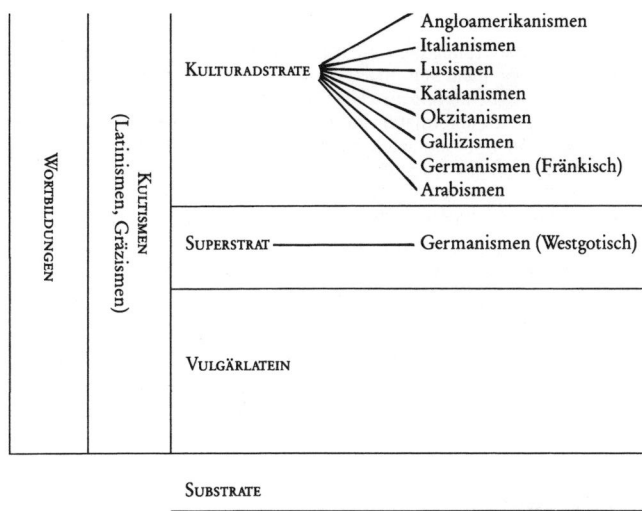

Anregung

Suchen Sie zur Illustration spanische Wortbeispiele für jede der im vorstehenden Schema angeführten Komponenten, etwa in einem etymologischen Wörterbuch, vgl. unten III.5.4.2.

---

2) **Ausstrahlungsphänomene:** Wie das Spanische z. T. starke lexikalische Einflüsse von den großen europäischen Kultursprachen aufgenommen hat (vgl. oben), so hat es umgekehrt auch auf diese ausgestrahlt und ihnen Hispanismen vermittelt, so z. B. dem Französischen, dem Englischen, dem Italienischen, dem Deutschen u. a.; vgl. dazu die Information in den verschiedenen Sprachgeschichten der entsprechenden Einzelsprachen sowie die bibliographischen Hinweise in GONZÁLEZ OLLÉ, Fernando (1976), *Manual bibliográfico de estudios españoles*, Pamplona, 682–684.

Literaturhinweise

BALDINGER, Kurt (1959), "L'étymologie *hier* et *aujourd'hui*", wieder abgedruckt in: SCHMITT (Hrsg.) (1977), 213–246.

MEIER, Harri (1965), "Zur Geschichte der romanischen Etymologie", *ASNS* 201: 81–109.

MEIER, Harri (1986), *Prinzipien der etymologischen Forschung. Romanistische Einblicke*, Heidelberg.

PFISTER, Max (1980), *Einführung in die romanische Etymologie*, Darmstadt.

PISANI, Vittore (1975), *Die Etymologie. Geschichte – Fragen – Methode*, München.

ROHLFS, Gerhard (1952), *Romanische Philologie*, II, Heidelberg.

Ein interessanter Sammelband von Arbeiten zur Etymologieforschung: SCHMITT, Rüdiger (Hrsg.) (1977), *Etymologie*, Darmstadt.

Literaturhinweise auf wortgeschichtliche Studien:

Eine befriedigende Darstellung der Geschichte des spanischen Wortschatzes existiert noch nicht. Der sehr knappe Band von MESSNER, Dieter (1979), *Geschichte des spanischen Wortschatzes. Eine chronologisch-etymologische Einführung*, Heidelberg, wurde von den Erstbelegen her konzipiert. Gute Einzelinformation liefert das große etymologische Wörterbuch von Corominas, vgl. III.5.4.2. Als wortgeschichtliche Monographien sind zum einen die o. a. onomasiologischen und semasiologischen Studien, zum andern die o. a. Wortfelduntersuchungen, die historische Sprachzustände umfassen, heranzuziehen. Siehe z. B. auch MARTÍN FERNÁNDEZ, María Isabel (1998), *Préstamos semánticos del español*, Cáceres.

Gesamtromanisch angelegt ist LÜDTKE, Helmut (1968), *Geschichte des romanischen Wortschatzes*, 2 Bde. (Breite Thematik, faktenreich; leicht zu lesen, da aus Vorlesungen hervorgegangen.)

Zu den Lehnelementen:

Zum Vulgärlatein: vgl. IV.2.; zu den Substraten und Superstraten: vgl. IV. 3. und 4.

Zu den Kulturadstraten und Entlehnungen aus heute noch lebenden Sprachen: vgl. IV.5.; IV.11.3 und die entsprechenden Artikel in *ELH*, Band II. Zu den Gallizismen und Anglizismen siehe IV.12.3.

5.4 Lexikographie

5.4.1 Lexikographie – synchron

Unter **Lexikographie** im engeren Sinne versteht man die wissenschaftliche Praxis der Erstellung von Wörterbüchern. Für "Lexikographie im weiteren Sinne" schlägt Hausmann die Bezeichnung *Wörterbuchforschung* vor und definiert: "*Wörterbuchforschung* ist das Gesamt der auf Wörterbücher ausgerichteten wissenschaftlichen Theorie und Praxis" (HAUSMANN 1985: 368). Die Wörterbuchforschung umfasst die Lexikographie im engeren Sinne (vgl. oben) und die Metalexikographie. Letztere untergliedert sich nach Hausmann in: 1. Theorie der Lexikographie, 2. Wörterbuchkritik, 3. Status- und Benutzungsforschung, 4. Geschichte der Lexikographie und der Metalexikographie.

Der Gegenstand der o. a. Disziplinen sind also die Wörterbücher. HAUSMANN (1985: 369) gibt folgende Definition des Wörterbuchs:

> Das Wörterbuch ist eine durch ein bestimmtes Medium präsentierte Sammlung von lexikalischen Einheiten (vor allem Wörtern), zu denen für einen bestimmten Benutzer bestimmte Informationen gegeben werden, die so geordnet sein müssen, dass ein rascher Zugang zur Einzelinformation möglich ist.

Zum Verhältnis der Lexikologie und Lexikographie:

> Die Lexikologie profitiert von den Datensammlungen, die die Lexikographie im Hinblick auf praktische Bedürfnisse erstellt; die Lexikographie profitiert ihrerseits von den theoretischen [und praktischen (der Verfasser)] Fortschritten der Lexikologie. (SCHWARZE/WUNDERLICH 1985: 9)

Welche Typen von Wörterbüchern gibt es?

Wir beschränken uns im Folgenden auf eine Auswahl aus der großen Vielfalt der existierenden Wörterbuchtypen und führen jeweils wichtige lexikographische Werke zum Spanischen als Beispiele dazu an. Wir orientieren uns in unseren Ausführungen vor allem an den o. a. Arbeiten von Hausmann.

a) Sprachlexikon ~ Wörterbuch/Sachlexikon ~ enzyklopädisches Lexikon:

Der Schwerpunkt eines Wörterbuchs liegt auf der sprachlichen Information, während enzyklopädisch ausgerichtete Nachschlagewerke vor allem Sachinformation liefern (dazu aber auch sprachliche Informationen).

Als Beispiel sei genannt die große spanische Enzyklopädie: *Enciclopedia universal ilustrada europeo-americana*, Espasa-Calpe, Madrid 1908–1930: 70 Bände + 10 Bände Apéndice 1930–1933, + suplementos anuales von 1934–1984. In einem Band: *Diccionario enciclopédico de la lengua español*, Madrid 1979.

b) Einsprachiges Wörterbuch / zwei- oder mehrsprachiges Wörterbuch:

Einsprachige Wörterbücher geben zu jedem Eintrag eine (oder mehrere) Definition(en) in derselben Sprache wie die Einträge selbst – dazu meist noch weitere Informationen sowie Beispiele (die auch Zitate sein können); sie werden auch *Definitionswörterbücher* genannt.

Beispiele für einsprachige Wörterbücher des heutigen Spanisch:

Einbändige Werke:

ALVAR EZQUERRA, Manuel (1997) *Diccionario para la enseñanza de la lengua española*, Alcalá de Henares (zahlreiche Nachdrucke).

GUTIÉRREZ CUADRADO, Juan (1996), *Diccionario Salamanca de la lengua española*, Madrid-Salamanca (zahlreiche Nachdrucke).

Mehrbändige Werke:

MOLINER, María (^{2}2002), *Diccionario de uso del español*, 2 Bde., Madrid (mit CD-ROM).

REAL ACADEMIA ESPAÑOLA (^{22}2001), *Diccionario de la lengua española*, Madrid. (auch auf CD-ROM)

SECO, Manuel/ANDRÉS, Olimpia/RAMOS, Gabino (1999), *Diccionario del español actual*, 2 Bde., Madrid; 2ª ed. actualizada, 2011.

Zweisprachiges Wörterbuch: PONS (2008), *Großwörterbuch für Experten und Universität, Spanisch – Deutsch, Deutsch – Spanisch*. Vollständige Neuentwicklung, Barcelona – Stuttgart, 1773 S.

Die zweisprachigen Wörterbücher leisten meist gute Dienste in der Richtung Zielsprache → Ausgangssprache (d. h. beim Herübersetzen); die in ihnen gegebene Information reicht jedoch in der umgekehrten Richtung, d. h. beim Hinübersetzen, in der Regel nicht aus. Daher erweist es sich meist als notwendig, zur Ergänzung ein Definitionswörterbuch der Zielsprache heranzuziehen.

c) Synchrones Wörterbuch / diachrones Wörterbuch:

Der Prototyp des synchronischen Wörterbuchs ist das *Wörterbuch der Gegenwartssprache* [siehe oben III.5.4.1.b)]. Der Prototyp des diachronischen Wörterbuchs ist das *etymologische Wörterbuch* [siehe III.5.4.2] (HAUSMANN 1985: 379).

Ein synchrones Wörterbuch kann auch eine ältere Sprachstufe darstellen, vgl. z. B. das Wörterbuch der altspanischen Sprache, so wie sie im *Cantar de mio Cid* erscheint.[31]

> ALONSO, Martín (1958), *Enciclopedia del idioma*, 3 vol., Madrid.
>
> ALONSO, Martín (1986), *Diccionario medieval español*, 2 tomos, Salamanca.
>
> GUTIÉRREZ TUÑÓN, Manuel (2002), *Diccionario de castellano antiguo: léxico español medieval y del Siglo de Oro*, Cuenca (nicht umfassend).
>
> MÜLLER, Bodo (1987–) *Diccionario del español medieval*, 3 Bde (A–Alm). Heidelberg.
>
> Real Academia Española (1960 ff.), *Diccionario histórico de la lengua española*, Madrid. Dieses ehrgeizige Projekt eines umfassenden historischen Wörterbuchs des Spanischen stockt seit Jahren. Bis 1996 lagen in 4 Bänden die Buchstaben A–B vor (etwa ein Viertel des Gesamtwortschatzes). Das Projekt soll nun aber in Form des *Nuevo Diccionario Histórico de la Lengua Española* (*NDHLE*, ab 2005) bis 2019 beendet werden. Es beruht auf dem *Corpus Diacrónico del Español* (*CORDE*; online zugänglich unter *corpus.rae.es/cordenet.html*).

d) Standardsprachliches Wörterbuch / regionalsprachliches Wörterbuch:

Den die Gemeinsprache darstellenden Wörterbüchern stehen die Mundart- oder Dialektwörterbücher gegenüber, von denen es eine beträchtliche Anzahl gibt; vgl. dazu GONZÁLEZ OLLÉ, Fernando (1976), *Manual bibliográfico de estudios españoles*, 718–726. – Als Beispiel seien genannt: ALCALÁ VENCESLADA, Antonio (1951), *Vocabulario andaluz*, Madrid. ROHLFS, Gerhard (1985), *Diccionario dialectal del Pirineo aragonés*, Zaragoza.

e) Gemeinsprachliches Wörterbuch / Fachsprachliches Wörterbuch:

Im Gegensatz zu den gemeinsprachlichen Wörterbüchern, die Gesamtwörterbücher sein wollen, sind fachsprachliche Wörterbücher in der Regel Differenzwörterbücher, d. h. solche, die nur die fachspezifischen Wörter aufnehmen.

Ein Verzeichnis einer Auswahl fachsprachlicher Wörterbücher des Spanischen findet man in GONZÁLEZ OLLÉ, Fernando (1976: 709–712). – Als selektives Fachwörterbuch der linguistischen Terminologie kann hier für das Spanische angeführt werden: LÁZARO CARRETER, Fernando ([3]1971), *Diccionario de términos filológicos*, Madrid (und Nachdrucke).

---

31 MENÉNDEZ PIDAL, Ramón ([5]1976), *Cantar de mio Cid. Texto, gramática y vocabulario*, Madrid. Bd. II.

f) Gesamtwörterbuch/Spezialwörterbuch:

Aus dem breiten Spektrum von Spezialwörterbüchern greifen wir nur folgende heraus:

1) Synonymwörterbuch und Antonymwörterbuch:

Synonymiken werden häufiger getrennt publiziert als Antonymiken; immer wieder enthalten solche Spezialwörterbücher beide Typen von Inhaltsrelationen; vgl. für das Spanische:

CORRIPIO, Fernando (1971), *Gran diccionario de sinónimos*, Barcelona.

CORTÉS, Pilar (2006), *Diccionario de sinónimos y antónimos*, Madrid.

MALDONADO GONZÁLEZ, Concepción (Hrsg.) (2003), *Diccionario de sinónimos y antónimos del español actual*, Madrid.

RUPPERT Y UJARAVI, Richard (1940), *Spanische Synonymik*, Heidelberg.

Diese Wörterbücher sind meist nicht mehr als Materialsammlungen.

2) Begrifflich geordnetes Wörterbuch:

Im Gegensatz zu den üblichen, alphabetisch gegliederten Wörterbüchern stehen die nach begrifflichen bzw. semantischen Kriterien oder nach Sachgruppen geordneten Wörterbücher.

Siehe dazu das bekannte Werk von

CASARES, Julio (1942 u. ö.), *Diccionario ideológico de la lengua española. Desde la idea a la palabra; desde la palabra a la idea*, Barcelona (wobei die "parte analógica" der Bestimmung "desde la idea a la palabra" entspricht, der zweite Teil ist dagegen alphabetisch).

3) Rückläufiges Wörterbuch:

Ein rückläufiges (a tergo) Wörterbuch ist ein lexikographisches Werk, in dem die Wörter nicht nach den Anfangsbuchstaben, sondern nach den Endbuchstaben alphabetisch geordnet sind. Sie dienen zur Erforschung der Suffixbildungen oder auch zur Reimfindung. Zu diesen Zwecken sind heute auch die elektronischen Wörterbücher nützlich, z. B. MOLINER, María (2001), *Diccionario de uso del español*, edición electrónica, Madrid.

ANULA REBOLLO, Alberto (2002), *Diccionario inverso del español actual*, Madrid.

BOSQUE, Ignacio/PÉREZ FERNÁNDEZ, Manuel (1987), *Diccionario inverso de la lengua española*, Madrid.

STAHL, Fred A./SCAVNICKY, Gary E. A. (1973), *A Reverse Dictionary of the Spanish Language*, Urbana – Chicago – London.

4) Frequenzwörterbuch:

Für das Spanische existiert folgendes Frequenzwörterbuch:

JUILLAND, Alphonse/CHANG-RODRIGUEZ, Eugenio (1964), *Frequency Dictionary of Spanish Words*, London – The Hague – Paris.

Mehr als 1.000 Titel von Enzyklopädien, Sprach- und Fachwörterbüchern des Spanischen enthält:

Instituto Nacional del Libro Español (INLE) (1980), *Diccionarios Españoles*, Madrid.

Anregungen

1. Analysieren Sie den Aufbau eines Wörterbuchartikels in einem großen einsprachigen Wörterbuch des Spanischen, z. B. im Akademiewörterbuch. Welche Arten von Informationen werden geliefert?
2. Welche Arten von Definitionen finden Sie in den Definitionswörterbüchern?
3. Stellen Sie anhand der rückläufigen Wörterbücher des Spanischen die mit den Suffixen *-esco, -ificar* und mit dem Suffixoid *-icida* abgeleiteten Lexeme zusammen. Welche Schlüsse lassen sich ziehen?

Literaturhinweise

GONZÁLEZ OLLÉ, Fernando (1976), *Manual bibliográfico de estudios españoles*, Pamplona.

HAENSCH, Günther/WOLF, Lothar/ETTINGER, Stefan/WERNER, Reinhold (1982), *La lexicografía. De la lingüística teórica a la lexicografía práctica*, Madrid.

HAENSCH, Günther/OMEÑACA, Carlos (²2004), *Los diccionarios del español en el umbral del siglo XXI. Problemas actuales de la lexicografía – Los distintos tipos de diccionarios; una guía para el usuario – Bibliografía de publicaciones sobre léxicografía*, Salamanca.

HAUSMANN, Franz Josef (1985), "Lexikographie", in: SCHWARZE, Christoph/WUNDERLICH, Dieter (Hrsg.) (1985), *Handbuch der Lexikologie*, Königstein/Ts., 367–411.

HAUSMANN, Franz Josef, et al. (Hrsg.) (1989–1991), *Wörterbücher/Dictionaries/Dictionnaires. Ein internationales Handbuch zur Lexikographie*, 3 Bde., Berlin – New York.

5.4.2 Lexikographie – diachron

Hier soll ein kurzer Überblick über die neueren und neuen etymologischen Wörterbücher der spanischen Sprache gegeben werden (z. T. werden auch die anderen iberoromanischen Sprachen miteinbezogen). Diese etymologischen Wörterbücher gehen vom Spanischen aus und fragen nach der Herkunft und Wortgeschichte eines spanischen Wortes (siehe dagegen unten unter "Romanisches etymologisches Wörterbuch").

Etymologische Handwörterbücher in einem Band:

COROMINAS, Joan (³1976), *Breve diccionario etimológico de la lengua castellana*, Madrid.

GARCÍA DE DIEGO, Vicente (²1985), *Diccionario etimológico español e hispánico*, Madrid.

GÓMEZ DE SILVA, Guido (1985), *Elsevier's Concise Spanish Etymological Dictionary*, Amsterdam.

SEGURA MUNGUÍA, Santiago (2001), *Nuevo diccionario etimológico latín-español y de las voces derivadas*, Bilbao.

Mehrbändige Werke:

Das Standardwerk ist:

COROMINAS, Joan/PASCUAL, José A. (1980–1991), *Diccionario crítico etimológico castellano e hispánico*, Madrid, I–VI (+ índices) (= *DECH*).

Kritisch zu Corominas:

MEIER, Harri (1984), *Notas críticas al DECH de Corominas/Pascual*, Santiago de Compostela.

Zum Abschluss sei noch auf das bis heute nicht ersetzte gesamtromanische Werk von MEYER-LÜBKE, Wilhelm ([3]1935), *Romanisches Etymologisches Wörterbuch*, Heidelberg (= *REW*), hingewiesen (6., unveränd. Nachdruck 1992). Dieses Werk geht von den lat. oder anderssprachigen Etyma aus und zeigt deren Fortsetzer in den romanischen Sprachen. Ein neu konzipierter *Dictionnaire étymologique roman* (*DÉRom*) ist seit 2008 in Arbeit. Erste Ergebnisse zum panromanischen Wortschatz sind abrufbar unter *www.atilf.fr/DERom/*, in französischer Sprache.

Anregungen

1. Orientieren Sie sich über den unterschiedlichen Aufbau der etymologischen Wörterbücher von COROMINAS/PASCUAL und GARCÍA DE DIEGO.
2. Gehen Sie der Etymologie und Wortgeschichte folgender spanischer Wörter nach: *llegar, hallar, querer.*

Zusammenfassung

Die Semantik als Kernbereich linguistischer Interessen stellt die Linguisten vor besondere Schwierigkeiten, weil die Bedeutung zwar auf die Dinge der Welt bezogen, aber mit ihnen nicht identisch ist. Die hier vertretene Auffassung Saussures und Coserius vom sprachlichen Inhalt als einer abstrakten, der Beobachtung nur schwer zugänglichen Wertigkeit (*valeur*), die im Verbund mit *signifiant* ein sprachliches Zeichen bildet, ermöglicht bei richtiger Nutzung der Unterscheidung zwischen Bedeutung und Bezeichnung (vgl. II.4.5) dennoch verlässliche Einsichten in die Strukturierung des Wortschatzes einer Sprache. Zu der in der Grammatik und Syntax behandelten grammatischen Semantik kommt die hier vorgestellte lexikalische Semantik hinzu. Fassbar werden in der semantischen Analyse nicht die Bedeutungen selbst, sondern in erster Linie die Inhaltsrelationen (Synonymie und Antonymie, Hyperonymie und Hyponymie, Polysemie). Vor allem Synonymie und Antonymie spielen eine große Rolle in der strukturellen Semantik, die nach dem Prinzip der Phonologie semantische Oppositionen in Wortfeldern deutlich macht. Wortfelder sind Ausschnitte aus dem Wortschatz einer Sprache, hier des Spanischen, dessen Glieder einen bestimmten Inhaltsbereich gemeinsam (als Synonyme und Antonyme) abdecken, sich aber in einem Zug (Sem) voneinander unterscheiden. – Die kognitive

Semantik vermittelt demgegenüber Einsichten in die Konzeptbildung aufgrund von assoziativ erfassten Ähnlichkeiten und deren Versprachlichung. Sie zeigt die psychologischen Grundlagen unserer Weltwahrnehmung auf. Die Ergebnisse der kognitiven Semantik sind vor allem bei der Erklärung des Bedeutungswandels, d. h. auch der Verschiebung oder metaphorischen Übertragung von Bedeutungen erfolgreich verwertbar. Kognitive und strukturelle Semantik sollten nicht als sich ausschließende Gegensätze aufgefasst werden, sondern sinnvoll miteinander kombiniert werden.

Die Etymologie umfasst die Erforschung des ursprünglichen sprachlichen Zeichens, also die Veränderung von *signifiant* und *signifié*. Der Bedeutungswandel betrifft dagegen die verschiedenen Arten der Bedeutungsveränderung eines Lexems in der Geschichte (innerer versus von außen verursachter Wandel, lexikalische Differenzierung durch die Übernahme von Lehnwörtern).

Die Lexikographie ist die Lehre von der systematischen Erfassung aller Arten von Wörterbüchern. Auf guter semantischer Analyse beruhen sollten die Definitions- und Äquivalenzwörterbücher, doch steht demgegenüber häufiger die praktische Verwendbarkeit im Alltag im Vordergrund. Die hier gegebene Information zu den wichtigsten Typen von Wörterbüchern und ihren Vertretern im Bereich der spanischen Sprache zeigt, dass die spanische Lexikographie in allen Bereichen sehr produktiv und fortschrittlich ist.

6. Pragmatik

6.1 Definition

Die Pragmatik (*la* [*lingüística*] *pragmática*) ist, der etymologischen Bedeutung des Terminus entsprechend, die Lehre vom Handeln durch Sprache. Sprechen dient in aller Regel der Kommunikation oder – modern gesprochen – der sprachlichen Interaktion. Handeln durch Sprache besteht z. B. darin, dass ich jemanden begrüße, ihm etwas verspreche, ihn/sie durch Worte beruhige, informiere, um etwas bitte, zu etwas überrede usw. Erfolgreiche Kommunikation beruht einerseits auf der richtigen Einschätzung der Situation durch den Sprecher, damit er seine Rede angemessen kodiert, und durch den Hörer, damit er sie richtig dekodiert, d. h. versteht. Interaktion zwischen Gesprächspartnern verlangt bestimmte Formen der Höflichkeit. Höflichkeit kann in Gesten, aber auch in – häufig konventionalisierten – sprachlichen Äußerungen bestehen. Daher ist "Höflichkeit" ein in der linguistischen Pragmatik häufig behandeltes Thema. So ist es in unserem Kulturkreis z. B. üblich, eine höfliche Bitte nicht als Bitte, sondern mittels einer Frage zu formulieren: "Kannst du mir bitte das Salz geben?", "¿Quieres pasarme la sal?" sind nicht Fragen, auf die eine Antwort erwartet wird, sondern eine konkrete Handlung des Angesprochenen.

Erfolgreiche Kommunikation beruht andererseits aber auch auf einzelsprachlichen Regeln, wie man in einer bestimmten Sprache etwas üblicherweise sagt. So
ist es zwar grammatisch nicht falsch, jemanden auf Spanisch mit *¡Buena mañana!*
zu begrüßen. Es ist aber pragmatisch höchst unangemessen und insofern "falsch",
so in einer Begrüßungssituation zu sprechen, denn in pragmatischer Hinsicht wird
im Spanischen bekanntlich nicht wie im Deutschen der Morgen vom Tag im
Ganzen unterschieden. Also ist das Wort *día* angebracht. Aber noch nicht genug
der Unterschiede: Es ist in Spanien üblich, bei Begrüßungen die entsprechenden
Tageszeiten pluralisch zu fassen, sozusagen umfassend, im Hinblick auf diesen und
andere Tage zu konzipieren: *¡Buenos días!* wie *¡Buenas tardes!* und *¡Buenas noches!*.
Zu pragmatischen Fragestellungen gehört nach heutiger Auffassung aber auch die
nicht immer leicht zu durchschauende in einer bestimmten Region "richtige", d. h.
der in der sprachlichen Interaktion zwischen den Gesprächsteilnehmern angemessene Verwendung der **Anredeformen** (*formas de tratamiento*) *tú, vos* und *usted* und
der entsprechenden Verbalformen (siehe HUMMEL/KLUGE/VÁZQUEZ LASLOP
2010). Es geht bei der Frage nach der sprachlichen Höflichkeit wie bei den Gruß-
formeln einerseits um ein Problem der "interkulturellen Kommunikation", also der
unterschiedlichen Handhabung der sprachlichen Mittel und den daraus resultie-
renden Erwartungshaltungen. Linguistisch gesehen geht es aber letztlich um die
sprachliche Norm.

Aber im Gegensatz zur wirklich rein morphologischen Norm, z. B. hinsichtlich der
Frage, wo man im gesamten hispanophonen Gebiet *vosotros* mit der 2. P. Pl. des
Verbs und wo man es nicht gebraucht, sondern dafür *ustedes* mit der 3. P. Pl. für die
Anrede an mehrere Gesprächspartner sagt (siehe auch IV.11.3.2), ist das Problem
der Anredeformen mehr als morphologisch, nämlich gerade auch pragmatisch relevant: Es geht einerseits um das Verhältnis der Menschen untereinander mittels
sprachlicher Verhaltensweisen oder gar Strategien, um die Beachtung von Konventionen, aber auch z. B. um das Gewinnen von Vertrauen, das Bezeugen von Ach-
tung, um die Distanzierung vom Gesprächspartner oder gerade um die Vermei-
dung von Distanzierung.

6.2 Die Stellung der Pragmatik in der Sprachwissenschaft

Die Pragmatik hat sich seit etwa 1970 als neue Richtung der Linguistik etabliert.
Sie geht in ihren Anfängen auf die Sprechakttheorie von AUSTIN (1962) und SEARLE
(1969) zurück. Im Gegensatz zur deskriptiven Linguistik des Sprachsystems will sie
eine Linguistik der sprachlichen Norm der Einzelsprachen und des Sprechens im
Allgemeinen sein, häufig unter expliziter Vernachlässigung der Ebene des Systems.
Da es ihr weitgehend nicht um das geht, was in diesem Band als sprachliche Bedeutung (siehe III.5.2) bezeichnet wird, sondern um den pragmatischen Sinn von
Äußerungen (siehe auch II.3.5), also um das Gemeinte, ist ein Großteil der Ergebnisse pragmatischer Forschung nicht einzelsprachlich gebunden, sondern ent-

spricht allgemeiner menschlicher Logik bzw. Weltkenntnis. Sie unterscheidet daher oft nicht zwischen z. B. spanischer Norm und allgemeiner Welterfahrung.

Ein in diesem Zusammenhang oft zitiertes Beispiel (siehe ähnlich auch II.3.5) ist dieses: In einer bestimmten Situation sagt A zu B: "Uh, hay corriente". Da in einer Kommunikationssituation kaum jemals etwas ohne Absicht geäußert wird, geht es pragmatisch nicht darum zu untersuchen, was *hay corriente* sprachlich bedeutet oder wie der Satz syntaktisch zu analysieren ist, was die Artikellosigkeit zu bedeuten hat, sondern, was der Sinn dieser Äußerung in dieser Situation ist. Nach allgemeiner Erfahrung – zumindest in unserem Kulturkreis – ist auch ohne genaue Kenntnis der Situation – zu vermuten, dass die Äußerung sprachlich zu einer Handlung von B auffordert, nämlich die Tür oder das Fenster zu schließen oder den Platz zu wechseln, und dies unabhängig davon, ob die Äußerung auf Spanisch, Deutsch, Niederländisch oder Polnisch geschieht.

In anderen Fällen, gerade im Falle längerer und ausführlicherer Kommunikation mit Äußerungen, Fragen und Antworten geschieht es erfahrungsgemäß immer wieder, dass der Hörer eine Antwort interpretieren muss, Schlüsse ziehen muss, wie etwas gemeint sein kann, da Sprechen im Alltag nie bedeutet, dass in jeder Hinsicht vollständige Äußerungen gemacht werden. All dies kann wichtig und interessant sein, gehört aber meistens nicht zum Code einer bestimmten Sprache, sondern zum Sprechen im Allgemeinen (siehe dazu COSERIU 1990).

6.3 Beispiele sprachlicher Interaktion

In der linguistischen Pragmatik oder Pragmalinguistik werden hinsichtlich der Kommunikationsstrategie des Sprechers und der richtigen Dekodierung einer Äußerung durch den Hörer verschiedene Kontexte unterschieden, situative Kontexte zum einen und sprachliche Kontexte zum anderen. Weitgehend einzelsprachlich strukturierte Bereiche pragmatischer Beobachtung stellen die oben (siehe III.6.1) angesprochenen Formen sprachlicher Höflichkeit, z. B. der Anredeformen, die Formen der Aufforderung und auch die sog. Diskursmarker dar, die manchmal von den Gliederungssignalen innerhalb eines einzigen Redebeitrags unterschieden werden. Voraussetzung für die Untersuchung der Diskursmarker ist aber gerade die Feststellung der bei einer gegebenen Äußerung vorliegenden Kontexte. Die Gliederungssignale eines Textbeitrags, die der Suche nach Zustimmung oder Verständnis beim Gesprächspartner, der Schlussfolgerung oder dem Wunsch nach Beendigung des eigenen Beitrags dienen können, werden häufig auch in der Textlinguistik behandelt. In der Grammatik von BOSQUE/DEMONTE (1999: 4051–4213, siehe oben nach III.3.1.5) werden zunächst Gliederungssignale behandelt (4083–4143), darunter z. B. "comentadores" (Kommentarpartikeln) wie *pues, pues bien,* "conectores" (Konnektoren) wie *además, por añadidura, por tanto, por consiguiente, en cambio, no obstante, ahora bien* usw., "reformuladores" wie *o sea, es decir, a saber, mejor dicho, en cualquier caso, de todos modos* und abschließende Elemente wie *en fin, en suma* usw. Davon werden "marcadores conversacionales" (Diskursmarker) unterschieden (4143–4213), wie z. B. *eh, bueno, claro (está), desde luego, por lo visto, por supuesto, al parecer, vale, de acuerdo, ¡hombre!, ¡mira!, ¡vamos!, ¡oye/oiga!* usw. Die Diskursmarker dienen einerseits der sinnvollen Einbettung des eigenen Beitrags in das Gesamtgespräch, andererseits der kommentierenden Bezugnahme durch den Hörer. Den deutschen Abtönungspartikeln wie *denn, ja, doch* (z. B. *Da ist er ja!*, *Das ist ja denn doch zuviel!*, *Wo ist sie denn?*, vgl. WEYDT 1969) entsprechen im Spanischen nur bedingt ähnliche morphematische Einheiten, sondern eher die oben genannten Diskurselemente, aber ohne direkte Entsprechung.

Eine andere Möglichkeit unter den vielen denkbaren Untersuchungsgegenständen linguistischer Pragmatik sei hier beispielhaft erwähnt: In ihrem Buch *Identitäts-konstitution im Gespräch* (KLUGE 2005) behandelt die Autorin die Lage vieler junger Frauen aus Südchile, die in die Hauptstadt Santiago kommen, um ihren Lebensunterhalt als Hausangestellte zu verdienen. Diese Frauen, zum ersten Mal in der Großstadt und weit von zu Hause entfernt, zeichnen sich durch große Schüchternheit ("timidez") aus, im Verhalten und in ihrer spanischen Sprachkompetenz. Sie sind es nicht gewohnt, mit ihren Arbeitgeber(inne)n pragmatisch angemessene Gespräche über Lohnerhöhung, Streitfragen oder Probleme bei der Kündigung zu führen. Die Untersuchung zeigt, dass sie mit den Jahren solche Kompetenzen erwerben. Im Hinblick auf ihren Persönlichkeitswandel (hin zu mehr Selbstvertrauen), ist das ein soziologisches Thema, im Hinblick auf ihre sprachliche Kompetenzerweiterung – höflich ohne unterwürfig zu sein, argumentativ ihre Interessen zu vertreten, gegenüber der Hausherrin/dem Hausherrn das Wort behalten zu können – ist dies ein pragmalinguistisches Thema. Da es sich zudem auch noch um Migrantinnen aus dem Süden in die Hauptstadt handelt, geht es hier auch um ein soziolinguistisches Thema (siehe anschließend III.7.2).

6.4 Kritische Bewertung der Pragmatik

Die Pragmatik erlaubt zweifellos hoch interessante Einsichten in den üblichen Umgang mit Sprache, in die Strategien des Sprechens, z. B. des Überzeugens, Überredens und des Wort-Behaltens in der Diskussion. Die Pragmatik ist auch kein ganz neuer Zweig der Sprachwissenschaft, der früher unbekannt gewesen wäre. Im Gegenteil sind schon vor der Herausbildung der Linguistik als Wissenschaft viele Fragestellungen der Pragmatik in der **Rhetorik** (*retórica*) gestellt worden, einer Disziplin, die schon in der Antike florierte, da in ihr junge Männer in der Kunst der Rede, genauer der Überzeugung, vor allem vor Gericht, ausgebildet wurden. Die Kunst der Textgestaltung, des angemessenen Einsatzes der sprachlichen Möglichkeiten zur Erzielung eines der Schriftnorm entsprechenden oder gar ästhetisch anspruchsvollen Textes war früher Gegenstand der **Stilistik** (*estilística*).

Es muss klar sein, dass in der linguistischen Pragmatik sinnvollerweise einzelsprachliche Normen von übereinzelsprachlichen getrennt werden sollten. Außerdem muss die Rolle der Pragmatik im Gesamtgebäude der Linguistik gesehen werden: Die oft geführte Rede von einer "pragmatischen Wende" in der Linguistik Ende der sechziger Jahre des 20. Jh. kann nicht bedeuten, dass alle übrigen, schon vorher betriebenen Zweige der Sprachwissenschaft deswegen obsolet geworden wären. Die Unterscheidung zwischen den Beobachtungsebenen des Systems, der Norm und der Rede erlaubt es gerade, jedem Bereich seinen angemessenen Platz zuzuweisen und den verschiedenen Interessen der Linguisten Raum für ihre jeweiligen Schwerpunktsetzungen zu geben. Die Beobachtung und Beschreibung des jeweiligen Sprachsystems in Synchronie und Diachronie ist nicht weniger wichtig als die Beobachtung des Sprachgebrauchs zu einer bestimmten Zeit und in einer bestimmten Sprachgemeinschaft.

Anregung

Informieren Sie sich im Einzelnen über spanische Gliederungssignale anhand von BOSQUE/DEMONTE (1999: 4143–4213) und ESCANDELL VIDAL (²2007) und versuchen Sie, dafür deutsche Entsprechungen zu finden. Versuchen Sie dabei nach Möglichkeit, die typisch deutschen Abtönungspartikeln zu verwenden.

Literaturhinweise

AUSTIN, John L. (1962), *How to do things with words*, Cambridge, Mass.

COSERIU, Eugenio (1990), *Sprachkompetenz*, Tübingen.

ESCANDELL VIDAL, María Victoria (²2007*), Introducción a la pragmática*, Barcelona.

FUENTES RODRÍGUEZ, Catalina (2000), *Lingüística pragmática y análisis del discurso*, Madrid.

HUMMEL, Martin/KLUGE, Bettina/VÁZQUEZ LASLOP, María Eugenia (Hrsg.) (2010), *Formas y fórmulas de tratamiento en el mundo hispánico*, México – Graz.

KLUGE, Bettina (2005), *Identitätskonstitution im Gespräch. Südchilenische Migrantinnen in Santiago de Chile.* Frankfurt a.M./Madrid.

SEARLE, John R. (1969), *Speech acts. An essay in the philosophy of language.* Cambridge.

WEYDT, Harald (1969), *Abtönungspartikel. Die deutschen Modalwörter und ihre französischen Entsprechungen*, Bad Homburg.

Zusammenfassung

Die linguistische Pragmatik ist der Zweig der Sprachwissenschaft, in dem das Handeln durch Sprache im Kommunikationsakt untersucht wird. Dies geschieht sowohl übereinzelsprachlich, indem allgemeine Regeln der Gesprächsführung, der Kodierung von Äußerungen in bestimmter Absicht gegenüber dem Gesprächsteilnehmer und der Dekodierung, dem situationsgerechten Verstehen von Äußerungen durch den Hörer, festgestellt werden. Es geschieht aber auch einzelsprachlich, z. B. im Rahmen der Untersuchung der Kodierung von Höflichkeit im Spanischen, der angemessenen Anrede sowie der Gliede-

rung eines Diskussions- oder Gesprächsbeitrags durch bestimmte Eingangs-
signale, die sich auf das Vorwissen oder die Zustimmung des Hörers zum Gesagten beziehen.

Die Pragmatik ist nicht eine autonome Form moderner Linguistik, sondern ein
linguistischer Teilbereich, in dem viele Fragen der einzelsprachlichen Norm des
Spanischen und des Sprechens im Allgemeinen untersucht werden.

7. Soziolinguistik

7.1 Was ist Soziolinguistik?

Die Soziolinguistik (*sociolingüística*) ist die linguistische Disziplin, in der vornehmlich konkurrierende Sprachen oder Sprachformen in einem Land, einer
Region oder einer Stadt von außen (extern) untersucht werden. Es geht also nicht
um die Beschreibung der Sprachen selbst (intern), sondern um das im weitesten
Sinne soziologisch, politisch und linguistisch betrachtete Verhältnis von mehreren Sprachen am gleichen Ort, die im Allgemeinen in einem Verhältnis der Dominanz zueinander stehen. Eine von zwei Sprachen ist die politisch dominante,
die von der Mehrheitsgesellschaft und ihrer Administration gefördert, in Schulen
unterrichtet, manchmal in der Öffentlichkeit allein geduldet wird, während die
Minderheitensprache entweder in der Öffentlichkeit nicht zugelassen ist oder
aber kein Prestige in öffentlichen Belangen hat (in Behörden, Schulen, Geschäf-
ten, bei Ärzten, in Krankenhäusern usw., im Verhältnis vom Untergebenen zum
Vorgesetzten oder Chef) und deswegen nur im privaten Bereich des eigenen
Hauses oder mit Freunden gesprochen wird. In solchen Fällen der Funktionsun-
gleichheit von Sprachen spricht man von **Diglossie** (*diglosia*). Diglossie ist zu
unterscheiden von **Zwei- oder Mehrsprachigkeit** (*bilingüismo, plurilingüismo*). Bei
Zwei- oder Mehrsprachigkeit in einem Land, einer Region oder einer Ortschaft
– heute im Allgemeinen in Groß- oder Megastädten – kann soziolinguistisch der
Grad der Sprecherkompetenz in der einen und der anderen Sprache untersucht
werden, darüber hinaus die Motivation für die Sprachenwahl in bestimmten Situationen. Die klassische Frage der Soziolinguistik ist daher, wer spricht wann,
wo und mit wem über welches Thema die Sprache x, zum Beispiel Katalanisch
in Barcelona, Katalanisch (Valencianisch) in Valencia, Zapotekisch in Oaxaca
(Mexiko) oder Spanisch in New York? Diglossiesituationen können sozial und
politisch zu dauernden oder aktuellen Konflikten anwachsen, wenn die Minderheitensprache wegen ihres mangelnden Prestiges von einer gewissen öffentlichen Verwendung nicht nur faktisch ausgeschlossen ist, sondern auch politisch
unterdrückt wird, wie dies z. B. mit dem Baskischen, dem Katalanischen und
dem Galicischen in der Franco-Ära der Fall war.

Die Soziolinguistik ist ein relativ junger Zweig der Sprachwissenschaft, der sich in den 1960er Jahren in den USA mit den Arbeiten von Basil Bernstein und William Labov entwickelte. Beiden Autoren ging es um die innere, diastratische und diaphasische Variation des Englischen in Großstädten wie New York. Im Anschluss an die Thesen von Edward Sapir und Benjamin Lee Whorf (siehe dazu GIPPER 1972), denen zufolge das Denken auch durch die zur Verfügung stehenden sprachlichen Mittel bestimmt wird, entwarf Bernstein die sog. **Defizithypothese**. Sie besagt, dass Angehörige der "Unterschicht" nur über eingeschränkte lexikalische und syntaktische Mittel in der Formulierung von Gedanken verfügen ("restringierter Code"), wohingegen sich die Mittel- und Oberschicht differenzierter ausdrücken kann ("elaborierter Code"). Die Sprachbarrieren der "Unterschicht" führen nach Bernstein dazu, dass die Angehörigen dieser Schicht in den Augen der Mittel- und Oberschicht die Welt anders wahrnehmen und anders denken. Nach der **Differenzhypothese** von William Labov jedoch ist die "low variety" gegenüber der "high variety" nicht defizitär, sondern im jeweiligen Umfeld funktional gleich. Wenn sich das soziale Umfeld allerdings ändert, z. B. durch Schulbesuch oder das Anstreben "höherer" Berufe, erweisen sich die Unterschiede schließlich doch als Sprachbarrieren und verlangen nach sozialen Lösungen, werden also auch soziologisch und soziolinguistisch interessant.

In Spanien wurde die Soziolinguistik am Ende der Franco-Ära und in den Jahren des Übergangs zur Demokratie intensiv aufgegriffen und in Bezug auf das Verhältnis der **Minderheitensprachen** (*lenguas minoritarias*) Katalanisch und Baskisch zum Spanischen weiterentwickelt. Dies spiegelte sich bis in die Verwendung des Namens für die spanische Sprache hinein wider: *castellano* markierte die Distanz zum spanischen Staat (wie heute in manchen südamerikanischen Ländern), *español* die Nähe zum spanischen Nationalismus und zum zentralistischen Staat. Diese Gegensätze haben sich in Spanien inzwischen stark gemildert. In anderen Gegenden der *hispanidad*, z. B. in Mexiko oder Peru, sagt man *hablar español* ohne jeden Bezug zum spanischen Staat, und *castellano* bezieht sich eher auf das Kastilische als Dialekt.

Von ihren Anfängen an schlossen soziolinguistische Untersuchungen auch Bezüge zu praktischen Anwendungen wie Sprachunterricht zum Zwecke der Kompetenzerweiterung, zum Spracherwerb, der **Spracherziehung** (*educación lingüística*) und politischen Forderungen im Rahmen der **Sprachpolitik** (*política lingüística*) eines bestimmten Landes ein. Einige Aspekte der Soziolinguistik gehören daher auch zur **Angewandten Linguistik** (*lingüística aplicada*). Zur Theorie der Soziolinguistik und zur kritischen Bewertung ihrer Stellung im Gesamtgebäude der Linguistik siehe vor allem FERNÁNDEZ PÉREZ (1993), GARCÍA MARCOS (1999), BLAS ARROYO (²2008).

7.2 Soziolinguistische Fragestellungen

In diesem Abschnitt wollen wir exemplarisch einige Fälle von soziolinguistischen Untersuchungen zum Spanischen anhand der unten aufgeführten Literatur ansprechen, um die große Bandbreite der möglichen Fragestellungen wenigstens anzudeuten.

Ein zentrales Thema spanischer Soziolinguistik ist das Verhältnis des dominanten Spanischen zu seinen Minderheitensprachen, dem Katalanischen, Baskischen und Galicischen, aber auch zu den primären und sekundären Dialekten, dem Asturisch-Leonesischen, Aragonesischen, Andalusischen und Kanarischen (vgl. auch I.4.1.2). Dabei haben sich methodisch und sachlich Untersuchungen zur urbanen Soziolinguistik als vorteilhaft herausgestellt, also zu den sprachlichen Verhältnissen in einer größeren Stadt mit ihren breit gefächerten sozialen Schichtungen. In ETXEBARRIA AROSTEGUI (1985) geht es um das Beispiel Bilbao, eine Industriestadt des Baskenlandes mit einem großen Anteil sowohl an Baskischsprechern als auch an monolingualen Spanischsprechern. Die in der Untersuchung festgestellten Variablen sind a) Informanten, die aus Innerspanien zugezogen sind und kein Baskisch können, b) in Bilbao geborene Informanten, die kein Baskisch können, und c) in Bilbao geborene zweisprachige Informanten, die also Baskisch als Muttersprache oder später erworbene Sprache verstehen und sprechen. Als Ergebnis stellt sich ein unterschiedliches Sprachverhalten bezüglich der Verwendung baskischer Wendungen oder von Wörtern baskischen Ursprungs im regionalen Spanisch heraus: Die Gruppen b) und c) verwenden sie sehr stark bis stark, die Gruppe a) dagegen vermeidet sie oder kennt sie gar nicht (oder gibt die Nichtkenntnis vor). Die bewusste Ablehnung gehört zu dem wichtigen Komplex der Spracheinstellungen (*actitudes lingüísticas*) in zwei- und mehrsprachigen Gebieten, wo auch bei friedlichem Zusammenleben Haltungen (*actitudes*) der Abgrenzung wie auch Haltungen der Öffnung zu allen Formen der Interferenz beobachtet werden.

Ein weites Feld soziolinguistischer Forschungen sind naturgemäß die vielfältigen Kontakte zwischen dem jeweils dominanten Spanischen und den indigenen Sprachen in Hispanoamerika, sei es dem Maya in Yucatán (Mexiko), dem Quechua in den Andenländern (in Ecuador Quichua genannt) oder dem Guaraní in Paraguay. In allen Fällen handelt es sich um das Verhältnis zwischen Spanisch und den großen Eingeborenensprachen, die schon in der Kolonialzeit als *lenguas generales* eine Rolle in der Mission spielten (siehe dazu auch IV.11.4.1). Die kleineren Sprachen spielten im Kontakt zum Spanischen nie eine Rolle und sind deshalb auch kaum Gegenstand soziolinguistischer Studien. In Peru kennt man das Problem der *motosos*, der Bewohner der Sierra, die defizitär Spanisch sprechen und schreiben und daher in der Stadt kein Ansehen genießen. Der Ausdruck kommt von quechua *mut'i, mot'e*, einem im regionalen Spanisch *mote* genannten traditionellen einfachen Maisgericht. CERRÓN-PALOMINO (2003) behandelt Probleme des spanischen Sprachunterrichts in einer Region, in der es kein einheitliches Quechua, sondern zahlreiche Dialekte und andere Sprachen (z. B. Aimara) gibt. Damit die *motosos* einen Zugang zum Spanischen gewinnen können, müssen sie aber erst einmal in ihrer eigenen Sprache unterrichtet werden, was mit vielen Problemen (Lehrerausbildung, Herstellung von Schulbüchern, Finanzierung usw.) verbunden ist.

Die Verhältnisse in Paraguay und der angrenzenden argentinischen Provinz Corrientes sind davon nicht grundsätzlich verschieden. In Paraguay ist das Spanische für viele Menschen Zweitsprache neben ihrer Muttersprache Guaraní. Hier geht es nicht um Indios, sondern um die mestizische Bevölkerung auf dem Land und in den kleineren Städten, z. T. auch in der Großstadt. Das Spanische dient diesem Teil der Bevölkerung als Behelf, um die Dinge des modernen Lebens (der Technik, Verwaltung, Politik) auszudrücken, für die es auf Guaraní keine traditionellen Lexeme gibt. Guaraní ist seit 1992 offizielle Sprache in Paraguay und wird im gesamten Grundschulbereich unterrichtet. In Corrientes ist es seit 2004 offizielle Sprache neben dem Spanischen. In soziolinguistischen Untersuchungen wie ZAJÍCOVÁ (2009) und im soziolinguistischen Sprachatlas von Thun (ALGR-S 2002, siehe I.4.5) geht es in erster Linie um die Einstellungen (*actitudes*) zu Guaraní und Spanisch, um Vor- und Nachteile des **zweisprachigen Unterrichts** (*enseñanza bilingüe*) und um die eigene soziale Anerkennung als Guaraní-Sprecher. Dabei zeigt sich z. T. auch eine sprachlich-kulturelle Abgrenzung zur spanischsprachigen Welt. Das Spanische bedeutet einerseits den Zugang zur großen Welt und zur Moderne, andererseits wird es als kulturell fremd, kalt und wegen seiner Dominanz als unsympathisch empfunden. Das schließt die scheinbar widersprüchliche Haltung mancher Eltern nicht aus, ihre eigene Sprache nicht mehr an ihre Kinder weiterzugeben, sondern mit ihnen Spanisch zu sprechen, so gut sie es eben vermögen. Diese Sprecher fühlen sich in ihrer sprachlichen Lage dann offenbar unwohl. Wie soziolinguistische Studien zeigen, ergeben sich aus der Spannung in solchen Sprachsituationen große Aufgaben, einerseits für einen verbesserten Spanischunterricht, andererseits für eine Aufwertung der einheimischen Sprache durch Unterricht und verstärkte öffentliche Anerkennung derselben.

Eine andere Thematik haben wir schon im Zusammenhang mit pragmatischen Fragestellungen kennengelernt (siehe III.6.3). In KLUGE (2005) wurden spanischsprachige Migrantinnen aus Südchile behandelt, die sich in der Hauptstadt Santiago als Hausangestellte verdingen. Pragmatisch gesehen ging es um ihre sprachliche Kompetenzerweiterung. Soziolinguistisch betrachtet spielt ihr Status als Migrantinnen eine Rolle, d. h. ihr sozialer Status als Gruppe und ihre Identitätsfindung als "sureñas", die durch das häufige Zusammenkommen, das gemeinsame Kochen und die Pflege gewisser sprachlicher, "dialektaler" Eigenheiten bestimmt ist. Studien wie die von wie SILVA-CORVALÁN (2001), GIMENO MENÉNDEZ (1990) und KLUGE (2005) machen deutlich, dass Disziplinen wie Soziolinguistik, Pragmalinguistik, Dialektologie und andere nicht strikt voneinander getrennt werden können, sondern – wie auch in anderen Bereichen der Sprachwissenschaft – ineinandergreifen.

Identität (*identidad*) ist auch eines der Themen von MARCOS MARÍN (2006). Allerdings besteht die soziolinguistische Herausforderung (*reto*) hier nicht in der Suche nach der Identität für eine kleine Gruppe, sondern in der Frage, inwieweit das Spanische als Sprache für die Hispanophonen identitätsstiftend sein kann. Aspekte in der Debatte sind die Konkurrenz zwischen dem Spanischen und den Minderheitensprachen in Spanien, die Diversifizierung des Spanischen in viele Varietäten sowohl in Hispanoamerika als auch in Spanien sowie die massive Einwanderung nichtspanischsprachiger Menschen nach Spanien. Bezüglich der Lage in den USA stellt sich die Frage nach dem Selbstverständnis der hispanophonen Immigranten und der Qualität ihres Spanisch.

7.3 Historische Soziolinguistik

Alle die genannten Fragestellungen lassen sich auch in historischen Kontexten stellen, freilich mit der Erschwernis, dass sie nicht direkt beobachtet werden können, sondern aus schriftlichen Quellen erschlossen werden müssen. Das umfangreiche Werk von BARRIGA VILLANEUVA und MARTÍN BUITRAGUEÑO (2010) beschreibt das Verhältnis der Sprachen im alten Mexico zueinander, die Wanderungen der Völker (Totonaken, Maya, Azteken usw.) und damit die Verschiebungen der anzunehmenden Sprachkontakte, die Entstehung von überregionalen **Verkehrssprachen** (*lenguas vehiculares*) gegenüber lokal begrenzten Sprachen und schließlich die Herausbildung eines mexikanischen Spanisch. Dazu kommen die bilingualen und diglossischen Verhältnisse zwischen Sprechern des Spanischen und der Eingeborenensprachen wie auch die spanische Sprachpolitik gegenüber den indigenen Sprachen. In der Geschichte des 19. und 20. Jh. ist dann die Suche nach einer sprachlichen Identität der Mexikaner angesichts der Vielsprachigkeit im Lande ein zentrales Problem sowie die Diglossie in den durch Urbanisierung immer größer werdenden Städten. Damit wächst auch die Bedeutung des Sprachunterrichts.

Literaturhinweise

BARRIGA VILLANEUVA, Rebeca/ MARTÍN BUITRAGUEÑO, Pedro (dirs., 2010), *Historia sociolingüística de México*. Vol. 1: *México prehispánico y colonial*. Vol. 2: *México contemporáneo*, México.

BLAS ARROYO, José Luis (²2008), *Sociolingüística del español. Desarrollos y perspectivas en el estudio de la lengua española en contexto social*, Madrid.

CERRÓN-PALOMINO, Rodolfo (2003), *Castellano andino. Aspectos sociolingüísticos, pedagógicos y gramaticales*, Lima.

DITTMAR, Norbert (1997), *Grundlagen der Soziolinguistik. Ein Arbeitsbuch mit Aufgaben*, Tübingen.

ETXEBARRIA AROSTEGUI, Maitena (1985), *Sociolingüística urbana. El habla de Bilbao*, Salamanca.

FERNÁNDEZ PÉREZ, Milagros (1993), "Sociolingüística y lingüística", *LEA* 15: 149–248.

GARCÍA MARCOS, Francisco (1999), *Fundamentos críticos de sociolingüística*, Almería.

GIMENO MENÉNDEZ, Francisco (1990), *Dialectología y sociolingüística españolas*, Alicante.

GIPPER, Helmut (1972), *Gibt es ein sprachliches Relativitätsprinzip? Untersuchungen zur Sapir-Whorf-Hypothese*, Frankfurt.

MARCOS MARÍN, Francisco A. (2006), *Los retos del español*, Frankfurt/M./Madrid.

SCHLIEBEN-LANGE, Brigitte (³1991), *Soziolinguistik. Eine Einführung*, Stuttgart.

SILVA-CORVALÁN, Carmen (2001), *Sociolingüística y pragmática del español*, Washington, D.C.

ZAJÍCOVÁ, Lenka (2009), *El bilingüismo paraguayo. Usos y actitudes hacia el guaraní y el castellano*, Frankfurt/M./Madrid.

Zusammenfassung

Grundlage der Soziolinguistik ist die externe Betrachtung des Verhältnisses konkurrierender Sprachen (Sprachformen, sozialer Sprachschichten) zueinander, sofern sie in einem Land, einer Region oder an einem Ort miteinander in Kontakt stehen. Dabei beobachtet man fast immer ein Dominanzverhältnis, in dem eine Sprache, ein Dialekt oder eine soziale Sprachschicht als niedrig, die andere Varietät als hoch eingestuft wird. Die Soziolinguistik beschäftigt sich also mit der sozialen und politischen Dimension des Verhältnisses von Sprachgemeinschaften zueinander. In den meisten Fällen besteht Zwei- oder Mehrsprachigkeit, welche jedoch fast immer asymmetrisch ist: Die Mutter- und/oder Familiensprache wird häufig besser beherrscht als die Hochsprache, oder aber die Hochsprache ist besser verankert als die Minderheitensprache. Diglossie bezeichnet das Dominanzverhältnis und damit die unterschiedliche Funktionalität der konkurrierenden Sprachformen (Gegensatz Funktion in der Öffentlichkeit – Funktion im privaten Bereich, Ausschluss der "niedrigen" Sprachform aus dem öffentlichen Raum). Themen der Soziolinguistik sind die Identitätsfindung durch die eigene Sprache, die Beschreibung diglossischer Verhältnisse und das Aufzeigen von Lösungen durch verbesserten Sprachunterricht oder sprachpolitische Maßnahmen und die Haltung der Sprecher zu ihrer Sprachsituation in bilingualen oder diglossischen Verhältnissen. Themenstellungen der Soziolinguistik können sich berühren mit solchen der Pragmatik, der Dialektologie, der Sprachgeschichte und allen Kernbereichen der Linguistik (Phonetik und Phonologie, Grammatik, Syntax, Wortbildung, Lexikologie, Semantik).

IV. Etappen der spanischen Sprachgeschichte

In diesem vierten Hauptteil der Einführung in die spanische Sprachwissenschaft sollen einige der wichtigsten Etappen der Geschichte des Spanischen herausgehoben und kurz vorgestellt werden. **Sprachgeschichte** wird hier primär verstanden als "externe Geschichte" der spanischen Sprache in Abhebung gegenüber der **historischen Grammatik** im weitesten Sinne (Phonetik/Phonologie, Morphologie, Syntax) und der **historischen Lexikologie** (Wortbildung und Lexikon) als der "internen Geschichte" dieser Sprache. Der Schwerpunkt der Ausführungen liegt auf der frühen Phase der Herausbildung des Spanischen, weil sich die tiefgreifenden Veränderungen dieser Sprache in ihrer Entwicklung vom Vulgärlatein zum heutigen Spanisch gerade während der ältesten und älteren Epoche vollzogen haben.

1. Eroberung und Romanisierung der Pyrenäenhalbinsel

"Die Romanisierung bildete das erste Kapitel der romanischen Sprachgeschichte und der Geschichte der Einzelsprachen." (INEICHEN 1987: 15) Vor diesem Hintergrund erscheint es uns notwendig, zumindest die wichtigsten Etappen der militärischen und politischen Unterwerfung des Territoriums der Pyrenäenhalbinsel durch Rom – wenn auch nur kurz – aufzuzeigen.

Zunächst noch eine Bemerkung zu den lateinischen Namen der Pyrenäenhalbinsel: Nach Auskunft des antiken Geographen Strabo(n) umfasste die Bezeichnung **Iberia** bei den Griechen zuerst nicht nur die Halbinsel, sondern auch Südgallien bis zur Rhône. Nach der Beschränkung des Namens auf die Pyrenäenhalbinsel wurden *Iberia* (also nicht begrenzt auf das Siedlungsgebiet der Iberer; der Name hängt sprachlich mit dem Flussnamen *Iberus* 'Ebro' zusammen) und die andere Bezeichnung, nämlich *Hispania* (wohl punisch/phönizischer Herkunft), von den Römern synonym gebraucht.

Eine Übersicht über die vielgestaltige vorrömische Besiedlung der Pyrenäenhalbinsel enthält Kapitel IV.3.

1.1 Eroberung

Nachdem die See- und Handelsmacht Karthago durch ihre Niederlage im 1. Punischen Krieg (264–241 v. Chr.) Sizilien und kurz danach auch Sardinien und Korsika an Rom verloren hatte, machten sich die karthagischen Herrscher aus dem

Hause Barkas daran, als Ersatz für die verlorenen Gebiete ein Kolonialreich auf der an Bodenschätzen reichen Pyrenäenhalbinsel zu erobern. 227 v. Chr. gründeten sie die Hauptstadt Carthago Nova (≈ Cartagena). Im sog. Ebro-Vertrag (226) legten Rom und Karthago den Ebro als Demarkationslinie der Einflusssphären der beiden Großmächte des westlichen Mittelmeers fest. Der Konflikt um die Stadt Sagunt löste den 2. Punischen Krieg (218–201 v. Chr.) aus, in dessen Verlauf Rom mit der Eroberung der Pyrenäenhalbinsel begann. Nachdem Hannibal von der Pyrenäenhalbinsel aus auf dem Landweg über Südgallien und über die Alpen den Krieg nach Italien getragen hatte, landete 218 ein römisches Heer unter der Führung eines Scipionen in Emporion (≈ Ampurias) mit der Absicht, Hannibal von seiner Nachschubbasis in Hispanien abzuschneiden. Nach wechselvollen Kämpfen gelang es den Römern, 209 Carthago Nova zu erobern und schließlich die **Karthager** 206 durch die Einnahme der wichtigen Stadt Gades (≈ Cádiz) ganz von der Halbinsel zu verdrängen. Im Friedensschluss musste Karthago auf seine Gebiete auf der Iberischen Halbinsel verzichten. Rom teilte 197 v. Chr. die bis dahin eroberten, noch sehr begrenzten Gebiete im Osten und im Süden der Halbinsel in zwei Verwaltungsbezirke, in die Provinzen Hispania citerior (mit Tarraco und Carthago Nova) und Hispania ulterior (zunächst ohne feste Hauptstadt).

Die weitere Eroberung der Pyrenäenhalbinsel durch die Römer ging in der Folgezeit nur langsam und mit großen Schwierigkeiten voran, und sie erfuhr durch zahlreiche Erhebungen der besiegten Völkerschaften gegen das harte Regiment der Römer immer wieder empfindliche Rückschläge. Besonders die noch nicht unterworfenen **Keltiberer** (im Zentrum der Halbinsel) und **Lusitaner** (im Westen) leisteten erbitterten Widerstand. Nach einem Vierteljahrhundert relativen Friedens (178–155; dank der Politik des Tiberius Sempronius Gracchus) folgte eine Epoche brutaler Kriege gegen die Lusitaner (deren bekanntester Führer Viriathus war) und gegen die Keltiberer, die mit der vollständigen Vernichtung der keltiberischen Stadt Numantia (133 v. Chr.) endete. Danach schloss sich wiederum eine Friedenszeit an (132–109), wenn man von der Eroberung der Balearen (123–121) absieht. Nach erneuten Aufständen der besiegten Lusitaner und Keltiberer, die von den Römern niedergeschlagen werden konnten, weitete sich der römische Bürgerkrieg von Italien auf die eroberten Gebiete der Pyrenäenhalbinsel aus. Sertorius verband sich mit den Keltiberern und führte von 82–72 seine Kämpfe mit Hilfe der einheimischen Guerrillataktik gegen Rom (er wurde im Jahre 72 ermordet – wie schon Viriathus im Jahre 139). Auch Julius Caesar wählte ab 61 v. Chr. Hispanien als einen der Kriegsschauplätze in den Auseinandersetzungen um seinen Herrschaftsanspruch, so gegen Pompeius und dessen Söhne (Sieg bei Munda 45 v. Chr.). Im neuen Triumvirat, das sich nach Caesars Ermordung bildete, behielt sich Octavian (ab 27 v. Chr.: Augustus) u. a. Hispanien vor. Die noch nicht der römischen Herrschaft unterworfenen Kantabrer und Asturer im Nordwesten der Halbinsel wurden zwischen 29 und 19 v. Chr. in Kämpfen besiegt, die zeitweise von Augustus selbst befehligt wurden.

Die militärische Eroberung der Pyrenäenhalbinsel durch die Römer dauerte – mit zahlreichen Unterbrechungen – ziemlich genau 2 Jahrhunderte (218 bis 19 v. Chr.). So schwierig die Eroberung war, so gründlich vollzog sich in der Folge die Romanisierung der Halbinsel – mit Abstrichen in den nördlichen Regionen.

Der administrativen Zweiteilung der Halbinsel in die Provinzen Hispania citerior und Hispania ulterior von 197 v. Chr. folgte unter Augustus, wohl 15 v. Chr., eine **Neuordnung in drei Provinzen:** Die vergrößerte und rund die Hälfte der Halbinsel umfassende Hispania citerior wurde zur Tarraconensis (Hauptstadt: Tarraco ≈ Tarragona), im Südwesten wurde die Provinz Lusitania (Hauptstadt: Emerita Augusta ≈ Mérida) neu eingerichtet, im Süden wurde aus dem Rest der Hispania ulterior die Baetica (Hauptstadt: Corduba). Die Reichsreform Diokletians (305 n. Chr.) brachte auch eine Neuordnung auf der Halbinsel mit sich: Im Südosten wurde die Provinz Carthaginiensis (umfasste zunächst auch die Balearen, die später zu einer eigenen Provinz wurden) geschaffen; daneben existierten die Provinzen G(C)allaecia (im Nordwesten, von Kaiser Caracalla errichtet), Tarraconensis (stark verkleinert), Baetica und Lusitania weiter. Zusammen mit der Provinz Mauretania Tingitana (in Nordafrika) bildete Hispanien nunmehr eine Diözese innerhalb der Präfektur Gallien.

Die römische Herrschaft dauerte auf der Pyrenäenhalbinsel bis zu den massiven **Germaneneinfällen** der Völkerwanderungszeit im 5. Jh. Im Jahre 409 drangen Sueben, Vandalen und Alanen verwüstend auf die Halbinsel vor. 418 gründeten die Westgoten in Südgallien das Tolosanische Reich (Tolosa ≈ Toulouse), von wo aus König Eurich 472 Lusitania und 474 die Tarraconensis eroberte. Nach der Niederlage gegen die Franken wanderten die Westgoten von Südgallien auf die Pyrenäenhalbinsel weiter, wo sie das westgotische Reich errichteten, das von 507 bis 711 (Einfall der Araber) bestand.

Weitere für die Konstituierung der Romania wichtige Daten:

Eroberung Südgalliens (Provincia Gallia Narbonensis): 125–120 v. Chr.
Eroberung von ganz Gallien durch Julius Caesar: 58–51 v. Chr.
Abschluss der Eroberung des Territoriums des heutigen Italien unter Augustus: 15. v. Chr.

Eroberung Dakiens und Einrichtung der Provinz Dacia (107 n. Chr.) durch Kaiser Trajan (98–117), unter dessen Herrschaft das Imperium Romanum seine größte Ausdehnung erreichte.

1.2 Romanisierung

Der Phase der politisch-militärischen Eroberung folgte in der Westhälfte des Reiches (in der Osthälfte wegen des Kulturprestiges der Griechen dagegen nicht) die Phase der kulturellen Durchdringung und der Romanisierung, welche nach

Regionen verschieden die frühere oder spätere Annahme der lateinischen Sprache bewirkte. Die Gebiete, in denen die lateinische Sprache meist als Folge der Völkerwanderung später wieder verschwand, gehören zur sogenannten "verlorenen Romania" oder auch "Romania submersa", wie z. B. England, Niederlande, Südwestdeutschland, Österreich, Nordschweiz, Nordafrika.

"An Faktoren, die zu der **Romanisierung** so vieler, sprachlich und kulturell und dem Wesen nach so verschiedener Völker beitrugen", zählt REICHENKRON (1965: 153–221) die sieben folgenden auf:

1. das römische Heer und das römische Militärwesen,
2. die römische Kolonisation und die Siedlungsarten,
3. die römische Verwaltung und das römische Straßennetz,
4. der römische Handel,
5. das römische Bürgerrecht,
6. die römischen Schulen und die römische Erziehung,
7. das Christentum.

Zu diesen verschiedenen Faktoren jeweils nur einige Bemerkungen:

1) Die zumindest in der Phase der Eroberung starke militärische Präsenz der Römer auf der Pyrenäenhalbinsel, die Aufnahme von Einheimischen in das römische Heer (die Kommandosprache blieb stets Latein), die Verbindung römischer Soldaten mit einheimischen Frauen und die nachweislich zahlreichen daraus hervorgegangenen Kinder spielten eine wichtige Rolle im Prozess der Romanisierung.

2) Die **römische Kultur** war – wie die antiken mediterranen Hochkulturen überhaupt – eine Stadtkultur, und so ist die Urbanisierung ein untrügliches Zeichen römischer Kolonisierung. Von den Städten aus verbreiteten sich römische Kultur und Sprache in den Provinzen. Da die Hispania ulterior, insbesondere die spätere Südprovinz Baetica, schon vor der Eroberung durch die Römer stark städtisch geprägt war, vollzog sich hier die Romanisierung rascher und profunder als in der übrigen Hispania. Die Baetica war eine kulturell sehr hochstehende Region, die sich rasch assimilierte, daher früh als "befriedet" gelten konnte und somit eine senatorische Provinz wurde. Das Latein der Baetica wies konservative Züge auf, was für die Herausbildung der westlichen iberoromanischen Sprachen und teilweise auch des Kastilischen von Belang werden sollte. Die Tarraconensis (v. a. das Landesinnere) stand dagegen kulturell auf einem niedrigeren Niveau als die Südprovinz. Ihr Kolonisationstyp war von den Soldaten und den bäuerlichen Siedlern (darunter auch Italiker) geprägt, daher verlief die Romanisierung viel langsamer als in der Baetica. Die Tarraconensis war eine kaiserliche Provinz; sprachliche Besonderheiten dieser Provinz gelangten ebroaufwärts bis in die Region des künftigen Kastilien.

Die älteste römische Stadtgründung auf der Halbinsel ist die von Tarraco (≈ Tarragona) aus der Zeit des 2. Punischen Krieges. Ebenfalls aus dieser Zeit stammt Italica (≈ Santiponce [Sevilla]) zur Ansiedlung von Veteranen. Carteia (bei Algeciras) wurde 171 v. Chr. für Kinder aus Verbindungen römischer Soldaten mit einheimischen Frauen gegründet.

Wichtige römische Städte im Süden: Corduba, Gades (≈ Cádiz; phönizisch, als Siedlung schon im 11. Jh. v. Chr. gegründet), Hispalis (≈ Sevilla), Malaca (≈ Málaga; phönizisch), Olisippo (≈ Lisboa), Carthago Nova, Valentia (≈ Valencia).

Von Augustus wurden gegründet: Emerita Augusta (≈ Mérida), Caesaraugusta (≈ Zaragoza), Barcino/Barcinone(m) ≈ Barcelona; zur Kontrolle der Nordgebiete: Bracara Augusta (≈ Braga), Lucus Augusti (≈ Lugo), Asturica Augusta (≈ Astorga).

3) Über die Veränderungen der administrativen Gliederung der Halbinsel wurden oben bereits Angaben gemacht.

Es ist bekannt, dass die Römer die Meister des Straßenbaus in der Antike waren. Sie überzogen ihr Imperium mit **Verbindungsstraßen**, die zunächst militärischen Zwecken dienten, nach der "Befriedung" aber Handelswege wurden und sich schließlich als Adern der Romanisierung erwiesen. So führte beispielsweise die Via Herculea von den Säulen des Hercules über Carthago Nova, Tarraco, Emporiae, Narbo bis zur Rhône. Neben dem Verkehr auf den Landstraßen war auch die Flussschifffahrt ein wichtiges Verkehrsmittel innerhalb des Landes bis zum Meer. H. LÜDTKE (1978: 439) hat die Bedeutung des römischen Straßennetzes "für die wirtschaftlichen Beziehungen und die menschlichen Kontakte" hervorgehoben und sieht "die Wichtigkeit der römischen Straßen für die Sprache in der Potenzierung der menschlichen Beziehungen".

4) Der militärischen Eroberung folgten die römischen Kaufleute. Auf Handel und Warenaustausch als Faktoren für eine kulturelle Kontaktaufnahme braucht hier nur hingewiesen zu werden.

5) "Wohl keiner von den der Romanisierung dienenden Faktoren wurde von den Römern so bewusst verwendet wie die Verleihung des Bürgerrechts". (REICHENKRON 1965: 189)

Neben den Bürgerrechtsverleihungen durch einzelne Politiker wie Pompeius und Caesar an begrenzte Gruppen sollen hier die Verleihung des "ius Latii" durch Kaiser Vespasian an die Gemeinden der Iberischen Halbinsel im Jahre 74 n. Chr. und die Verleihung des vollen römischen Bürgerrechts durch Kaiser Caracalla (Constitutio Antoniniana, 212 n. Chr.) an alle freien Angehörigen des römischen Reiches Erwähnung finden.

6) Die Einrichtung von römischen Schulen diente u. a. dazu, die Söhne der vornehmen einheimischen Familien an die römische (und griechische) Kultur heranzuführen und sie politisch sowie sprachlich zu assimilieren (vgl. die berühmte Schule des Sertorius in Osca [≈ Huesca]).

7) Das **Christentum** wirkte mit seiner Ausbreitung als Religion auf der Pyrenäenhalbinsel – allerdings später als die o. a. Faktoren – zugunsten der Latinisierung v. a. der in ihrer Romanisierung noch rückständigen Gebiete (siehe VICENS VIVES 1972: 44).

In den ersten beiden Jahrhunderten n. Chr. erlebte Hispanien eine wirtschaftliche und kulturelle Blütezeit; von letzterer zeugen **Autoren** wie die in Hispanien geborenen Senecas (Vater und Sohn), Lucan, Martial, Quintilian, Columella, Pomponius Mela, die aus dem römischen Schrifttum nicht wegzudenken sind. Auch die Kaiser Trajan, Hadrian und später Theodosius (4. Jh.) stammen aus Hispanien. Aus christlicher Zeit können Autoren wie Prudentius und Orosius angeführt werden.

Als Resümee und zugleich als Übergang zum nächsten Kapitel möge folgendes Zitat dienen:

> Einer der wesentlichsten Züge der Romanisierung Hispaniens ist seine Latinisierung, d. h. der Prozess, in dessen Verlauf die einheimischen Sprachen verschwanden und gleichzeitig durch das Lateinische ersetzt wurden, aus welchem sich im Laufe der Jahrhunderte die romanischen Sprachen entwickelt haben, die heute auf der Halbinsel in Gebrauch sind. (GARCÍA Y BELLIDO 1972: 462)

Literaturhinweise zur spanischen Sprachgeschichte

Zwei Werke ragen in der Sprachgeschichtsschreibung heraus, das klassische Standardwerk von Lapesa und eine neue, umfassende Darstellung durch verschiedene Autoren:

CANO, Rafael (Hrsg.) (^{2}2005), *Historia de la lengua española*, Madrid.

LAPESA, Rafael (^{9}1981), *Historia de la lengua española*, Madrid.

Weitere Darstellungen:

BALDINGER, Kurt (^{2}1972), *La formación de los dominios lingüísticos en la Península Ibérica*, Madrid.

BERSCHIN, Helmut/FERNÁNDEZ-SEVILLA, Julio/FELIXBERGER, Josef (^{4}2012), *Die spanische Sprache. Verbreitung – Geschichte – Struktur*, Hildesheim, 69–123.

BOLLÉE, Annegret/NEUMANN-HOLZSCHUH, Ingrid (^{6}2011), *Spanische Sprachgeschichte*, Barcelona usw., Stuttgart.

CANDAU DE CEVALLOS, María del Carmen (1985), *Historia de la lengua española*, Potomac.

DÍEZ, Miguel/MORALES, Francisco/SABÍN, Ángel (^{2}1980), *Las lenguas de España*, Madrid.

ENTWISTLE, William James (^{2}1962), *The Spanish Language together with Portuguese, Catalan and Basque*, London (Übers.: *Las lenguas de España: castellano, catalán, vasco y gallego-portugués*, Madrid ^{5}1995).

ERNST, Gerhard, et al. (2003): *Romanische Sprachgeschichte. Ein internationales Handbuch zur Geschichte der romanischen Sprachen* (HSK, 23,1), I, Berlin.

LLEAL, Coloma (^{3}2009), *Historia de la lengua española*, Barcelona.

PENNY, Ralph J. (^{2}2002), *A history of the Spanish language*, Cambridge.

POUNTAIN, Christopher J. (2001), *A history of the Spanish language through texts*, London.

QUILIS, Antonio (^{4}1991), *Historia de la lengua española*, Madrid.

TOVAR, Antonio ([3]1989), *Einführung in die Sprachgeschichte der Iberischen Halbinsel. Das heutige Spanisch und seine historischen Grundlagen*, Tübingen.

Enzyklopädische Information zu Einzelthemen der spanischen Sprachgeschichte in:

ALVAR, Manuel, et al. (Hrsg.), *Enciclopedia lingüística hispánica (ELH)*, tomo I: Madrid 1960; Suplemento al tomo I: Madrid 1962; tomo II: Madrid 1967.

Literaturhinweise zur Romanisierung

Auswahl von umfassenden Darstellungen der römischen Epoche der Geschichte der Iberischen Halbinsel:

BLÁZQUEZ, José María ([2]1986), *Ciclos y temas de la Historia de España: la Romanización*, 2 tomos, Madrid.

BUDINSZKY, Alexander (1881), *Die Ausbreitung der lateinischen Sprache über Italien und die Provinzen des römischen Reiches*, Berlin (Nachdruck 1973).

GARCÍA Y BELLIDO, Antonio (1972), "Die Latinisierung Hispaniens", in: TEMPORINI, Hildegard (Hrsg.), *Aufstieg und Niedergang der römischen Welt*, Bd. I, 1, Berlin-New York: 462–491 (+ umfangreiche Bibliographie, 492–500).

Historia general de España y América, tomo I-2: *De la protohistoria a la conquista romana*; tomo II: *Constitución y ruina de la España romana*, Madrid [2]1991.

INEICHEN, Gustav (1987), "Zwischen Latein und frühem Romanisch (Die Schwelle um 800 n. Chr.)", in: ARENS, Arnold (Hrsg.), *Text-Etymologie. Untersuchungen zu Textkörper und Textinhalt. Festschrift für Heinrich Lausberg zum 75. Geburtstag*, Stuttgart: 14–18.

LÜDTKE, Helmut (1962/1978), "Die Verkehrswege des römischen Reiches und die Herausbildung der romanischen Dialekte", in: KONTZI, Reinhold (Hrsg.) (1978), *Zur Entstehung der romanischen Sprachen*, Darmstadt, 438–447.

MANGAS, Julio ([2]1980), *Hispania Romana*, in: TUÑÓN DE LARA, Manuel (Hrsg.), *Historia de España*, tomo I: *Introducción – Primeras culturas e Hispania Romana*, Barcelona: 197–432.

MENÉNDEZ PIDAL, Ramón (Hrsg.) (1935), *Historia de España*, tomo II: *España romana (218 a. de J. C. – 414 de J. C.)*, Madrid.

REICHENKRON, Günter (1965), *Historische Latein-Altromanische Grammatik*, I. Teil, Wiesbaden.

VICENS VIVES, Jaime ([8]1972), *Aproximación a la historia de España*, Barcelona.

Für eine erste Information:

PLOETZ, Carl ([34]2005), *Der Große Ploetz. Die Daten-Enzyklopädie der Weltgeschichte*, Köln.

RUHL, Klaus-Jörg ([4]1998), *Spanien-Portugal-Ploetz: die Geschichte Spaniens und Portugals zum Nachschlagen*, Freiburg.

Zur besseren Anschaulichkeit sollten auch entsprechende Geschichtsatlanten eingesehen werden.

Zusammenfassung

Die Iberische Halbinsel wurde von den Römern als Konsequenz aus dem 2. Punischen Krieg und den Auseinandersetzungen mit den Karthagern innerhalb von zwei Jahrhunderten (218–19 v. Chr.) erobert und schrittweise romanisiert. Dabei assimilierten sich die historischen Völkerschaften wie die der Iberer, Keltiberer und Lusitaner weitgehend an die römische Kultur, während die Basken ihre Sprache beibehielten. Der städtisch geprägte Süden der Halbinsel gilt als am frühesten und intensivsten romanisiert, wohingegen der Norden im Kernland des späteren Kastilischen eine andere Qualität des Lateinischen ausbildete. Wichtige Faktoren, die die Romanisierung beförderten, waren der Ausbau der Verkehrswege, die Verleihung des römischen Bürgerrechts und das Christentum.

2. Die sprachliche Grundlage: das sogenannte Vulgärlatein

2.1 Was versteht man unter "Vulgärlatein"?

Das sog. Vulgärlatein ist die Grundlage der romanischen Sprachen.

> Die einzelnen rom. Sprachen sind nicht die Töchter des Vlt., sondern selbst Vlt., d.h. seine Spielart. Sie sind das Latein von heute. (VOSSLER 1954: 48)

> [...] las diferentes variedades romances representan, en cierta manera, los dialectos medievales y modernos del latín; no hay solución de continuidad. (VÄÄNÄNEN 1982: 26)

Die meisten romanischen Sprachen und Dialekte können als heutige lebende Varietäten des gesprochenen Lateins bestimmter mittlerer und westlicher Länder des Imperium Romanum aufgefasst werden; für die Erklärung der sprachlichen Entwicklung vom Sprechlatein der römischen Zeit zu den vielfältigen Ausprägungen romanischer Sprachen und Mundarten (Problem der "Ausgliederung der romanischen Sprachräume") kommen verschiedene Faktoren in Frage: so u. a. der Einfluss der Substrate und der Superstrate (vgl. dazu IV.3. und 4.).

Das **Vulgärlatein** ist die gesprochene Form des Lateinischen in Rom und im römischen Reich, in Abhebung vom geschriebenen (literarischen) Latein. Dass die Bezeichnung "Vulgärlatein" kein glücklicher Terminus ist, wird von vielen Romanisten betont; trotzdem hat sich "Vulgärlatein" als Fachterminus heute in der romanischen Sprachwissenschaft fast allgemein durchgesetzt. Der Stein des Anstoßes bei dieser Bezeichnung liegt im Element "Vulgär-" (span.: [*latín*] *vulgar*), das als soziokulturelle oder stilistische Zuordnung dieser bestimmten Varietät des Lateins interpretiert werden könnte und auch wurde, z. B. als Latein der unteren und untersten Volksschichten ("Pöbelsprache"). In der Tat geht das Modell dieser Bildung letztlich auf Ciceros Formel des "vulgaris sermo" – auch "plebeius sermo" – zurück. Daneben findet man auch "sermo cotidianus", "sermo rusticus", letzteres besonders in Opposition zur "urbanitas" des kultivierten literarischen Lateins. Wenn der Terminus "Vulgärlatein" jedoch ohne etymologische Deutungsversuche einfach als Fachterminus für "gesprochenes Latein" oder "Sprechlatein" ohne Einschränkung auf bestimmte Sprecherschichten verwendet wird, so dürften sich in der Fachwissenschaft keine Missverständnisse mehr ergeben. Sprachwissenschaftler, die solchen terminologischen Schwierigkeiten vorbeugen wollen, behelfen sich z. T. damit, dass sie vom sog. Vulgärlatein sprechen (z. B. Tagliavini, Coseriu u. a.) oder sie führen ganz andere Termini ein wie z. B. "Verkehrslatein" bzw. "Umgangslatein" (Reichenkron) oder "Sprechlatein (Spontansprache)" (H. Lüdtke).

Für die heutige Romanistik ist das Vulgärlatein nicht – wie etwa für Latinisten – eine fehlerhafte Sprachform der Epoche der Dekadenz, in der Kasus "verwechselt" oder "falsche" Konstruktionen verwendet wurden, sondern Grundlage des Übergangs zu etwas Neuem, die lebendige Ausgangssprache für die romanischen Idiome. Die Romanistik betrachtet das Vulgärlatein als die normale, spontane Ausdrucksform der Römer, das klassische Latein dagegen eher als hoch entwickelte Sonderform des Lateinischen. Die romanischen Sprachen sind die Fortsetzer des Vulgärlateins und insofern lebendes, modernes Vulgärlatein.

Allerdings ist Vulgärlatein ein Sammelbegriff, ein Kürzel für recht verschiedene Sprachformen. Vulgärlatein darf man sich nicht als einheitliche Sprache wie etwa das heutige Deutsch oder die heutige französische Standardsprache vorstellen. Es hat nicht nur eine Entwicklung über mehrere Jahrhunderte mitgemacht (diachrone Unterschiede), sondern ist auch als dialektal gegliedert (diatopische Unterschiede). Die römischen Soldaten und Kolonisten, die das Latein in die verschiedenen Provinzen des Reiches trugen, kamen zunächst aus unterschiedlichen Gegenden Italiens, später auch aus anderen, möglicherweise weit auseinander liegenden Provinzen des Imperiums. Die einheimischen Völkerschaften, die sich z. B. in Gallien oder Hispanien das Lateinische aneigneten, brachten ihre Aussprachegewohnheiten sowie spezielle Bezeichnungen landestypischer Begriffe ein. Damit trugen sie zur **Differenzierung des Vulgärlateins** und letztlich zur "Ausgliederung" der romanischen Sprachen schon in der lateinischen Epoche bei (vgl. auch IV.3.; zur regionalen Variation des Lateinischen siehe jetzt ADAMS 2007, zum Einfluss anderer Sprachen auf das Lateinische durch Sprachkontakt ADAMS 2008). Vulgärlatein ist auch ein Sammelbegriff für das gesprochene Latein aller Bevölkerungsschichten, nicht nur der untersten, wie man früher meinte, und impliziert insofern auch schichtenspezifische (diastratische) Unterschiede. In stilistischer Hinsicht (diaphasische Unterschiede) umfasst es alle Register von "kolloquialungezwungen" über "familiär" bis zu wirklich "vulgär". Zur Terminologie der sprachlichen Variation (diatopisch, diastratisch, diaphasisch) siehe II.4.5.

Den Gedanken, dass das Lateinische schon zu früher Zeit regional differenziert war und sich die Differenzen in den neu eroberten Provinzen (Sardinien, Hispanien, Africa, Gallia Cisalpina, Gallia Transalpina, Dacia) weiter verstärkten und so schon frühzeitig die Herausbildung von Unterschieden begründeten, die später in die verschiedenen romanischen Dialekte und Sprachen mündeten, verfolgt auch ADAMS (2007: 689–701).

2.2 Notwendigkeit der Annahme des Vulgärlateins für die romanische Sprachwissenschaft

Viele Entwicklungen in den romanischen Sprachen lassen sich nicht als Entwicklung aus den bekannten Verhältnissen des literarischen oder klassischen Lateins erklären. Greifen wir nur kurz einige Erscheinungen aus dem grammatischen und dem lexikalischen Bereich heraus: die spektakulärste Neuerung der romanischen Sprachen gegenüber dem klassischen Latein ist die Schaffung einer für dieses Latein völlig neuen Wortart (*pars orationis*), nämlich des Artikels. Alle romanischen Sprachen und Dialekte haben den **bestimmten Artikel**, das klassische Latein dagegen kennt einen solchen im Gegensatz zum Griechischen nicht. Die Tatsache, dass der bestimmte Artikel überall in der Romania existiert und dass er sich in der weitaus größten Zahl der romanischen Sprachen materiell aus demselben lateinischen Element, nämlich dem Demonstrativum *ille*, entwickelt hat, zwingt geradezu zur Folgerung, dass der Artikel noch in gemeinromanischer Zeit, d.h. im Vulgärlatein, entstanden sein muss. Eine Polygenese des Artikels in den romanischen Sprachen annehmen zu wollen, widerspricht jeglicher Wahrscheinlichkeit (und im Übrigen den sprachlichen Belegen). Auch die Ersetzung der synthetischen Formen des lateinischen Futurs (vom Typ *cantabo, dicam*) durch **periphrastische Bildungen** in den romanischen Sprachen, in den meisten Fällen zurückgehend auf den Typ *cantare habeo*, vgl. span. *cantaré*, frz. *(je) chanterai* (vgl. III.2.5), muss im Vulgärlatein ihren Ursprung haben. HERMAN (1975: 11) verweist auf die kl.-lat. Wörter *ignis* 'Feuer', *loqui* 'sprechen' und *pulcher* 'schön', die in keiner romanischen Sprache in volkstümlicher Entwicklung weiterleben. Diese kl.-lat. Wörter wurden im Vulgärlatein durch andere Lexeme ersetzt, die in den romanischen Sprachen fortbestehen:

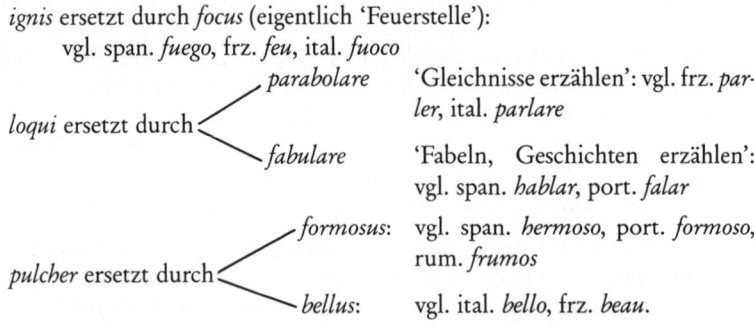

ignis ersetzt durch *focus* (eigentlich 'Feuerstelle'):
    vgl. span. *fuego*, frz. *feu*, ital. *fuoco*

loqui ersetzt durch
    parabolare   'Gleichnisse erzählen': vgl. frz. *parler*, ital. *parlare*
    fabulare   'Fabeln, Geschichten erzählen': vgl. span. *hablar*, port. *falar*

pulcher ersetzt durch
    formosus: vgl. span. *hermoso*, port. *formoso*, rum. *frumos*
    bellus: vgl. ital. *bello*, frz. *beau*.

2.3 Zeitliche Abgrenzung des Vulgärlateins

Über die zeitliche Abgrenzung des Vulgärlateins gibt es in der Forschung keine einheitliche Meinung. Die verschiedenen Auffassungen hängen davon ab, wie sehr der Begriff des Vulgärlateins an die Gegenüberstellung zum klassischen Latein gekoppelt wird. Autoren wie Väänänen und zuletzt auch Kiesler sehen im Vulgärlatein eher eine volkstümliche Umgangssprache, die zu allen Zeiten der Latinität existiert hat, d. h. vom Ausgang der archaischen Epoche des Lateins (Ende 3. Jh. v. Chr.) bis zum Auftreten der ersten schriftlichen Texte in romanischer Sprache (9. Jh. n. Chr.). In der Tat gibt es populäre Formen, die immer gebraucht wurden, aber keine Aufnahme in die klassische Schriftnorm fanden, z. B. die Form der 2. P. Pl. des Possessivums *voster* neben *vester*. Da wir in den romanischen Sprachen nur Fortsetzer von *vostru(m)* finden (vgl. span. *vuestro*), zählen die hier genannten Autoren und viele andere solche Formen auch zu den "vulgärlateinischen", obwohl zur Zeit der Abfassung der frühen Texte, die diese und ähnliche Formen enthalten (z. B. die Komödien des Plautus, um 200 v. Chr.), noch keine als Norm geltende lateinische Schriftsprache bestand.

Eine mittlere, aber nicht grundsätzlich andere Position hinsichtlich des Beginns vertreten etwa Battisti und Herman, die für das Vulgärlatein den Zeitraum zwischen 200 v. Chr. und 600 n. Chr. ansetzen. Dadurch werden immerhin die sogenannten "dunklen" Jahrhunderte der Germanenherrschaft in Gallien (siehe IV.4.1), Spanien und Italien, in denen die Einheit des Römischen Reiches längst zerbrochen und der Austausch sprachlicher Entwicklungen zwischen den Provinzen unterbunden war, aus der zeitlichen Definition des Vulgärlateins weitgehend herausgenommen und für diese Zeit bereits eine frühromanische Phase der Einzelsprachen postuliert.

Definitorisch viel stärker an die Opposition zum klassischen Latein gebunden und daher chronologisch viel stärker eingegrenzt sieht COSERIU (2008: 119–129) das Vulgärlatein. Seine Auffassung lässt sich in folgender Skizze verdeutlichen:

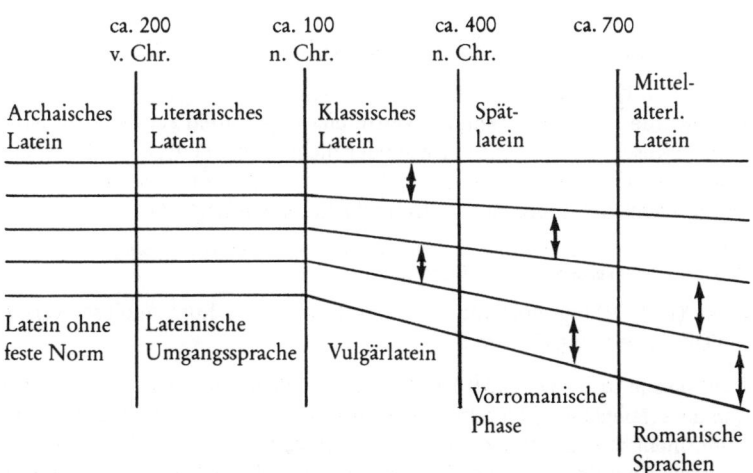

ca. 200 v. Chr.	ca. 100 n. Chr.	ca. 400 n. Chr.		ca. 700
Archaisches Latein	Literarisches Latein	Klassisches Latein	Spät-latein	Mittelalterl. Latein
Latein ohne feste Norm	Lateinische Umgangssprache	Vulgärlatein	Vorromanische Phase	Romanische Sprachen

Die horizontalen Linien kann man als die verschiedenen Sprachniveaus und -register des Gesamtlateins deuten, z. B. als den Gebrauch von *formosus* neben und in der Bedeutung von *pulcher* bzw. als Kasusgebrauch in *villa patris mei* gegenüber der Präpositionalsyntax in *villa de meo patre* bzw. als A.C.I.-Konstruktion nach Verben des Sagens *(dico me illum cognoscere)* neben einer Hypotaxe mit *quod* (*dico quod illum cognosco* 'digo que lo conozco').

Zwischen ca. 200 v. Chr. und ca. 100 n. Chr. werden das literarische und das umgangssprachliche Latein unterschieden. In dieser Epoche existiert noch eine wechselseitige Beeinflussung dieser beiden lateinischen Traditionen. In der nachaugusteischen Zeit wird das literarische Latein der klassischen Epoche (diese reicht von ca. 80 v. Chr. bis 120 n. Chr.) zum "klassischen" Latein fixiert. Damit ist gemeint, dass in die Schriftsprache keine Neuerungen mehr aus der gesprochenen Sprache aufgenommen werden. Daher stellt man ein deutliches Sichwegentwickeln des Vulgärlateins vom klassischen Latein (angedeutet durch ⇕) sowie eine sich verstärkende innere Differenzierung des Vulgärlateins fest. Coseriu setzt dann eine **vorromanische Phase** von ca. 400 bis ca. 700 n. Chr. an, an welche er schließlich die Phase der verschiedenen romanischen Sprachen – zunächst nur in angedeuteten Konturen – anschließt.

Dieses Schema verdeutlicht einerseits die Auffassung, dass es eine Kontinuität des gesprochenen Lateins von den Anfängen der lateinischen Sprache bis zur Gegenwart der heutigen romanischen Sprachen gibt, und andererseits die These, dass die wichtigsten **Neuerungen** der späteren romanischen Sprachen zwischen ca. 100 n. Chr. und ca. 400 n. Chr. im Vulgärlatein entstanden seien, in einer Epoche, die einen anormal beschleunigten Rhythmus der Sprachentwicklung aufweise.

2.4 Die Frage nach der Einheitlichkeit des Vulgärlateins

In der älteren Forschung (so z. B. von E. Bourciez, H. F. Muller, z. T. auch von A. Meillet) wurde häufig die Meinung vertreten, Vulgärlatein sei eine einheitliche Sprache gewesen. Später wird hingegen der nicht einheitliche, d. h. differenzierte Charakter des Vulgärlateins hervorgehoben, so z. B. von Rohlfs, Straka, Väänänen, Lausberg, Tagliavini, Vidos. Stellvertretend zitieren wir LAUSBERG (³1969: § 34):

> Das Vulgärlatein war nun aber keine einheitliche Sprache: weder in sozialer noch in chronologischer noch in geographischer Hinsicht.

HERMAN (1975: 17) fügt noch die Stilunterschiede hinzu. Kurz zu diesen verschiedenen Differenzierungsfaktoren:

1) Diatopische (d. h. regionale) Faktoren: Es ist nicht zu erwarten, dass bei der weiten geographischen Verbreitung des gesprochenen Lateins im Imperium Romanum, nicht zuletzt infolge von Substrateinwirkung, die Sprache einen völlig homogenen Charakter aufweist. So gibt es z. B. zweifellos Unterschiede zwischen dem Vulgärlatein in Mittel- und Süditalien und dem in Gallien.

2) Diastratische (d. h. soziokulturelle) Faktoren: Die Kolonisierung der verschiedenen Provinzen erfolgte durch unterschiedliche soziale Gruppen mit unterschiedlichem Bildungsstand. Diese Unterschiede spiegeln sich bis zu einem gewissen Grad in der Sprache wider.

3) Diaphasische (d. h. stilistische) Faktoren: Die Unterschiedlichkeit der Ausdrucksabsichten kann sich mit den soziokulturellen Differenzierungsfaktoren kombinieren.

4) Chronologische Faktoren:

a) Zwischen der Eroberung der ersten römischen Provinz, Sizilien (241 v. Chr.), und der letzten, Dacien (107 n. Chr.), liegt ein Abstand von rund dreieinhalb Jahrhunderten. Dies stellt einen wichtigen Gesichtspunkt für die Beurteilung der sprachlichen Romanisierung dar, denn es ist nicht anzunehmen, dass das Latein über diese lange Zeitspanne hinweg unverändert blieb.

b) Selbst wenn man das Vulgärlatein nur für den Zeitraum zwischen 100 n. Chr. und 400 n. Chr. ansetzt, so muss auch für diese relativ kurze Epoche zumindest mit der "normalen" Rate an Sprachwandel gerechnet werden.

Beschließen wir diese Ausführungen mit einem Zitat von VIDOS (1968: 229–230), das ein abgewogenes Urteil zu dieser vieldiskutierten Streitfrage darstellt:

> Daß es wirklich das Verhältnis von Einheit und Differenzierung des Vulgärlateins ist, das uns den Schlüssel an die Hand geben kann, die Ursprünge der romanischen Sprachen zu erhellen, wird klar, wenn wir folgende Betrachtungen anstellen. Das Vulgärlatein war zweifellos wie jede andere gesprochene Sprache vertikal (gesellschaftlich) und horizontal (geographisch) differenziert. Trotzdem musste es, um die Funktion der Umgangssprache des römischen Reichs erfüllen zu können, eine gewisse Homogenität aufweisen. Die Schriftsprache, wie sie sich in der klassischen Tradition verfestigt hatte, blieb dagegen sehr homogen.

2.5 Die Quellen des Vulgärlateins

Nachdem das Vulgärlatein als die gesprochene Form des Lateins bestimmt wurde, kann es nicht verwundern, dass es keine im eigentlichen Sinne vulgärlateinischen Texte gibt. Vielmehr liegen Texte vor, die vulgärlateinische Elemente enthalten.

Im Folgenden wollen wir die hauptsächlichen Arten von Quellen für unsere Kenntnis des Vulgärlateins kurz vorstellen; wir halten uns für die Reihenfolge der Aufzählung an die entsprechende Darstellung von VÄÄNÄNEN (³1981: 14–20).

1) Zeugnisse lateinischer Grammatiker:
Puristisch ausgerichtete Grammatiker tadelten die besondere Aussprache von bestimmten Wörtern oder gewisse Formen, die der normativen lateinischen Grammatik nicht entsprachen. Hier muss insbesondere die sogenannte *Appendix Probi* (wahrscheinlich aus dem 3. oder 4. Jh. n. Chr., evtl. erst aus dem 6. oder 7. Jh.; Datierung umstritten) angeführt werden. Der Verfasser ist nicht bekannt, der Name des Textes erklärt sich jedoch daraus, dass dieser als "Anhang" zu einer Abschrift der

lateinischen Grammatik des Probus überliefert ist. Es handelt sich hier um eine Liste von 227 getadelten **Vulgarismen**, jeweils unter Voranstellung der vom Verfasser als korrekt empfohlenen Formen, vom Typ: *viridis non virdis, speculum non speclum, auris non oricla, persica non pessica*. Sehr häufig sind es gerade die kritisierten Formen, die die Grundlage für die späteren romanischen Formen bilden, vgl. span./ital. *verde*; span. *espejo*, it. *specchio*; span. *oreja*, it. *orecchia* neben *orecchio*, frz. *oreille*; it. *pesca*, frz. *pêche* (dagegen span. *albérchigo* – über eine mozarabische Form).

2) Lateinische Glossare (aus der vorromanischen Phase):

Glossen bzw. Glossare sind die Vorformen unserer Wörterbücher, in denen Wörter, Syntagmen oder kurze Sätze, die zu einer bestimmten Zeit offenbar nicht mehr verstanden oder als erklärungsbedürftig empfunden wurden, mit geläufigen Sprachmitteln erklärt bzw. übersetzt wurden. Am bekanntesten sind die allerdings recht späten *Reichenauer Glossen* (benannt nach der Abtei Reichenau, dem früheren Aufbewahrungsort der Handschrift), die wahrscheinlich gegen Ende des 8. Jh. in Nordfrankreich entstanden sind. Einige Belege zur Illustration:

> pulcra: bella
> forum: mercatum (vgl. span. *mercado*)
> galea: helmus (vgl. span. *yelmo*)
> emit: comparavit (vgl. span. *compró*)
> cecinit: cantavit (vgl. span. *cantó*)
> iecore: ficato (vgl. span. *hígado*)
> in ore: in bucca (vgl. span. *boca*).

3) Lateinische Inschriften:

Wie zu erwarten, haben die öffentlichen Inschriften aufgrund ihres offiziellen Charakters kaum etwas an vulgärlateinischen Zügen zu bieten. Anders die Inschriften privater Natur: Hier sind ganz besonders die pompejanischen Wandkritzeleien ("**graffiti**") interessant. Sie wurden von VÄÄNÄNEN (1966) ausführlich untersucht. Ein besonderer Unglücksfall für die Menschen jener Zeit, der Ausbruch des Vesuvs im Jahre 79 n. Chr., der die Städte Pompeji und Herculaneum verschüttete, erwies sich im Zuge der neuzeitlichen Ausgrabungen als ein Glücksfall für die Philologen, denn hier haben wir eine wahre Fundgrube für umgangssprachliches Material vor uns, das sogar datierbar ist (*terminus post quem non*): Tausende solcher Graffiti sind uns heute bekannt und legen in einzigartiger Weise sprachliches Zeugnis vom täglichen Leben einer Kleinstadt in der Antike ab.

Des Weiteren sind noch zu erwähnen: Inschriften auf Gräbern einfacher Leute, welche von ungebildeten Steinmetzen angefertigt wurden, sowie die *defixionum tabellae*, Fluch- oder Verwünschungstäfelchen, durch die man einem Rivalen oder Feind Böses anwünscht und ihn rächenden Gottheiten oder bösen Dämonen überantwortet. Es versteht sich von selbst, dass die emotionsgeladene Sprache dieser "tablettes d'exécration" frei von literarischen Prätentionen ist; jedoch zeigt sie oft formelhafte Züge.

4) Lateinische Autoren (z. T. aus der Zeit vor dem eigentlichen Vulgärlatein):
Vereinzelt und in bestimmten Kontexten verwenden auch lateinische Schriftsteller umgangssprachliche Elemente in ihren Texten.

a) Vorklassische Autoren: Hier ist vor allem Plautus (254–184 v. Chr.) zu nennen, der in den Dialogen seiner Komödien eine der Tendenz nach gesprochene Sprache anstrebt.

b) Klassische Autoren: Es ist selbstverständlich, dass man in den hohen literarischen Gattungen des "goldenen Zeitalters" der lateinischen Literatur keine umgangs- oder volkssprachlichen Züge erwarten darf. Doch finden sich solche vereinzelt in den weniger hoch eingestuften Genres, so z. B. in Briefen Ciceros (z. B. an Atticus) und in Satiren von Horaz.

c) Nachklassische Autoren: Neben den Satirikern Persius und Juvenal und dem Epigrammatiker Martial muss hier in erster Linie Petron (wahrscheinlich 1. Jh. n. Chr.) mit seinem Roman *Satyricon* und insbesondere mit dem darin enthaltenen "Gastmahl des Trimalchio" (*Cena Trimalchionis*) erwähnt werden. In der Cena Trimalchionis, deren Schauplatz eine Stadt bei Neapel in der frühen Kaiserzeit ist, gebraucht Petron zur Charakterisierung der ungebildeten Teilnehmer am Gastmahl (neben dem Gastgeber Trimalchio – einstiger Sklave, inzwischen zum Neureichen avanciert – Freigelassene, Sklaven u. ä.) Züge der Umgangs- und Vulgärsprache, die ein Bild von der gesprochenen Sprache der niederen Schichten Mittelitaliens im 1. Jahrhundert vermitteln dürften.

5) "Technische" Traktate (Sachbücher):
Da Abhandlungen zu fachlich-technischen Themen (im weitesten Sinne) einerseits von literarisch weniger anspruchsvollen Autoren, andererseits aber auch für ein sprachlich weniger gebildetes Publikum verfasst wurden und deshalb nicht den Normen des klassischen Sprachgebrauchs unterworfen waren, kommen sie zum Teil als Quellen für die Erforschung des Vulgärlateins in Frage. Hierzu gehören beispielsweise Abhandlungen über Architektur (von Vitruvius), über Ackerbau (von Cato d. Ä., Varro, Columella, Palladius), über Tiermedizin (die berühmte *Mulomedicina Chironis*, Vegetius), über Kochkunst (Apicius, *De re coquinaria*), über Heilmittel (von Marcellus Empiricus oder Burdigalensis) und Diätempfehlungen (Anthimus, *De observatione ciborum*).

6) Frühmittelalterliche Geschichtsschreibung (aus der vorromanischen Phase):
Hier seien nur der Bischof Gregor von Tours mit seiner *Historia Francorum* (6. Jh.) sowie die Fredegar-Chronik (7. Jh.) erwähnt. Letztere enthält eine interessante, bereits wieder synthetisch gewordene Form des periphrastischen romanischen Futurs: *daras*. Die beiden Texte stehen dem gesprochenen Latein faktisch näher als der klassisch-literarischen Norm (dies gilt auch für Punkt 7), gehören aber nach der engeren zeitlichen Eingrenzung des Vulgärlateins jedoch bereits zur frühromanischen Phase. Auch dies gilt wiederum für Punkt 7.

7) Frühmittelalterliche Gesetzessammlungen, Urkunden, Formulare (d. h. Sammlungen von Musterbeispielen für Urkunden und Briefe):
Diese Texte gehen in Gallien von den Merowingerkönigen (z. B. *Lex Salica*), in Italien von den Langobardenkönigen (z. B. *Edictus Rothari*) und in Spanien von den Westgotenkönigen (*Lex Visigothorum*) aus.

8) Christliche Texte:
Da die Anhänger des Christentums der frühen Zeit im lateinischsprachigen Teil des Imperium Romanum hauptsächlich den unterprivilegierten und daher den weniger oder kaum gebildeten Schichten angehörten, mussten die frühen Übersetzungen der Bibel diesem Faktum Rechnung tragen und eine Nähe zur gesprochenen Sprache anstreben.

> Tertullian, Augustin und andere Kirchenväter waren wohl hochgebildete Männer und konnten auch ein vorzügliches und elegantes Latein schreiben, doch in vielen vor allem zu propagandistischen Zwecken verfaßten Werken bedienen sie sich einer bewußt der Volkssprache angenäherten Ausdrucksweise, um damit auch das Volk anzusprechen: "Melius est reprehendant nos grammatici quam non intelligant populi" (Augustin, *In Psalm.* 138, 20). (TAGLIAVINI 1973: 162)

So sind die frühen Bibelübersetzungen, die nur bruchstückhaft überliefert sind und unter dem Namen *Vetus Latina* gesammelt und herausgegeben wurden, wichtige Quellen für unsere Kenntnis des Vulgärlateins. Hieronymus' Neuübersetzung der Bibel, die *Vulgata* (Ende 4. Jh.), die allerdings bereits in eine Epoche gehört, in der das Christentum im Römischen Reich offiziell anerkannt war, basiert sprachlich zwar teilweise auf älteren Übersetzungen, weist aber insgesamt ein ausgewogeneres Verhältnis zwischen gesprochenem und literarischem Latein auf. Ein für die Romanistik und vor allem die Hispanistik besonders interessantes Zeugnis aus der christlichen Sphäre (vgl. *ELH* I: 224–226) stellt das *Itinerarium Egeriae* – auch: *Peregrinatio Aetheriae ad loca sancta* – dar. Es handelt sich um die Reisebeschreibung einer Pilgerfahrt ins Heilige Land, verfasst von einer Dame vornehmer Abstammung und geistlichen Standes (Äbtissin, Nonne?), wahrscheinlich aus dem Nordwesten Hispaniens. Der Text wird auf Ende 4. Jh./Anfang 5. Jh. (evtl. 415/418) datiert und

> enthält eine ganze Reihe von Ausdrücken, die in klarem Widerspruch zum klassischen Sprachgebrauch stehen und eine beginnende Fixierung volkstümlicher Züge erkennen lassen. (TAGLIAVINI 1973: 163)

9) Entlehnung lateinischer Wörter in nichtromanische Sprachen:
Lateinische Lehnwörter in Sprachen der "verlorenen Romania", d. h. von Gebieten, die ursprünglich zwar zum Imperium Romanum gehörten, jedoch nicht oder nur oberflächlich romanisiert wurden oder aber ihre Romanisierung durch Fremdeinwirkung wieder verloren, können zuweilen Informationen phonetischer oder lexikalischer Natur liefern, die die bisher angeführten Quellen nicht enthalten.

Als Beispiel kann man die Auskunft über die Aussprache von lat. *c* vor *e* oder *i* im Anlaut anführen: Aus lat. Lehnwörtern im Baskischen, Berberischen, Inselkeltischen und in germanischen Sprachen (vgl. deutsch *Keller* < *cellarium, Kiste* <

cista) kann man schließen, dass die velare Aussprache als [k] die ursprüngliche phonetische Realisierung darstellt und wir es bei der palatalisierten Aussprache in den meisten romanischen Sprachen mit einem späteren Lautwandel zu tun haben. Die Verhältnisse im Sardischen ([k]) weisen übrigens in dieselbe Richtung.

10) Die romanischen Sprachen selbst:

> Die letzte und wichtigste Hilfe aber zur Kenntnis des Vlt. bieten uns die *rom. Sprachen.* Man kann aus der Gestalt der rom. Sprachen Rückschlüsse auf die Gestalt des Vlt. tun. Man kann, bis zu einem gewissen Grade, aus dem späteren Stand der rom. Sprachen ihren früheren erschließen. Aber auch hier ist die allergrößte kritische Umsicht geboten. Die Rekonstruktion von alten sprachlichen Formen, die nicht belegt sind, ist immer hypothetisch. (VOSSLER 1954: 72)

Die Rekonstruktion vulgärlateinischer Formen beruht auf der vergleichenden Betrachtung der romanischen Sprachen. Je größer die Zahl der romanischen Sprachen, in denen ein Fortsetzer des zu rekonstruierenden Elementes existiert, und je enger ihre geographische Verbindung ist, desto wahrscheinlicher ist im Prinzip, dass die **Rekonstruktion** einer im Vulgärlatein realiter vorhandenen Form entspricht. So hat man z. B. aus frz. *charogne*, prov. *caronha*, it. *carogna* ('Aas'; span. *carroña* ist aus dem Italienischen entlehnt) eine lat. Ausgangsform **carōnia* bzw. **carōnea* (zu lat. *caro* 'Fleisch') rekonstruiert. Da dieses Etymon bisher in Quellen faktisch nicht nachgewiesen werden konnte, bleibt die Form eine – wenn auch sehr wahrscheinliche – Hypothese (daher die Markierung mit einem Sternchen = Asterisk). Vgl. auch it. *avanzare*, frz. *avancer* aus vlt. **abantiare* (span. *avanzar* ist nach Corominas aus dem Katalanischen entlehnt). Beispiel für ein zunächst rekonstruiertes Etymon, das in der Folgezeit belegt und damit bestätigt werden konnte, ist: it. *avanti*, frz. *avant* < vlt. *ab ante*.

Zum Abschluss soll noch thesenhaft auf einige ernsthafte Schwierigkeiten bei der im Bereich der Romanistik sonst sehr fruchtbar angewandten Rekonstruktionsmethode hingewiesen werden:

1) Fakten des Sprachsystems lassen sich leichter rekonstruieren als solche der "Norm" (im Sinne von Coseriu, vgl. II.4.3).

2) Nur für Strukturen, die sprachlich fortleben, ist Rekonstruktion möglich. So könnte man das lat. synthetische Passiv des Präsensstammes auf der Basis der romanischen Sprachen nicht rekonstruieren.

3) Das zeitliche Verhältnis von sprachlichen Fakten zueinander kann in der Rekonstruktion nicht, bzw. nur eingeebnet, erscheinen.

4) Es ist äußerst schwierig, Bedeutungen zu rekonstruieren.

An dieser Stelle müsste sich nun eine systematische Darstellung der sprachlichen Fakten des Vulgärlateins anschließen, also eine Behandlung der Phonetik/Phonologie, der Grammatik (Morphologie und Syntax), der Wortbildung sowie der Lexik. Abgesehen von den theoretischen Schwierigkeiten, die eine solche Untersuchung einer in sich nicht einheitlichen Sprache, wie sie das Vulgärlatein darstellt, aufwirft, kann dieser Überblick im Rahmen der vorliegenden Einführung nicht geleistet werden. Wir verweisen dafür auf das Arbeitsheft von KIESLER (2006), das ältere Handbuch von VÄÄNÄNEN ([3]1981: 27–169) und das neuere von COSERIU (2008: 292–324).

Anregungen

Zeigen Sie die spanischen Fortsetzungen bzw. Entsprechungen auf:

1. zu den folgenden, in der *Appendix Probi* getadelten (vulgär-)lateinischen Formen: also z.B. *auris* non *oricla*: span. *oreja* < vlt. *oricla*, wobei *oricla* < *auricula(m)*:
   Hier handelt es sich um eine Diminutivbildung von *auris*, diese wurde synkopiert und der Diphthong [au̯] monophthongiert zu [o].

Phonetische Fakten:	Morphologische Fakten:
tabula non *tabla*	*socrus* non *socra*
oculus non *oclus*	*nurus* non *nura*
masculus non *masclus*	
vetulus non *veclus*	
februarius non *febrarius*	
rivus non *rius*	

2. zu den folgenden, in den Reichenauer Glossen als Interpretament (Erklärung) angegebenen lat. Wörtern bzw. Formen:
   also z. B. *semel : una vice; una vice* > span. *una vez*

fletus : planctus	*canere : cantare*
lamento : ploro	*ingredi : intrare*
hiems : ibernus	*atram : nigram*
induti : vestiti	*saniore : meliore, plus sano*
sus : porcus	*optimos : meliores*
istus : colpus	*optimum: valde bonum*
utilitas : profectus	
rerum : causarum	

Literaturhinweise

Sehr nützlich für die Kenntnis des klassischen Lateins:

MÜLLER-LANCÉ, Johannes ([2]2012), *Latein für Romanisten. Ein Lehr- und Arbeitsbuch*, Tübingen.

Zur Variation innerhalb des Lateinischen selbst:

ADAMS, James N. (2007), *The regional diversification of Latin 200 BC – AD 600*, Cambridge u. a.

ADAMS, James N. (2008), *Bilingualism and the Latin language*, Cambridge u. a.

Zum Vulgärlatein:

COSERIU, Eugenio (2008), *Lateinisch – Romanisch. Vorlesungen und Abhandlungen zum sogenannten Vulgärlatein und zur Entstehung der romanischen Sprachen*. Bearb. u. hrsg. von Hansbert Bertsch. Tübingen.

HERMAN, Josef ([3]1975), *Le latin vulgaire*, Paris. (*Que sais-je*, 1247)

KIESLER, Reinhard (2006), *Einführung in die Problematik des Vulgärlateins*, Tübingen (Romanistisches Arbeitsheft, 48).

VÄÄNÄNEN, Veikko ([3]1981), *Introduction au latin vulgaire*, Paris (span. Übersetzung: *Introducción al latín vulgar*, Madrid [3]1995). Immer noch ein Standardwerk, stellt aber das Vulgärlatein primär als Epoche sprachlicher Dekadenz und weniger als Ausgangspunkt der romanischen Sprachen dar.

VÄÄNÄNEN, Veikko (1987), *Le journal-épître d'Egérie (Itinerarium Egeriae). Étude linguistique*, Helsinki.

VÄÄNÄNEN, Veikko ([3]1966), *Le latin vulgaire des inscriptions pompéiennes*, Berlin.

VOSSLER, Karl (1954), *Einführung ins Vulgärlatein*, hrsg. und bearb. von Helmut Schmeck, München.

Kurze Darstellungen:

Zum Vulgärlatein auf der Pyrenäenhalbinsel:

LAPESA ([9]1981: Kap. III).

DÍAZ Y DÍAZ, Manuel C. (1960), "Dialectalismos", in: *ELH* I: 237–250.

DÍAZ Y DÍAZ, Manuel C. (1960), "Rasgos lingüísticos", in: *ELH* I: 153–197.

MARINER BIGORRA, Sebastián (1960), "Léxico", in: *ELH* I: 199–236.

REICHENKRON, Günter (1965), *Historische Latein-Altromanische Grammatik*. I. Teil: *Einleitung. Das sogenannte Vulgärlatein und das Wesen der Romanisierung*, Wiesbaden.

Sammelband: KONTZI, Reinhold (Hrsg.) (1978), *Zur Entstehung der romanischen Sprachen*, Darmstadt.

Darstellungen mit "Text"-Sammlungen:

DÍAZ Y DÍAZ, Manuel C. ([2]1962), *Antología del latín vulgar*, Madrid.

ILIESCU, Maria/SLUSANSKI, Dan (Hrsg.) (1991), *Du latin aux langues romanes*, Wilhelmsfeld.

ROHLFS, Gerhard ([3]1969), *Sermo vulgaris latinus. Vulgärlateinisches Lesebuch*, Tübingen.

Zusammenfassung

Das sog. Vulgärlatein stellt im Gegensatz zum Schriftlateinischen die gesprochene (lateinische) Sprache im Römischen Reich dar, wobei alle Regionen und Bevölkerungsschichten wie auch die informellen, spontanen Sprachstile einbezogen sind. Da das Vulgärlatein mehrere Jahrhunderte sprachlicher Entwicklung umfasst, ist es in gewisser Hinsicht eher als methodisches Konstrukt denn als greifbare historische Sprache anzusehen. Vulgärlatein bildet die Grundlage der einzelnen romanischen Sprachen, so auch der historischen romanischen Dialekte auf der Iberischen Halbinsel. Die voranschreitende Sprachdifferenzierung akzentuierte sich vor allem in den nachchristlichen Jahrhunderten und führte bis zur Schwelle um 800 n. Chr., die im Anschluss an eine Übergangsphase zwischen 450 und 800 n. Chr. als Beginn der romanischen Sprachen gilt. Es ist herauszustellen, dass es keine Dokumente gibt, die in Vulgärlatein abgefasst sind, wohl aber sprachliche Quellen, die vulgärlateinische Elemente enthalten. Dabei handelt es sich um Zeugnisse von Grammatikern, volkstümliche Inschriften und Texte, deren Zielpublikum einfache Leute waren. Rückschlüsse auf das Vulgärlatein ermöglichen schließlich auch die romanischen Sprachen durch Formenvergleich.

3. Substrate des Spanischen
3.1 Der Begriff des Substrats, Superstrats und Adstrats

Unter einem **Substrat** (*su(b)strato*) versteht man eine besondere Form des historischen Sprachkontakts. Dieser besteht darin, dass die in einer bestimmten Region autochthone Bevölkerung die Sprache eines Eroberungsvolkes, meist aus Gründen des größeren Prestiges der neuen Sprache, annimmt und nach einer Epoche der Zweisprachigkeit die eigene, als historische Schicht unter der neuen liegende Sprache, eben das Substrat, aufgibt. Im Munde der einheimischen Sprecher wirkt sich die Erstsprache, das Substrat, nur dergestalt aus, dass Sprechgewohnheiten in die neue Sprache übernommen werden und diese somit verändern. In schematischer Darstellung:

weiterlebende Sprache
Substratsprache

Solche Veränderungen betreffen im Allgemeinen die Lautung (Aussprache), den Wortschatz und Namen (Ortsnamen, Flussnamen usw.), seltener auch Morphologie und Syntax. Im Falle des Spanischen handelt es sich um die Kontakteinflüsse zwischen dem Latein der Eroberer (dem Stratum) und den diversen im antiken Hispanien ansässigen Völkerschaften, die aus dem Blickwinkel der römischen Eroberung als vorrömisch bezeichnet werden. Man nimmt an, dass sich verschiedene regionale Ausprägungen des Lateins auch dadurch herausbildeten, dass die jeweilige lokale Bevölkerung Latein als Fremdsprache lernte bzw. als Verkehrssprache benutzte und ihre eigenen Aussprachegewohnheiten und Bezeichnungsbedürfnisse (Namen und Benennungen von Dingen, für die es im Latein kein Äquivalent gab) unbewusst tradierten. Problematisch ist die Erforschung der Substrateinwirkung vorrömischer Sprachen, da diese in den meisten Fällen gar nicht oder nur sehr wenig bekannt sind. Einer befriedigenden Erklärung bedarf noch die Tatsache, dass mögliche Substrateinflüsse häufig erst lange, teilweise Jahrhunderte nach dem Aussterben der Substratsprache in der weiterlebenden Sprache dokumentiert wurden. Die Frage ist dabei, ob bestimmte Lautwandel wirklich erst so spät wirksam wurden (siehe den Begriff des "estado latente" bei

R. Menéndez Pidal in: KONTZI 1982: 55–62) oder ob sie nur erst spät in der Schriftsprache (in unserem Fall also im Spanischen) akzeptiert, d. h. auch geschrieben werden, weil sie vorher kein Prestige hatten und deshalb in der Schriftnorm vermieden wurden (siehe dazu unten IV.3.4).

Der Begriff des **Substrats** wurde 1864 von dem bedeutenden italienischen Sprachforscher G. I. Ascoli in die Forschung eingeführt. Analog dazu entwickelte W. v. Wartburg 1932 den Begriff des **Superstrats** (*superestrato*). Er bezeichnet ein Kontaktverhältnis, bei dem die Sprache der Invasoren in einem bestimmten Gebiet sich aus machtpolitischen Gründen ebenfalls über eine einheimische Sprache legt, jedoch wegen geringeren Prestiges von der alteingesessenen Bevölkerung nicht übernommen, sondern mit der Zeit selbst von den Eroberern aufgegeben wird. Diese gehen ethnisch und sprachlich in den Einheimischen auf, bewahren jedoch in ihrer neuen Sprache alte Sprachgewohnheiten und geben diese an die einheimische Sprachgemeinschaft weiter.

In schematischer Darstellung:

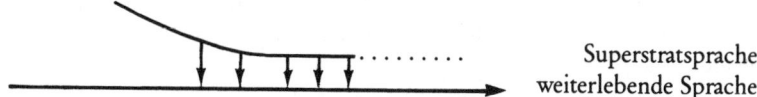

Superstratsprache
weiterlebende Sprache

Seit der Einführung durch M. Valkhoff 1932 spricht man in der Linguistik von **Adstrat**, wenn zwei Sprachen sich gegenseitig beeinflussen oder eine auf die andere einseitig einwirkt. Dieser Begriff ist kein historischer, denn er setzt nicht voraus, dass eine Sprache (das Stratum) siegreich bleibt, während Substrat bzw. Superstrat untergehen. Man sollte also von Adstrat sprechen, wenn sich Berührung und Beeinflussung nicht zu einem Dominanzverhältnis entwickeln, bei dem eine Sprache mit der Zeit aufgegeben wird.

Literaturhinweise

JUNGEMANN, F. K. (1955), *La teoría del sustrato y los dialectos hispano-romances y gascones*, Madrid.

KONTZI, Reinhold (Hrsg.) (1982), *Substrate und Superstrate in den romanischen Sprachen*, Darmstadt.

MEIER, Harri (1941), *Die Entstehung der romanischen Sprachen und Nationen*, Frankfurt/M.

MENÉNDEZ PIDAL, Ramón (⁹1980), *Orígenes del español. Estado lingüístico de la Península Ibérica hasta el siglo XI*, Madrid.

TOVAR, Antonio (1961), *The Ancient Languages of Spain and Portugal*, New York.

TOVAR, Antonio (³1989), *Einführung in die Sprachgeschichte der Iberischen Halbinsel*, Tübingen (Kap. V).

TOVAR, Antonio, *Iberische Landeskunde*, Zweiter Teil: *Die Völker und Städte des antiken Hispanien*, Baden-Baden, *I (Baetica)* 1974; *II (Lusitanien)* 1976; *III Tarraconensis)* 1989.

UNTERMANN, Jürgen (1961), *Sprachräume und Sprachbewegungen im vorrömischen Hispanien*, Wiesbaden.

Ausführliche Information ist auch zu finden in BALDINGER (^{2}1972), *ELH* II (1967), ENTWISTLE (^{3}1980, Kap. 2), LAPESA (^{9}1981), Kap. 1 ("Las lenguas prerromanas") und in allen romanistischen Handbüchern (VIDOS 1968, TAGLIAVINI ^{2}1998, ELCOCK, W.D. ^{2}1975, *The Romance Languages*, London/New York).

3.2 Die Völker im vorrömischen Hispanien

Das vorrömische Hispanien war nicht nur von Iberern bewohnt, wie der Name "Iberische" Halbinsel glauben machen könnte. Vielmehr bewohnten die **Iberer** nur den Osten der Halbinsel von Granada und Almería im Süden bis Narbonne und Béziers nördlich der Pyrenäen. Sie waren keine Indoeuropäer, möglicherweise hamitischer Herkunft aus Nordafrika. Sie hatten aus dem Süden der Halbinsel die Schrift erhalten und zu ihrer eigenen, der iberischen Silbenschrift umgeformt. Diese Schrift kann nach ihrer weitgehenden Entzifferung durch Gómez Moreno in den 1920er Jahren erst in den letzten Jahrzehnten dank der Forschungen von A. Tovar und anderen richtig gelesen werden, wenn auch die kurzen Texte nicht immer eindeutig verstanden werden. Es sind etwa 100 Votivinschriften auf Stein, in Ton und Blei sowie etwa 100 Münzinschriften erhalten. So hellt sich auch erst langsam das Dunkel um die frühen sprachlichen Zusammenhänge auf der Halbinsel auf.

Im Zentrum und im Westen saßen die **Keltiberer**, ein Mischvolk aus Kelten und durch sie indoeuropäisierten Iberern. Deren keltische Sprache, das Keltiberische, wurde von A. Tovar aus Inschriften erschlossen. Keltisch beeinflusst scheinen auch die in Mittel- und Nordportugal beheimateten **Lusitaner** gewesen zu sein. Für das heutige Galicien erwähnen antike Geographen wie Strabon die **Gallaeci**.

Im Süden der Halbinsel haben wir zwischen Atlantik und Almería Zeugnisse der nichtindoeuropäischen **Tartessier**, deren sagenhafte Hauptstadt Tartessos mit dem alttestamentarischen Tarschisch König Salomos in Verbindung gebracht wird. Nördlich von den Tartessiern waren in der Sierra Morena verschiedene kleine Völkerschaften ansässig (**Turduler** und **Turdetaner**), die jedoch als sprachliches Substrat noch weniger fassbar sind als die Tartessier. Am Südzipfel der Halbinsel, um Cádiz, dem antiken Gadir, römisch Gades, hatten die **Phönizier** ihre Stützpunkte, da sie an den reichen Silber-, Zinn- und Kupfervorkommen in der Sierra Morena und dem Hinterland von Almería interessiert waren. Sie wurden von den **Karthagern** abgelöst, die Carthago Nova (Cartagena), Ebusus (Ibiza) und Portus Mago (Mahón, auf der Baleareninsel Menorca) gründeten. Auf der Suche nach den Edelmetallen Spaniens legten auch die Griechen seit dem 7. Jh. v. Chr. an der Mittelmeerküste Kolonien an, im Süden von Kleinasien aus, im Norden von Massilia (Marseille) aus (z. B. Empórion, heute Ampurias).

Vermutlich nur wenig weiter nach Westen und Osten verbreitet als heute waren die **Basken**. Im Norden trägt die Gascogne (< *Vasconia*) ihren Namen, im Süden reichten sie vielleicht bis an den Ebro. Heute kann als gesichert gelten, dass das

Baskische nicht, wie man lange Zeit glaubte, ein Nachfahre des Iberischen ist, ja, dass es wahrscheinlich nicht einmal mit ihm verwandt ist. Die irrtümliche Annahme auch z. B. Wilhelm v. Humboldts, das Baskische sei ein modernes Iberisch, wird als Basko- (oder Vasko-)Iberismus bezeichnet. In Wirklichkeit standen im alten Hispanien die beiden Sprachen in teilweise nachbarschaftlichem Kontakt. Auch das Baskische ist wahrscheinlich nordafrikanischen, hamitischen Ursprungs. Die These einer kaukasischen Herkunft, die auf typologischen Überlegungen beruht, ist schon allein aus chronologischen Gründen nicht haltbar, da sie einen enormen zeitlichen Abstand voraussetzen würde. Nichts deutet in antiken Quellen oder in archäologischen Zeugnissen darauf hin, dass es in den letzten 5.000 Jahren Wanderungen aus der Gegend des Kaukasus nach Spanien gegeben hat. Die Quellen führen eher zu der Annahme, dass die Basken bei der Einwanderung indoeuropäischer Völker nach Spanien zu Beginn des ersten Jahrtausends vor Christus schon in ihrem heutigen Gebiet ansässig waren. Man muss davon ausgehen, dass sich sprachliche Strukturen in sehr langen Zeiträumen so stark verändern, dass sie nicht mehr als Grundlage für genetische Beziehungen herangezogen werden können. Die Basken sind wohl das älteste westeuropäische Volk in seinem heutigen Siedlungsgebiet. Als nichtindoeuropäisierte und nur schwach romanisierte Sprache hat sich das Baskische ohne weitere Sprachverwandte wie eine einsame Insel in einem Meer indoeuropäischer Sprachen erhalten (Literaturhinweise unter IV.3.4). Nicht klar ist das Verhältnis der Basken zu den anderen von Strabon so genannten "Gebirgsvölkern", den **Cantabri, Astures** und **Gallaeci**, denen gerade für die Entstehung der Dialekte im Norden Spaniens besondere Bedeutung zugemessen wird. Greifbar ist hier allein das Baskische.

3.3 Die Substrateinflüsse der vorrömischen Sprachen

Insgesamt mögen die Substrateinflüsse wenig spektakulär erscheinen. Dieser Eindruck stimmt wohl für die nicht allzu zahlreichen Wortschatzelemente in der spanischen Standardsprache, also ohne Einbeziehung des bäuerlichen Fachwortschatzes der Dialekte. Aber in den vorrömischen Namen ist das Substrat allgegenwärtig.

3.3.1 Das iberische Substrat

Einem iberischen Substrat können möglicherweise **Ortsnamen** im Osten und Südosten der Halbinsel zugeschrieben werden, die mit dem Element *ili-/ilu-* gebildet sind (*Ilera > Lérida, Ilici > Elche*). Dieses Element erinnert an bask. *iri* 'Stadt', ohne dass diese dem Baskischen wie dem Iberischen gemeinsamen Elemente die Verwandtschaft der beiden Sprachen bedeuten würden. Auch das Tartessische (oder Turdetanische?) lebt wohl nur in Ortsnamen, wie denen auf *-ippo* (*Ulisippo > Lisboa, Ostippo > Estepa*) und *-uba* (*Corduba > Córdoba*) fort.

3.3.2 Das keltiberische Substrat

Bedeutender ist das keltiberische Substrat, das durch zahlreiche **Ortsnamen** vertreten und durch Inschriften auch als keltiberisches Wohngebiet ausgewiesen ist. Namen mit dem auch aus anderen keltischen Regionen bekannten **Suffix** *-briga* 'befestigter Ort' finden sich im Westen und im Zentrum (*Conímbriga* > *Coimbra*), mit *-dunum* 'befestigter Ort' im Nordosten (*Besalú* (Gerona) < *Bisuldunum*), mit *-acum* 'Zugehörigkeit (eines Gutes zu einer Person)' in Ortsnamen wie *Buitrago, Sayago, Luzaga*. Das indoeuropäische Element **segh-* 'Kraft, Sieg' lebt fort in keltiberischen Ortsnamen wie *Segovia, Sigüenza, Sigüeya*. Die keltische Verehrung der Gewässer als Gottheiten zeigt sich noch in Flussnamen wie *Deva* (Guipúzcoa, Santander; vgl. lat. *diva*) und *Riodeva* (Teruel).

Besonders tiefgreifend ist das keltische Substrat möglicherweise in der Lautung.

a) Als eventuelles Ergebnis keltischer Aussprachegewohnheiten finden wir im Spanischen wie in allen westromanischen Sprachen (außer Aragonesisch) die Sonorisierung der intervokalischen Verschlusslaute *-p-, -t-, -k-* > *-b-, -d-, -g-* (*amica* > *amiga*). Schon in Inschriften aus römischer Zeit ist zu sehen, dass diese Laute nicht klar differenziert wurden. Dies hängt möglicherweise mit der sog. keltischen "Lenition" zusammen, d. h. der artikulatorischen Abschwächung gespannt gesprochener Konsonanten wie der Verschlusslaute in intervokalischer Position. Aus der spanischen Phonetik ist die weitere Entwicklung bekannt, nach der die entstandenen intervokalischen sonoren Verschlusslaute [b], [d], [g] als Reibelaute ([β], [δ], [ɣ]) realisiert werden (siehe III.1.3.3).

b) Aus den Gebieten, in denen ein keltisches Substrat anzunehmen ist (Gallien, Norditalien außer dem Veneto, Iberische Halbinsel) kennen wir die Lenition des Nexus (Lautverbindung) *-kt-*, der wohl über [çt] zunächst zu [i̯t] wurde, bei dem also wiederum ein Verschlusslaut zu einem palatalen Reibelaut (dem ich-Laut) abgeschwächt wurde und in der Folge als palataler Halbvokal [i̯] in einem fallenden Diphthong (z. B. *nocte* > **[noçte]* > *noite*, phonetisch [noi̯te]) einging. Im Kastilischen (vgl. oben I.4.2.1) wurde [i̯t] > [tʃ] entwickelt, d. h. [t] wurde durch den Einfluss des vorangehenden Palatals zu [tʃ] palatalisiert (*noite* > *noche, factu* > *feito* > *fecho* > *hecho*).

Im **Wortschatz** unterscheidet man zwischen Keltismen, die in der Kaiserzeit von Gallien aus in das allgemein verbreitete Sprechlatein des Römischen Reiches gedrungen waren, wie z. B. *camisia* > *camisa, capanna* > *cabaña, leuca* > *legua, cerevisia* > *cerveza, alauda* > *alondra, salmone* > *salmón, carru* > *carro* und solchen, allerdings sehr viel schwerer bestimmbaren, die dem Keltiberischen entstammen könnten, wie vielleicht *lanza* < *lancea* 'Lanze', das der lat. Autor Varro als hispanisch beschreibt. *Puerco* und *toro* können sowohl dem Lateinischen als auch dem damit ja verwandten Keltiberischen entstammen, zumal sie dort auch inschriftlich belegt sind. Nicht sicher zuzuordnen sind z. B. *álamo* 'Pappel', *losa* 'Steinplatte, Fliese', *colmena* 'Bienenkorb'.

3.3.3 Substratwörter ungeklärter Herkunft

Eine Reihe lateinischer Wörter, die im Spanischen fortleben, werden von römischen Autoren mit **hispanischem** Ursprung benannt, ohne dass sie allerdings einer bestimmten Substratsprache zugeordnet werden könnten. Dazu gehören z. B. *arrugia* 'Wasserröhre' (span. *arroyo*) und *cuniculus* > *conejo*. Der große Lexikograph des 7. Jh., Isidor von Sevilla, erwähnt in seinen *Etymologiae* die Wörter *cama* und *sarna*, die in der Tat keine lat. Herkunft haben. Vorrömischen Ursprungs ist wohl auch das Wort für das hauptsächlich in Spanien abgebaute *plumbum* > *plomo* 'Blei'.

Ebenfalls ohne lat. Etymologie und in Hispanien verwurzelt sind Wörter wie *perro*, *manteca*, *barro* 'Lehm, Ton', *charco* 'Lache', *tojo* 'Ginster', *páramo* 'Hochsteppe, Ödland', *pestaña* 'Wimper'. Für sie wird die Herkunft aus einer Substratsprache ebenso angenommen wie für das Suffix *-z* in Familiennamen wie *Sánchez, Jiménez, Rodríguez*.

3.4 Der baskische Einfluss

Das Baskische, das an der Entstehung des Kastilischen wohl einen nicht zu unterschätzenden Anteil hat, ist eher als ein Adstrat denn als ein Substrat eben des Kastilischen zu betrachten. Die Basken wurden niemals völlig romanisiert, wenngleich sie viele lateinische Wörter aufgenommen haben. Ihre Sprache haben sie nicht zugunsten der Sieger aufgegeben, sondern sie leben bis heute in einem Gebiet fort, das dem Ursprungsgebiet des Kastilischen direkt benachbart ist. Sie haben ihre Nachbarn unter den "Gebirgsvölkern" nicht nur zur Römerzeit, sondern auch in späteren Jahrhunderten sprachlich beeinflusst. Der für das Kastilische des Nordens so typische Sprechrhythmus, der mit seinen kurzen Vokalen in straff artikulierten Silben auch gegenüber dem südlichen Kastilischen, dem Andalusischen, einen "ratternden" Eindruck macht, ist auch für das Baskische charakteristisch und wahrscheinlich von ihm beeinflusst.

Das typischste Dialektmerkmal des Kastilischen ist der Ersatz von anlautendem lat. /f-/ durch /h-/. Das Baskische kannte und kennt das Phonem /f/ nicht, auch in lateinischen Lehnwörtern des Baskischen fehlt /f/ (*filiu* > *iru*) oder wurde durch /b/ (*fagu* 'Buche' > *bago*) oder /p/ (*festa* > *pesta*) ersetzt. Der Ersatz von /f/ durch /h/ erscheint im 9.–12. Jh. im Kastilischen zuerst nur im kantabrischen Gebiet nördlich von Burgos. Im Westen, d. h. im asturisch-leonesischen Gebiet, reicht er bis zur Grenze des alten kantabrischen Substrats, während auf dem Boden des alten asturischen Substrats /f/ erhalten bleibt. Der Lautersatz geht also eventuell auf Sprachgewohnheiten des Gebirgsvolks der Kantabrer zurück, die eine dem Baskischen ähnliche Sprache besaßen oder von diesem durch engen Kontakt beeinflusst wurden. Auch im benachbarten **Gaskognischen** wird /f/ zu /h/ (*filiu* > *hilh* [hiʎ]). Schwierigkeiten hat der Forschung die Erklärung der Tatsache gemacht, dass das kast. *h-* in der Schriftsprache erst spät erscheint und offensichtlich nur zögernd akzeptiert wurde. R. MENÉNDEZ PIDAL (⁹1980: 199–233) hat aufgezeigt, dass der Lautwandel *f-* > *h-* nicht erst einsetzte, als er in den literarischen Texten in der Schreibung <h-> erscheint, sondern schon früh dokumentiert ist, also möglicherweise auf baskischem Einfluss seit der Römerzeit beruht. In der frühen Schriftsprache wurde aber dieser Kastilianismus, der sich von den übrigen Dialekten deutlich abhebt, vermieden. Noch im Jahre 1276 ließ König Alfons der Weise (Alfonso X el Sabio) dieses lokale Merkmal des Dialekts von Burgos für das "castellano drecho" des Toledaner Hofes nicht zu. Erst im 15. Jh. wurde <h-> allgemein in der Schriftsprache akzeptiert.

Sowohl das Baskische als auch das Kastilische kennen zwei r-Laute (/r/ und /r̄/) in komplementärer Verteilung (vgl. III.1.2): Die beiden spanischen Phoneme bilden nur im Inlaut eine Opposition, wohingegen im Anlaut stets nur [r̄], im Auslaut nur [r] erscheint. Auch hier, d. h. in der Verwendung von [r̄] im Anlaut, könnte baskische Adstrateinwirkung vorliegen. Das Baskische hat hier wie das Gaskognische, teilweise auch das Aragonesische, stets eine vokalische Prothese (bask. *errota* < lat. *rota*, gask. *arrodo*; hocharag. *arriér* < lat. *ridere*). So wurden auch Verben wie *rancar, rastrar, repentir* letztlich in ihrer typisch kastilischen, baskisch beeinflussten Form *arrancar, arrastrar, arrepentir(se)* fixiert.

Seit dem frühen Mittelalter sind **Namen baskischen Ursprungs** belegt, wie *Garsea* (> *García*), *Enneco* (> *Íñigo*), *Xemeno* (> *Ximeno, Jimeno*, daraus der Familienname *Jiménez*). Im Cid-Epos hat der treue Vasall des Cid, Alvar Fáñez, den Beinamen *Minaya* (< span. *mi* + bask. *anai-a* 'Bruder'). Einige Wörter eindeutig baskischen Ursprungs sind in das Spanische gedrungen, so *izquierdo* 'link' < *eskerr-/eskerd-* 'halbhändig', d. h. 'einhändig'; *pizarra* 'Schiefer(tafel)'; *chaparro* 'Zwergsteineiche'; *boina* 'Baskenmütze'; *aquelarre* 'Hexensabbat'.

Literaturhinweise

TOVAR, Antonio (²1954), *La lengua vasca*, San Sebastián.

TOVAR, Antonio (1959), *El euskera y sus parientes*, Madrid.

TOVAR, Antonio (unter Mitarbeit von Wolf DIETRICH) (1975), "Das Baskische", in: HAENSCH, Günther/HARTIG, Paul (Hrsg.), *Handbücher der Auslandskunde*, Bd. 2, Frankfurt/M., 77–85.

TRASK, Robert L. (1997), *The history of Basque*, London/New York.

UHLIG, Birte (2002), "Baskisch", in: JANICH/GREULE (Hrsg.), *Sprachkulturen in Europa. Ein internationales Handbuch*, Tübingen, s. S. 7–12.

3.5 Griechisch

Das Griechische stellt für das Spanische kein eigenes Substrat dar, vielmehr ist es ein umfassendes **Kulturadstrat** des Lateinischen und insofern in zahlreichen Bereichen auch im Wortschatz des Spanischen vertreten: *idea, fantasía, música, poesía* usw.; der distributive Determinant *cada*; im populären Wortschatz *baño*, *bodega, cuerda, zampoña, tío, gobernar, cansar*; im christlichen Bereich *ángel, iglesia, diablo, bautizar, cementerio* usw. Man beachte vergleichsweise auch die Kategorie des bestimmten Artikels sowie aspektuelle Verbalperiphrasen des Typs *estoy trabajando, se va llenando* usw.

Literaturhinweise

DIETRICH, Wolf (1998), "Griechisch und Romanisch", in: *LRL* VII, 121–134.

LAPESA, Rafael (⁹1981), *Historia de la lengua española*, Madrid, § 11.

Zusammenfassung

Substrat und Superstrat sind sprachhistorische Begrifflichkeiten, die in der Romanistik in direktem Bezug zu dem lateinisch-romanischen Stratum stehen. Dieses setzt sich aufgrund seines Prestiges und der zivilisatorisch höheren Entwicklungsstufe seiner Gemeinschaft sprachlich durch, während die Substrat- und Superstratsprachen als solche untergehen. Nichtsdestoweniger lassen sich Auswirkungen dieser Sprachen auf das lateinisch-romanische Stratum feststellen. Von den Substraten auf der Iberischen Halbinsel sind die der Keltiberer und der Basken am besten über den Wortschatz und Ortsnamen zu fassen. Von den Iberern liegen nur wenige Elemente in Toponymen vor. Darüber hinausgehende Beeinflussungen in der Lautung (Sonorisierung von lat. -p-, -t-, -k- als keltiberisch oder lat. f- > h- als baskisch bedingt) sind diskutiert worden, letztlich aber nicht mit Sicherheit zu beweisen. Sprachliche Beeinflussungen in synchronischer Sicht und ohne das Dominanzverhältnis, das zum Untergang einer der beteiligten Sprachen führt, bezeichnet man als Adstrat. Ein solches ist in der Antike auf der Iberischen Halbinsel durch das Griechische, in der Regel über lateinische Vermittlung, vertreten.

---

4. Das germanische Superstrat

4.1 Germanische Elemente im Vulgärlatein

In diesem Fall handelt es sich nicht um ein Superstrat (siehe oben IV.3.1), sondern um ein Kulturadstrat. Seit dem Ende des 2. Jh. v. Chr. waren die Germanen in das Blickfeld der Römer geraten. Vom ersten nachchristlichen Jahrhundert an gab es engere, nicht nur kriegerische Beziehungen durch Handel und germanische **Söldnerdienste** im römischen Heer. Dadurch wurden einige germanische Wörter ins Vulgärlatein entlehnt, wie z. B. germ. **saipôn* (≈ dt. *Seife*) 'Art Schmierseife zum Blondfärben der Haare' > vlt. *sapone > jabón*; germ. **thahs* 'Dachs' > lat. *taxo, taxonis > tejón*; germ. **werra* '(Kriegs)wirren' > *guerra*; germ. **wardôn* (≈ dt. (ein Gerät) *warten*) > *guardar*; germ. **raubôn* (≈ dt. *rauben*) > vlt. **raubare > robar*; germ. **wîsa* > *guisa* (≈ dt. *Weise*). In gleicher Weise gehen durch lat. Vermittlung u. a. auf das Germanische zurück *guarnir, guarnecer, yelmo, albergue, sala, tregua, rico, fresco,* *blanco*. Es soll nicht verschwiegen werden, dass die Feststellung germanischer Elemente, hier insbesondere von Lehnwörtern, hinsichtlich der chronologischen und dialektalen Zuordnung recht schwierig ist. Die meisten dieser Wörter sind auch in den anderen romanischen Sprachen vorhanden, was für eine vulgärlateinische Vermittlung spricht, doch ist in manchen Fällen auch eine eigene Herkunft aus dem Westgotischen in Spanien oder eine spätere Entlehnung aus dem galloromanischen Raum möglich. Dabei ist zu bedenken, dass wir die germanischen Dialekte zur Zeit der hier in Frage kommenden ersten nachchristlichen Jahrhunderte nur in sehr beschränktem Maße kennen.

Auffällig bei den germanischen Elementen im Romanischen ist der Wandel im Anlaut des labiovelaren [w-], das im Latein (*vinum* [wīnum]) späterer Zeit einerseits verloren ging, andererseits z. T. sekundär neu entstand (vgl. lat. *hortus* > span. [wɛrto]). Im Spanischen und anderen romanischen Volkssprachen wurde das bilabial artikulierte [w-] germanischer (und übrigens auch arabischer Herkunft, vgl. IV.5.1) durch den Nexus *gu-* [gu̯-] ersetzt. Dieser hat sich im Spanischen vor *a* auch in der heutigen Aussprache erhalten (*guardar*).

4.2 Das westgotische Superstrat in Spanien

Durch die von der Westwanderung der Hunnen ausgelöste Völkerwanderung insbesondere germanischer Stämme gelangten Germanen auch auf die Pyrenäenhalbinsel. Die ostgermanischen **Vandalen** stießen im Verlauf mehrerer Jahrhunderte von Jütland über Polen und Dakien im Jahre 406 zusammen mit einem Teil der westgermanischen **Sueben** aus Süddeutschland und Resten des iranischen Reitervolkes der Alanen nach Gallien vor und drangen 409 in Spanien ein. Wandalen und Alanen hielten sich nur kurze Zeit in der Baetica, die nach ihnen den Namen *(W)andalucía* (arab. *Al-Andalus*) erhielt (siehe NOLL 1997). Nach ihrer teilweisen Vernichtung durch die Westgoten zogen Wandalen und Alanen 429 nach Nordafrika und errichteten im Raum des heutigen Tunesien ein eigenes Reich. Abgesehen von wenigen Ortsnamen haben sie keine sprachlichen Einflüsse hinterlassen. Die Sueben siedelten in Galicien (südlich bis zum Douro/Duero) und wurden sprachlich ein Superstrat für das Galicische. Ihr Reich wurde 585 von den Westgoten eingenommen.

Die **Westgoten** (*visigodos*)[32] hatten ebenfalls schon eine jahrhundertelange Wanderung über den Balkan und Italien (410 Plünderung Roms unter Alarich) hinter sich, bevor sie von den Römern, die einen Unruheherd aus der Welt schaffen wollten, 418 in Aquitanien (Südwestfrankreich) angesiedelt wurden. Sie gründeten das Tolosanische Reich (Hauptstadt Toulouse), zu dem nach 484 auch Spanien gehörte. Nachdem die Westgoten 507 durch den Frankenkönig Chlodwig besiegt worden waren, zogen sie mit etwa 200.000 Mann in den Restteil des Reiches und

---

[32] Das Element *West-* hat nichts mit der Himmelsrichtung zu tun.

gründeten dort ein neues westgotisches Reich mit der Hauptstadt Toledo, das bis zum Arabereinfall 711 Bestand hatte. Die Westgoten siedelten in Spanien hauptsächlich in der nördlichen Meseta, insbesondere um Segovia. Sie waren seit langem Christen, allerdings, wie zunächst fast alle Germanen im Römerreich, **Arianer.**[33] Dadurch waren Mischehen mit Einheimischen nicht möglich, was die Assimilation der Germanen erschwerte. Erst 589 gaben sie den Arianismus auf und erhielten die Unterstützung der römischen Kirche. Die Schriftsprache des westgotischen Reiches war das Lateinische, in dem einige bedeutende germanische Rechtssammlungen abgefasst wurden.

Der sprachliche Einfluss der Westgoten auf das hispanische Romanisch ist nicht besonders groß:

> Romanizados pronto, abandonaron el uso de su lengua, que en el siglo VII se hallaba en plena descomposición. No hubo en España un período bilingüe tan largo como en Francia. (LAPESA [9]1981: 118)

Es handelt sich um einige **lexikalische Elemente** und um eine größere Anzahl von Namen (Personen- und Ortsnamen). Superstratelemente im Wortschatz: *sacar, espiar, espía, ropa* (ursprünglich 'Beute (aus einem *Raub*zug)'), *brote, brotar, ganso, agasajar, gana, ganar, ufano, triscar, rapar.* Ein Rest der germ. a-Deklination auf *-a, -anis*, die uns in lat. Vermittlung überliefert ist, findet sich in *guardia* (≈ dt. *Wart*), *guardián.*

Personennamen westgotischen Ursprungs sind im Spanischen reichlich vertreten, z. B. *Álvaro, Fernando/Hernando, Rodrigo, Gonzal(v)o, Alfonso, Adolfo, Ramiro, Elvira.* Mittelalterliche Königsnamen wie *Fruela/Froilán* zeigen wiederum Reste der a-Deklination. Bemerkenswert ist die Verbreitung und Konsolidierung, die das Substratsuffix *-z* bei Personennamen durch die Westgoten erfahren hat. Der Besitz einer Person wurde offensichtlich ausgedrückt durch den PN + *-z* im gotischen Genitiv als '(Besitz) des zur Familie des X Gehörigen'. Patronymika (vom Namen des Vaters abgeleitete Familiennamen) dieses Typs sind als *Roderici, Gunterici* (> *Gondriz*) usw. belegt. Dies dürfte der Ursprung spanischer Familiennamen wie *Rodríguez* (< **Roderígici*), *González* (< **Gundisálvici*), *Ramírez* (< **Ramírici*) sein. Ortsnamen westgotischen Ursprungs sind vor allem in Galicien und Nordportugal zu finden. Sie stammen aus der Zeit der arabischen Invasion, als die Westgoten sich in dieses ehemals suebische Gebiet geflüchtet hatten. Auch hier herrscht der eben beschriebene patronymische Typ vor (*Guitiriz, Mondariz, Gomariz, Estreviz, Allariz, Guimarães* < *Wimar-anis*).

---

[33] Arianer waren Anhänger der Sekte des alexandrinischen Priesters Arius, der nicht die Gottgleichheit (griech. *homousía*), sondern lediglich die Gottähnlichkeit (*homoiousía*) Christi predigte. Nach der ostgotischen Bibelübersetzung durch Ulfila lebte diese durch das Konzil von Nizäa (325) verurteilte Irrlehre besonders bei den germanischen Völkern fort.

Literaturhinweise

GAMILLSCHEG, Ernst (1934–36), *Romania Germanica. Sprach- und Siedlungsgeschichte der Germanen auf dem Boden des alten Römerreichs*, 3 Bde., Berlin/Leipzig. (Für die Iberische Halbinsel wichtig Bd. I, Berlin/Leipzig 1934, Kap. III. "Die Goten. A. Die Westgoten").

GAMILLSCHEG, Ernst (1967), "Elementos constitutivos del español. Germanismos", in: *ELH = Enciclopedia Lingüística Hispánica*, II, Madrid, 79–91.

LAPESA, Rafael (⁹1981), *Historia de la lengua española*, Madrid, Kap. IV.

MEIER, Harri (1977), "Zur Geschichte der Erforschung des germanischen Superstrat-Wortschatzes im Romanischen", in: *Sprachliche Interferenz. Festschrift für Walter Betz zum 65. Geburtstag*. Tübingen, 292–334 (Kritisch zur Annahme von Germanismen).

NOLL, Volker (1997), "Anmerkungen zur spanischen Toponymie: *Andalucía*", in: HOLTUS, Günter/KRAMER, Johannes/SCHWEICKARD, Wolfgang (Hrsg.), *Italica et Romanica. Fs. für Max Pfister zum 65. Geburtstag*. Bd. 3. Tübingen, 199–210.

Siehe außerdem die Darstellung zu den germanischen Elementen bei TAGLIAVINI (²1998, 223–229, 242–246).

Zusammenfassung

Die Germanismen im Spanischen stellen sich als sprachlicher Einfluss dar, der einerseits bereits über das germanische Adstrat an das Lateinische vermittelt wurde und mit ihm auf die Iberische Halbinsel gelangte, andererseits gehen sie auf das gotische Superstrat in Spanien selbst zurück oder wurden später aus Frankreich über den Pilgerweg nach Santiago de Compostela (siehe IV.5.2) ins Land getragen. Phonetisch auffällig bei Germanismen ist anlautendes [w-], das durch *gu*- ersetzt wurde. Auf den kurzen Verbleib der Vandalen in der Baetica geht wahrscheinlich die neue Benennung (W-)Andalusiens zurück. Die Westgoten führten eine Reihe von germanischen Personennamen ein. Welche Elemente außerhalb von Personen- und Ortsnamen definitiv auf das Gotische zurückzuführen sind, kann allerdings meist nicht sicher bestimmt werden.

5. Kulturadstrate

5.1 Der arabische Einfluss

Den nach der Romanisierung deutlichsten Einschnitt in der spanischen Sprachgeschichte bildet die arabische Eroberung der Halbinsel. Die alte Gliederung des Landes mit einem kulturellen Schwerpunkt in der Baetica wurde überlagert. Das ursprüngliche südliche Romanisch ist zwar im Mozarabischen greifbar, aber nun entstanden neue Zentren im Norden, dessen bis dahin unbedeutende Dialekte im Zuge der Reconquista nach Süden getragen wurden. Das Kastilische erlangte seine entscheidende Ausprägung in Altkastilien, während das nach Süden dringende Galicische sich erst südlich des Minho zum Portugiesischen ausformte. Das Kastilische seinerseits wird dagegen erst heute durch andalusischen und hispanoamerikanischen Einfluss meridionalisiert (vgl. IV.12.1).

Das **arabische Kulturadstrat** wirkte hauptsächlich während der Reconquista, als Städte den Arabern entrissen wurden und man deren maurische Bewohner vertrieb, während die mozarabischen Einwohner verblieben.[34] Diese waren als Christen unter den Mauren stark arabisiert, sprachen aber Romanisch, wenn auch ein anderes Romanisch als die Rückeroberer aus dem Norden. Im Laufe ihrer Integration gaben die **Mozaraber** eine große Zahl arabischer Lehnwörter an das Kastilische, besonders aber auch an das Aragonesische weiter. Als Toledo 1085 und Zaragoza 1118 fielen, gelangten zwei bevölkerungsreiche mozarabische Zentren in den Bereich der nördlichen spanischen Dialekte.[35] Eine kurze Darstellung der Geschichte der arabischen Herrschaft in Spanien findet sich in IV.7.1.

Der arabische Einfluss betrifft in ganz überwiegendem Maße den **Wortschatz** im Bereich von Gegenständen, Fertigkeiten und Kenntnissen, die die Romanen nicht, z. T. seit der Völkerwanderungszeit nicht mehr hatten, oder die die Araber als Vermittler aus dem Orient (Indien, Persien, Byzanz) mitbrachten. In geringerem Maße gibt es auch Entlehnungen im Bereich der Morphologie, möglicherweise auch der Syntax. Zahlreiche Zeugen der arabischen Präsenz enthält die spanische Toponymie (Ortsnamen, *toponimia*) und Hydronymie (Gewässernamen, *hidronimia*). Nicht alle Arabismen sind früh belegt. Manche eher volkstümlicher Natur wurden möglicherweise von den frühen Dichtern im Norden gemieden und erst später als Allgemeingut akzeptiert.

Ihre Popularität zeigen die Arabismen jedoch nicht nur dadurch, dass sie häufig zahlreiche Ableitungen aufweisen, sondern ferner, dass auch Grundwörter mit einem romanischen Suffix versehen sein können. Insgesamt gibt es heute ca. 1.300 spanische Wörter arabischer Herkunft und ein Vielfaches davon, wenn man Ableitungen und Ortsnamen einschließt. Viele Entlehnungen gehören nicht mehr der modernen Sprache an. Aber auch in der heutigen Zeit können schon lange aus dem Gebrauch gekommene Arabismen manchmal wieder "reaktiviert" werden, wie sich z. B. zeigte, als man im modernen Luftverkehr ein Wort für "Stewardess" benötigte. Das alte Wort *azafata* 'Kammerfrau' erhielt die gewünschte neue Bedeutung und wurde so wieder in den lebendigen Wortschatz eingereiht.

Typisch für die spanischen Entlehnungen aus dem Arabischen ist die funktionslose **Agglutination** des arab. Artikels *al-* (in assimilierten Formen *as-*, *ar-*, *aš-*), der in Arabismen, die über Sizilien nach Europa kamen, fehlt (vgl. *azúcar*, aber it. *zucche-*

---

34 Unter **mudéjares** versteht man dagegen die während der Reconquista in den wiedereroberten Gebieten verbliebenen islamischen Mauren, unter **moriscos** (Morisken) die nach dem Ende der Reconquista in Spanien verbliebenen Mauren, die nach dem vergeblichen Versuch der Hispanisierung und wirklichen Christianisierung 1609–1614 vertrieben wurden.

35 Diese historische Lage spricht nicht dafür, den arabischen Einfluss auf das Spanische als ein Superstrat zu betrachten, wie es oft geschieht. Die Araber sind nicht in den Romanen aufgegangen. Es handelt sich bei ihnen wie bei den Morisken um ein Kulturadstrat. Aber auch die Mozaraber, die in den kastilischen "reconquistadores" aufgingen, entsprechen nicht der im Begriff Superstrat enthaltenen Definition eines Eroberervolkes. Eher kann man sie als eine Art Substrat für das nach Süden vorrückende Kastilische ansehen.

ro, frz. *sucre*, dt. *Zucker*) (siehe NOLL 1996, 2006). Morphologisch interessant sind auch Adjektive mit dem arabischen Nisba-Suffix *-ī* (*marroquí*, *alfonsí*), die sich auf die Herkunft oder eine Verbindung mit dem arabisch-islamischen Kulturraum beziehen.

Es folgen einige Beispiele für Entlehnungen arabischen Ursprungs in Verbindung mit den beteiligten Sachgebieten im spanischen Wortschatz. Bedeutungsentwicklungen werden durch > angegeben, Wortableitungen durch → .

Zahlreiche Bezeichnungen wurden aus der **militärischen Terminologie** der Araber übernommen, von denen jedoch nur einige bis heute in Gebrauch geblieben sind, wie z. B.

> *alcazaba* 'Festung, festes Schloss', *alférez* 'Reiter' > 'Fähnrich', *jinete* 'Angehöriger der leichten Reiterei', *alazán* '(Pferde-)Fuchs' (vgl. frz. *alezan*), *tambor* 'Trommel', *atalaya* 'Wache' > 'Wachturm'.

Die Araber erneuerten und vervollkommneten das antike **Bewässerungssystem** und zeichneten sich durch einen blühenden Acker- und Gartenbau aus, der zu zahlreichen Entlehnungen Anlass gab:

> *acequia* 'Bewässerungsgraben', *aljibe* 'Zisterne', *azud* 'Wasserpumpe', *alberca* 'offener Sammelbrunnen', *noria* 'Schöpfrad', *alcachofa* 'Artischocke', *algarroba* 'Johannisbrot' → *algarrobo* 'Johannisbrotbaum' → *algarrobal* 'Johannisbrotbaumpflanzung' und *algarrobilla* 'Wicke'; *alubia* 'Bohne', *zanahoria* 'Karotte', *berenjena* 'Aubergine', *alfalfa* 'Luzerne', *azafrán* 'Safran', *azúcar* 'Zucker', *algodón* 'Baumwolle', *aceituna* 'Olive', *aceite* 'Öl', *azucena* 'Lilie', *azahar* 'Orangenblüte', *alhelí* 'Levkoje', *arrayán* 'Myrte'. Für 'Lavendel' gibt es die Dublette *alhucema* (aus dem Arab.) und *espliego* (aus dem Lat.).

Aus dem Bereich **Arbeit und Handwerk** wären zu nennen:

> *tarea, recamar* 'sticken', *alfarero* 'Töpfer', *taza* 'Trinkschale, (Kaffee-, Tee-)Tasse', *jarra, jarro, marfil, alfiler* 'Schmucknadel'; *azogue* 'Quecksilber' neben *mercurio* (aus dem Lat.).

Das ausgeprägte **Handelswesen** der Araber hat zahlreiche Termini und Maßeinheiten geliefert, wie z. B.

> *arancel* '(Steuer-, Zoll-)Tarif', *tarifa* 'Preisliste, Tarif', *aduana, almacén, zoco* 'Suk, Markt(platz)' (veraltet), *arroba* (= 25 libras = 11,5 kg), *quintal* (= 4 arrobas = 46 kg), *azumbre* (Hohlmaß, ca. 2 Liter).

Die **Architektur** der Städte und Häuser und die Innenausstattung der arabischen Häuser waren sehr viel raffinierter und luxuriöser als bei den Romanen Hispaniens, was ebenfalls Anlass zu zahlreichen Entlehnungen gab, von denen einige bis heute lebendig sind:

aldea 'Dorf', *arrabal* 'Vorstadt', *barrio* 'Stadtviertel', *albañil* 'Maurer', *azulejo* 'Kachel', *adobe* 'Lehmziegel', *zaguán* 'Diele, Vorhalle', *azotea* 'Söller, (begeh-bares) flaches Dach, Altan', *alcoba* 'Alkoven, Bettnische, Schlafgemach', *aldaba* 'Türklopfer', *almohada* 'Kissen', *alfombra* 'Teppich', *alhaja* 'Kleinod', *alhajar* '(eine Wohnung) ausstatten, möblieren'.

Verfeinerte **Lebensart** zeigt sich auch in Speisen und Gegenständen, die der Gesel-ligkeit dienen:

albóndiga 'Fleischklößchen', *almíbar* 'Zuckerseim, süßer Fruchtsaft, Sirup', *arrope* 'Mostsirup', *laúd* 'Laute', *ajedrez* 'Schachspiel', *azar* 'Würfel(spiel)' > 'Glück, Zufall'.

Aus der arabischen **Verwaltung:**

alcalde 'Bürgermeister', *alguacil* 'Wesir' > 'Amtsdiener', *albacea* 'Testaments-vollstrecker'.

Von großer Bedeutung nicht nur für das Spanische, sondern für alle westlichen Sprachen sind die Beiträge der **arabischen Wissenschaften** zu denen in Europa. Viel-fach sind hier die Araber Vermittler indischen, persischen oder griechischen Wis-sens:

In der **Mathematik** wurden z. B. *algoritmo, álgebra, cifra* '(Null-)Stelle' > 'Ziffer' entlehnt, während für den Begriff 'Null' *cero* < it. *zero* < mlat. *zephirum* < arab. *şifr* über Sizilien kam. In der **Chemie** (*alquimia* aus dem Griechischen über das Arabische) finden wir *alambique* 'Destillierkolben', *alcohol, álcali, elixir*; in der **Medizin** z. B. *nuca* 'Nacken'; in der **Astronomie** *cenit, nadir* und Sternnamen wie *Aldebarán, Algol, Rigel, Vega*; in der **Pharmazie** *jarabe* 'Sirup'.

Als **Vermittlersprache** tritt das Arabische z. B. bei folgenden Wörtern auf:

Aus dem Sanskrit Indiens *alcanfor* 'Kampfer' und *ajedrez* 'Schachspiel'; aus dem Persischen *jazmín, naranja, azul, escarlata* 'Scharlach, scharlachrot'; aus dem byzantinischen Griechisch *arroz, alquimia, alambique* 'Destillierkolben', *acelga* 'Mangold'. Auch lateinische Wörter sind z. T. nur in arabischer Vermitt-lung erhalten, wie z. B. *alcázar* (< *castrum*), *albaricoque* 'Aprikose' (< *praeco-quus* 'frühreif').

Auffällig ist, dass der Großteil der Entlehnungen Elemente der arabischen Sach-kultur und somit Substantive sind. Darunter sind nur wenige Bezeichnungen für Abstrakta, wie z. B. *alboroto* 'Empörung, Aufstand, Lärm', *alborozo* 'Freude, Entzü-cken', *hazaña* (< asp. *fazaña* 'Heldentat'). Verben fehlen weitgehend, auch Adjek-tive sind selten: *mezquino* 'winzig, dürftig, knauserig', *azul, carmesí*. Als Adverb ist *(de/en) balde* 'umsonst' zu nennen, als einzige Präposition *hasta* (asp. *fasta*). Inte-ressant ist die Entstehung von Namensubstituten aus dem Arabischen (*fulano, -a* 'Herr/Frau Soundso', *mengano* 'der und der') und die eines Präsentativs *he* (*¡helo aquí!* 'hier ist er/es!').

Die spanische **Toponymie** und **Hydronymie** weisen viele Elemente arabischen Ursprungs auf, die im Arabischen sprechende Namen sind, wie z. B. *Algarbe* 'Westen', *La Mancha* 'Hochfläche', *Alcalá* 'Burg, Festung', *Alcolea* 'kleine Burg', *Medina*, *Almedina* 'Stadt', *Medinaceli* 'Stadt des Selim', *Calatayud* 'Burg des Ayud', *Gibraltar* 'Berg des Tarik', *Algeciras*, *Alcira* 'Insel', *Almazán* '(die) Befestigte', *Benicásim* 'Söhne des Kassim'. Flussnamen bestehen oft aus einer Verbindung mit ar. *wādi* 'Fluss(bett)' (> span. *Guad-*), z. B. *Guadalajara* 'Fluss der Steine', *Guadalquivir* 'großer Fluss'. Wie bei den Germanismen (vgl. IV.4.1) wurde auch hier das anlautende bilabiale [w-] durch den Nexus *gu-* [g̠u-] ersetzt. Darüber hinaus existieren viele **Hybridbildungen**, die aus einem arabischen und einem hispanischen Element zusammengesetzt sind, wie z. B. *Guadiana* 'Fluss Anas', *Guadalupe* 'Wolfsfluss', *Guadix* < *wādi Acci*. In *Almonaster* und *Alpuente* wurde dem romanischen Wort nur der arabische Artikel *al* vorangestellt.

Auf weitere phonetische, morphologische und syntaktisch-phraseologische Fragestellungen, die sich im Zusammenhang mit dem arabischen Einfluss ergeben, kann hier nicht eingegangen werden.

Literaturhinweise

CORRIENTE, Federico (²2003), *Diccionario de arabismos y voces afines en iberorromance*, Madrid.

INEICHEN, Gustav (1997), *Arabisch-orientalische Sprachkontakte in der Romania*, Tübingen.

KONTZI, Reinhold (1982), "Das Zusammentreffen der arabischen Welt mit der romanischen und seine sprachlichen Folgen", in: KONTZI, Reinhold (Hrsg.), *Substrate und Superstrate in den romanischen Sprachen*, Darmstadt, 387–450.

LAPESA, Rafael (⁹1981), *Historia de la lengua española*, Madrid, Kap. V.

KIESLER, Reinhard (1994), *Kleines vergleichendes Wörterbuch der Arabismen im Iberoromanischen und Italienischen*, Tübingen.

NOLL, Volker (1996), "Der arabische Artikel *al* und das Iberoromanische", in: LÜDTKE, Jens (Hrsg.), *Romania Arabica. Festschrift für Reinhold Kontzi zum 70. Geburtstag*, Tübingen, 299–313.

NOLL, Volker (2006), "La aglutinación del artículo árabe *al* en el léxico español", in: ARNOLD, Rafael/LANGENBACHER-LIEBGOTT, Jutta (Hrsg.), *Cosmos Léxico. Contribuciones a la lexicografía y a la lexicología hispánicas*. Frankfurt/M., 35–49.

STEIGER, Arnald (1967), "Elementos constitutivos del español. Arabismos", in: *ELH* II, Madrid, 93–126.

5.2 Der okzitanisch-französische Einfluss

Beziehungen zwischen Spanien und Frankreich gab es schon seit der Gründung der germanischen Reiche. Zwischen dem 11. und dem 13. Jh. erreichen sie jedoch einen Höhepunkt, der vielfältige Ursachen hat: Zu alten feudalen Abhängigkeiten zwischen spanischen und okzitanischen Landen kommen dynastische Beziehungen zwischen Kastilien, Burgund und Portugal. Der **Pilgerweg** nach **Santiago de Compostela** zum Grab des Apostels Jakobus tritt an die Stelle der durch die arabische Eroberung nicht mehr möglichen Pilgerreise nach Jerusalem. Der baskisch-navarrische König Sancho el Mayor (1000–1035) öffnet den Weg der Pilger nach Santiago durch Wegebau im baskischen Bergland. Dieser Weg wurde zum **"camino francés"**, an dem sich viele "Franken", d. h. Ausländer von jenseits der Pyrenäen, in der Mehrheit Franzosen, Burgunder und Okzitanier, ansiedelten.

So bildeten sich "fränkische" Siedlungen am Rande der navarrischen Städte Sangüesa, Estella, Puente la Reina, aber auch in Zaragoza und Logroño. Das bisher eher abgeschlossene Spanien kam dadurch auch im kirchlichen Bereich in Kontakt mit den neuen Entwicklungen, z. B. der cluniacensischen Reform, in deren Folge die bisherige westgotisch-mozarabische Liturgie abgelöst wurde. Zahlreiche Baumeister aus Frankreich (bis hin nach Köln) kamen nach Nordspanien. So erfolgten zahlreiche Entlehnungen im Wortschatz: *mensaje, homenaje,* später auch *linaje, peaje, salvaje, doncel, doncella, roseñor > ruiseñor, ligero.* Mit dem höfischen Leben und der Nachahmung der **Troubadourlyrik** kamen *cosiment* 'Gunst', *deleyt* 'Ergötzen' und *vergel* 'lauschiger Garten'. Im Bereich der Kirche und des Pilgerwesens wurden *monje, fraile, mesón, manjar, vianda* und *vinagre* entlehnt. Ein Okzitanismus ist wohl auch die Bezeichnung *español*, die wegen fehlender Diphthongierung des /o/ nicht spanisch sein kann; demselben Einfluss entspringt die Apokope des Auslautvokals:

> El prestigio de los "francos" en el ambiente señorial y eclesiástico hizo que los extranjerismos con final consonántico duro lo conservasen frecuentemente en español arcaico (*ardiment* 'atrevimiento', *arlot* 'vagabundo, pícaro', *duc > franc, tost* 'en seguida'). Además, incrementó en voces españolas la apócope de /-e/ final tras consonantes y grupos de donde apenas se perdía antes ... y donde más tarde ha vuelto a ser de regla la vocal (*noch* 'noche', *dix* 'dije', *recib* 'recibe', *mont, part, allend, huest, aduxist*). (LAPESA [9]1981: 200–201)

Nicht eingehen können wir hier auf den französischen Einfluss im 18. und 19. Jh., auf den italienischen Einfluss im 15. und 16. Jh. und den angloamerikanischen Einfluss im 20. Jh. (siehe auch IV.12.3).

Literaturhinweise

COLÓN, Germán (1967), "Elementos constitutivos del español. Occitanismos", in: *ELH*, II, Madrid, 153–192.

LAPESA, Rafael ([9]1981), *Historia de la lengua española*, Madrid, §§ 42 und 51.

POTTIER, Bernard (1967), "Elementos constitutivos del español. Galicismos", in: *ELH*, II, Madrid, 127–151.

5.3 Der gelehrte lateinische Einfluss *(cultismos)*

Zum Schluss dieses Kapitels sei noch bemerkt, dass das Lateinische (als klassisches Latein) zu allen Zeiten ein lexikalisches, grammatisches und syntaktisches Reservoir bildete und als solches bis heute fungiert, woraus das Spanische wie alle anderen romanischen Schriftsprachen (außer dem Rumänischen) schöpften, um den Wortschatz zu bereichern und feinere semantische Differenzierungen, vor allem im abstrakten Bereich, zu erreichen. Beispiele gibt es seit den ersten Texten (*caridad, cristiano, encarnación, monasterio*). Zu unterscheiden ist zwischen **gelehrten Wörtern** (*cultismos*), die die spanische Lautentwicklung der Erbwörter (*voces populares*) zwischen dem 3. und 8. Jh. n. Chr. so gut wie nicht mitgemacht haben (vgl. *absolución* mit der Anpassung lediglich von lat. *-tione* an span. *-ción*, statt eines möglichen erbwörtlichen *asojón) und **halbgelehrten Wörtern** (*semicultismos*), die einen Teil der normalen Lautentwicklung zeigen, wie *iglesia* < vlt. *eclesia* gegenüber port. *igreja* (vgl. COROMINAS/PASCUAL, *DECH, s. v.*) oder *siglo* < *saec[u]lu* mit Sonorisierung von [k] vor [l], aber ohne Weiterentwicklung zu *sejo.

Literaturhinweis

BUSTOS TOVAR, José Jesús (1974), *Contribución al estudio del cultismo léxico medieval*, Madrid.

Zusammenfassung

Von den Kulturadstraten auf der Iberischen Halbinsel ist das arabische das bedeutendste. Es übte vom 8. bis zum 15. Jh. großen Einfluss auf das Spanische aus (ca. 1.300 Lehnwörter), wobei die Entlehnungen die Sachgruppen betreffen, in denen die arabische Verwaltung, Technik oder Lebensart im Vergleich mit der lokalen als fortgeschritten gelten konnte. Bemerkenswert ist neben der Übernahme zahlreicher Arabismen in Wortschatz, Toponymie und Hydronymie die Integration der morphologischen Elemente *al-* (*as-* usw. als agglutinierter arabischer Artikel bei Substantiven) und *-í* (zur Bildung von Adjektiven mit arabisch-islamischem Bezug). Die Verbindung mit Frankreich brachte vor allem über den Pilgerweg nach Santiago de Compostela ("el camino francés") französische Elemente sowie in Verbindung damit weitere Germanismen nach Spanien. Ferner erweiterten gelehrte Entlehnungen lateinisch-griechischer Herkunft den spanischen Wortschatz und sind durch ihre Nähe zur klassischen Lautung zu erkennen.

---

6. Die frühesten Sprachdenkmäler des Spanischen

6.1 Die Glossen

Schon in den lateinischen Urkunden der Westgotenzeit gibt es indirekte Bezeugungen der Volkssprache, da manchmal aus Unachtsamkeit oder Unkenntnis des Schriftlateins das Romanische de facto in ein lateinisches Gewand gekleidet ist. Direkte Zeugnisse des Spanischen erscheinen allerdings erst recht spät, nämlich Anfang des 11. Jh., in Form von Glossen, d. h. Interpretamenten eines (in diesen Fällen lateinischen) Textes mittels Rand- oder Interlinearbemerkungen.[36] Die

---

36 Die ersten Zeugnisse romanischer Sprachen überhaupt sind Glossen, und zwar die Reichenauer Glossen vom Ende des 8. Jahrhunderts (siehe IV.2.5) und die Kasseler Glossen vom Anfang des 9. Jh. (TAGLIAVINI ²1998: 368–372).

Glosas emilianenses befinden sich in einem Kodex aus dem Kloster San Millán de la Cogolla (Provinz Logroño), der nach den Erkenntnissen von DÍAZ Y DÍAZ (1978) um das Jahr 900 aus zwei schon bestehenden Teilen, nämlich einer Bearbeitung von Aussprüchen von Kirchenvätern und einem Homiliar (d. h. einer Predigtsammlung), zusammengesetzt wurde. Die Glossen selbst wurden nach DÍAZ Y DÍAZ jedoch erst in den ersten Jahrzehnten des 11. Jh. von verschiedenen Händen hinzugefügt, zuerst wohl zum Zwecke des Grammatikunterrichts in einem Kloster, was auch die Anbringung zahlreicher lateinischer Glossen erklärt, die der grammatischen Erklärung bzw. syntaktischen Analyse dienten. Die spanischen Glossen, die sich vorwiegend im Homilienteil finden, waren wohl zur Vorbereitung einer Übersetzung in die Volkssprache gedacht. Die *Glosas silenses* treten in einer Handschrift aus der 2. Hälfte des 10. Jh. auf, die früher im Kloster Santo Domingo de Silos (südöstl. von Burgos) aufbewahrt wurde und jetzt im Britischen Museum liegt. MENÉNDEZ PIDAL (*Orígenes del español*, ⁹1980: 9) nimmt an, dass Kodex und Glossen aus der gleichen Zeit stammen; DÍAZ Y DÍAZ datiert die Glossen in das 11. Jh. Der Inhalt des Codex Silensis ist dem aus San Millán ähnlich. In beiden Codices markieren die Glossen natürlich nicht die "Geburt" des Spanischen, es war längst geboren, sie bezeugen vielmehr seine Existenz.

Die Sprache der *Glosas emilianenses* ist eindeutig navarro-aragonesisch, ja es finden sich als frühes Zeugnis auch zwei baskische Glossen. Die *Glosas silenses* zeigen stellenweise einige kastilische Züge (*o* statt *au*, *-ero/-era* statt *-airo/-aira*). Die Glossen bestehen meist aus einzelnen Wörtern, z. T. aber auch aus Syntagmen.

Die Glossen selbst sind ein Zeugnis für das Bewusstsein, dass die gesprochene Sprache, das Romanische, nicht mehr nur eine Variante des Schriftlateins ist, sondern eine eigene Sprache, die somit auch eine Schriftform besitzen sollte und könnte. Dabei ergab sich das Problem, wie man Laute, die dem Lateinischen fremd waren, schreiben sollte. Die Glossen machen nicht den Eindruck, dass dieses Problem hier zum ersten Mal angegangen wurde, sondern zeigen im Gegenteil schon eine gewisse Praxis[37], wenngleich die Schreibung natürlich noch weit davon entfernt ist, einheitlich zu sein. Volkssprachliche Züge treten häufig auch gemischt mit latinisierenden auf (z. B. ist in *lueco* 'luego' der Diphthong spanisch, die Schreibung <c> (≈ *loco*) statt <g> aber wohl lateinisch). Da Spanien nicht wie Frankreich der karolingischen Reform mit ihrer Restituierung der klassischen Aussprache des Lateins unterworfen war, dürfte das Schriftlatein in Spanien in Anlehnung an die entsprechenden volkssprachlichen Formen ausgesprochen worden sein, so dass sich das Problem der Niederschrift des Hispano-Romanischen in der Westgotenzeit z. B. noch nicht stellte (vgl. LÜDTKE 1964).

---

37 Z. B. werden die Diphthonge durchgehend geschrieben, <g> vor *i, e* steht wie <i> für [j] (*siegat* [sjejat] ≈ neuspan. *sea*); <ingn>, <gn> oder <in> für [ñ] (*seingnale* 'señal', *pugna* [puña], *uergoina* [vergoña] 'vergüenza'; <is>, <isc> für [ʃ] (*laiscaret* [laʃaret] 'dejare', *eleiso* [eleso] 'elegido').

Beispiele zu den emilianensischen Glossen:

Glosse	für lat.	Neuspanisch
tales muitos fazen	*talia plura committunt*	*muchas tales (cosas) hacen*
nonse bergudian.	*non erubescunt.*	*no se vergüenzan.*
conoajutorio de nuestro dueno, dueno Christo dueno Salbatore, qual dueno get ena honore, equal duenno tienet ela mandatione cono Patre, cono Spiritu Sancto, enos sieculos delosieculos. Facanos Deus omnipotes tal serbitjo fere ke denante ela sua face gaudioso segamus.	*adjubante domino Jhesu Christo cui est honor et imperium cum Spiritu Sancto in secula seculorum.*	*con la ayuda de nuestro dueño, dueño Cristo, dueño Salvador, cual dueño es en el honor y cual dueño tiene la mandación con el Padre, con el Espíritu Santo en los siglos de los siglos. Háganos Dios omnipotente tal servicio hacer que delante de su faz estemos (wörtl. seamos) gozosos.*
ego lebantai	*suscitabi (= -avi)*	*yo levanté*
trastorne	*submersi*	*trastorné*
elo terzero diabolo	*tertius (diabolus)*	*el tercer diablo*
aflarat	*inueniebit*	*hallará*
ansiosusegamus	*solliciti simus*	*ansiosos seamos*
nos non kaigamus	*ne ... precipitemur*	*no caigamos*
sepat	*sentiat*	*sepa*
partirsan	*diuidunt se*	*partirse han = se partirán*
fezot	*gessit*	*hizo*
tu siedes	*manes*	*eres* (aber Form von *sedere* [> *ser*] statt von *esse)*

Lautung, Morphologie und Wortschatz sind hier eindeutig volkssprachlich. Der bestimmte Artikel ist voll ausgebildet (in der Form *elo* < *illu*; in *eno* ist er mit der Präposition *en* verschmolzen). Das romanische Futur ist vertreten, ebenso romanische Reflexivkonstruktionen. Das *pretérito indefinido* erscheint sogar schon in der monophtongierten Form auf -*é* (neben -*ai*). Ungeklärt ist hier *fere*.

Literaturhinweise

Díaz y Díaz, Manuel C. (1978), *Las primeras glosas hispánicas*, Barcelona. (grundlegend)

García Larragueta, Santos (1984), *Las glosas emilianenses. Edición y estudio*, Logroño. (beste kommentierte Ausgabe)

Glosas Emilianenses (1977), Reproducción facsímil. Introducción de Juan B. Olarte Ruiz, Madrid.

Lüdtke, Helmut (1964), "Die Entstehung romanischer Schriftsprachen", *VRom* 23: 3–21.

Wolf, Heinz-Jürgen (1991), *Glosas Emilianenses*, Hamburg.

Wright, Roger (1982), *Late Latin and Early Romance (in Spain and Carolingian France)*, Liverpool. (span. Übers. Madrid 1989)

6.2 Die mozarabischen Jarchas

Zu den ältesten Sprachdenkmälern des Spanischen sind auch Zeugnisse des **Mozarabischen** (siehe I.4.4) ab dem 10. Jh. zu rechnen. Diese insgesamt recht spärlichen Zeugnisse bestehen neben hispano-arabischen Glossen (auch in arabischen Werken zur Botanik, Medizin und Pharmakologie) und Glossaren, die also keine mozarabischen "Texte" sind, auch aus sog. Jarchas (span. *jarcha*, engl. *kharja* < ar. *ḫaraǧa* 'hinausgehen'), "in den Mund von Frauen gelegte[n] spanische[n] Schlussstrophen in arabischen und hebräischen Strophengedichten" (HEGER 1960: 1). Diese Strophengedichte werden *muwaššaḥa* (Sg., span. *moaxaja*) genannt.[38] Sie stammen in der Mehrzahl von bekannten arabischen und jüdischen Dichtern aus Al-Andalus zwischen 1042 und 1150, also aus der Zeit zwischen den *Glosas emilianenses/Glosas silenses* und dem ersten großen Dokument des Kastilischen, dem Cid-Epos (um 1140). Jarchas und andere **Aljamiadotexte**[39] aus späteren Jahrhunderten, zumeist von Morisken, die mittlerweile in größerem Umfang publiziert und damit bekannt wurden, lassen wir hier unberücksichtigt. Strophengedichte und Schlussstrophen (*jarchas*) sind entweder in arabischer oder hebräischer Schrift geschrieben, wobei sich für die Jarchas das Problem der **Transliteration** des Romanischen aus dem arabischen bzw. hebräischen Alphabet ergibt, die ja beide im Prinzip nur die Konsonanten und in Kombination lange Vokale zu notieren pflegen (ar. ā, ī, ū).

Als Beispiele seien zwei Jarchas angeführt. Zunächst eine der frühesten, von Yosef al-Katib, einem hebräisch schreibenden Dichter (vor 1042, HEGER 1960: 107–108, hier nach der Textausgabe von STERN ²1964). Die romanischen Wörter sind kursiv gedruckt:

Tan t'amaray, tan t'amaray,	'Tanto te amaré, tanto te amaré,
habīb, *tan t'amaray,*	amigo, tanto te amaré,
enfermaron welyos cuidas	las penas (?) (me) enfermaron (los) ojos
ya dolen tan male.	ya sufren tan grandes males'.

Auffällig ist der Erhalt des fallenden Diphthongs in der Futurendung <ay>, gegenüber sonst belegtem <ey>, vgl. im heutigen Portugiesisch *-ei*. Das Futur ist voll ausgebildet, zeigt aber nicht die kastilische monophthongische Entwicklung zu *-é* in der 1. P. Sg. Interessant ist auch die Erhaltung des auslautenden *-e* des (lat.) In-

---

38 Bezüglich ihrer großen Bedeutung für die Entstehungsproblematik der romanischen Lyrik siehe HEGER (1960), GARCÍA GÓMEZ (²1975). *Muwaššaḥāt* (so die arab. Pluralform) mit romanischem "Abgesang" stehen durch Funde der Wissenschaft erst seit Mitte des 20. Jh. zur Verfügung. Die große Mehrheit der Muwaššaḥāt ist rein arabisch und schon lange bekannt.

39 *Aljamiado* < ar. *ᶜaǧamī* 'fremd, nicht arabisch' bezieht sich u. a. auf Literatur, die nicht in arabischer Sprache verfasst wurde, wohl aber im arabischen Alphabet vorliegt, wie die Jarchas oder die Schriften von Mauren unter christlicher Herrschaft (Mudéjares, *mudéjares*, bzw. nach Abschluss der Reconquista, Morisken, *moriscos*).

finitivs und bei *male*, die Entwicklung des Nexus -*k'l*- in *oc(u)los* zu -*ly*- [ʎ] und die Diphthongierung von *ó* vor diesem Palatal (vgl. oben I.4.4.a und i). Nicht sicher zu beurteilen ist die Tatsache, dass in *dolen* kein Diphthong notiert zu sein scheint (statt *duelen*; im hebräischen Text nur <dwln>).

Das zweite Beispiel stammt von einem arabischen Dichter aus Badajoz aus der 2. Hälfte des 11. Jh. (GARCÍA GÓMEZ 1965: 320–321):

ǧfen, ᶜindi, habībi!	¡ven a mi lado, mi amigo!
seyas sabiṭore:	has de saber que
tu huydah samaŷah	tu huída es una fea acción.
¡imši, *adunu*-ni!	¡anda, únete conmigo!'

Die Schreibung *fen* für *ven* rührt von dem Fehlen eines entsprechenden labiodentalen Frikativs und Graphems im Arabischen her. Hisp.-ar. ᶜ*indi* bedeutet 'bei mir', *ḥabīb* ist der in den meisten Jarchas auftretende 'Freund, Geliebte'. *Seyas* ≈ *seas*, *sabitore* ≈ *sabedor*, wobei <ṭ> häufig eine Schreibung für [d] bzw. [δ] ist. Im 3. Vers ist *samaŷa* 'Schändlichkeit, Bosheit' (*ŷ* = *ǧ*) als Lexem arabisch, aber auch in der Konstruktion (ohne Kopula) arabisch. Hisp.-ar. *imši!* 'geh' ist ein Imperativ. Im Folgenden ist das Verb *adunare* (neuspan. *aunar*) romanisch, die Form jedoch die eines Imperativs mit dem arabischen Poss.-Suffix der 1. Pers. Sg. bei Verben -*nī*.

Die Jarchas sind ein Beispiel für die Symbiose dreier Kulturen und Sprachen. Sie zeigen, dass eine ausgebildete volkssprachliche Tradition existierte, die in die arabische Lyrik integriert wurde.

Literaturhinweise

CORRIENTE, Federico (1998), *Poesía dialectal árabe y romance en Alandalus: cejeles y xarajat de muwassahat*, Madrid.

GALMÉS DE FUENTES, Álvaro (1994), *Las jarchas mozárabes. Forma y significado*, Barcelona.

GARCÍA GÓMEZ, Emilio (³1990). *Las jarchas romances de la serie árabe en su marco*, Barcelona. Madrid.

HEGER, Klaus (1960), *Die bisher veröffentlichten Harǧas und ihre Deutungen*, Tübingen.

HITCHCOCK, Richard (1977), *The Kharjas. A Critical Bibliography*. London.

KONTZI, Reinhold, *Aljamiadotexte. Ausgabe mit einer Einleitung und Glossar*. Wiesbaden, I, 1974; II, 1984.

STERN, Samuel Miklos (²1964), *Les chansons mozarabes. Les vers finaux en espagnol ("kharjas") dans les 'muwassahas' arabes et hébreux*, Oxford.

VESPERTINO RODRÍGUEZ, Antonio (1983), *Leyendas aljamiadas y moriscas sobre personajes bíblicos. Introducción, edición, estudio lingüístico y glosario*. Madrid.

6.3 Hinweise zum Altspanischen

Mit dem **Cid-Epos** (um 1140) befinden wir uns bereits außerhalb dessen, was wir hier als frühe Sprachdokumente verstehen wollen. Wir sind damit im Stadium einer Volkssprache mit mehr als nur bruchstückhaften Texten und schon hohen literarischen Ansprüchen, ohne dass damit allerdings schon eine einheitliche kastilische Schriftsprache geschaffen wäre. Unter **Altspanisch** (*español medieval*) versteht man allgemein die Epoche zwischen dem *Cantar de Mio Cid* und dem Siglo de Oro, also dem 12.–15. Jh. Im Verlaufe des 16. Jh. entsteht dann das sog. klassische, im 18. Jh. das moderne Spanische. Aus Platzgründen müssen wir uns hier auf die Angabe der wichtigsten bibliographischen Hilfsmittel beschränken (siehe auch Kap. IV.8.):

Literaturhinweise

ALONSO PEDRAZ, Martín (1986), *Diccionario medieval español. Desde las glosas emilianenses y silenses (s. X) hasta el siglo XV*, 2 Bde., Salamanca.

LATHROP, Thomas A. (⁷1989), *Curso de gramática histórica española*, Barcelona.

LÓPEZ GARCÍA, Ángel (2000), *Cómo surgió el español: Introducción a la sintaxis histórica del español antiguo*, Madrid.

MENÉNDEZ PIDAL, Ramón (1965–66), *Crestomatía del español medieval*, 2 Bde., Madrid. (Ist auch als Grammatik und Wörterbuch des Altspanischen zu benutzen).

MENÉNDEZ PIDAL, Ramón (⁵1976), *Cantar de Mio Cid. Texto, Gramática y Vocabulario*, 3 Bde., Madrid. (Ist auch als Grammatik und Wörterbuch des Altspanischen zu benutzen).

MÜLLER, Bodo (1987–) *Diccionario del español medieval*, 3 Bde. (A–Alm). Heidelberg.

PENNY, Ralph (²2006), *Gramática histórica del español*, Barcelona.

Zusammenfassung

Die frühesten Sprachdenkmäler der historischen Dialekte des Spanischen treten ab dem 10. Jh. auf. Damit besteht eine gewisse zeitliche Diskrepanz zwischen dem gesprochenen Altspanischen (seit dem 9. Jh.) und seiner Dokumentation. Neben den frühen Glossen (*Glosas emilianenses* mit navarro-aragonesischen Zügen, *Glosas silenses* mit kastilischen Zügen) und dem bereits im 12. Jh. sprachlich völlig ausgestalteten Cid-Epos sind die romanischen Belege in den sog. *jarchas* bemerkenswert. Dabei handelt es sich um die Endstrophen arabischer Gedichte, die Belege des (romanischen) Mozarabisch liefern. Sprachhistorisch sind sie aufgrund der Notation in arabischen Lettern jedoch nicht leicht zu interpretieren.

7. Die Reconquista und der Aufstieg des Kastilischen

Da die heutige sprachliche Gliederung der Pyrenäenhalbinsel im Wesentlichen als eine Folge der Reconquista zu sehen ist, ist es angezeigt, an dieser Stelle einen – wenn auch notwendigerweise sehr knappen – Überblick über diese Epoche der Geschichte der Halbinsel zu geben.

7.1 Die Reconquista

Unter der "Reconquista" versteht man die Gegenbewegung zu der in den Jahren 711 bis 718 erfolgten "Conquista" der Iberischen Halbinsel durch die moslemischen Mauren, d.h. Araber und Berber. "Reconquista" bedeutet also 'Wiedereroberung' oder 'Rückeroberung' der unter islamische Herrschaft gefallenen Gebiete der Pyrenäenhalbinsel durch die Christen zwischen 718 bzw. 722 und dem Abschluss 1492. So steht einer nur wenige Jahre dauernden linearen Conquista die sich letztlich über fast acht Jahrhunderte erstreckende peripetienreiche Reconquista gegenüber.

Im schwer zugänglichen asturischen Bergland bildete sich der erste Widerstand gegen die Invasoren der Iberischen Halbinsel, deren maurisches Herrschaftsgebiet **Al-Andalus** genannt wurde. Unter der Führung des Westgoten Pelagius (Pelayo) errangen die Christen bei Covadonga im Jahre 718/722 (unsicheres Datum) einen ersten eher symbolischen Sieg gegen die erfolgsgewohnten Mauren, die ihre Herrschaft – im Gegensatz zu den Ereignissen im Reich der Franken (Niederlage bei Tours und Poitiers 732 gegen Karl Martell) – in der Folgezeit noch stabilisieren konnten. Im Jahre 756 gründete Abd ar-Rahman I. ein von Damaskus unabhängiges omajjadisches **Emirat** mit Zentrum in Córdoba, das 929 unter Abd ar-Rahman III. zum **Kalifat** erhoben wurde. Seine Regierungszeit (912–961) gilt als Höhepunkt maurischer Herrschaft und Kultur auf der Pyrenäenhalbinsel.

Das erste christliche Königreich in dem von den Mauren wenig oder nicht kontrollierten Norden der Halbinsel entstand in Asturien, wo das Gefühl für das Erbe des Westgotenreiches noch lebendig war. Das Königreich Asturien, dessen Hof sich zunächst in Cangas de Onís, dann in Oviedo befand, breitete sich im Westen nach Galicien und im Süden bis an den Duero aus. König Alfons III. (866–910) verlegte die Hauptstadt erneut, und zwar nach León, woraus sich sodann die Bezeichnung Königreich León ergab.

Aus der von Karl dem Großen 795 gegen die Mauren begründeten "Marca hispanica" (mlat. *marca* 'Grenzmark') gingen verschiedene katalanische Grafschaften hervor, von denen die wichtigste die Grafschaft Barcelona wurde (Rückeroberung der Stadt: 801).

Ein weiterer christlicher Randstaat im Norden war das Königreich **Navarra** mit der Hauptstadt Pamplona, das unter seinem Herrscher Sancho III. dem Großen (1000–1035) eine Hegemonialstellung unter den Staaten einnahm, die im Kampf gegen die Mauren standen. Kulturgeschichtlich von Bedeutung ist, dass Sancho el Mayor die **Pilgerreisen** nach Santiago de Compostela förderte und die cluniacensische Reform einführte. Folgenschwer für die weitere Entwicklung war, dass Navarra früh von der Reconquistabewegung abgeschnitten wurde. Sanchos großes christliches Reich zerfiel nach seinem Tode 1035 und wurde unter seinen Söhnen aufgeteilt.

Einer der Söhne Sanchos III., Ramiro I., erhielt von seinem Vater die Grafschaft Aragón, die zum Königreich erhoben wurde. Aragón gewann durch die Reconquista nach Süden einen beträchtlichen Zuwachs an Territorien: So wurden 1096 Huesca und 1118 Zaragoza erobert, das dann zur Hauptstadt Aragóns wurde. Durch Heirat wurde Aragón 1137 mit Katalonien vereinigt und damit eine für die Zukunft der Pyrenäenhalbinsel äußerst bedeutsame Konföderation ("**Corona de Aragón**") geschaffen. Im 13. Jh. eroberte das so verstärkte Königreich Aragón die Balearen (1229–1235) und schließlich das viel umkämpfte Valencia (1238). Die durch den Teilungsvertrag von Cazorla (1179) vereinbarte Expansionsrichtung Kastiliens schnitt Aragón in der Reconquista den Weg für weitere Landgewinne im Süden der Halbinsel ab. Deshalb orientierte sich Aragón in der Folgezeit auf die Schaffung eines Imperiums im Mittelmeerraum.

Die zunächst kleine Grafschaft Kastilien war ursprünglich eine östliche Grenzmark des Königreichs Asturien-León gegen die Mauren im kantabrischen Bergland südlich von Santander. Der Name **Castilla** < *castella* leitet sich von den zahlreichen Burgen zum Schutze gegen die Mauren her. Unter dem Grafen Fernán González konnte Kastilien sich 961 von León unabhängig machen, fiel 1029 nach Erlöschen seiner Dynastie an das Königreich Navarra und wurde nach dem Tode Sanchos III. (1035) unter dessen Sohn Ferdinand I. zu einem eigenständigen Königreich. Ferdinand I. beerbte 1037 den letzten König von León und verlagerte das Schwergewicht der beiden Reiche nach Kastilien. Kastilien war stets sehr aktiv in der Reconquista: bereits 884 wurde Burgos gegründet (und folgte auf Amaya als Hauptstadt). Unter Fernán González erfuhr Kastilien eine südliche Ausdehnung bis Sepúlveda (siehe Karte unter IV.7.2.1).

Ungeachtet der erfolgreichen Raubzüge von Almansor in die christlichen Reiche im Norden der Halbinsel (z. B. Plünderung von Santiago de Compostela im Jahre 997) zerfiel das Kalifat von Córdoba zu Beginn des 11. Jh. immer mehr, und 1031 wurde der letzte Omajjadenkalif vertrieben. Der bis dahin einheitliche islamische Herrschaftsbereich löste sich in eine Vielzahl von Kleinkönigreichen, die sog. **Taifas,** auf (z. B. Zaragoza, Valencia, Toledo, Sevilla). Diese Schwächung der Zentralgewalt ermöglichte der Reconquista einen kräftigen Schub nach Süden. So eroberte König Alfons VI. (1072–1109) im Jahre **1085 Toledo** und erreichte damit die Tajo-Linie. Toledo, die alte Hauptstadt des Westgotenreiches, wurde nun Hauptstadt des kastilisch-leonesischen Reiches. Unter der Herrschaft von Alfons VI. lebte und kämpfte auch der aus dem spanischen Epos bekannte Rodrigo Díaz de Vivar, mit dem Beinamen Cid Campeador. Von einem weiteren Vorstoß vom Tajo in Richtung Süden wurde die Reconquista durch die wirkungsvolle Intervention der berberischen **Almoraviden** (1086–1145) abgehalten, die den Süden sowie Teile des Nordostens der Halbinsel unter ihre Gewalt brachten (Zaragoza 1110) und in ihr nordafrikanisches Reich eingliederten. Alfons VI., der sich in der Tradition der leonesischen Könige "Imperator totius Hispaniae" nannte, erlitt gegen sie mehrere Niederlagen. Die Herrschaft der Almoraviden auf der Halbinsel wurde ab 1146 von der der ebenfalls berberischen **Almohaden** abgelöst. Die Könige Alfons VII. und Alfons VIII. (nur König von Kastilien) mussten sich zwar den Almohaden verschiedentlich militärisch beugen, so insbesondere Alfons VIII. in der Schlacht von Alarcos (1195), aber der glänzende Sieg der vereinigten Heere von Kastilien, Aragón und Navarra bei **Las Navas de Tolosa** (nahe Jaén) im Jahre 1212 zwang die Almohaden zum Rückzug und öffnete Kastilien den Weg zur Eroberung des Südens der Halbinsel. König Ferdinand III. der Heilige (1217–1252) vereinigte im Jahre 1230 auf Dauer die beiden Königreiche Kastilien und León. Danach wurden in rascher Folge die moslemischen Reiche von Córdoba (1236), Cartagena (1246), Jaén (1246), Sevilla (1248) erobert, unter König Alfons X. (Alfonso X el Sabio, 1252–1284) auch Cádiz (1262) und Murcia (endgültig 1266). Damit war die Reconquista der Pyrenäenhalbinsel bis auf Granada, das Reich der Nasriden, abgeschlossen, und Kastilien hatte sich klar als Vormacht auf der Halbinsel etabliert (siehe S. 208, Karte II).

Zur Erklärung der Unterbrechung der Reconquista zu jenem Zeitpunkt können u. a. Gründe innenpolitischer und wirtschaftlicher Natur angeführt werden. Dabei ging es um Auseinandersetzungen zwischen dem Adel und der königlichen Gewalt, Erbfolgewirren, Bürgerkriege sowie europäische Verflechtungen. Wichtig waren auch die Tributzahlungen Granadas und der sich dort abwickelnde Goldhandel.

Erst nach der Vereinigung (**Personalunion**) der Kronen Kastiliens und Aragóns 1479 infolge der Heirat Isabellas von Kastilien mit Ferdinand von Aragón (1469), die das wichtigste Ereignis für die Schaffung des spanischen Nationalstaates darstellt, schritten die "Reyes Católicos" zum letzten Akt der Reconquista: Nach langer Belagerung eroberten sie Granada, die letzte maurische Bastion auf der Iberischen Halbinsel. König Boabdil kapitulierte am 2. Januar 1492, im gleichen Jahr, in dem Christoph Kolumbus die Neue Welt (wieder-)entdecken sollte. So endete eine beinahe acht Jahrhunderte dauernde und fast rein peninsulare Unternehmung quasi am Vorabend der Eröffnung einer neuen, der transozeanischen Epoche der Menschheitsgeschichte.

Zwei kurze Nachträge:

– 1512 wurde das Königreich Navarra der Krone von Kastilien angegliedert.
– Portugal: Auch Portugal in seiner heutigen kontinentalen Gestalt entstand im Laufe der Reconquista. Keimzelle war die Grafschaft Portucale, ein Gebiet mit Zentrum in Portucale (≈ Porto), welches zum Königreich Kastilien-León gehörte und sich durch dessen Eroberungen nach Süden hin vergrößerte (Einnahme von

Coimbra: 1064). Alfons VI. von Kastilien-León belehnte 1095/96 seinen Schwiegersohn Heinrich von Burgund mit der Grafschaft Portugal, die gegenüber Galicien die Selbständigkeit gewann und schließlich die Lehnsoberhoheit der Könige von Kastilien und León ablehnte. Heinrichs Sohn Afonso Henriques nahm 1139 den Königstitel an. Portugal wurde schließlich 1143 von Alfons VII. von Kastilien und León als **selbständiges Königreich** anerkannt. Afonso Henriques trieb die Reconquista voran und nahm im Jahre 1147 Lissabon ein. Mit der Eroberung des Südens und der Algarve endete 1249 die Reconquista in Portugal früher als in Spanien. Mit Portugal entstand ein zweiter Staat auf der Pyrenäenhalbinsel, der seine Unabhängigkeit gegenüber Spanien bewahrte (außer in den Jahren 1580–1640).

Anregung

Lesen Sie selbst die entsprechenden Kapitel zur Reconquista in einer der unten angegebenen kürzeren Darstellungen der Geschichte Spaniens.

Literaturhinweise

Auswahl von kürzeren Darstellungen der Geschichte Spaniens (für umfassende Darstellungen der Geschichte Spaniens: s. Kap. IV.1.):

BERNECKER, Walther L./PIETSCHMANN, Horst (⁴2005), *Geschichte Spaniens von der frühen Neuzeit bis zur Gegenwart*, Stuttgart.

LOMAX, Derek William (1978), *The Reconquest of Spain*, London-New York.

PÉREZ-BUSTAMANTE, C. (¹⁴1974), *Compendio de historia de España*, Madrid.

RUHL, Klaus-Jörg (⁴1998), *Spanien-Portugal-Ploetz: die Geschichte Spaniens und Portugals zum Nachschlagen*, Freiburg.

UBIETO ARTETA, Antonio (²1970), *Atlas histórico. Como se formó España*, Valencia.

VICENS VIVES, Jaime (⁸1972), *Aproximación a la historia de España*, Barcelona (Deutsche Übersetzung: *Geschichte Spaniens*, Stuttgart-Berlin-Köln-Mainz 1969).

7.2 Der Aufstieg des Kastilischen

7.2.1 Die Sprachensituation auf der Pyrenäenhalbinsel in der Frühphase der Reconquista

Im Norden der Halbinsel wurden – von West nach Ost gesehen – folgende hispanoromanische Idiome gesprochen: das Galicische bzw. das Galicisch-Portugiesische, das Asturisch-Leonesische, das Kastilische, das Navarro-Aragonesische und das Katalanische; dazu als nichtindogermanische Sprache – im Kontakt mit dem Kastilischen und dem Navarro-Aragonesischen – das Baskische. In den maurisch beherrschten Gebieten waren vor allem Arabisch und Mozarabisch (romanische Dialekte der christlichen hispanoromanischen Bevölkerung von Al-Andalus) verbreitet.

Aufstieg und Ausbreitung des Kastilischen

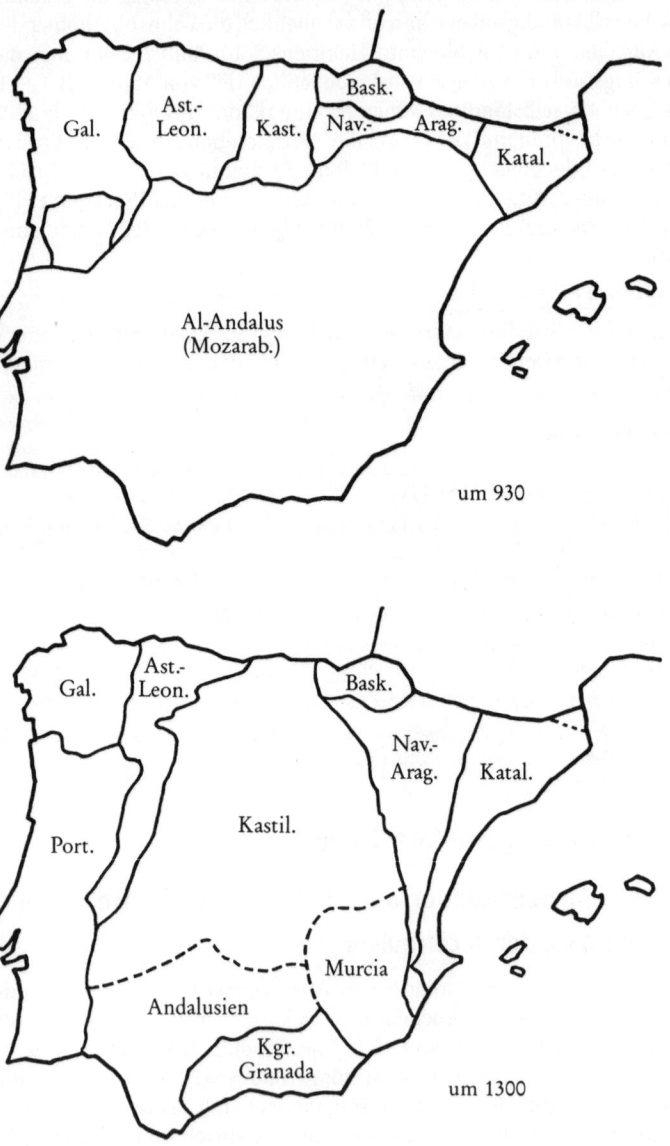

(adaptiert aus ENTWISTLE 1962: 146—147, 160—161)

7.2.2 Zur Entstehung des Kastilischen

Das Kastilische, das als der innovativste, ja revolutionärste der ursprünglichen iberoromanischen Dialekte gilt, ist einerseits durch Neuerungen, die durch seine Einbindung in die Kontaktsituation mit den romanischen Nachbardialekten bedingt sind, bestimmt, andererseits ist er durch seine genuinen Neuerungen charakterisiert.

Für die Fakten verweisen wir auf den Abschnitt I.4.2.1.

7.2.3 Das Kastilische – vom Dialekt zur Nationalsprache

Die Reconquista und die Ausbreitung des Kastilischen – aber auch die des Portugiesischen und des Katalanischen – auf der Pyrenäenhalbinsel sind untrennbar miteinander verbunden. Die wichtige politische und militärische Rolle, die Kastilien – wie wir oben gesehen haben – schon recht früh in der Reconquistabewegung einnahm, zeigt sich in der **territorialen Expansion** in Richtung Süden, zunächst innerhalb Altkastiliens (z. B. Verlegung der Hauptstadt von Amaya nach Burgos), dann insbesondere nach Neukastilien (neue Hauptstadt: Toledo von 1086 bis 1561, danach Madrid) und nach dem Sieg von Las Navas de Tolosa (1212) schließlich fächerförmig in Richtung Süden, Südosten und Südwesten nach Andalusien, Murcia und in die Extremadura. Der militärischen Eroberung folgte die **Neubesiedlung** (*repoblación*) zunächst des durch die Kriegszüge der Mauren und Christen verwüsteten Niemandslandes zwischen den Herrschaftsbereichen, dann aber auch der den Mauren im Krieg entrissenen Gebiete und Städte. Mit den Siedlern gelangte das Kastilische in die eroberten Territorien. So bildeten sich neue "sekundäre" Dialekte – die sog. Reconquistadialekte (vgl. Kap. I.4.) wie etwa das **Andalusische**, das keine Fortsetzung des Mozarabischen darstellt, sondern vielmehr auf das Kastilische zurückgeht. Die das Kastilische flankierenden historischen iberoromanischen Dialekte, das Asturisch-Leonesische und das Navarro-Aragonesische, deren Ausbreitung in der Reconquista recht eingeschränkt blieb, wurden gebietsweise vom Kastilischen verdrängt bzw. in ihren Rückzugsgebieten zum Teil kastilisiert. Davon zeugen auch die sog. Übergangsdialekte, das **Extremeño** und das **Murciano**. Nach der von Menéndez Pidal vertretenen Auffassung hat sich das Kastilische in der Zeit der Reconquista von Norden wie ein "Keil" in eine bestimmte alte iberoromanische Einheit dialektaler Züge zwischen West und Ost der Pyrenäenhalbinsel geschoben und jene gespalten. Heute geht man davon aus, dass im Süden der Halbinsel keine mozarabischen Dialekte mehr gesprochen wurden, als die Reconquista in Andalusien vordrang. Deshalb lassen sich im Andalusischen auch keine mozarabischen Züge ausmachen. Vielmehr ist die für das Kastilische typische Entwicklung f- > h- den Reconquistadialekten gemein. Damit hat die Reconquista mit dem Aufstieg und der Verbreitung des Kastilischen die Sprachlandschaften der Halbinsel tiefgreifend geprägt und verändert.

Für den Aufstieg des **Kastilischen** war auch die Existenz sprachlicher Ausstrahlungszentren wichtig. Dazu gehört zunächst Burgos für die sprachlichen Charakteristika Altkastiliens, dann Toledo für die neukastilische Norm. Diese Zentren wirkten im Sinne einer sprachlichen Konsolidierung des Kastilischen, was dessen Durchsetzungskraft erhöhte. Hinzu kommt auch die allmähliche Herausbildung einer Tradition der Texterzeugung in Konkurrenz zum Latein mit dessen selbstverständlicher Funktion als Schriftsprache im romanisch-germanischen Mittelalter. Diese Tradition begann zaghaft mit den Glossen im 11. Jh. (vgl. Kap. IV.6.). In der epischen Literatur (*cantares de gesta*; am berühmtesten der *Cantar de mio Cid*, auf ca. 1140 datiert), die primär eine mündliche war, dominierte das Kastilische. Dies gilt auch für die Anfänge des volkssprachlichen Theaters (vgl. *Auto de los Reyes Magos*). Die frühe Lyrik romanischer Sprache hingegen wurde neben den mozarabisch geprägten Jarchas von Al-Andalus auf der Iberischen Halbinsel in Galicisch (so Alfons der Weise in den *Cantigas de Santa Maria*) oder gerade im katalanischen Sprachbereich wegen der sprachlichen Anbindung auch in Altokzitanisch verfasst.

Im Laufe des 13. Jh. wurde das Kastilische unter Ferdinand III. (1217–1252) zunehmend zur Sprache der **königlichen Kanzlei** und war unter Alfons X. (1252–1284) bereits fest etabliert – außer in der Korrespondenz mit dem Ausland (diese erfolgte weiterhin in Latein). Dazu kam in der Rechtssphäre die Abfassung der *fueros* (verbriefte Sonderrechte) in kastilischer Sprache. Das Kastilische war somit de facto zur Amtssprache des vereinigten Königreichs Kastilien-León geworden. Durch die rege literarische und wissenschaftliche Aktivität am Hofe Alfons' des Weisen, die in maßgeblicher Verbindung mit der berühmten **Toledaner Übersetzerschule** stand (Übersetzungen aus dem Arabischen), setzte sich das Kastilische als Sprache der wissenschaftlichen, juristischen und historiographischen **Prosa** durch. Dies beinhaltete einen Ausbau des Kastilischen in syntaktischer und lexikalischer Hinsicht. Das Kastilische der alfonsinischen Epoche war nach gewissen Normierungen und Vereinheitlichungen (v. a. in der Graphie) auf dem Wege zur Hochsprache. Nach und nach eroberte es auch die übrigen literarischen Genres und sonstige Textsorten.

Erst nach den großen politischen Ereignissen in der zweiten Hälfte des 15. Jh. kann man vom Kastilischen als **Nationalsprache** Spaniens sprechen, deren erste maßgebliche Grammatik – von Antonio de Nebrija – im Jahre 1492 erschien. Im Prolog zu seiner Grammatik ahnte Nebrija allerdings bereits die zukünftige Rolle des Kastilischen nicht nur als National-, sondern als Weltsprache voraus.

Welches war nun die Sprachensituation der Pyrenäenhalbinsel am Ende der Reconquista? Als großer Sieger ist das Kastilische aus den Kämpfen der Reconquistaepoche hervorgegangen. Das Portugiesische könnte man als zweiten Gewinner bezeichnen, das Katalanische folgt an dritter Stelle. Die historischen spanischen Paralleldialekte zum Kastilischen und das Galicische (im engeren Sinne) blieben auf den Norden beschränkt, so auch das Baskische. Ganz von der Sprachenkarte verschwunden sind die mozarabischen Dialekte und das Arabische.

Literaturhinweise

BALDINGER, Kurt (^{2}1972), *La formación de los dominios lingüísticos en la Península Ibérica*, Madrid.

MENÉNDEZ PIDAL, Ramón (^{9}1980), *Orígenes del español. Estado lingüístico de la Península ibérica hasta el siglo XI*, Madrid.

MENÉNDEZ PIDAL, Ramón (^{5}1957), *El idioma español en sus primeros tiempos*, Madrid.

MEIER, Harri (1930), *Beiträge zur sprachlichen Gliederung der Pyrenäenhalbinsel und ihrer historischen Begründung*, Hamburg.

WINKELMANN, Otto (1985), "Vom Dialekt zur Nationalsprache. Die Entwicklung des Kastilischen während der Reconquista", in: *Entstehung von Sprachen und Völkern. Akten des 6. Symposions über Sprachkontakt in Europa, Mannheim 1984*, Tübingen: 193–208.

Zusammenfassung

Im Gegensatz zu der in der Antike vom Süden der Iberischen Halbinsel ausgehenden Romanisierung bestimmte im Mittelalter die von Norden nach Süden fortschreitende Reconquista letztlich die definitive Herausbildung der peninsularen Sprachräume. So setzte sich das Kastilische im Zentrum durch, beschnitt in Südrichtung die Expansionsmöglichkeiten des Leonesischen und des Aragonesischen, bedingte in Folge die Bildung der Übergangsmundarten Extremeño sowie Murciano und implantierte im Süden des Landes einen neuen Ableger seiner selbst, das Andalusische. Das Andalusische stellt als sekundärer Dialekt des Kastilischen aufgrund der sprachhistorischen Gegebenheiten keine Fortsetzung des romanischen Mozarabisch dar. Bereits im 13. Jh. (1230 Vereinigung von Kastilien und León) verdrängte das Kastilische unter Ferdinand III. das Lateinische als Kanzleisprache und wurde zur gleichen Zeit nicht zuletzt durch die von Alfons dem Weisen geförderte rege Übersetzertätigkeit der Toledaner Schule mit Übertragungen aus dem Arabischen auch Prosa- und Wissenschaftssprache. Als Sprache der Lyrik fungierte vor allem das Galicisch-Portugiesische, in Katalonien aufgrund der sprachlichen Anbindung das Okzitanische.

8. Mittelalterliches Spanisch/modernes Spanisch

Wenn man das **Altspanische** (bibliographische Hinweise in IV.6.3) mit dem Neuspanischen vergleicht, stellt man fest, dass sie sich einerseits weniger unterscheiden als z.B. Altfranzösisch und Neufranzösisch, andererseits differieren beide Sprachstufen aber stärker als z.B. Altitalienisch und Neuitalienisch.

Die Sprachwandelprozesse, die das Altspanische zum **modernen Spanisch** werden ließen, begannen im 15. Jh. und vollzogen sich maßgeblich im Siglo de Oro oder besser: in den Siglos de Oro, d.h. im 16. und 17. Jh. Die sprachlichen Prozesse dieser Übergangszeit bewogen EBERENZ (1991), mit guten Argumenten vom 15.–17. Jh.

eine Epoche des **Mittelspanischen** anzusetzen. Von Bedeutung ist, dass die außersprachlich basierte traditionelle epochale Einordnung in Alt- und **Neuspanisch**, die sich symbolisch vor allem an 1492 orientiert (Ende der Reconquista, Verbreitung des Spanischen nach Amerika, erste Grammatik und erstes Wörterbuch des Spanischen), nicht mit der (verzögerten) innersprachlichen Entwicklung konform geht.

Im Folgenden führen wir in knapper Form die wichtigsten Unterschiede zwischen dem Alt- und dem Neuspanischen auf, wobei wir uns auf den phonischen und den grammatischen Bereich beschränken.

8.1 Phonischer Bereich

Während der Vokalismus des Spanischen (Kastilischen) sich seit dem frühesten Altspanisch bis heute als sehr stabil erwiesen hat (stabil zumindest im Phoneminventar mit gewissen Schwankungen in der Phonemdistribution), ereignete sich vom 15.–17. Jh. im Konsonantismus, was man als "revolución fonética" – besser wäre "revolución fonológica" – bezeichnet hat.

> Un cambio radical del consonantismo, iniciado ya en la Edad Media, pero generalizado entre la segunda mitad del siglo XVI y la primera del XVII, determinó el paso del sistema fonológico medieval al moderno (LAPESA ⁹1981: 370).

Die Umgestaltung im Konsonantensystem vollzog sich bei den Frikativen und bei den Affrikaten. Behandeln wir zunächst den Lautwandel bei den Sibilanten.

Im phonologischen System des mittelalterlichen Spanisch existierten drei sibilantische Phonempaare, die sich untereinander durch den unterscheidenden Zug stimmhaft bzw. stimmlos differenzierten:

Phonem	/ś/ —	/ż/	/ts/ —	/dz/	/ʃ/ —	/ʒ/	(oder [dʒ])
Graphische	s-, -s	-s-	cᵉ,ⁱ	z	x	gᵉ,ⁱ	
Wiedergabe	-ss-		ç			j	
Altspan.	señor	casa	cielo	fazer	baxo	muger	
Beispiele	tres		braço			fijo	
	passar						

Der Lautwandel vollzog sich nun in der Weise, dass die Affrikaten /ts/ und /dz/ (jedoch nicht das isoliert existierende <ch> /tʃ/) im 15. Jh. ihr okklusives Element verloren und zu Frikativen wurden. Im Laufe des 16. Jh. wurde dann in der gesamten Korrelation der Unterschied zwischen stimmhaft/stimmlos zugunsten der stimmlosen Phoneme aufgegeben (**Entsonorisierung**). So entstand aus den ehemaligen Affrikaten /ts/, /dz/ zunächst ein prädorsales /s/, das sich von der zweiten Hälfte des 16. Jh. bis zum ersten Drittel des 17. Jh. weiter zu [θ] verschob und damit den markantesten phonetischen Gegensatz zum amerikanischen Spanisch darstellt. Altspanisches [ʃ] (*dixo > dijo*) wurde im 16. Jh. velarisiert wie auch das aus altspan. *mujer* [mu'ʒɛr] in jener Zeit stimmlos gewordene ([ʒ] >) [ʃ]: ['dixo] [mu'xɛr].

Schematische Darstellung (nach QUILIS ⁴1991: 233, 463):

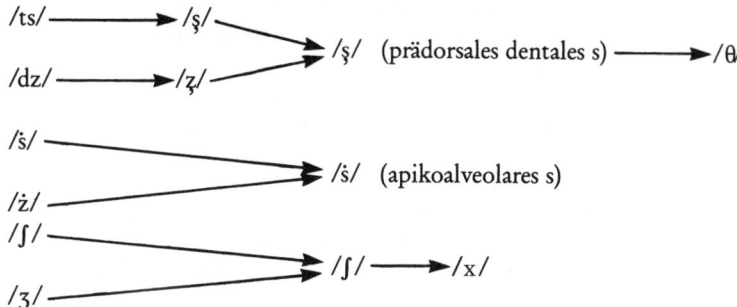

Vom Norden Kastiliens aus verbreitete sich die für das Kastilische typische Lautentwicklung /f/- > /h/- > ø immer weiter und setzte sich mit dem Ausfall des Konsonanten im 16. Jh. bis auf konservative Restzonen im Süden schließlich durch; z. B. lat. *facere* > altspan. *fazer* [ha'dzɛr] > neuspan. *hacer.* In der Graphie blieb die Stufe *h-* bis heute erhalten (vgl. IV.3.4).

Schließlich ist noch der Zusammenfall der folgenden altspanischen Opposition anzuführen:

/b/ ⟶
/v/ bzw. /β/ ⟶ /b/ mit ⟨ [b] [β] ⟩ als kombinatorische Varianten.

Altspanische Beispiele: *lobo, saber,* aber: *cavallo, haver.* Die heutige Graphie ist im Prinzip etymologisch orientiert, d. h. Wörter, die lat. *-p-* oder *b* fortsetzen, werden mit *b* geschrieben, z. B. *lobo, haber,* solche, die auf lat. *v* zurückgehen, weisen auch im Spanischen *v* auf, z. B. *ave* (Ausnahmen sind anlautend z. B. *boda < vota, bermejo < vermiculu(m)*). In der Aussprache des Altspanischen wurden auf lat. zurückgehendes *v* und *b* überwiegend frikativ [β] realisiert. Im 16. Jh. folgte der frikativen Aussprache dann auch das nach westromanischer Entwicklung aus lat. *-p-* sekundär entstandene /b/ (*saber* < lat. *sapere*), das bis dato als Plosiv realisiert worden war. Der Spirantisierung unterlagen schließlich auch intervokalisches /d/ und /g/.

8.2 Grammatischer Bereich

Von den zahlreichen Veränderungen grammatischer Natur vom Altspanischen zum Neuspanischen (vgl. dazu LAPESA ⁹1981: 391–408) kann hier nur eine Auswahl vorgestellt und kurz besprochen werden. Das Hauptaugenmerk soll dem Verbum und den Pronomina gelten.

1) Verbum:

– Es vollzog sich eine Selektion bei bestimmten Verbalformen, d.h. es wurden Varianten eliminiert, so beim Futur, z.B. *porné ~ pondré ⟶ pondré, terné ~ tendré ⟶ tendré*. Bei den Endungen der 2. Person Plural des Imperfekts u.a., z.B. *amávades ~ amavais ⟶ amavais (amabais)*, fiel intervokalisches /d/ aus.

– Die z.T. noch analytischen Futur- und Konditionalformen des Altspanischen wurden zu synthetischen: z.B. *engañar me ha > engañaráme* oder *me engañará*.

– Die Verbalformen mit der Endung *-ra* (z.B. *cantara*) verloren ihre ursprüngliche Funktion des Plusquamperfekts Indikativ und wurden durch analytische Formen vom Typ *había cantado* ersetzt. Über die Zwischenstufe des Konjunktiv Plusquamperfekt nahmen sie in Konkurrenz zu den Formen auf *-se* schließlich die Funktion des Konjunktiv Imperfekt an (siehe dazu auch DIETRICH 1981, "Zur Funktion der spanischen Verbform auf *-ra*", *RJb* 32: 247–259).

– In dieser Epoche bildete sich die moderne Abgrenzung zwischen *haber* und *tener* sowie zwischen *ser* und *estar* heraus.

– *Haber* wurde zum einzigen Hilfsverb bei den zusammengesetzten Zeiten im Aktiv und eliminierte damit seinen altspanischen Konkurrenten *ser* (z.B. mit *ir*) aus dem Paradigma des Aktivs.

In der Verbindung von Verbum und Pronomina sei die Selektion bei den Formen angeführt, die eine Kombination von Imperativ oder Infinitiv + Objektpronomen bilden. Hier wurden die **Metathese** (*dalde ~ dadle ⟶ dadle, teneldo ~ tenedlo ⟶ tenedlo*) sowie die palatalisierten Formen (*leello ~ leerlo ⟶ leerlo, servilla ~ servirla ⟶ servirla)* eliminiert.

2) Pronomina:

– Veränderung bei den Anredepronomina: Abwertung von *vos*; als Höflichkeitsform trat *vuestra merced > usted* hinzu;

– verstärkte Verwendung des *leísmo* (z.B. *Le veo a Juan*);

– an die Stelle von *nos* und *vos* traten *nosotros, -as* und *vosotros, -as*; *vos* in Objektfunktion wurde zu *os*;

– in der Kombination des Dativpronomens *le* mit einem Akkusativpronomen in der 3. Person wurde *ge(lo)* (< (*il*)l̥i̥ *élo* zu se (*lo*):

– zum Pronomen *quien* wurde die Pluralform *quienes* gebildet.

3) Weitere Veränderungen:

– Herausbildung eines synthetischen Superlativs aus *-ísimo, -a* unter lateinischem und italienischem Einfluss, z.B. *hermosísimo*.

– Ausweitung des Gebrauchs des sog. präpositionalen Akkusativs mit *a* bei als handlungsfähig gesehenen persönlichen oder personifizierten Objekten.

– Einschränkung des Gebrauchs des bestimmten Artikels *el* bei femininen Substantiven mit vokalischem Anlaut, z.B. altspan. *el espada ⟶* neuspan. *la espada, el otra ⟶ la otra*. Die heutige Form der sehr restriktiven Regel der Verwendung von femininem *el* (< *ela*) – nur vor betontem [a] wie in *el alma, el habla* – war noch nicht erreicht.

Literaturhinweis

EBERENZ, Rolf (1991), "Castellano antiguo y español moderno: reflexiones sobre la periodización en la historia de la lengua", *RFE* 81, 79–106.

Zusammenfassung

Während die altspanische Epoche nach außersprachlichen Kriterien betrachtet im 15. Jh. spätestens mit dem symbolträchtigen Jahr 1492 zu Ende ging, ergibt sich aus der Beurteilung der innersprachlichen Kriterien eine Übergangszeit, die bis ins 17. Jh. reicht und somit auch die klassische Epoche der spanischen Literatur einschließt. Rein sprachlich gesehen könnte man in dieser Hinsicht vom Mittelspanischen sprechen. In dieser Zeit entwickelte sich das Spanische phonetisch und grammatisch zu seiner modernen Form. Dies bedeutete u. a. die Ausbildung der heutigen Aussprache, Regularisierungen im Verbalsystem, pronominale Anpassungen und das Auftreten der Kurzform *usted* in der höflichen Anrede.

9. Das Spanische im Siglo de Oro

"Siglo de Oro" ist eine Begrifflichkeit, die vornehmlich auf Geschichte und Literatur Bezug nimmt und die Blütezeit Spaniens im 16. und 17. Jh. charakterisiert. Nach allgemeiner Einordnung erstreckt sich die Epoche längstens von der Entdeckung Amerikas (1492) bis zum Tode Calderóns (1681). Innersprachlich gesehen stellt das Siglo de Oro allerdings eine Übergangszeit dar, in der sich die Charakteristika des modernen Spanisch letztlich herausbildeten. Nach EBERENZ (1991, vgl. IV.8.) lässt sich die Zeit von der Mitte des 15. bis zur Mitte des 17. Jh. in der **Periodisierung** als Epoche des Mittelspanischen (analog zu Mittelfranzösisch) charakterisieren.

Die äußere Sprachgeschichte kreist mit Hinblick auf das Ende der altspanischen Epoche und die Zeit des *español clásico*, das dem Neuspanischen zugeordnet wird, um das Jahr 1492, dem in verschiedener Hinsicht Bedeutung für die Entwicklung der spanischen Sprache zukommt. Mit dem Abschluss der Reconquista erlangte Spanien die **nationale Einheit** und Integrität seines Territoriums. Die in der Folge angeordnete Vertreibung der Juden bedeutete in der Diaspora die Genese des Judenspanischen (vgl. I.4.2.1), das als eigenständige Varietät Charakteristika des 15. Jh. bewahrt hat (so das stimmhafte /z/ in *casa*). Im gleichen Jahr verfasste **Antonio de Nebrija** mit seiner *Gramática de la lengua castellana* die erste wirkliche Grammatik einer romanischen Volkssprache, ein Privileg, das bis dahin den klassischen Sprachen vorbehalten war. Die Grammatik enthält u. a. auch das Diktum "siempre la lengua fue compañera del imperio", das mit der Verbreitung des Spanischen in der Neuen Welt fast prophetisch unmittelbare Umsetzung erfuhr, auch wenn der Grammatik selbst dabei keine besondere Bedeutung zukam. Schließlich entstand 1492 auch Nebrijas *Diccionario latino español*, dessen zweiter Teil als

Vocabulario español latino (um 1495) das erste Lehnwort aus Amerika verzeichnet. Es lautet *canoa* und stammt aus dem Taíno der Großen Antillen.

Bereits mit dem Voranschreiten der Reconquista im 13. Jh. hatte sich das Kastilische gegenüber den flankierenden Dialekten Leonesisch und Aragonesisch durchgesetzt. Ferdinand von Aragón, der sich 1469 mit Isabella von Kastilien vermählte, übernahm das Kastilische mit seinem Hofstaat. Durch seine Verbreitung und den prestigebedingten Gebrauch selbst in Regionen des Landes, die über eine eigene Sprache verfügten wie Katalonien und Galicien, formierte sich das Kastilische im 16. Jh. schließlich als Sprache Spaniens. Dies ging mit einem mehr oder weniger starken Niedergang der Schriftkultur in den Regionalsprachen einher. Das mit dem Aragonesischen (vgl. I.4.2.2) gruppierte Navarresische wurde ganz aufgegeben.

Als spanische **Norm** galt zunächst die des Hofes in Toledo. Daneben existierten die nahe verwandten Varietäten des Altkastilischen und des Andalusischen. Als Sprachbezeichnung wurde nun auch *español* gegenüber *castellano* die offizielle und somit entsprechend verwendete, selbst wenn es in Spanien und der hispanophonen Welt regionale Gepflogenheiten zu beachten gilt. Durch seine starke Stellung gegenüber Frankreich und den Ausbau seiner Besitzungen in Amerika, die mit beträchtlichen Einnahmen aus den dortigen Gold- und Silbervorkommen einhergingen, erreichte Spanien im 16. Jh. eine Vormachtstellung in Europa. Dies hatte auch Auswirkungen auf das Sprachbewusstsein im Lande. Überliefert ist, dass Karl V., der erst im Alter von 18 Jahren nach Spanien gekommen war, im Gespräch mit dem Botschafter Frankreichs, welcher der Landessprache nicht mächtig war, ostentativ das Spanische verwendete, um dessen Bedeutung hervorzuheben. Man spricht davon, dass das Spanische im 16. Jh. universellen Charakter erlangte. Davon zeugt u. a. auch das Erscheinen einer Reihe von Lerngrammatiken, von denen César Oudins *Grammaire et observations de la langue espagnole* (1597) die einflussreichste war. Die großen portugiesischen Dichter der Zeit schrieben in beiden Sprachen.

1535 verfasste **Juan de Valdés**, der wie der Andalusier Nebrija vom italienischen Humanismus geprägt war, den *Diálogo de la lengua*, einen nach antikem Vorbild gestalteten Lehrdialog. Er gibt wichtigen Aufschluss über den Sprachstand des Spanischen in Phonetik, Grammatik und Lexik im ersten Drittel des 16. Jh. sowie die Stellung des Kastilischen.

Vor dem Hintergrund der Bedeutung Italiens zur Zeit der Renaissance, vor allem auf dem Gebiet der schönen Künste, und der engen Kontakte zu Spanien (Neapel und Sizilien gehörten seit 1442 zu Aragón) nahm das Spanische in jener Epoche eine Reihe von **Italianismen** auf (*balcón* < it. *balcone*; *diseño* < it. *disegno*). Daneben erfuhr der Wortschatz durch die Integration von *cultismos* (vgl. IV.5.3) vor allem aus dem Lateinischen eine Bereicherung (*incapacidad*, *profanidad*). Hier ist u. a. die Betonung auf der Antepaenultima (z. B. *cómodo*) ein sicheres Zeichen für gelehrte Herkunft. Durch den Kontakt mit den amerikanischen Kolonien gelangte auch eine Reihe von Entlehnungen aus den indigenen Sprachen ins Spanische. So enthält die Mitte des Jahrhunderts abgeschlossene *Historia general y natural de las Indias* von Gonzalo Fernández de Oviedo y Valdés ungefähr 500 **Indigenismen**, die in Spanien zwar in weitaus geringerer Zahl Verwendung fanden, sich von dort aber weiter in Europa verbreiteten. Im 16. Jh. traten in Spanien auch einige **Sonder- und Minderheitensprachen** auf den Plan, so die *germanía* der Bettler und Gauner, der *caló* der *gitanos* und das im Theater als Beispiel ländlicher Sprache beliebte *sayagués* aus der Region um Zamora (León). In den Stücken Lope de Vegas (1562–1635) finden sich zudem Hinweise auf die Sprache der schwarzen Sklaven, die letztlich kein ganz treues Abbild der sprachlichen Verhältnisse liefern können. Arabismen des Mittelalters gingen z. T. verloren oder wurden ersetzt (altspan. *alfayate > sastre*).

In der zweiten Hälfte des 16. Jh. setzten sich im Spanischen maßgebliche **phonetisch/phonologische Entwicklungen** durch, die bis ca. 1630 abgeschlossen waren. Der im Altkastilischen aus lat. f- > h- bereits verstummte Glottal [h] verschwand auch in der spanischen Norm und erscheint heute nur noch regional (z. B. im Süden Spaniens und in der Karibik). Die sonoren Sibilanten [z] wurden entsonorisiert, was unter den iberoromanischen Varietäten heute einen markanten Gegensatz zwischen Portugiesisch/Katalanisch einerseits und Spanisch andererseits darstellt. Das aus den altspanischen Affrikaten (*cielo* [ts], *fazer* [dz]) entstandene prädorsale /s/ (/z/) verschob sich in der Artikulation nach vorne und wurde interdental ([θ]). Dieses Charakteristikum gilt seitdem als das typischste im Vergleich mit dem amerikanischen Spanisch. Intervokalisches plosives [b d g] wurde zu frikativem [β ð ɣ], was auch die bis dato bestehende Opposition von /β/ : /b/ auflöste. Das syntaktisch gesehen markanteste Merkmal für die vormals mittelalterliche Sprachform, die Enklise des unbetonten Objektpronomens in Erststellung (*dixome* statt *me dijo*) regularisierte sich mehr und mehr zur Proklise, wenn sich auch im 18. Jh. noch vereinzelt enklitische Formen finden (heute fossilisiert: *dícese que*). Zu Beginn des 17. Jh. tritt auch die Kurzform *usted* (< *vuestra merced*) in der höflichen Anrede auf.

In Zusammenhang mit einer latenten Diskussion zum Ursprung der Sprache, die von Italien ausging und die aufstrebenden romanischen Volkssprachen in der Regel mit korrumpiertem Latein in Verbindung bringt, verfasste **Bernardo de Aldrete** 1606 *Del origen, y princípio de la lenga castellana*. Wie Nebrija war auch Aldrete ein Vertreter dieser Überzeugung und sah in den Goten die Verantwortlichen für den Verfall des Lateins. Einen Beitrag zur Lexikographie und Wortgeschichte lieferte **Sebastián de Covarrubias**, der 1611 mit dem *Tesoro de la lengua castellana o española* das erste einsprachige Wörterbuch des Spanischen verfasste und sich besonders den Etymologien widmete. Mit der Tätigkeit der Real Academia nahm die spanische Lexikographie im 18. Jh. weiteren Aufschwung.

Anregung

Informieren Sie sich über den Wandel im spanischen Wortschatz während des Siglo de Oro auf der Grundlage von Lapesa (⁹1981: § 98) und/oder Quilis (⁴1991: 245–254).

Literaturhinweise

Neben den Werken zur Sprachgeschichte (vgl. bibliogr. Hinweise IV.1.) siehe:

ALONSO, Amado (⁴1964), *Castellano, español, idioma nacional. Historia espiritual de tres nombres*, Madrid.

BAHNER, Werner (1966), *La lingüística española del Siglo de Oro. Aportaciones a la conciencia lingüística en la España de los siglos XVI y XVII*, Madrid.

KENISTON, Hayward (1937), *The syntax of Castilian prose. The sixteenth century*, Chicago.

MENÉNDEZ PIDAL, Ramón (⁶1978), *La lengua de Cristóbal Colón. El estilo de Santa Teresa y otros estudios sobre el siglo XVI*, Madrid.

MENÉNDEZ PIDAL, Ramón (1991), *La lengua castellana en el siglo XVII*, Madrid.

VALDÉS, Juan de (1535), *Diálogo de la lengua*. Edición de Antonio Quilis, Madrid 1999.

Zusammenfassung

Das sog. Siglo de Oro (16. und 17.Jh.), das mit der klassischen Epoche der spanischen Literatur konform geht, kennzeichnet nach 1492 außersprachlich den Beginn des Neuspanischen. Der Abschluss der Reconquista, die retrospektive Sicht auf das Judenspanische, das gewisse Charakteristika des 15. Jh. bewahrt, Nebrijas Grammatik und Wörterbuch sowie die Verbreitung des Spanischen in der Neuen Welt markieren diesen Wendepunkt. Das Kastilische wurde nun schließlich zum Spanischen und zur Nationalsprache, die in jener Zeit vor allem Italianismen, gelehrte Entlehnungen *(cultismos)* und amerindische Elemente aufnahm. In der Sprachentwicklung tritt der Wandel in der Aussprache bis zum ersten Drittel des 17.Jh. am deutlichsten hervor. Mit den Namen Juan de Valdés, Bernardo de Aldrete und Sebastián de Covarrubias verbinden sich maßgebliche Beiträge zur Sprachbeschreibung der Zeit.

10. Von der Gründung der Real Academia bis zum 20. Jahrhundert

Das 18. Jh., mit dem die Epoche des **modernen Spanisch** beginnt, steht im Zeichen der Gründung der Real Academia Española (1713), der unter dem Motto "limpia, fija y da esplendor" die Aufgabe zufiel, den Rahmen für eine **Normgebung** der spanischen Sprache zu bilden. Normgebung ist ein Kennzeichen von Kultursprachen. Vorläufer auf europäischer Ebene waren die offiziellen Sprachakademien in Italien und Frankreich, die Accademia della Crusca (1583) und die Académie française

(1635). Im Gegensatz zur Académie française arbeitete die Real Academia sehr zügig und publizierte noch im 18. Jh. ihr Wörterbuch, in der ersten Auflage bekannt unter dem Titel *Diccionario de Autoridades* (1726–39), sowie die *Orthographía* (1741) und die *Gramática de la lengua castellana* (1771). Ein weiterer Unterschied zur Académie française besteht darin, dass die Real Academia kein eng konzipiertes puristisches Sprachideal verfolgt. So wurden in den *Diccionario de Autoridades* auch Regionalismen und Elemente des Substandards, z. B. aus der *germanía*, aufgenommen. Insofern bezieht sich "*Autoridades*" im Titel auf die Autorität der zitierten Autoren und nicht auf das Gewicht einer präskriptiven Norm. Im 19. und 20. Jh. erfolgte die Gründung weiterer **Sprachakademien** in den mittlerweile unabhängigen Ländern Hispanoamerikas einschließlich Nordamerika sowie auf den Philippinen, die heute zusammen die Asociación de Academias de la Lengua Española bilden. Auf der Grundlage ihrer gemeinsamen Arbeit basiert beispielsweise die Aufnahme von Amerikanismen in den aktuellen *Diccionario de la Real Academia Española* (DRAE ^{22}2001). Ein konservatives Element in der Arbeit der Real Academia im 18. Jh. war die Wiedereinführung der lateinischen Lautung bei einigen *cultismos* (vgl. IV.5.3), bei denen die gesprochene Sprache Konsonantengruppen zunächst aufgelöst hatte (*conceto > concepto, dino > digno*).

Auf dem Gebiet der **Rechtschreibung** wurden vom Beginn der Redaktion des *Diccionario de Autoridades* (1726) bis zur *Ortografía* von 1815 sukzessive notwendige Anpassungen vorgenommen, die sich vor allem auf den bis 1630 vollzogenen Wandel in der Aussprache des Spanischen gründen. So wurde <ç>, das noch die altspanische Lautung [ts] reflektierte, eliminiert und die Distribution von <c> und <z> vor hellen bzw. dunklen Vokalen festgelegt. Durch die Entsonorisierung des stimmhaften /z/, das mit /s/ zusammenfiel, war auch die graphische Unterscheidung von <s> und <ss> hinfällig. Die Schreibung mit <b> und <v>, für die es in der Aussprache seit dem 16. Jh. ebenfalls keine Unterscheidung mehr gab, wurde entsprechend der etymologischen Herleitung aus dem Lateinischen gehandhabt: lat. <v> mit <v> (*lavar*); lat. [p] > vlt. [b] mit <b> (*saber* < lat. *sapere*). Das Graphem <x>, das im Altspanischen der Lautung [ʃ] entsprach, wurde angesichts der Verschiebung der Aussprache [ʃ] > [x] in den relevanten Fällen durch <g> bzw. <j> ersetzt. Deshalb verbindet man im Spanischen mit <j> (sp. *jota* [ˈxota]) heute charakteristischerweise die velare Aussprache [x]. Eine Reminiszenz der Aussprache [ʃ] des 16. Jh. findet man z. B. noch in der amerikanischen Schreibung von *México* (*Méjico*).

Vom 18. Jh. an wurde das Spanische im Wortschatz nicht nur im Zuge der Aufklärung wieder mehr von **französischen Entlehnungen** infiltriert (*control, intriga, interesante, pantalón, sofá*, vgl. IV.12.3). Dabei mussten die im Spanischen nicht mehr bestehenden präpalatalen Frikative [ʒ], [ʃ] phonetisch und graphisch angepasst werden (*bijouterie > bisutería; garage > garaje*). Ferner trat ab dem 18. Jh. das Englische immer stärker auf den Plan und lieferte Elemente auf den Gebieten Sport (*deporte*), Kleidung (*suéter*), Lebensart (*esnobismo*) und Technik (*tranvía, revólver*), was die fortschreitende Industrialisierung gerade im anglophonen Bereich widerspiegelt (vgl. IV.12.3). Bei manchen Wörtern, so z. B. *civilizar*, kann jedoch kaum festgestellt werden, ob die Bildung nach englischem oder nach französischem Vorbild erfolgte.

Auf dem Gebiet der **Grammatikographie** verdient die 1847 in Chile erschienene *Gramática de la lengua castellana destinada al uso de los americanos* des Venezolaners **Andrés Bello** Erwähnung, die im Gegensatz zu anderen Werken ein funktionalistisches Sprachprinzip verfolgt und nicht mehr dem Vorbild der lateinischen Grammatik verhaftet ist. Bellos Motivation lag zudem in einer gewissen Sorge hinsichtlich des Auseinanderbrechens der sprachlichen Einheit des Spanischen. In Spanien selbst wurden Fragen des Sprachverfalls sozusagen als Replik auf den Niedergang seiner politischen Macht im 18. Jh. diskutiert. In Hispanoamerika hingegen stand angesichts von Publikationen, die im Zuge der politischen Unabhängigkeit von Spanien ein *idioma nacional* thematisierten, wie in Argentinien, auch die Einheit des Spanischen zur Debatte. **José Rufino Cuervo**, der 1867 mit einer Arbeit zur Sprache Bogotás die hispanoamerikanische Dialektologie begründete, sah eine Entwicklung des amerikanischen Spanisch, die perspektivisch sogar eine Parallele zur Ausgliederung der romanischen Sprachen in Betracht zog. Dazu ist es bekanntlich nicht gekommen.

Das Konzept einer *lengua nacional* wurde gerade im 19. Jh. auch in Spanien vertreten, was seinen Ausgang in Bestrebungen zur aktiven Zentralisierung des Landes nahm. Vorbild dürften die Verhältnisse in Frankreich gewesen sein. Bereits 1768 hatte Karl III. in der **Cédula de Aranjuez** in Zusammenhang mit der Entmachtung der Jesuiten bestimmt, dass der Schulunterricht ausschließlich auf Spanisch zu erfolgen habe. Für Hispanoamerika wurde sogar die Ausmerzung der indigenen Sprachen verfügt, was glücklicherweise keine konsequente Umsetzung erfuhr. In Spanien wurden weiterhin **Regionalsprachen** und Dialekte gesprochen, ihre Schriftlichkeit war seit dem 16. Jh. jedoch kaum noch entwickelt. Dies änderte sich im 19. Jh., als sowohl in Galicien als auch in Katalonien Bewegungen entstanden, um der regionalen Literatur zu neuem Aufschwung zu verhelfen (genannt Rexurdimento bzw. Renaixença). Zur Zeit der Diktatur, besonders unter dem **Franco-Regime** (1939–1975) – Franco selbst stammte aus Galicien – wurde in Spanien hinsichtlich der Regionen eine extrem repressive Sprachpolitik betrieben. Erst im Zuge der Demokratisierung des Landes erhielten die Regionalsprachen ihre verbrieften Rechte. Für Katalonien bedeutet dies, dass das Katalanische heute z. B. in allen Bereichen des öffentlichen Lebens verwendet werden kann, so auch im Unterricht an den Universitäten der Region.

Anregungen

1. Orientieren Sie sich im Internet zu den Corpora CORDE und CREA der Real Academia Española.
2. Machen Sie sich anhand von SIGUAN (1992) mit den Autonomiestatuten vertraut.

Literaturhinweise

Siehe neben den Werken zur Sprachgeschichte (bibliogr. Hinweise IV.1.):

BRUMME, Jenny (1997), *Spanische Sprache im 19. Jahrhundert. Sprachliches Wissen, Norm und Sprachveränderungen*, Münster.

ETXEBARRIA, Maitena (2002), *La diversidad de lenguas en España*, Madrid.

GILI GAYA, Samuel (1963), *La lexicografía académica del siglo XVIII*, Oviedo.

LÁZARO CARRETER, Fernando (^{2}1985), *Las ideas lingüísticas en España durante el siglo XVIII*, Madrid.

MAR-MOLINERO, Clare (2000), *The politics of language in the Spanish-speaking world. From colonisation to globalisation*, London – New York.

MÜHLSCHLEGEL, Ulrike (2000), *Enciclopedia, vocabulario, dictionario. Spanische und portugiesische Lexikographie im 17. und 18. Jahrhundert*, Frankfurt/M.

POLZIN-HAUMANN, Claudia (2006): *Sprachreflexion und Sprachbewußtsein. Beitrag zu einer integrativen Sprachgeschichte des Spanischen im 18. Jahrhundert*, Frankfurt/M.

SIGUAN, Miquel (1992), *España plurilingüe*, Madrid.

Zusammenfassung

Ab dem 18. Jh., das den Beginn der modernen Sprachform markiert, durchlief das Spanische einen Prozess der Normierung, der von der 1713 gegründeten Real Academia Española vorangetrieben wurde. Wortschatz und Grammatik wurden inventarisiert bzw. beschrieben und die Orthographie modernisiert. Gegenstand der Reflexion war u. a. im 19. Jh. beiderseits des Atlantiks die Stellung der *lengua nacional (idioma nacional)* und die Einheit des Spanischen. Die seit dem ausgehenden Mittelalter in der Schriftlichkeit kaum vertretenen Regionalsprachen Spaniens erfuhren im 19. Jh. einen Aufschwung und konnten im 20. Jh. nach dem Ende der Franco-Diktatur ihre Rechte schließlich durchsetzen.

---

11. Das Spanische in Amerika

11.1 Zum geschichtlichen Hintergrund

Die Entdeckung und Eroberung der Neuen Welt eröffnete Europa und seiner Geschichte eine neue Dimension, und nicht umsonst lassen viele Historiker die abendländische Neuzeit mit diesem Ereignis beginnen. Mit der Phase der europäischen Expansion begann auch der neuzeitliche europäische Kolonialismus.

Der Genuese **Christoph Kolumbus** (span. *Cristóbal Colón*) unternahm im Auftrag der "Katholischen Könige" seine erste Entdeckungsreise mit der Absicht, auf dem westlichen Seeweg über den Atlantischen Ozean die Ostküste Asiens bzw. Indien zu erreichen. Er brach am 3. August 1492 mit drei Schiffen vom südspanischen Hafen Palos auf, und nach einer Zwischenlandung auf den Kanarischen Inseln (seit dem ersten Drittel des 15. Jahrhunderts z. T. unter spanischer Herrschaft, 1477 durch

Vertrag an die spanische Krone) stieß er am 12. Oktober 1492 auf die erste Insel der Neuen Welt, eine Insel der Bahama-Gruppe, die er San Salvador taufte. Auf der Weiterfahrt entdeckte er die Inseln Kuba und Hispaniola (Haiti), welche der Ausgangspunkt für weitere Entdeckungen und Eroberungen werden sollten. Auf seiner zweiten Reise gründete er 1496 mit Santo Domingo (Hispaniola) die erste spanischsprechende Stadt der Neuen Welt. Auf der dritten Reise erreichte Kolumbus 1498 nahe der Orinocomündung auch erstmals das südamerikanische Festland. Auf seiner vierten und letzten Fahrt (1502–1504) entdeckte er die Ostküste Mittelamerikas. 1506 starb Kolumbus in Valladolid und war überzeugt, Indien (**"Las Indias"**) auf der Westroute entdeckt zu haben.

Im Staatsvertrag von **Tordesillas** (1494) grenzten Spanien und Portugal ihre Interessensphären hinsichtlich ihrer kolonialen Expansion jenseits des Atlantiks durch Modifizierung früherer päpstlicher Entscheidungen ab. Der festgelegte Demarkationslängengrad bildete die Grundlage für die Entstehung der Kolonialreiche der Spanier und Portugiesen (Brasilien, entdeckt im Jahre 1500) in Amerika. Der Aufbau des spanischen Imperiums in Amerika war die Voraussetzung dafür, dass Hispanoamerika spanischsprachig werden konnte. Es macht heute den Hauptteil der "Romania nova" aus.

Der Name Amerika wurde von dem deutschen Kartographen Martin Waldseemüller 1507 in Anlehnung an den Vornamen des florentinischen Entdeckers und Seefahrers Amerigo Vespucci geprägt und verbreitet.

Die Geschichte der Entdeckung und Eroberung Hispanoamerikas kann man in folgende Etappen einteilen:

1. Etappe: 1492–1519. Der Schwerpunkt dieser Phase liegt im Bereich der **Antillen**: Besitznahme von Hispaniola, Puerto Rico, Jamaika, Kuba. Von hier aus erfolgten Erkundungsfahrten an die Küste von Venezuela und nach Mittelamerika. Von Panama aus erreichte Núñez de Balboa 1513 den Pazifik. Spanische Konquistadoren drangen auch nach Nordamerika (z. B. Florida) und im Süden bis zum Río-de-la-Plata-Gebiet vor. In Yucatán entstanden erste Kontakte mit der Mayakultur.

2. Etappe: 1519–1531. Das Hauptereignis dieser Epoche ist zwischen 1519 und 1521 die Eroberung des von Moctezuma beherrschten **Aztekenreiches** (von Kuba aus) unter der Führung von Hernán Cortés. 1521 wurde die Hauptstadt Tenochtitlán zerstört und an der gleichen Stelle Mexiko(-Stadt) gegründet. Cortés wurde zum Gouverneur von "Nueva España" ernannt. 1527 wurde dort die erste Audiencia (Gerichts- und Verwaltungsbehörde), 1535 das erste Vizekönigreich eingerichtet. An die Unterwerfung des Aztekenreiches, bei der die Spanier erstmals mit einer indianischen Hochkultur Altamerikas in enge Berührung kamen, was sich auch sprachlich in der Übernahme von Lehnwörtern (span. *indigenismos*) auswirkte, schloss sich die Entdeckung und Eroberung Guatemalas (unter Pedro de Alvarado) und weiterer Gebiete Mittelamerikas an.

3. Etappe: 1531–1556. In diese Phase fällt die Eroberung der Andenhochländer, insbesondere des ausgedehnten **Inkareiches** – einer weiteren altamerikanischen Hochkultur – unter der Führung von Francisco Pizarro, der 1531 von Panama aus nach Süden aufbrach, 1532 in Cajamarca den Inkahäuptling Atahualpa überraschend gefangen nehmen konnte und ihn, obwohl dieser gewaltige Mengen an Gold als Lösegeld beibrachte, dann ermorden ließ. 1533 zogen die Spanier in die heilige Stadt Cuzco ein. 1535 wurde Lima als Hauptstadt von "Nueva Castilla" gegründet. Von Peru ausgehend – Peru wurde 1542 Vizekönigreich – eroberten die Spanier unter Belalcázar einen weiteren Teil des Inkareiches, das heutige Ecuador mit seiner Hauptstadt Quito, und drangen von dort weiter in das Reich der Chibcha im heutigen Kolumbien vor, wohin von Norden her bereits Jiménez de Quesada mit seinen Eroberern gelangt war. 1538 wurde in "Nueva Granada" Santa Fe de Bogotá gegründet. Diego de Almagro, ein Partner Pizarros, unternahm Züge in das heutige Bolivien (Alto Perú), nach Nordwestargentinien und ins nördliche Chile. Pedro de Valdivia leitete 1540 (Gründung von Santiago 1541) die Eroberung Chiles gegen den erbitterten Widerstand der Araukaner ein (vgl. Ercillas Epos "La Araucana", 1569–1589), der bis ins 19. Jh. andauerte. Die von Spanien ausgegangene Expedition des Pedro de Mendoza in die Río-de-la- Plata-Region führte zu einer ersten Gründung von Buenos Aires (1536), das 1541 jedoch wieder aufgegeben werden musste und dann 1580 neu gegründet wurde. 1537 erfolgte die Gründung von Asunción (im heutigen Paraguay). 1545 wurden die Silberadern von Potosí (Bolivien) entdeckt.

Anders verlief die anfängliche Kolonisierung des heutigen **Venezuela**: Das Augsburger Handelshaus der Welser hatte 1528 von Kaiser Karl V. das Privileg zur Ausbeutung des Landes erhalten. Das Unternehmen scheiterte 1546 mit dem Rückzug der Welser aus Venezuela. Somit wurde das Land keine deutsche, sondern eine spanische Kolonie.

Bis zum Ende der Regierungszeit Kaiser Karls V. (1556) war das Unglaubliche geschehen: die Eroberung der damals erschließbaren Territorien Spanisch-Amerikas war weitgehend abgeschlossen; es begann nun die Phase der Organisation und der Ausbeutung der eroberten Länder.

Den Studierenden der Hispanistik wird empfohlen, sich mit Fragen, die hier nicht behandelt werden konnten, wie der **Kolonialverwaltung** (Vizekönigreiche, *capitanías generales*, *audiencias*) und der Rechtsverhältnisse, der Gesellschaftsstruktur und der **Bevölkerungsvermischung** (*mestizaje*), der Kirche und der Missionsarbeit (damit zusammenhängend die Rolle der *lenguas generales*), der altamerikanischen Hochkulturen und ihres Einflusses, der Siedlungs- und Wirtschaftspolitik sowie der kulturellen Verhältnisse zumindest in ihren Grundzügen zu befassen, denn alle diese Themen stellen auch Faktoren für die Sprachentwicklung dar. Es zeigt sich, dass **Sprachgrenzen** in Hispanoamerika in der Regel nicht mit den modernen nationalstaatlichen Grenzen zusammenfallen, die ohnehin bestenfalls aus der Zeit der Unabhängigkeitskriege (ca. 1810–1826, z. T. bis 1898) datieren. Die Sprachgrenzen in Hispanoamerika sind im Allgemeinen staatenübergreifend, da sie Faktoren unterliegen, die vor der Unabhängigkeit wirksam waren, Faktoren also, die auf die Zeit der Eroberungen und auf die Kolonialepoche zurückgehen.

Literaturhinweise

CÉSPEDES DEL CASTILLO, Guillermo (1983), *América Hispánica (1492–1898)*, Barcelona, = *Historia de España*, tomo VI.

FISCHER WELTGESCHICHTE: Band 21: *Altamerikanische Kulturen* (L. Séjourné), Frankfurt/M. 1971; Band 22: *Süd- und Mittelamerika I* (R. Konetzke), Frankfurt/M. 1965.

KONETZKE, RICHARD (1986), "Überseeische Entdeckungen und Eroberungen", in: *Propyläen Weltgeschichte*, Band 6, Berlin – Frankfurt/M.: 535–634.

Mit umfangreicher Bibliographie und Information zu den Archiven:

CHAUNU, Pierre (²1983), *L'expansion européenne du XIIIᵉ au XVᵉ siècle*, Paris (Nouvelle Clio, Vol. 26).

CHAUNU, Pierre (1969), *Conquête et exploitation des nouveaux mondes (XVIᵉ siècle)*, Paris (Nouvelle Clio, Vol. 26 bis).

THE CAMBRIDGE ENCYCLOPEDIA OF LATIN AMERICA AND THE CARIBBEAN (²1992), Cambridge.

Sehr umfassend:

THE CAMBRIDGE HISTORY OF LATIN AMERICA (1984–1995), 11 Bde., Cambridge.

11.2 Zur Entstehung des amerikanischen Spanisch: Die Andalucismo-These

Häufig wird dem "**amerikanischen Spanisch**" das "europäische Spanisch" gegenübergestellt. Diese Bezeichnungen sind jedoch irreführend, wenn man darunter Varietäten des Spanischen verstehen wollte, deren Besonderheiten jeweils exklusiv auf die jeweiligen Kontinente beschränkt sein sollen. Fast alle Charakteristika des amerikanischen Spanisch (oder Hispanoamerikanischen) existieren jedoch auch im Spanischen Europas, nämlich im Südspanischen, insbesondere im Andalusischen, und auch im Spanischen der Kanarischen Inseln, nicht aber im Spanischen des Zentrums und Nordens der Pyrenäenhalbinsel. Daher empfiehlt es sich – wenn es um die Hervorhebung der Unterschiede geht – anstatt von "europäischem" oder "peninsularem Spanisch" zu sprechen, definitorisch "standardkastilisches Spanisch" zugrunde zu legen. Für Südspanisch, kanarisches Spanisch und amerikanisches Spanisch schlug D. Catalán die Bezeichnung "**español atlántico**" vor. In gewissen Kontexten wird auch "überseeisches Spanisch" verwandt.

Die sprachlichen Gemeinsamkeiten – insbesondere auf phonischem Gebiet und hier maßgeblich im Konsonantismus, vgl. IV.11.3.1 – zwischen einem Sprecher des Andalusischen und einem Sprecher des amerikanischen Spanisch (besonders der Tieflandzonen) sind sehr auffällig; man hat sie schon zumindest seit Ende des 17. Jh. bemerkt. Sie wurden dann auch genetisch in dem Sinne interpretiert, dass man für die Besonderheiten des amerikanischen Spanisch andalusischen Ursprung annahm (**Andalucismo-These**). Diese eher impressionistisch begründete These entsprach in etwa der communis opinio, bis sie von P. HENRÍQUEZ UREÑA in einer Aufsatzfolge in der *RFE* ab 1921 angegriffen und als unhaltbar verworfen wurde:

> Ante tanta diversidad fracasa una de las generalizaciones más frecuentes: el *andalucismo* de América; tal andalucismo, donde existe – es sobre todo en las tierras bajas –, puede estimarse como desarrollo paralelo y no necesariamente como influencia del Sur de España. (HENRÍQUEZ UREÑA 1921: 358–359)

Die nach den Vorstellungen Henríquez Ureñas später als **Antiandalucismo-These** bezeichnete Position, nach der die Übereinstimmung sprachlicher Fakten in Andalusien und in Hispanoamerika als parallele, voneinander unabhängige Entwicklungen interpretiert wurde, überzeugte auch einen so bekannten Hispanisten wie Amado Alonso. Nach Henríquez Ureña sind z. B. klimatische Verhältnisse, Bevölkerungszusammensetzung, Bildungsgrad, der Kontakt mit Indianersprachen und eine eventuelle Isolation von Gebieten als Faktoren in die Betrachtungen einzubeziehen.

Die von GUITARTE (1959) in einem wissenschaftsgeschichtlich interessanten Aufsatz entwickelte Interpretation, die die Position des aus der Dominikanischen Republik stammenden Henríquez Ureñas als eine aus amerikanischer Warte ideologisch motivierte Sicht einstufte, wurde inzwischen als Überspitzung erkannt (siehe NOLL 2005 unten unter "Anregung"). Aus heutiger Sicht bietet der sog. "Antiandalucismo" vielmehr eine komplementäre Erklärung der unterschiedlichen Herausbildung bestimmter lautlicher Merkmale des amerikanischen Spanisch (siehe IV.11.3.1), wie sie im südlichen Südamerika (z. B. in Argentinien) und im zirkumkaribischen Raum auftreten.

Ab Mitte der 50er Jahre begann eine neue Phase in der wissenschaftlichen Diskussion um die Andalucismo- bzw. Antiandalucismo-These. Auf zwei unterschiedlichen Wegen der Forschung wurde die Antiandalucismo-These zunächst aus den Angeln gehoben, wobei sie mit ihren eigenen Kriterien konfrontiert wurde. Vor allem Lapesa, aber auch Catalán gelang es, auf sprachwissenschaftlich-sprachgeschichtlichem Gebiet die Ergebnisse der Forschungen von A. Alonso durch die Funde älterer Dokumentation zu korrigieren und zu zeigen, dass die meisten der Südspanien und Hispanoamerika gemeinsamen konsonantischen Charakteristika auf der Pyrenäenhalbinsel früher nachweisbar sind als in Amerika. A. Alonso war aufgrund seiner begrenzteren Materialbasis zuvor zum gegenteiligen Ergebnis gelangt. Im Sinne einer Neufundierung der Andalucismo-These wirkten auch die mit einem im Vergleich mit Henríquez Ureña dreifach so umfangreichen Material durchgeführten Untersuchungen von P. BOYD-BOWMAN (1964) zur regionalen **Herkunft der ersten Siedler** in Hispanoamerika. Im Unterschied zu Henríquez Ureña konnte Boyd-Bowman feststellen, dass die Andalusier in der frühen und wichtigen Phase der Eroberung der Antillen das Hauptkontingent der Siedler stellten (60 % zwischen 1493 und 1508, 37 % zwischen 1509 und 1519). Von Bedeutung ist auch die

Tatsache, dass zwei Drittel der zwischen 1509 und 1519 nach Amerika ausgewanderten Frauen andalusischer Herkunft waren. Der Autor hebt zudem besonders die bedeutsame Rolle und das Prestige von Sevilla für die frühe Phase der Eroberung und Kolonisierung Amerikas hervor. Dazu gehört auch eine gewisse Übernahme seiner sprachlichen Normen durch Nichtandalusier während der Zeit des Wartens auf die Überfahrt nach Amerika oder während der Überfahrt selbst. Auch andere Hispanisten wie Menéndez Pidal ("Sevilla frente a Madrid") und Catalán haben die Wichtigkeit von Sevilla für die Herausbildung des amerikanischen Spanisch unterstrichen. Catalán gebraucht sogar zuweilen den Terminus "**sevillanismo**" anstelle von "andalucismo". Er verweist außerdem auf die sprachlichen Verhältnisse im Spanischen der Kanarischen Inseln als zusätzliche Stütze für die neue Andalucismo-These.

So wurde die neu begründete Andalucismo-These in der Hispanistik daraufhin weitgehend akzeptiert, vgl. dazu:

> De todo lo expuesto se deduce que hoy no cabe ya duda posible respecto al origen andaluz de algunos de los rasgos más peculiares de la pronunciación americana: el más general, el seseo; muy probablemente, el yeísmo; seguros, aunque no generales en América, la confusión de *r* y *l* finales, la aspiración de la *-s* final y la sustitución de *j* por *h* aspirada. Todos, salvo el seseo, propios en España no sólo de Andalucía, sino de otras regiones meridionales, sobre todo Extremadura. (LAPESA 1964: 182)

Es wird aber auch anerkannt, dass das amerikanische Spanisch keine Varietät des Andalusischen ist. Bereits A. Alonso hatte auf die Bedeutung der **Nivellierung** dialektaler Charakteristika hingewiesen, die im karibischen Raum zur Ausbildung einer Koine führte. Natürlich gibt es im Spanischen Amerikas Fakten, die sich nicht auf das Andalusische zurückführen lassen: Man denke an die Indigenismen – im Wortschatz lässt sich ein maßgebliches andalusisches Element bis heute übrigens auch nicht beweisen. Im charakteristischen phonischen Bereich ist die Assibilierung von /r̄/ [ʒ] (im Auslaut auch von /r/) sowie im Nexus <tr> [tɽ tʃ], die von Mexiko diskontinuierlich bis Argentinien und Chile verbreitet ist, in Spanien nur im Norden (Rioja, Navarra, Vascongadas) zu finden.

Ferner beinhaltet die Andalucismo-These für Gebiete außerhalb des karibischen Raums grundlegende Widersprüche. Was die Besiedlung Amerikas betrifft, liefen die Schiffe zwar über Santo Domingo und später Havanna, aber in der Gesamtschau des 16. Jh. fällt dem Süden Spaniens nicht mehr als die Hälfte der Siedlerkontingente zu. Ein Gebiet wie Argentinien, das bis ins 18. Jh. über Peru und Bolivien versorgt wurde, kann trotz seiner *tierras bajas* gar nicht vornehmlich andalusisch geprägt sein, was sich schließlich auch sprachlich niederschlägt. Das silbenauslautende /s/ wird im Vergleich zum Spanischen der Karibik zwar aspiriert, fällt tendenziell aber nicht aus, /x/ bleibt erhalten (und wird nicht zu [h] abgeschwächt), /r/ und /l/ werden silbenauslautend nicht neutralisiert, intervokalisches /d/ tendiert nicht allgemein zum Ausfall und /n/ im Silbenauslaut bleibt alveolar (wird also nicht zu [ŋ] velarisiert) (vgl. die Charakteristika auch in IV.11.3.1). Die ehemals lebhafte Diskussion um den Andalucismo ist heute abgeebbt. Nichtsdestoweniger scheint eine Generalisierung der Andalucismo-These nicht angebracht zu sein, vielmehr kommen komplementär auch die von P. Henríquez Ureña genannten Faktoren zum Tragen.

Anregung

Lesen Sie zum aktuellen Stand der Diskussion und den Widersprüchen der Andalucismo-These NOLL (2005).

Literaturhinweise

BOYD-BOWMAN, Peter (1964), *Índice geobiográfico de cuarenta mil pobladores españoles de América en el siglo XVI*, Tomo I: 1493–1519, Bogotá.

FONTANELLA DE WEINBERG, María Beatriz (²1993), *El español de América*, Madrid, 32–54.

FRAGO GRACIA, Juan Antonio (1999), *Historia del español de América. Textos y contextos*, Madrid.

GARRIDO DOMÍNGUEZ, Antonio (1992), *Los orígenes del español de América*, Madrid.

GUITARTE, Guillermo L. (1959), "Cuervo, Henríquez Ureña y la polémica sobre el andalucismo de América", *Thesaurus* 14: 20–81.

HENRIQUEZ UREÑA, Pedro (1921), "Observaciones sobre el español en América", *RFE* 8: 357–390, 358–359.

LAPESA, Rafael (1964), "El andaluz y el español de América", in: *Presente y futuro de la lengua española*, II, Madrid, 173–182.

NOLL, Volker (2005), "Bemerkungen zum 'Antiandalucismo': Henríquez Ureña, Guitarte und die Gegenwart", in: NOLL, Volker/SYMEONIDIS, Haralambos (Hrsg.), *Sprache in Iberoamerika. Festschrift für Wolf Dietrich zum 65. Geburtstag*, Hamburg, 65–84.

NOLL, Volker (²2009), *Das amerikanische Spanisch*, Tübingen, 73–85.

PARODI, Claudia (1995), *Orígines del español americano. I. Reconstrucción de la pronunciación*, México.

SÁNCHEZ MÉNDEZ, Juan (2003), *Historia de la lengua española en América*, Valencia.

11.3 Grundzüge des amerikanischen Spanisch

Das amerikanische Spanisch ist historisch gesehen ein Kolonialdialekt des Spanischen bzw. Kastilischen, vergleichbar mit dem Andalusischen in seinem Verhältnis als Reconquistadialekt zum Kastilischen.

Es ist selbstverständlich, dass das Spanische Amerikas zwischen New Mexico und Feuerland keine völlig homogene Sprache sein kann, "pero, aunque no exista uniformidad lingüística en Hispanoamérica, la impresión de comunidad general no está injustificada: sus variedades son menos discordantes entre sí que los dialectalismos peninsulares, y poseen menor arraigo histórico" (LAPESA 1981: 535).

Die Einteilung Hispanoamerikas in **Dialektzonen** ist ein schwieriges Unterfangen, das noch nicht zu allseits akzeptierten Ergebnissen geführt hat (vgl. im Überblick NOLL 2009: Kap. 3). Für unsere Zwecke mag ein Zurückgreifen auf die nur scheinbar geographisch begründete Einteilung der Sprachräume in *tierras bajas* und *tie-*

rras altas, die terminologisch auf P. Henríquez Ureña zurückgeht, ausreichen. Die *tierras bajas* umfassen die Küstenregionen und Ebenen (*llanos*) Hispanoamerikas, die durch ihre besseren Verkehrsbedingungen für sprachliche Neuerungen zugänglicher sind als die *tierras altas*, die den Gebirgsregionen und Hochländern entsprechen. Es existieren auch andere Begründungen.

Auswahl aus der sehr reichhaltigen älteren und neueren Literatur:

ALEZA IZQUIERDO, Milagros/ENGUITA UTRILLO, José María (2002), *El español de América. Aproximación sincrónica*, Valencia.

ALVAR, Manuel (Hrsg.) (1996), *Manual de dialectología hispánica. El español de América*, Barcelona.

FONTANELLA DE WEINBERG, María Beatriz (²1993), *El español de América*, Madrid.

FRAGO GRACIA, Juan Antonio/FRANCO FIGUEROA, Mariano (²2003), *El español de América*, Cádiz.

GARCÍA MOUTON, Pilar (2003), *El español de América*, Madrid.

KUBARTH, Hugo (1987), *Das lateinamerikanische Spanisch. Ein Panorama*, München.

LIPSKI, John M. (⁶2009), *El español de América*, Madrid.

LOPE BLANCH, Juan Manuel (2000), *Español de América y español de México*, México.

MORENO DE ALBA, José G. (1988), *El español en América*, México.

NOLL, Volker (²2009), *Das amerikanische Spanisch*, Tübingen.

RIVAROLA, José Luis (2001), *El español de América en su historia*, Valladolid.

ZAMORA MUNNÉ, Juan C./GUITART, Jorge M. (²1988), *Dialectología hispano-americana. Teoría – descripción – historia*, Salamanca.

11.3.1 Phonischer Bereich

Folgende Generalregel für die phonischen Verhältnisse in den beiden o. a. Typen von Sprachräumen mag an den Anfang gestellt werden:

Tierras bajas: Labiler Konsonantismus, stabiler Vokalismus;
Tierras altas: Stabiler Konsonantismus, labiler Vokalismus.

Da wir uns in unserer Darstellung beschränken müssen, gehen wir nicht näher auf den Vokalismus ein, der insgesamt weniger Abweichungen vom kastilischen Standard aufweist als der Konsonantismus und daher auch weniger Kommentar erfordert. Wir können hier nur auf die **Elision** von unbetonten Vokalen im Hochland von Mexiko und in den Andenregionen (z. B. von Ecuador und Bolivien) verweisen, etwa *bloqu(e)s para apunt(e)s, of(i)cina, accident(e)s, Pot(o)sí*, und auf eine im Hochland von Peru und Ecuador festgestellte, durch Interferenz mit dem Quechua-Vokalsystem bewirkte Reduktion der fünf spanischen Vokalphoneme auf drei: /a/, /i/, /u/.

Konsonantismus

Im Folgenden führen wir eine Auswahl der wichtigsten konsonantischen Fakten an, die das amerikanische Spanisch (und das Andalusische) kennzeichnen.

1) Das einzige phonische Charakteristikum, das dem Hispanoamerikanischen sowohl in den *tierras altas* als auch in den *tierras bajas* eigen ist und dieses vom kastilischen Spanisch unterscheidet, ist der **seseo**. Unter *seseo* versteht man rein deskriptiv den Zusammenfall der kastilischen Phoneme /s/ und /θ/ in /s/, d. h. das Phonem /θ/ existiert im phonologischen Inventar des amerikanischen Spanisch nicht. Lexeme wie *casa* und *caza*, *coser* und *cocer* sind in Amerika homophon, d. h. sie werden identisch ausgesprochen. Diese Fälle von Homophonie werden durch ein Ausweichen auf *cocer* ⟶ *cocinar*, *coser* ⟶ *costurar*, *caza* ⟶ *cacería* ausgeglichen. Vereinzelt ist in der Gruppe ungebildeter älterer Männer in Hispanoamerika eine Art *ceceo* (nur /θ/ statt /s/) zu beobachten, ein eher soziokulturelles als diatopisch zu beschreibendes Phänomen. Die Opposition /s/ : /θ/ des europäischen Spanisch ist überall unbekannt.

2) Das zweite phonische Faktum, das zwar kein generelles ist, das aber weite Teile Hispanoamerikas gegenüber dem Normkastilischen charakterisiert, ist der **yeísmo**. Unter *yeísmo* versteht man den Zusammenfall der Phoneme /ʎ/ und /j/ in /j/, d. h. das Phonem /ʎ/ existiert im phonologischen Inventar dieser Varietäten des amerikanischen Spanisch nicht. Der *yeísmo* ist inzwischen auch in weiten Teilen Spaniens verbreitet (vgl. Kap. IV.12.1). In *yeísmo*-Gebieten unterscheiden sich beispielsweise *pollo* und *poyo*, *halla* und *haya*, *calló* und *cayó* in der Aussprache nicht. Da die Sprachräume, in denen die Opposition /ʎ/ : /j/ aufrecht erhalten wird, weitaus begrenzter sind als die *yeísmo*-Zonen, führen wir der Einfachheit halber nur diese – in großen Zügen – auf. *Yeísmo* herrscht in Amerika überall mit Ausnahme der Ostkordillere der kolumbianischen Anden, des ecuadorianischen Hochlandes, Perus (dagegen *yeísmo* in Lima und im Küstenstreifen), Boliviens und Paraguays. Zu ergänzen wäre, dass der *yeísmo* in Hispanoamerika – wie auch in Spanien – mehr und mehr an Boden gewinnt. Eine phonetische Sonderform der phonologisch relevanten Erscheinung *yeísmo* stellt der *žeísmo* dar, wie er vor allem in den Küstenregionen Argentiniens und in Uruguay existiert; dort werden z. B. *calló* und *cayó* als [ka'ʒo] ausgesprochen. Es gibt in diesen Regionen inzwischen auch eine Tendenz, den stimmhaften *žeísmo* unter bestimmten Voraussetzungen (z. B. je nach Geschlecht und Alter der Sprecher) durch den stimmlosen *šeísmo* zu ersetzen, vgl. z. B. [ka'ʒo] ⟶ [ka'ʃo].

Das Gesamtbild ist jedoch noch komplexer, denn man kennt auch Gebiete in Hispanoamerika, in denen die Opposition /ʎ/ : /j/ wiederum erhalten bleibt, diese aber phonetisch z. B. als [ʒ] : [j] realisiert wird (in der argentinischen Provinz Santiago del Estero) oder sich im Kontrast [ʎ] : [dj] darstellt (Paraguay).

3) Eine weitere phonische Besonderheit, die nur die *tierras bajas* Hispanoamerikas kennzeichnet, ist die **Aspiration** bzw. das Verstummen von [s] in implosiver Stellung (d. h. vor Konsonant bzw. im Auslaut). Dies betrifft also nicht das Phoneminventar, sondern die Phonemdistribution (vgl. z. B. *espalda* [ɛh'palda], [ɛʰ'palda], [ɛ'palda]; *lobos* ['loβoh], ['loβoʰ], ['loβo] oder ['lɔβɔ]). Da das auslautende *-s* im Spanischen die wichtige Aufgabe der Markierung grammatischer Kategorien (Numerusendung am Nomen, z. B. *casa/casas*; Personenendung am Verb, z. B. *cantas/*

canta) erfüllt, kann es nicht ausfallen, ohne die Kommunikationsfunktion der Sprache zu beeinträchtigen. Sein Verstummen verursacht z. T. die Öffnung des Auslautvokals (mit Fernassimilationswirkung auf die übrigen Vokale des Wortes), so dass die Funktionsmarkierung von einer konsonantischen (-ø/-s) auf eine vokalische (z. B. o/ɔ) übergeht – was ein Novum im Spanischen darstellt (vgl. I.4.2.1, Das Andalusische). Anzumerken bleibt, dass die phonetische Realisierung von /s/ im größten Teil Hispanoamerikas eine dorsoalveolare ([s] wie weitgehend in Andalusien) ist, während sie im Kastilischen apikoalveolar [ṡ] erfolgt (so aber auch im kolumbianischen Departamento Antioquia).

4) Auch die **Neutralisierung** von /r/ und /l/ in implosiver Stellung ist vorwiegend eine phonische Eigenart der *tierras bajas* und betrifft nur die Phonemdistribution. Mögliche Resultate der Neutralisierung können /L/ (z. B. /ˈtoLpe/ statt /ˈtoRpe/, /peLˈdeL/ statt /peRˈdeR/) oder /R/ (z. B. /koRˈmiʎo/ statt /koLˈmiʎo/, /paˈpeR/ statt /paˈpeL/) sein, wobei das Ergebnis der Neutralisierung in Hispanoamerika in der Regel [l] ist.

5) Dem kastilischen Velarfrikativ /x/ entspricht insbesondere im karibischen Raum eine Abschwächung zu [h], z. B. in [ˈhefe] <jefe>. Im Übrigen kann [h] in Hispanoamerika auch als Allophon von /s/ (siehe oben), von /r/ (z. B. *perla* [ˈpɛhla]) und von /f/ (z. B. *fuerte* [ˈhwɛrte]) erscheinen. Schließlich tritt es zudem als konservativ-archaische Realisierung der Lautentwicklung lat. [f-] > asp. [h-] auf (z. B. *hecho* [ˈhetʃo]).

6) Über weitere konsonantische Fakten wie z. B. die velare Realisierung von auslautendem /-n/ als [ŋ], die Assibilierung von /r̄/, von /r/ (im Auslaut) sowie im Nexus [tr] informiert auch die Literatur.

Literaturhinweise

Canfield, D. Lincoln (1992, [1]1981), *Spanish Pronunciation in the Americas*, Chicago u. a. (Übers.: *El español de América. Fonética*, Barcelona 1988).

Lipski, John M. ([6]2009), *El español de América*, Madrid.

Vaquero de Ramírez, María (1996), *El español de América I. Pronunciación*, Madrid.

11.3.2 Grammatisch-morphologischer Bereich

Von den zahlreichen Erscheinungen können nur einige genannt werden. Zu unterscheiden ist allgemein zwischen Charakteristika, die diaphasisch-diastratisch populär bzw. stark markiert sind, und solchen, die, wie die im Folgenden behandelten, in den Gebieten ihres Vorkommens auch in der gepflegten Umgangssprache nicht anstößig, sondern als normal gelten. Freilich schwanken die Kriterien der sprachlichen Korrektheit sehr stark.

1) Wie im Westandalusischen und Kanarischen fehlt generell die 2. P. Pl. beim Personalpronomen und im Verbalparadigma. Als **Anredepronomen** fungiert nur die Höflichkeitsform *ustedes* mit der 3. P. Pl. des Verbs. Mit *vosotros* ist auch *vuestro*

und *os* aufgegeben worden. Auch in der 2. P. Sg. stellt man in den Zonen, die fern der *virreinatos* der Kolonialzeit lagen, eine Besonderheit fest, nämlich den sog. *voseo*, d. h. den Gebrauch von *vos* statt *tú*. Im La-Plata-Raum, Paraguay und Mittelamerika ist altes *vos* statt *tú* für die intime Anrede, wie in Spanien um 1500 üblich, beibehalten worden. Die entsprechende Verbform ist aus der alten Form der 2. P. Pl. ohne Diphthong entwickelt worden (vgl. III.2.5). Als Beispiel dient der argentinische Typ im Präsens: *vos andás/tenés/salís, vos sos* 'tú eres'. Genauere Angaben finden sich bei PÁEZ URDANETA (1981).

2) Im **Gebrauch der Tempora** ist die Bevorzugung des gegenwartsbezogenen, zusammengesetzten Futurs statt des einfachen, vom Jetzt des Sprechers getrennten weit verbreitet (*va a venir, van a decir* statt *vendrá, dirán*). Hingegen ist das *pretérito compuesto* (Vergangenheitsbezug aus der Gegenwart des Sprechers heraus) in der Umgangssprache weiter Gebiete ungebräuchlich, so dass das *pretérito indefinido* (Vergangenheitsbezug außerhalb des Jetzt des Sprechers) in einer für Spanien ungewöhnlichen Weise herangezogen wird (*¿Cómo dormiste esta noche?*). Die *-ra*-Form wird schriftsprachlich noch wie im Altspanischen indikativisch als inaktuelles Präteritum (neben der Verwendung als Konjunktiv) gebraucht: z. B. *Perdí la carta que me escribiera su madre* 'ich habe den Brief verloren, den mir seine Mutter schrieb' (siehe dazu III.3.1.3).

3) Im Unterschied zum Gebrauch im Mutterland ist man in Amerika sehr frei in der Bildung von geschlechtsbezogenen Personenbezeichnungen. Dabei drückt auch abweichend von der Etymologie *-a* immer das weibliche, *-o* das männliche Geschlecht aus. So findet man einerseits *jefa, huéspeda, comedianta, presidenta* wie andererseits *pianisto, bromisto*.

4) Das Diminutivsuffix *-ito/-a* wird bei Adverbien und dem Totalitätspronomen *todo* in der Funktion eines Elativs gebraucht (*ahorita* 'genau jetzt', *perdió todito* 'er hat aber auch alles verloren'). Ähnlich wirkt das Augmentativsuffix *-azo* in *estaba enfermaza* 'sie war sehr krank'.

Literaturhinweise

HERNÁNDEZ ALONSO, César (2010) (Hrsg.), *Estudios lingüísticos del español hablado en América*. 3 vol. Madrid.

HUMMEL, Martin/KLUGE, Bettina/VÁZQUEZ LASLOP, María Eugenia (2010) (Hrsg.), *Formas y fórmulas de tratamiento en el mundo hispánico*, México.

KANY, Charles E. ([2]1951), *American-Spanish Syntax*, Chicago (Übers. *Sintaxis hispanoamericana*, Madrid 1994).

PÁEZ URDANETA, Iraset (1981), *Historia y geografía hispanoamericana del voseo*, Caracas.

VAQUERO DE RAMÍREZ, María (1996), *El español de América II. Morfosintaxis y léxico*, Madrid.

11.3.3 Lexikalischer Bereich

Im lexikalischen Bereich wollen wir nur kurz auf den in mancher Hinsicht **archaischen Charakter** des hispanoamerikanischen Wortschatzes hinweisen. Viele Wörter haben die Bedeutung bewahrt, die sie in Spanien bis zum Siglo de Oro hatten, wie z. B. *lindo* 'bonito, hermoso', *liviano* 'ligero (de peso)', *recordar* 'despertar', *vidriera* 'escaparate', *sabe venir los martes* 'suele venir los martes' usw. Beispiel für eine Bedeutungsveränderung ist *quebrada*, das den Platz von span. *arroyo* (Form und Bedeutung) einnimmt ('Schlucht > Bach'). Auffällig sind die aus der Zeit der Eroberung stammenden Metaphern aus dem Seefahrerbereich. So sagt man in Amerika *embarcarse en el tren* statt *subir al tren*, z. T. *playa* für 'aparcamiento de automóviles'. Nicht verwunderlich sind geographisch bedingte Umdeutungen wie *invierno* 'tiempo lluvioso', *verano* 'tiempo despejado', was je nach Gegend verschiedenen europäischen Jahreszeiten entsprechen kann. Z. T. sind in Spanien harmlose Wörter wegen sexueller Implikationen tabuisiert: So wird *coger* in der Bedeutung 'nehmen, greifen, packen' in Argentinien, Mexiko, Venezuela und Kuba durch *agarrar, tomar (el tren)* o. ä. ersetzt, *acabar* in Argentinien durch *terminar*. Da *beber* in Argentinien mit Betrunkenheit assoziiert wird, sagt man für 'trinken' *tomar*.

Von den zahlreichen **Amerikanismenwörterbüchern** seien hier einige neuere aufgeführt. Auch bei diesen besteht allgemein das Problem der Abgrenzung des Begriffs "Amerikanismus" und der Beschreibung solcher Wörter bezüglich der regionalen Verbreitung, ihrer jeweiligen Bedeutungsnuancierung in den verschiedenen Gegenden, der Übereinstimmung mit Regionalvarianten in Spanien usw. Das Pionierwerk des 20. Jahrhunderts war das von Augusto Malaret, *Diccionario de americanismos*, Mayagüez (Puerto Rico) 1925, ([3]1946 Buenos Aires). Der neue, sehr verdienstvolle *Diccionario de americanismos* der Real Academia Española, in Zusammenarbeit mit allen hispanoamerikanischen nationalen Akademien erstellt (RAE 2010), verzeichnet den jeweiligen geographischen Bereich eines Wortes, gegebenenfalls mit jeweils unterschiedlichen Bedeutungen.

Literaturhinweise

BUESA OLIVER, Tomás/ENGUITA UTRILLA, José M. (1992), *Léxico del español de América. Su elemento patrimonial e indígena*, Madrid.

ENGUITA UTRILLA, José María (2004), *Para la historia de los americanismos léxicos*, Frankfurt/M.

MORENO DE ALBA, José G. (1992), *Diferencias léxicas entre España y América*, Madrid.

Wichtige amerikanistische Wörterbücher sind:

HAENSCH, Günther/WERNER, Reinhold (1993, Hrsg.), *Nuevo diccionario de americanismos*, Santafé de Bogotá. Tomo I: *Nuevo diccionario de colombianismos*; tomo II: CHUCHUY, Claudio/HLAVACKA DE BOUZO, Laura, *Nuevo diccionario de argentinismos*; tomo III: KÜHL DE MONES, Úrsula, *Nuevo diccionario de uruguayismos*.

CÁRDENAS MOLINA, Gisela/TRISTÁ PÉREZ, Antonia María/WERNER, Reinhold ([2]2003), *Diccionario del español de Cuba. Español de Cuba – español de España*, Madrid.

CHUCHUY, Claudio (2000), *Diccionario del español de Argentina. Español de Argentina – español de España*, Madrid. Ein Band zu Bolivien ist in Vorbereitung.

MALARET, Augusto ([3]1946, [1]1925), *Diccionario de americanismos*, Buenos Aires.

MORÍNIGO, Marcos A. (1998), *Nuevo diccionario de americanismos e indigenismos*, actualizado por M. A. Morínigo Vázquez-Prego, Buenos Aires.

REAL ACADEMIA ESPAÑOLA (2010), *Diccionario de americanismos*, Madrid.

11.4 Das indigene Adstrat des Spanischen in Amerika

11.4.1 Allgemeine Verhältnisse

Das Spanische in Amerika war vielfältigen Einflüssen durch die einheimischen indigenen Sprachen ausgesetzt und ist es z. T. noch heute. Diese Einflüsse betreffen unbestritten vor allem den Wortschatz, wobei allgemein verbreitete und auch in das europäische Spanisch eingegangene Wörter von denen zu unterscheiden sind, die in Hispanoamerika nur regional auftreten, dort jedoch viel zahlreicher sind als die erstgenannte Kategorie. **Substrateinflüsse** von amerindischen Sprachen auf die regionale Phonetik des Spanischen sind trotz aller vorgebrachten Hypothesen kaum schlüssig nachzuweisen (vgl. vor allem die von Rudolf Lenz für das chilenische Spanisch vorgebrachte **Indigenismo-These**, die ernsteren Nachforschungen nicht standhielt). Ebenso wenig sind sichere Einflüsse auf Grammatik und Syntax festzustellen. Etwas anders stellt sich die Lage in den zweisprachigen Gebieten dar, in denen das Spanische von der einheimischen Bevölkerung neben ihrer Muttersprache gesprochen wird, also etwa von den Nahua in Zentralmexiko, von den Maya in Yucatán, von den Quechua- und Aimara-Sprechern im Andengebiet oder von den Guaraní-Mestizen in Paraguay. Hier sind durchaus Adstrateinflüsse auf die spanische Phonetik und Phonologie sowie auf Morphologie und Syntax zu beobachten. Der Lehnwortschatz indigener Herkunft besteht naturgemäß vor allem aus Bezeichnungen der einheimischen Fauna, Flora und Landschaftsformen. Dieses Adstrat geht weniger auf den direkten Kontakt der spanischen Siedler mit den Eingeborenen als vielmehr auf den Einfluss der *lenguas generales* zurück. Damit sind die großen Sprachen Nahuatl, Otomí (Mexiko), Maya, Guaraní, Quechua, Aimara und Mapuche gemeint (siehe IV.11.4.2), die in der Indianermission im 16. und 17. Jh. kodifiziert, d. h. in Grammatiken und Wörterbüchern beschrieben wurden und so z. T. zu einer weiteren Verbreitung dieser Sprachen beitrugen, als sie vor der spanischen Eroberung gehabt hatten. Außer dem Taíno, mit dem die Spanier in der Karibik zuerst in Berührung kamen und das dann vor der Institution der *lenguas generales* ausstarb, gehen alle weit verbreiteten indigenen Entlehnungen auf eine der genannten Sprachen zurück.

Bei diesen Idiomen, die Einflüsse auf das Spanische ausgeübt haben, denkt man zunächst an die großen, weit verbreiteten Sprachen des Hochlandes und damit die der alten Hochkulturen, also **Quechua** im zentralen und nördlichen Andenraum sowie **Nahuatl**, die Sprache der Azteken und ihrer Nachkommen. Neben dem **Taíno** der Großen Antillen ist das **Guaraní** in Paraguay zu nennen, das der Jesuitenmission seit dem 16. Jh. als Verkehrssprache auch mit anderen Indiostämmen im La-

Plata-Gebiet und in Südbrasilien diente (dort in Konkurrenz mit dem ebenfalls als *língua geral* gebrauchten nahe verwandten Tupí). In Chile hat das **Mapuche** (der zentrale Zweig des Araukanischen) eine gewisse Bedeutung, wenngleich nicht in dem umfassenden Sinne eines für das chilenische Spanisch maßgeblichen Substrats, das Rudolf Lenz in ihm sehen wollte (vgl. Lenz, Rodolfo (1905/1910), *Diccionario etimológico de las voces chilenas derivadas de lenguas indígenas americanas*, 2 vol., Santiago de Chile).

Die Berührung zwischen Eingeborenensprache und Spanisch geschah häufig nicht direkt, sondern durch zweisprachige **Mestizen**, die in den Häusern der Weißen verkehrten. "Während Ehen zwischen Spaniern und Indio-Frauen selten blieben, waren Mestizinnen als Ehefrauen begehrt, da diese Verbindung die *limpieza de sangre* nicht beeinträchtigte" (BERSCHIN/FERNÁNDEZ-SEVILLA/FELIXBERGER ⁴2012: 100). In anderer Hinsicht ist aber zwischen dem Spanischen der städtischen Zentren und dem der *criollos* auf dem Lande zu unterscheiden. Die **criollos**, also Nachkommen der Einwanderer (Weiße, aber auch aus Afrika stammende Bevölkerung), hatten in abgelegenen Gegenden häufig ein kaum über den Indios stehendes Zivilisationsniveau und pflegten daher auch häufig besonders engen Kontakt mit den Eingeborenen und ihren Sprachen. Aus dem Blickwinkel der Städter wurde dieser ländliche Sprachgebrauch immer kritisiert. Es ist in der ganzen Kolonialgeschichte übrigens auffällig, dass sich eher die Weißen um die Kenntnis der Indianersprachen – wenn auch nur einiger und häufig in pidginisierter Form – bemühten als die Indios um das Spanische. Erst heute gibt es kaum noch einsprachige Indios.

11.4.2 Amerindische Sprachfamilien

Die großen amerindischen Sprachfamilien, deren Hauptvertreter im Kontakt mit dem Spanischen überregionalen Einfluss hatten und z. T. noch haben, sind in Zentralmexiko **Nahua** (dt. meist **Nahuatl**, mit nachgestelltem Artikel, 'das Nahua', span. *nahua*), auf der Halbinsel Yucatán **Maya**, im Nordwesten Südamerikas die **Chibcha**familie, in Venezuela und den Guayanas die Familie des **Caribe**, im westlichen Amazonasraum von Venezuela bis Ostbolivien **Arawak** (span. *arahuaco*), im gesamten Amazonasraum von Französisch-Guayana bis Nordargentinien und Paraguay **Tupí-Guaraní**, im Andenraum **Quechua** und (im nördlichen bolivianischen Altiplano) **Aimara** sowie in Chile **Mapuche**. Die indigenen Sprachen finden sich häufig unter verschiedenen, jeweils von (meist verfeindeten) Nachbarn gegebenen Namen; die Eigenbezeichnung entspricht vorwiegend 'Menschen' oder 'wir'. Allein in Südamerika zerfallen die Indianersprachen in mindestens 500 verschiedene Idiome, von denen sich die meisten im zentralen und östlichen Tiefland befinden bzw. befanden. Die kleinen und kleinsten Sprachen konnten naturgemäß keinen Einfluss auf das Spanische ausüben, da deren Sprecher Kontakt mit den Eroberern vermieden und von diesen auch nicht als Menschen mit eigener Kultur akzeptiert wurden.

11.4.3 Entlehnungen aus indigenen Sprachen

Die Wörter der einzelnen Sprachen, die große Verbreitung erlangt haben und auch im peninsularen Spanisch bekannt sind, sind z.B. (vgl. DIETRICH, Wolf (1998), "Amerikanische Sprachen und Romanisch", *LRL*, Bd. VII, 428–499):

a) aus dem **Taíno**, einer ausgestorbenen Arawaksprache der Antillen:
canoa 'Kanu', *cacique* 'Kazike, Häuptling', *caimán* 'Kaiman (Krokodilart)', *maiz* 'Mais', *batata* 'Süßkartoffel', *hamaca* 'Hängematte' (im Dt. volksetymologisch umgedeutet < ndl. *hangmat* < *hangmak* < frz. *hamac* < span. *hamaca*), *huracán* 'Hurrikan, Orkan' (vom Quiché aus Yucatán ins Taíno entlehnt), *sabana* 'Savanne', *tabaco* 'Tabak', *yuca* 'Yucca';

b) möglicherweise aus **karibischen Sprachen** des südamerikanischen Festlandes:
caníbal 'Kannibale', *loro* 'Papagei(enart), Sprechpapagei', *piragua* 'Piroge, Einbaum', *butaca* 'Lehnstuhl';

c) aus dem **Aztekischen** (Nahuatl):
aguacate 'Avocado(frucht, -baum)', *cacahuete* 'Erdnuss', *cacao* 'Kakao', *coyote* 'Coyote', *chicle* 'Kaugummi', *chocolate* 'Schokolade', *nopal* 'Opuntie(art)', *petaca* 'Zigarettenetui', *jícara* '(kleine) Schokoladenschale, Kaffee-, Teetasse', *tiza* 'Kreide (zum Schreiben, Markieren usw.)', *tomate* 'Tomate';

d) aus dem **Quechua**:
alpaca 'Alpaka (domestizierte Form des Vicuña)', *cóndor* 'Kondor', *guano* 'Guano, (Vogel-)Dung', *llama* 'Lama', *mate* 'Matetee', *papa* 'Kartoffel' (europäisch-span. *patata* 'Kartoffel' ist dagegen eine Kontamination aus *batata* und *papa*), *pampa* 'Grasebene' (erscheint auch als *-bamba* in zusammengesetzten Ortsnamen, z.B. Riobamba), *vicuña* 'Vicuna (Lamaart)';

e) aus dem **Guaraní** wurden nur wenige Wörter direkt in das Spanische entlehnt, z.B. *mandioca* 'Maniok', viele über das brasilianische Portugiesisch (*ananá* 'Ananas', *jaguar* 'Jaguar', *tapir* 'Tapir') oder über das Französische (*petunia* 'Petunie').

f) Eine Reihe von Wörtern ist nicht mit Sicherheit auf eine bestimmte Eingeborenensprache zurückzuführen. Hierzu gehören so bekannte Lexeme wie *gaucho* und *poncho* (< Mapuche?).

Andere in Hispanoamerika verbreitete Entlehnungen sind in Spanien nicht allgemein bekannt, so z.B. aus dem Guaraní *tucán* 'Tukan', *ñandú* 'Ñandú (Straußenart)', *yaguareté* 'Jaguar'; aus dem Quechua *chacra* 'Acker, Nutzgarten', *china* 'Indiofrau', *choclo* 'Maiskolben', *poroto* '(Schmink-)Bohne', *puma* 'Puma', *puna* 'öde Hochebene', *quena* 'Flöte(nart)', *yuyo* '(unnützes) Gras, Gestrüpp', *zapallo* 'Art essbarer Kürbis'; aus dem Arawak *ají* '(am.) Pfeffer', *iguana* 'Leguan', *nigua* '(Art) Sandfloh', *tuna* 'Opuntie'; aus dem Nahua *guajolote* 'Pfau(enart)'; unsicherer Herkunft *mucama* 'Zimmer-, Dienstmädchen' (< Guaraní?).

Literaturhinweise

BUESA OLIVER, Tomás/ENGUITA UTRILLA, José M. (1992), *Léxico del español de América. Su elemento patrimonial e indígena*, Madrid.

FABRE, Alain (1998), *Manual de las lenguas indígenas sudamericanas*, I–II, München.

KLEE, Carol A./LYNCH, Andrew (Hrsg.) (2009), *El español en contacto con otras lenguas*, Washington.

PALACIOS ALCAINE, Azucena (Hrsg.) (2008), *El español en América. Contactos lingüísticos en Hispanoamérica*, Barcelona.

Vgl. dazu auch DIETRICH, Wolf (2005), "Substrat, Superstrat, Adstrat, Interstrat. Zum Sprachwandel durch Sprachkontakt in der Neuen Romania", in: STEHL, Thomas (Hrsg.), *Unsichtbare Hand und Sprecherwahl, Typologie und Prozesse des Sprachwandels in der Romania*, Tübingen: 123–152.

Zusammenfassung

Im Zuge der Eroberungen des 15. und 16. Jh. hielt das Spanische Einzug in Amerika. Nach der Entdeckung 1492 wurden weite Gebiete des Kontinents bereits bis 1550 in Besitz genommen. In seiner Ausprägung basiert das amerikanische Spanisch im Prinzip zunächst auf den Varietäten Spaniens, die im karibischen Raum früh eine Koine bildeten, welche dort maßgebliche südspanische Züge aufweist. Inwieweit besonders das Andalusische auf die Herausbildung des Spanischen in Amerika Einfluss ausübte, diskutierten die Vertreter der Andalucismo- und der Anti-Andalucismo-These. In der Phonetik des amerikanischen Spanisch fällt allgemein der Unterschied zwischen *tierras altas* und *tierras bajas* (mit sog. schwachem Konsonantismus) auf, wobei der *seseo* das einzige panamerikanische Charakteristikum darstellt. Morphosyntaktisch prägt der *voseo* weite Gebiete Mittelamerikas und den La-Plata-Raum. Für den Wortschatz sind Archaismen, Neologismen und Entlehnungen aus den indigenen Sprachen charakteristisch.

12. Zum heutigen Spanisch

Werfen wir zum Abschluss des sprachgeschichtlichen Teils dieser Einführung noch einen Blick auf das kastilische Spanisch, wie es sich uns heute darbietet, so befinden wir uns an dem Punkt, an dem die Diachronie in die aktuelle Synchronie einmündet. Eine Beschreibung der heutigen spanischen Sprache kann im Rahmen dieser Arbeit selbstverständlich nicht geleistet werden. Was uns hier besonders interessieren soll, sind auffällige sprachliche **Entwicklungen des Spanischen**, die sich in der Gegenwart vollziehen, die wir beobachten können, da sie sich sozusagen vor unseren Ohren abspielen. Genauer gesagt: es handelt sich um Fälle von Sprachwandel, dessen Innovationen sich in der Phase der "Adoption" befinden (Terminologie von Coseriu). Wollten wir prognostizieren, dass sich bestimmte sprachliche Veränderungen über das aktuell feststellbare Maß hinaus weiter verbreiten und sich schließlich auf dem gesamten Territorium der historischen Sprache und in allen soziokulturellen Straten verallgemeinern, würden wir die Sprachwandelprozesse der jüngsten Vergangenheit über die Gegenwart hinaus in die Zukunft extrapolieren und betrieben somit Futurologie in der Sprachwissenschaft. Dies ist aus theoretischen und methodologischen Gründen abzulehnen. Prinzipiell kann ein Sprachwandelprozess auch wider Erwarten zum Stillstand kommen, ja sogar "den Rückwärtsgang einlegen".

Evolutive Prozesse des heutigen Spanisch können wir auf phonischem, grammatischem und lexikalischem Gebiet konstatieren. Nur eine Auswahl dieser neueren Entwicklungen kann im Folgenden angesprochen werden.

12.1 Phonischer Bereich

1) Die Expansion des *yeísmo*

Im Normkastilischen existiert die Opposition /ʎ/ : /j/. So wird z. B. das Minimalpaar *se calló/se cayó* unterschiedlich ausgesprochen und damit auch semantisch verschieden interpretiert. In ausgedehnten Gebieten Spaniens funktioniert diese Opposition jedoch inzwischen nicht mehr, das Phonem /ʎ/ wurde aufgegeben, d. h. es herrscht dort **yeísmo**, also /ʎ/ > /j/, wie weitgehend im Spanischen der Kanarischen Inseln und Amerikas (vgl. IV.11.3.1). Der *yeísmo* war zunächst ein Charakteristikum südspanischer – nicht nur andalusischer – Dialekte, breitete sich dann aber auf der Pyrenäenhalbinsel in Richtung Norden auf die spanische Verkehrssprache aus und dominiert inzwischen in der südlichen Hälfte des spanischen Sprachgebietes, aber auch in Madrid und darüber hinaus. Der *yeísmo* ist zudem bereits z. T. seit dem 19. Jh. in **Regionen Nordspaniens** eingedrungen, die ehemals als Bastionen der Unterscheidung zwischen den beiden Phonemen galten wie beispielsweise Altkastilien. Er breitet sich zunächst in den größeren Städten aus, in den Städten wiederum früher als auf dem Lande und findet besonders bei jüngeren Sprechern Akzeptanz. Massenmedien und Binnenwanderung fördern die Expansion des *yeísmo*. Dies gilt tendenziell auch für Hispanoamerika. Mitte des 19. Jh. war /ʎ/ noch im gesamten Hochland Kolumbiens verbreitet, heute nur noch stellenweise.

2) Die Realisierung des Phonems /d/ im Morphem *-ado*

Das Spanische kennt eine ganze Skala von **Aussprachevarianten** für das Morphem *-ado*: [ˈaðo], [ˈaᵟo], [ˈao], [ˈau̯]. Diese Abstufung wird traditionell im Sinne eines abnehmenden Grades der Formalität des Sprechens, der soziokulturellen Position oder in regionaler Zuordnung betrachtet. Während in anderen phonischen Kontexten intervokalisches /d/ nach der kastilischen Norm als [ð] realisiert wird, akzeptiert man gerade und nur beim Morphem *-ado* (z. B. in *cantado, abogado*) heute die sehr übliche "gelockerte" Aussprache (*pronunciación relajada*) von /d/ bis hin zu seinem Verstummen (also bis [kanˈtao], [aβoˈɣao]) (vgl. DÍAZ CASTAÑÓN 1975).

Die Aussprache ['aṷ] gilt dagegen als südspanisch und nach kastilischem Standard als etwas "vulgär". Sehr viel seltener verstummt der Dental in der phonischen Realisierung der Morpheme -*ada*, -*ido* und -*ida*, wobei ein solcher Schwund eben nicht der kastilischen Norm entspricht.

12.2 Grammatischer Bereich

1) Die Pluralbildung bei Lehnsubstantiven

Die hier zu besprechende Erscheinung bildet einen passenden Übergang vom phonischen zum grammatischen Bereich. Die wachsende Aufnahme von Lehnwörtern, v. a. aus dem Angloamerikanischen, und ihre Adaptation im Spanischen stellen ein Problem dar, denn die lautliche Konstitution dieser Lehnwörter entspricht sehr häufig nicht den restriktiven spanischen Regeln der Phonemdistribution insbesondere am Wortende, wo nur wenige Einfachkonsonanten und überhaupt keine Konsonantennexus zugelassen sind. Diese Situation verkompliziert sich noch bei der **Pluralbildung**, die bei diesen Wörtern meist einfach durch Anfügung von [-s] an die Singularform erfolgt und nur selten, wie die Pluralbildungsregel es eigentlich fordert, durch Anfügung von [-es], vgl. z. B. *jets, jeeps, slogans* (aber auch *esloganes*), *snobs, sandwichs, tests, records, westerns* (vgl. Lorenzo ⁴1994: 178–187, Krohmer 1970). Nun kann die Konsonantenhäufung am Wortende im Schriftbild (graphischer oder skripturaler Code) leichter akzeptiert werden als in der phonischen Realisation (phonischer oder oraler Code), die durch die Distributionsregeln für die Phoneme unmittelbar bestimmt wird. Dies führt dazu, dass sich hinsichtlich der Pluralmarkierung zumindest bei den Lehnwörtern der skripturale Code und der phonische Code im Spanischen auseinander entwickeln. Im phonischen Code werden die im Auslaut nicht zugelassenen Konsonanten abgeschwächt artikuliert oder häufig getilgt und Konsonantengruppen vereinfacht, während man sie im skripturalen Code durch den Einfluss des Schriftbildes der Herkunftssprache üblicherweise toleriert. Vgl. z. B. skriptural *chalet – chalets* (aus dem Französischen), aber auch in adaptierter Form *chalé – chalés*, phonisch nur [tʃa'le] – [tʃa'les]. Als weitere Möglichkeiten, diese Schwierigkeiten zu bewältigen, zeichnen sich ab: a) paradigmatische Invariabilität von Singular und Plural, wobei der Numerus syntagmatisch durch die Determinationselemente signalisiert wird, z. B. *el sprinter/los sprinter, un best-seller/los best-seller*, b) ein Wandel in den Distributionsregeln, wonach bestimmte Konsonantengruppen am Wortende auch in der phonischen Realisierung zugelassen werden, z. B. *cóctels* ['kɔktɛls]. Somit können wir im heutigen Spanisch erhebliche Schwankungen in der Pluralbildung bei Lehnwörtern feststellen.

2) Gebrauchsveränderungen im Verbalbereich

a) Futurischer Tempusgebrauch

In vielen grammatischen Darstellungen der heutigen Sprache wird darauf hingewiesen, dass zum Ausdruck einer Zukünftigkeit das einfache Futur (Typ *cantaré*)
eher in der Schriftsprache und das zusammengesetzte oder periphrastische Futur
eher in der gesprochenen Sprache üblich sei. Wenn dies auch, statistisch gesehen,
grob stimmen mag, so gehört zu einem tieferen Verständnis des Tempusgebrauchs
der Rückgriff auf die semantische Seite der Verbformen: Beide Formtypen sind, wie
wir im Unterkapitel zur Grammatik (III.3.1.3) gesehen haben, nicht gleichbedeu-
tend. Das **einfache Futur** gehört zur primären Perspektive in der Interpretation
Coserius und impliziert eine Grenze zur Gegenwart. Es ist ein absolutes Futur ohne
Gegenwartsbezug. Man benutzt es, um Ereignisse auszudrücken, die in der Zukunft mit einiger Sicherheit geschehen oder gegeben sein werden. Für solche Aus-
drucksarten ist im Spracheralltag nicht viel Gelegenheit, außer in den kurzen Formen von Verben des Grundwortschatzes wie *ser, estar, hacer, ir*. Daher erscheinen
die Formen des einfachen Futurs mit ihrer spezifischen Futurbedeutung vor allem
– aber nicht ausschließlich – im höheren Stil, d. h. z. B. in Essays, Betrachtungen,
Abhandlungen, in juristischer Fachsprache usw. und auch in Alltagsäußerungen,
in denen pragmatisch ein Verbot oder eine starke Aufforderung gegeben wird: *¡De
ningún modo irás al cine! ¡Primero arreglarás tu habitación!* Die Absolutheit des
Futurs wirkt im Kontext des nachdrücklichen Sprechens wie eine Aufforderung.
Eine andere pragmatisch motivierte Verwendung ist die des *futuro de conjetura*:
Wird in einer Situation einfaches Futur verwendet, ohne dass im Kontext ein zu-
künftiger Zeitraum erkennbar ist und ohne dass der Satz mit nachdrücklicher Intonation gesprochen wird, wird die Äußerung als Vermutung verstanden, z. B. *¿Qué
costará?* 'Was mag das wohl kosten?' *Nuestra vecina no abre. Estará ocupada.* 'Sie
ist wohl beschäftigt/Sie wird wohl beschäftigt sein.'

Das ***futuro perifrástico*** bedeutet dagegen, wie wir in III.3.1.3 gesehen haben,
grundsätzlich eine von der Sprechergegenwart ausgehende Prospektivität. In der
Periphrase ist die ins Grammatische gewendete Bedeutung des 'Gehens' auf die
Handlung zu (*ir a* + Inf.) häufig noch spürbar. Leider gehört dieses Tempus in den
spanischen Grammatiken noch immer nicht zur Beschreibung der Verbmorpholo-
gie, sondern wird unter den Infinitivperiphrasen abgehandelt (so zuletzt in RAE
2009, Kap. 28.8, s. S. 129). Die von der Sprechergegenwart ausgehende Prospektivität legt Verwendungen nahe, die Absichten und das Planen in der Gegenwart wie-
dergeben sollen. Daher eignet sich dieses Tempus besonders für die informelle
gesprochene Sprache. Wie wir in IV.11.3.2 gesehen haben, ist diese Bevorzugung im
amerikanischen Spanisch noch stärker als im europäischen Spanisch. Wenn wir
den Sprachgebrauch bezüglich der Futurformen als Neuerungen im heutigen Spanisch hinstellen, so kann dies nur unter dem Vorbehalt geschehen, dass wir über
die gesprochene Sprache in früheren Jahrhunderten so gut wie nicht unterrichtet
sind. Ob die geringe Frequenz des periphrastischen Futurs in den Texten bis zum

Siglo de Oro tatsächlich durch die Ungebräuchlichkeit der Form begründet ist oder die geringere Frequenz nur an der Tatsache liegt, dass wir keine Dokumentation gesprochener Alltagssprache in den Texten haben, muss offen bleiben. Die Ungebräuchlichkeit des einfachen Futurs im gesprochenen amerikanischen Spanisch ist sicher eine Innovation der jüngeren Zeit.

b) Frequenzveränderungen im Verhältnis von -*se*- zu -*ra*-Formen im Konjunktiv Imperfekt

Im zeitgenössischen peninsularen Spanisch, insbesondere in der gesprochenen Sprache, lässt sich eine Frequenzverschiebung beim **Konjunktiv Imperfekt** von den Formen auf -*se* (z. B. *trabajase*) zugunsten der Formen auf -*ra* (z. B. *trabajara*) feststellen (vgl. LORENZO ⁴1994: 242–251). Dabei ist aber in Spanien bei weitem nicht der Zustand erreicht, der für Hispanoamerika charakteristisch ist, nämlich die eindeutige Dominanz der -*ra*-Formen über die – außer z. B. in Paraguay – fast inexistenten *se*-Formen (siehe GECKELER 1976: 287–290).

3) Anrede

Im peninsularen Spanisch ist eine manifeste Tendenz zu erkennen, den Bereich der eigentlich vertrauten **Anrede** mit *tú* funktional stärker auszuweiten. So wird auch im Gespräch mit Taxifahrern oder dem Ober im Restaurant gern *tú* verwendet, vor allem, wenn die angesprochene Person gleichaltrig oder jünger ist. Dies hat jedoch nichts mit deren Stellung als Dienstleister zu tun. In Hispanoamerika stellt sich die Situation sehr diversifiziert dar. *Tú* ist im karibischen Raum ebenfalls weiter verbreitet, während z. B. im Hochland von Kolumbien *usted* auch für den Nähebereich verwendet wird.

12.3 Lexikalischer Bereich

1) Neologismen aus der Wortbildung

Lexikalische Neubildungen aufgrund der Wortbildungsverfahren (Suffigierung, Präfigierung und Komposition; vgl. dazu III.4.) finden sich im heutigen Spanisch in großer Zahl. Ein anschauliches Bild davon vermittelt die materialreiche Arbeit von Christiane NORD (1983). Es handelt sich dabei um eine Untersuchung auf der Grundlage eines pressesprachlichen Corpus aus Spanien; Auswertungszeitraum war der Monat April 1980.

2) Zunahme der Anglizismen bzw. Angloamerikanismen

Zwei Zitate zur Situierung des Problems:

"La fuente más fecunda de voces españolas en el siglo XX ha sido el inglés." (RESNICK ²2011: 142)

La invasión de palabras extranjeras [...] la mayor parte de los neologismos son anglicismos, debido a la potencia política y económica del mundo anglo-norteamericano y al influjo de los medios de comunicación. La penetración de anglicismos es 'preocupante' en el español de hoy, como lo es en las demás lenguas modernas, [...]. (DÍEZ et al. 1980: 228–229)

Von einigen Autoren wird daher das Gespenst einer Art Mischsprache mit Namen *(e)spanglish* (wohl nach dem Modell von *franglais*) an die Wand gemalt.

Der **Einfluss des Englischen** bzw. nordamerikanischen Englischen auf das Spanische zeigt sich am stärksten im Wortschatz, aber auch der phonische und der grammatische Bereich sind davon – wenn auch in geringerem Maße – betroffen, vgl. z. B. unsere obigen Ausführungen zur Pluralbildung; man beachte beispielsweise auch die Auswirkungen auf die Syntax des Spanischen, etwa bei der Tendenz zur ausschließlichen Erstposition des Subjekts im Satz nach englischem Vorbild (vgl. LORENZO ⁴1994).

Vereinfachend unterscheiden wir bei den lexikalischen Lehnbeziehungen:

a) **Direkte Lehnwörter (mit oder ohne phonische bzw. graphische Adaptation) aus den Gebieten:**

der Wirtschaft: *dumping, marketing, trust, holding, manager*

des Verkehrs: *jet, vuelo charter, jeep*

der Technik: *rádar, mísil, cliquear, xerocopia*

des gesellschaftlichen Lebens: *esnobismo, cóctel, lunch, bridge*

des kulturellen Lebens: *best-seller, jazz, happening, western.*

b) **Lehnübersetzungen:**

z. B. *aire acondicionado* (nach *air-conditioned*), (*discos de*) *alta fidelidad, perros calientes, guerra fría, cortina de hierro* oder *telón de acero.*

c) **Lehnbedeutungen:**

z. B. *agresivo* 'activo, dinámico, emprendedor', *control* 'dominio, dirección', *crucial* 'crítico, decisivo'.

Schließlich sei noch auf die aus dem angloamerikanischen Raum kommende "invasión de las siglas" (Dámaso Alonso) in unserem "siglo de las siglas" (Pedro Salinas) hingewiesen (vgl. SECO 1977: 191–196). Unter **Sigel** versteht man eine Abkürzung, bestehend aus den Anfangsbuchstaben der abzukürzenden Wörter, z. B. *ONU* (für *Organización de las Naciones Unidas*), *URSS, UNESCO*; *OVNI* (für *objeto volador no identificado*) u. a. (*RENFE* wird als Sigloid eingeordnet, da *red* wegen der Aussprechbarkeit der Initialenfolge als "Wort" nur zu *RE* verkürzt wurde).

> **Anregung**
>
> Suchen Sie in spanischen Zeitungen und Zeitschriften nach Anglizismen und beachten Sie dabei auch die Pluralbildung.

3) Die Gallizismen im heutigen Spanisch

Der Einfluss der französischen Sprache auf das Spanische war seit dem 11. Jh. bis etwa zur Mitte des 20. Jh. der stärkste aller modernen Sprachen (LAPESA 1981: Índice de materias, s. v. *Galicismos*). Inzwischen ist das Englische zur wichtigsten Spendersprache für das Spanische geworden (siehe oben), ohne dass dadurch der in erster Linie lexikalische **Einfluss des Französischen** zum Erliegen gekommen wäre. Bei POTTIER (1967: 138–141; vgl. IV.5.3) findet sich eine umfangreiche Zusammenstellung neuerer französischer Lehnwörter im Spanischen, in der allerdings die Gallizismen des 19. und 20. Jh. ohne weitere chronologische Differenzierung aufgeführt werden.

Nachstehend einige Beispiele (mit oder ohne Adaptation) aus den Bereichen:

Mode und Kosmetik: *blusa, vestidos chemisier, loción demaquilladora, gelée a la glicerina, beige, marrón*

Gastronomie: *souflet sorpresa, croqueta, champiñón, macedoine (macedonia) al kirsch, champán ~ champaña*

Kulturelles Leben: *reportaje, matiné, doblaje, debutante, tournée*

Technik: *bobina, bujía, cric, chasis, montaje, camión.*

Die Dissertation von KROHMER (1967) konnte die Vitalität der lexikalischen Gallizismen in der spanischen Pressesprache eindrucksvoll nachweisen. Eine Gesamtdarstellung des französischen Einflusses auf das Spanische existiert leider noch nicht.

Literaturhinweise

DÍAZ CASTAÑÓN, Carmen (1975), "Sobre la terminación -*ado* en el español de hoy", *RSEL*, 5: 111–120.

DÍEZ, Miguel, et al. (²1980), *Las lenguas de España*, Madrid.

GECKELER, Horst (1976), "Sigmaphobie in der Romania? – Versuch einer funktionellen Bestimmung", *ZRPh* 92: 265–291.

KROHMER, Ulrich (1970), "Unregelmäßigkeiten bei der Pluralbildung des Nomens im Spanischen", *Iberoromania* 2: 104–121.

LAPESA, Rafael (1977), "Tendencias y problemas actuales de la lengua española", in: LAPESA, Rafael (Hrsg.), *Comunicación y lenguaje*, Madrid: 203–229.

LORENZO, Emilio (⁴1994), *El español de hoy, lengua en ebullición*, Madrid.

SECO, Manuel (1977), "El léxico de hoy", in: LAPESA, Rafael (Hrsg.), *Comunicación y lenguaje*, Madrid: 181–201.

STEWART, Miranda (1999), *The Spanish language today*, London/New York.

Zur Umgangssprache:

MORAL, Manuel/BETZ, Manfred (1998), *Diccionario idiomático del español coloquial – Wörterbuch der spanischen Umgangssprache*, Bonn.

RAMOS, Alicia/SERRADILLA, Ana (2000), *Diccionario AKAL del español coloquial*, Madrid.

Zu den Anglizismen:

GÓMEZ CAPUZ, Juan (2000), *Anglicismos léxicos en el español coloquial. Análisis semántico de los anglicismos y sus equivalentes españoles en un corpus de lengua hablada*, Cádiz.

LORENZO, Emilio (1996), *Anglicismos hispánicos*, Madrid.

NORD, Christiane (1983), *Neueste Entwicklungen im spanischen Wortschatz*, Rheinfelden.

PRATT, Chris (1980), *El anglicismo en el español peninsular contemporáneo*, Madrid.

RESNICK, Melvyn C. ([2]2011), *Introducción a la historia de la lengua española*, Washington.

RODRÍGUEZ GONZÁLEZ, Félix/LILLO BUADES, Antonio (1997), *Nuevo diccionario de anglicismos*, Madrid.

Zu den Gallizismen:

GARCÍA YEBRA, Valentín (1999), *Diccionario de galicismos prosódicos y morfológicos*, Madrid.

KROHMER, Ulrich (1967), *Gallizismen in der spanischen Zeitungssprache* (1962–1965), Tübingen.

POTTIER, Bernard (1967), "Galicismos", in: *ELH* II: 127–151.

Zusammenfassung

Das Spanische der Gegenwart zeichnet sich in der Phonetik allgemein durch ein Voranschreiten des *yeísmo* sowie lexikalisch durch den Einfluss von Anglizismen aus. Im morphosyntaktischen Bereich steigt der Gebrauch des periphrastischen Futurs mit *ir a* weiter an. Diese Prozesse betreffen gleichermaßen die europäischen und die amerikanischen Varietäten. Andere Entwicklungen sind eher varietätenbezogen zu betrachten, so die Ausweitung der vertrauten Anrede mit *tú* im europäischen Spanisch oder der Einfluss des Französischen, der in Hispanoamerika weniger merklich ist. Dort wiederum ist in der Gegenwart der Konjunktiv Imperfekt mit den Formen auf *-se* in der gesprochenen Sprache weitgehend verschwunden.

Bibliographische Grundinformation

A. Bibliographien

Bibliographie linguistique de l'année ... Utrecht/Bruxelles 1939–1949; Utrecht/Antwerpen 1950 ff. Seit 2000 Leiden, auch elektronisch unter *www.blonline.nl.*

Romanische Bibliographie. Tübingen 1961 ff. (als Supplement zur *ZRPh*, ab Bd. 1997/99 [2002] auch als CD).

In diesen Werken findet man auch ein Verzeichnis der Fachzeitschriften und der üblichen Abkürzungen der Zeitschriftentitel.

B. Handbücher der romanischen und spanischen Sprachwissenschaft

ALVAR, Manuel (dir.) (2000), *Introducción a la Lingüística española*, Barcelona.

BERSCHIN, Helmut/FERNÁNDEZ-SEVILLA, Julio/FELIXBERGER, Josef ([4]2012), *Die spanische Sprache – Verbreitung, Geschichte, Struktur*. Hildesheim.

BLASCO FERRER, Eduardo (1996), *Linguistik für Romanisten. Grundbegriffe im Zusammenhang*, Berlin.

BORN, Joachim, et al. (Hrsg.) (2012), *Handbuch Spanisch. Sprache, Literatur, Kultur, Geschichte in Spanien und Hispanoamerika. Für Studium, Lehre, Praxis*. Berlin.

BOSSONG, Georg (2008), *Die romanischen Sprachen. Eine vergleichende Einführung*. Hamburg.

ERNST, Gerhard/GLESSGEN, Martin-Dietrich/SCHMITT, Christian/SCHWEICKARD, Wolfgang (Hrsg.) (2003–2008), *Romanische Sprachgeschichte. Ein internationales Handbuch zur Geschichte der romanischen Sprachen.* 3 Bde. (I, 2003; II, 2006, III, 2008), Berlin–New York.

GABRIEL, Christoph/MEISENBURG, Trudel (2007), *Romanische Sprachwissenschaft*, Paderborn.

GAUGER, Hans-Martin/OESTERREICHER, Wulf/WINDISCH, Rudolf (1981), *Einführung in die romanische Sprachwissenschaft*, Darmstadt.

HUALDE, José Ignacio/OLARREA, Antxon/ESCOBAR, Anna María/TRAVIS, Catherine E. (Hrsg.) ([2]2010), *Introducción a la lingüística hispánica*, Cambridge u.a.

IORDAN, Iorgu (1962), *Einführung in die Geschichte und Methoden der romanischen Sprachwissenschaft*, hrsg. von Werner BAHNER, Berlin. Span. Übersetzung: *Manual de lingüística románica*. Reelab. parcial y notas de Manuel Alvar, Madrid 1967.

KABATEK, Johannes/PUSCH, Claus D. (²2011), *Spanische Sprachwissenschaft. Eine Einführung*. Tübingen.

LAUSBERG, Heinrich (1956–1962), *Romanische Sprachwissenschaft*, Bde. 1–3, Berlin (und neuere Auflagen); span. Übersetzung: *Lingüística románica, I: Fonética, II: Morfología*, Madrid 1966.

LÜDTKE, Helmut (²2009), *Der Ursprung der romanischen Sprachen. Eine Geschichte der sprachlichen Kommunikation*, Kiel.

MEYER-LÜBKE, Wilhelm (1890–1902), *Grammatik der romanischen Sprachwissenschaft*, 4 Bände, Leipzig; Nachdruck Darmstadt 1972.

PÖCKL, Wolfgang/RAINER, Franz/PÖLL, Bernhard (³2003), *Einführung in die romanische Sprachwissenschaft*, Tübingen (Romanistisches Arbeitsheft 33).

POSNER, Rebecca (1996), *The Romance Languages*, Cambridge: Cambridge Univ. Press.

SCHLÖSSER, Rainer (²2005), *Die romanischen Sprachen*, München.

TAGLIAVINI, Carlo (²1998), *Einführung in die romanische Philologie*, Tübingen/Basel.

VIDOS, Benedek Elemér (1968), *Handbuch der romanischen Sprachwissenschaft*, München. Span. Übers. des niederländ. Originals: *Manual de lingüística románica*, Madrid 1963.

WARTBURG, Walther von (1950), *Die Ausgliederung der romanischen Sprachräume*, Bern.

WARTBURG, Walther von (²1951), *Die Entstehung der romanischen Völker*, Tübingen.

C. Terminologische Wörterbücher zur allgemeinen Sprachwissenschaft

ALCARAZ VARÓ, Enrique/MARTÍNEZ LINARES, María Antonia (²2004), *Diccionario de lingüística moderna*, Barcelona.

BUSSMANN, Hadumod (⁴2008), *Lexikon der Sprachwissenschaft*, Stuttgart.

DUBOIS, Jean, et al. (1979, ⁵1998), *Diccionario de lingüística*, Madrid.

GLÜCK, Helmut (Hrsg.) (⁴2010), *Metzler Lexikon Sprache*, Stuttgart.

KNOBLOCH, Johann (Hrsg.) (1961–1998) *Sprachwissenschaftliches Wörterbuch*, (A–G), Heidelberg.

LÁZARO CARRETER, Fernando ([3]1971), *Diccionario de términos filológicos*, Madrid (mit deutschem, engl. und franz. Index).

D. Wichtige Fachzeitschriften

(Abkürzungen nach der *Bibliographie linguistique de l'année* …)

ASNS	Archiv für das Studium der neueren Sprachen und Literaturen. Braunschweig, seit 1979 Berlin.
Hispania	Hispania. A Journal Devoted to the Teaching of Spanish and Portuguese. Ann Arbor, MI.
HR	Hispanic Review. Philadelphia, PA.
IbRom	Iberoromania. Zeitschrift für die iberoromanischen Sprachen und Literaturen in Europa und Amerika. Tübingen.
LEA	Lingüística Española Actual. Madrid.
NRFH	Nueva Revista de Filología Hispánica. México, D. F.
RF	Romanische Forschungen. Vierteljahresschrift für romanische Sprachen und Literaturen. Frankfurt a. M.
RFE	Revista de Filología Española. Madrid.
RJb	Romanistisches Jahrbuch. Hamburg.
RLiR	Revue de Linguistique Romane. Strasbourg.
RomPh	Romance Philology. Berkeley, CA.
RSEL	Revista Española de Lingüística. Órgano de la Sociedad Española de Lingüística. Madrid.
Thesaurus	Thesaurus. Boletín del Instituto Caro y Cuervo. Bogotá.
VR(om)	Vox Romanica. Annales Helvetici explorandis linguis Romanicis destinati. Bern.
ZRPh	Zeitschrift für Romanische Philologie. Tübingen.

E. Enzyklopädien

ELH   ALVAR, Manuel u. a. (Hrsg.), *Enciclopedia lingüística hispánica*, tomo I: Madrid 1960; Suplemento al tomo I: Madrid 1962; tomo H: Madrid 1967.

LRL   HOLTUS, G./METZELTIN, M./SCHMITT, Chr. (Hrsg.), (1988–2005), *Lexikon der Romanistischen Linguistik*, Bd. I–VIII; (1992), Bd. VI, 1: *Aragonesisch/Navarresisch, Spanisch, Asturianisch/Leonesisch*, Tübingen. Siehe auch Bände II,1 (1996), II,2 (1995) und VII (1998).

Sonstige Abkürzungen

RAE   *Real Academia Española; DRAE = Diccionario de la Real Academia Española*

Register